高等学校教材

教师教育专业·教育学科类课程系列教材

学习心理学

韦洪涛　　　主　编
艾振刚　杨翠蓉　副主编

化学工业出版社

·北京·

全书共分为四部分共十四章。第一部分：认识学习。包括三章：第一章主要介绍学习结果与学习的一般过程；第二章主要介绍不同的学习理论；第三章主要介绍认知过程及其对学习的指导作用。第二部分：认识不同领域的学习。包括五章：分别是认知领域的学习，包括陈述性知识（言语信息）的学习（第四章）、作为程序性知识的智慧技能学习（第五章）、高级规则的学习——问题解决与创造性（第八章）；动作技能的学习（第六章）；态度与品德学习（第七章）。第三部分：认识学习条件。包括五章：第九章主要介绍迁移对学习的影响；第十章主要介绍个体心理特征对学习的影响；第十一章主要介绍学习策略对学习的影响；第十二章主要介绍学习倾向即动机对学习的影响；第十三章主要介绍教师对学习的影响。第四部分：学习的最终目的——成为自主学习者。在第十四章主要介绍自主学习者的特征和自主学习能力的形成与发展。

本书可作为教师教育专业学生的教材，也可作为中学教师、中学班主任的参考用书。

图书在版编目（CIP）数据

学习心理学/韦洪涛主编. —北京：化学工业出版社，2011.8（2023.8重印）

高等学校教材. 教师教育专业·教育学科类课程系列教材
ISBN 978-7-122-11897-4

Ⅰ. 学… Ⅱ. 韦… Ⅲ. 学习心理学-高等学校-教材

Ⅳ. G442

中国版本图书馆 CIP 数据核字（2011）第 144132 号

责任编辑：杨　菁　金玉连　　　　　　　文字编辑：李　玥
责任校对：边　涛　　　　　　　　　　　装帧设计：韩　飞

出版发行：化学工业出版社（北京市东城区青年湖南街 13 号　邮政编码 100011）
印　　装：北京科印技术咨询服务有限公司数码印刷分部
787mm×1092mm　1/16　印张 16　字数 411 千字　　2023 年 8 月北京第 1 版第 8 次印刷

购书咨询：010-64518888　　　　　　　售后服务：010-64518899
网　　址：http://www.cip.com.cn

凡购买本书，如有缺损质量问题，本社销售中心负责调换。

定　　价：42.00 元　　　　　　　　　　　　　　版权所有　违者必究

前　言

　　学习是一个古老而又崭新的话题，《论语》的第一句话——"学而时习之，不亦说乎！"，孟母三迁、凿壁偷光、悬梁刺股、大器晚成，讲的都是学习。随着社会的进步、知识的不断更新和新技术的不断涌现，我们所面临的学习情境日益复杂，学习任务日益繁重。我们不得不树立终身学习的理念，自主学习，高效学习，而且还应研究学习。为此，学习就成了当今社会的一个潮流，成了一个人们悉心关注的崭新课题。

　　作为一门新兴的交叉学科，学习科学是在多种学科理论日趋成熟的基础上发展起来的。相当多的学科领域，诸如认知科学、科学教育、教育心理学、发展心理学、计算机科学、人类学、社会学、信息科学、神经科学、教育学、教学设计等，都从各自的角度、用不同的方法以学习为中心，在跨越多种学科的边界上不断拓展新的研究空间，旨在设计有效的学习环境来促进学习。作为教师专业化背景下的未来教师，无论是为了促进自己的学习，还是为了明天更好地研究与服务学生、胜任教师职业，都不能将自己置身于学习心理学的研究领域之外。

　　学习心理学是一门应用性质的心理学分支学科。它主要研究个体的学习过程、不同结果的学习过程和学习的影响因素。在历史上，不同流派的心理学都探讨了学习这一心理现象，并提出了各自的观点，不仅丰富了学习心理学这一学科的理论体系，而且都或多或少地影响着当今个体的学习。学习心理学的研究对象与学科性质决定了它成为教师教育学科类课程中必不可少的一门专业课程。为了让师范生更好地理解不同流派对学习的阐述，更好地理解与指导未来学生的学习活动，本书以阐明学校教育情境下学生的学习为主线，并试图从两方面探求学生学习的心理规律。一方面，分析学生学习的性质以及认知、情感和动作技能这三类学习结果的学习过程；另一方面，分析制约学生学习的内外因素以及它们之间的相互关系，进而揭示学生学习的一般心理学规律。由于学校教育涉及师生的双边活动，既有学生的学，也有教师的教，所以在剖析学生如何进行有效学习的同时，本书也简单阐述与举例说明了教师应如何施行有效的指导。

　　具体来说，本书的内容组织主要分为四部分十四章。第一部分：认识学习。包括三章：第一章主要介绍学习结果与学习的一般过程；第二章主要介绍不同的学习理论；第三章主要介绍认知过程及其对学习的指导作用。第二部分：认识不同领域的学习。包括五章：它们分别是认知领域的学习，包括陈述性知识（言语信息）的学习（第四章）、作为程序性知识的智慧技能学习（第五章）、高级规则的学习——问题解决与创造性（第八章）；动作技能的学习（第六章）；态度与品德学习（第七章）。第三部分：认识学习条件。包括五章：第九章主要介绍迁移对学习的影响；第十章主要介绍个体心理特征对学习的影响；第十一章主要介绍学习策略对学习的影响；第十二章主要介绍学习倾向即动机对学习的影响；第十三章主要介绍教师对学习的影响。第四部分：学习的最终目的——成为自主学习者。当今社会已进入终身学习时代，学习者指的是从出生到老死这一整个生命发展过程中的各阶段个体。走出学校大门的个体可能更多进行自主学习。在第十四章主要介绍自主学习者的特征和自主学习能力的形成与发展。

　　全书体系是在 2004 年版《学习心理学》(江苏人民出版社) 的基础上，根据几年教学探索的积累与反思，结合国内教学改革的新形势和国内外学习心理学内容的新发展，由主编提出编写的框架，并经编写组成员集体讨论而定。具体分工如下：杨翠蓉负责第一章、第二章、第十三章的编写，艾振刚负责第三章、第十章的编写，韦洪涛负责第四章、第五章的编写，贾凤芹负责第六章、第七章的编写，李锐负责第八章的编写，宋春蕾负责第九章、第十二章的编写，邵爱国负责第十一章的编写，彭杜宏负责第十四章的编写。本书初稿由韦洪涛、艾振刚、杨翠蓉审阅并提出修改意见，最后由主编统校定稿。

　　在编写过程中，我们参考了国内外的有关文献资料，有些还做了摘引，在此也向这些作者和出版者表示感谢，如注释上有疏漏，敬请谅解。由于我们水平所限，编写经验不足，书中存在不足之处在所难免，敬请读者批评指正。

韦洪涛

2011. 6

目 录

第一章 学 习 概 论

第二章 学 习 理 论

第六章　动作技能的学习

第七章　态度与品德学习

第八章　问题解决与创造性

第九章　学 习 迁 移

第十章　个别差异与因材施教

第十一章　学习策略与学习

第十二章　学习动机与学习

第十三章　教师与学习促进

第十四章　自主学习者的形成

参 考 文 献

第一章 学习概论

学习概论 ┬ 学习心理学的研究对象 ┬ 语文教材眼中的"学习"
          │   └ 学习心理学眼中的"学习"
          │
          ├ 学习心理学的研究历程与作用 ┬ 学习心理学的研究历程
          │   └ 学习心理学的作用
          │
          └ 学习的分类与一般过程 ┬ 学习的分类
                                 └ 学习的一般过程

【学习目标】

◎ 能运用实例解释学习现象。

◎ 能陈述人类学习与学生学习的区别。

◎ 能认识到学习心理学对学习的作用。

◎ 能结合实例说明学习分类的意义。

◎ 能用有关学习分类和学习过程的理论，对中小学的学习活动做学习类型分析。

◎ 能用修订的布卢姆目标分类理解分析学习内容。

◎ 能阐述加涅的信息加工模型。

第一节 学习心理学的研究对象

一、语文教材眼中的"学习"

怀素写字

古时候有个叫怀素的和尚，他从小就喜爱写字，是个好学上进的孩子。怀素写字非常认真。他总是先看清字的形状，记住字的笔顺，再一笔一画照着写。这样，怀素的写字进步很快。

传说当时纸贵，怀素就找来一块木板当纸用。他写呀写呀，日子一长，木板竟被写穿了。

怀素长大以后，成了有名的书法家。

资料来源：语文（一年级上册）.南京：江苏教育出版社，2009：126.

《论语》十则

子曰："学而时习之，不亦说乎？有朋自远方来，不亦乐乎？人不知而不愠，不亦君子乎？"

曾子曰："吾日三省吾身：为人谋而不忠乎？与朋友交而不信乎？传不习乎？"

子曰："温故而知新，可以为师矣。"

子曰："学而不思则罔，思而不学则殆。"

子曰："由，诲女知之乎！知之为知之，不知为不知，是知也。"

子曰："见贤思齐焉，见不贤而内自省也。"

子曰："三人行，必有我师焉。择其善者而从之，其不善者而改之。"

曾子曰："士不可以不弘毅，任重而道远。仁以为己任，不亦重乎？死而后已，不亦远乎？"

子曰："岁寒，然后知松柏之后凋也。"

子贡问曰："有一言而可以终身行之者乎？"子曰："其恕乎！己所不欲，勿施于人。"

资料来源：语文（七年级上册）.北京：人民教育出版社，2009：45-47.

中小学语文课程的教学不仅要让学生掌握正确的语言表达知识、欣赏优秀的文化作品，还要塑造学生正确的人生观、价值观等。而正确的学习观是价值观的一个主要内容。从小学到中学的语文教材，几乎每本都围绕着"学习成就来自个人的勤学苦练"，"学习需要个人的积极思考"，"学习需要个人持续不断的努力"，"教师乃传道授业解惑之人也"，"知识与品德修养是相辅相成的"等观念。"怀素写字"与《论语》十则"这两篇课文是上述观念的典型反映。

二、学习心理学眼中的"学习"

（一）学习的特点

1903 年，桑代克的著作《教育心理学》问世，标志着教育心理学这门独立学科的出现。但早期教育心理学的主要内容更多是关于个体的心理发展与个体的学习心理。20 世纪 60 年代，教育心理学的内容逐渐分成两大块：学习心理与教学心理。时至今日，由于众多研究者在教育心理学领域孜孜不倦的探索，教育心理学这一研究领域逐渐细化成两个分支学科：学习心理学与教学心理学。学习心理学是研究个体学习心理规律的一门学科。学习者除了在校学生外，还有婴幼儿（如皮亚杰就曾研究了婴幼儿的态度形成）、成年人（如情境学习理论的研究者曾对市场上小贩的数学技能的获得进行了研究），甚至还包括动物（如桑代克对猫如何获得开迷笼的门这一行为进行了研究）。学习心理学不仅研究正规学校情境中的学生学习，还研究学校情境之外的个体学习。

"学习"一向是学习心理学研究中的核心课题之一。但长期以来，不同流派的心理学家在对学习进行定性界定方面一直未能达成一致。如行为主义心理学家强调可观察、可测量的外在行为，认为学习就是"由经验引起的行为相对持久的变化"。而目前处于强势的认知心理学家则更重视内在心理，认为学习是"由经验引起的个体在能力或倾向方面的持久变化"。另外，还有心理学家认为"学习的本质是适应"，认为"学习就是以个体经验的方式发生的个体对环境或生活条件的适应"。

目前，较能为各方广泛接受的定义是"学习是由经验引起的比较持久的心理和行为的变化"。我们可从以下四个方面来理解此定义。

第一，学习是由经验引起的。此处的经验不仅包括外部环境刺激和个体的练习，更重要的是还包括个体与环境之间复杂的交互作用。个体在与环境的交互作用中，从环境中获得各种信息，经过加工处理后，其总和便构成个体的全部经验，可称之为经验系统。也有人称之为"认知结构"。而环境是不断变化的，相应地，个体也必须不断地从环境中获取信息，并不断地依据经过加工处理的信息来调节自己的行为，以适应不断变化的环境，这就是学习的过程，所以，既可说学习就是经验的获得过程，也可说学习是一种适应，还可说学习是内部认知结构或外在行为的变化。

此外，变化由经验引起，是后天习得的，而非先天的反应倾向或成熟导致的。例如，随着成熟，儿童的负荷能力等会发生变化，到青春期也会出现心理和行为方面的变化倾向等，但这些变化不属于学习。当然，成熟也能带来行为的持久变化，但与学习相比，它能引发的变化要慢得多，而且成熟往往会与学习相互作用而引起行为的变化。

第二，变化并不一定马上就能观察到。有些行为变化要过很长时间才会发生，因此，有的心理学家视之为行为潜能的变化。而内在心理方面的变化更不易观察到，有时，需通过对外部行为的反复观察，才能对内部心理变化做出适当的推测；有时，需借助某些工具或量表对内部心理进行适当的测量，才能评价其内部的变化。当然，有些内部变化至少在当前是无法观测到的。认知心理学家则认为学习引发了内部心理结构的变化，并直接视之为思维的变化。

第三，变化并不都意味着学习的发生。有机体的行为变化不仅可由学习引起，也可以由本能、疲劳、机体损伤、甲状腺机能亢进、基本代谢率低及药物作用等引起。学习的行为变化是比较持久的，而由疲劳、药物等引起的变化一般都是较为短暂的。此外，如前所述，由成熟或机体损伤等导致的变化即便是长期的，也不在学习之列。

第四，学习是个广义的概念，不仅人类普遍具有，在动物界也广泛存在。不仅指有组织的知识、技能、策略等的学习；也包括情感、态度、行为习惯等的学习；既包括学校中的学习，也包括日常生活中的学习。

总之，学习不是一种本能活动，而是由实践或经验产生的活动。也就是说，在个体生存与生活过程中，只要有着经历且产生了思考与反思，那么他就经历了学习。

生命中的课程

你会得到一个身体，不论你喜不喜欢，它会跟你一辈子。你会学习功课，这是一个全日制非正规学校，你称之为生命。每天你在学校里，你都有机会学习功课。你可能喜欢这些功课或觉得它们无关紧要或是愚蠢的。没有错误，只有功课。成长是一个尝试、犯错、试验的过程。失败的试验和成功的试验同样是过程中的一部分。功课不断重复，直到学会为止。功课以各种形式给你，直到你学会。然后你可以学习下面的课程，学习并无终结。生命中的课程无处不在。只要你活着，你就有课要学。他人只是你的镜子。你无法爱或恨某人的什么方面，除非它反映你对你自己的爱或恨。你用你的生命做什么，这取决于你。你拥有你所需要的全部工具和资源，你用它们来做什么取决于你。做选择的是你，答案就在你内心。生命之谜的答案就在你内心。你要做的就是看、听和相信。你会把这些都忘记，或许很快。

（二）人类学习的特点

对动物而言，学习仅是一种建立于本能基础上的纯生物意义的适应活动，只局限于满足其自然需要；而人类的学习，并不局限于简单地适应环境、满足自然需要，更主要的在于满足其社会生活的要求。社会性是人类学习的最基本的特点，也是人类学习与动物学习最本质的不同。概括而言，人类的学习有三方面的特点。

第一，社会性。每个生活在社会中的人，除了在与环境的相互作用中以直接经验的方式获得大量的个体经验之外，主要是要在与他人的社会交往过程中以间接经验的方式获得人类社会长期积累下来的社会历史经验，从而使个体经验极大地丰富与发展。一方面，人类文化的传承性使得我们可以跨时空地接触并学习历史长河中一代代人所积累的知识经验；另一方面，我们还在与同代人的社会交往中获得了大量的社会经验。这种以间接经验为主的学习，无论在形式还是在内容上都是极为丰富的，远非动物学习所可比拟。

第二，以语言为中介。人类在多数情况下是以语言为中介进行交流和学习的，语言的出现极大地增加了个体学习社会历史经验的能力，使人不仅能学习具体的经验，还能学习经过概括、抽象的经验，语言本就是使事物之间的关系概括化和抽象化的信号系统。巴甫洛夫认为，语言这一第二信号系统的出现，给人的学习带来了新的机制，而且使人的第一信号系统也具有了与动物不同的内容和形式。

第三，积极主动性。动物的学习是为了适应环境，是被动的。人类的学习则不仅是为了适应环境，还为了要改造环境。因为人的学习不仅是为满足自然需要，更主要的是为了满足社会生活的需要。这就要求我们不仅要认识环境，还要积极主动地作用于环境，只有这样方能满足我们人类极为丰富的社会需要，而这又需要我们在积极主动地与环境相互作用的过程中不断地学习改造世界的知识经验和方法。

另外，具有意识性等也是人类学习区别于动物学习的特点。所以，尽管动物学习和人类学习之间有其共同之处，但也有本质的区别，因而，像早期行为主义者那样抹杀人类学习与动物学习的本质区别是很危险的，易导致漠视人的社会性和主动性等特点，将人当成一个被动的反应机器来予以刺激、训练和塑造等。基于上述分析，可以说人类的学习是在社会实践过程中，以语言为中介，自觉地、有目的地、积极主动地掌握社会和个体经验的过程。

（三）学生学习的特点

就人类学习而言，也可从广义到狭义分为三个层次：最广义的学习是指人类的学习，指人在从婴儿到老年的整个生命历程中，除了必须获得个体的经验外，还要掌握人类长期积累下来的社会历史经验或者说科学文化知识。其次是指学生的学习，即学生在教师指导下有目的、有计划、有组织、有系统地学习科学文化知识、技能等，促进其身心的全面发展。最狭义的学习仅指个体掌握某一具体知识或技能等的学习。

学生学习与人类学习之间是特殊与一般的关系，因而，除了具有人类学习的一些特点外，学生在学校的学习也有其自身的特殊之处。

第一，学生的学习以掌握间接经验为主。人类的认识是从实践开始的，学生的学习则未必如此，它是在特定的学校情境中进行的，学生可以从已有的知识经验开始学习，同时补充感性经验。学校教育的特有功能，就是要向学生传递前人和当前的社会经验，以培养符合社会要求的人。学生的学习就是通过教师的系统传授和学生的主动接受去学习人类在漫长的社会实践中所积累下来的精神财富，包括科学文化知识与技能、社会生活规范或行为准则等，使之成为学生自己的精神财富。这些精神财富并非学生通过亲身经历所获得的直接经验，而是通过教师的传授所掌握的他人经验，所以学生的学习虽然也需要学生通过亲身经历去获得一定的直接经验，但从总体上说，学生学习不可能都从直接经验开始。

第二，学生的学习是在有计划、有目的、有组织并有教师指导的情况下进行的。学生的学习必须在有限的时间内完成，并达到社会的要求。学生既无必要、也不可能以直接经验的方式去学习大量的社会经验。教师是经过专门培训的专职人才，既掌握所教的知识技能及教学方法，又了解学生的特点，能按一定的计划，有目的、有组织、有系统地对学生进行教育，因此，只有在教师的指导下才能保证在有限的时间让学生掌握大量的他人经验。

第三，在学生的学习中主动性与被动性并存。与人类学习一样，学生学习具有主动的一面，但它更多地是为了将来的生存与发展，受年龄及认识水平等因素的影响，学生常意识不到当前的学习与将来的生活实践之间的关系，因而可能并不愿为学习而付出努力，表现出一定的被动性。所以需要教师采用各种适当的方法去培养和激发学生的学习动机，提高其学习的主动性和积极性。

第四，学生是学习的主体。从学习过程本身看，学习是有策略的。学习策略的好坏往往直接决定着学习的效果，因此对学生而言，最重要的是让他们自己学会学习。学生的学习过程也是一个需要不断形成和激发学习动机的过程，学生的动机水平最终会影响到学习的成效。个体的年龄特征、个别差异等是学习的基础。另外，学生已有的知识经验也是新的学习的重要影响因素。

从人的认识这一角度看，虽然人和动物一样，都必须依赖于外部世界并同外部世界发生关系，但动物只是在自然选择作用下形成的一种纯生物学意义上的适应，而人的本质力量源于社会文化积累，人同外部世界的关系遵循"人择原理"，即主体性原则。学生自然是认识活动的主体。

但是，学生的主体性尚处于形成和发展之中，要使学生的主体性得到充分发挥，就必须发挥教师的主导作用。而教师主导作用的充分发挥就集中体现在教育过程中充分发挥学生的主体作用以发展学生的主体性，从而促进学生个性全面、健康的发展，促进学生潜能的充分发挥等方面。总之，若不能处理好学生主体性与教师主导性之间的关系，就可能妨害学生的学习。如赫尔巴特片面强调教学过程中教师的地位和学生的被动性，认为学生对教师必须保持一种被动状态，把学生看成一个被动的接受者。而杜威则走向另一个极端，过分强调学生的主体性，强调生活即教育，认为学生是中心，教育措施必须围绕他们而组织起来。今天，确立学生学习的主体地位已成为现代化教育的本质规定，而以学生为主体、以教师为主导、以发展为主线的"主体性教育"思想也已被大多数教育工作者所接受。

第二节　学习心理学的研究历程与作用

一、学习心理学的研究历程

教育心理学早期主要是探讨学习活动。桑代克是教育心理学的创始人，同时也是行为主义心理学的开创者，他通过观察动物的行为变化来说明学习。100 年来，对学习的研究主要经历着关注外在的学习环境、关注个体的认知过程与认知结构、关注个体的学习环境与认知神经这一过程。

（一）研究个体的学习环境

行为主义心理学认为意识是不可观察、不可测量的，心理学也就成为行为科学，学习心理学也主要致力于行为的塑造或矫正。行为主义的基本观点是刺激-反应的联结。所有的行为都是习得的；学习者的行为是他们对环境刺激所做出的反应。学习者学到了什么是受环境控制的，而不是由个体决定的。由此，行为主义者非常强调邻近和强化在学习中的作用。

桑代克早期用猫来研究动物的行为变化。他将猫放入迷笼，将食物放在笼外猫可以看见却够不着的地方，然后详细记录猫在笼中的行为变化。他发现，最初猫表现出一系列盲目而紊乱的行为，如乱窜、乱咬、乱抓等，偶然情况下触到开关，打开笼门，获得食物。而猫随着多次的重复，它的这种盲目行为逐渐减少，从笼中逃出的时间也越来越短，最后把猫一放入迷笼，它很快就能打开开关，逃出迷笼。由此表明猫学到了正确的行为。之后，他又陆续用其他动物进行类似实验，提出了学习的准备率、效果律与练习律。

（二）研究个体内部的认知

20 世纪 50 年代末，心理学领域开始注重对个体内在认知的研究。认知心理学认为是个体作用于环境，而不是环境引起人的行为。个体从环境中获得了什么刺激取决于个体内部的心理结构。受认知心理学理论的影响，学习心理学也试图探讨学习者内部心理结构的性质以及它们是如何变化的。当新的经验改变了学习者现有的心理结构时，学习也就发生了，因此学习是学习者内部心理结构的形成和改变，而不是刺激-反应的联结。

认知心理学家在探讨学习时都一致认同两个基本观点[1]：①不平衡性。如果现有认知结构在试图加工新刺激不成功时，就失去了结构的平衡。而每个人都有追求平衡的权利，在重新获得平衡时，就产生了认知结构的变化。②新的认知结构受原有认知结构的影响。认知主义学习理论强调学习的迁移，强调先前学习形成的认知结构对新学习的影响。

（三）研究个体与学习环境的互动

早期的认知心理学研究结果均是在实验室中进行认知实验的结果，从而导致研究结果不能很好地运用于学生的学习上。如早期的长时记忆实验范式——在学习阶段让被试识记一系列字母串或数字串、词组串等；在回忆阶段让被试复述。该类长时记忆实验揭示的是个体的情景记忆，而学校的正规学习更多是让学生获得语义记忆即知识组织。在 20 世纪 80 年代，认知心理学开始出现生态化倾向，社会认知心理学这一新研究领域的出现对学习心理学也产生了不小的影响，改变了人们对知识与学习的认识。

知识是主观的，是社会实践活动的结果，是个体反思与协调自己认知的结果。总之，知识是外部环境与主体相互作用的结果。学习本质上是社会的，是与特定的文化情境不可分割的。社会互动、文化和活动等塑造了个体的发展和学习。"最近发展区"这一概念指出了文

---

❶ 施良方. 学习论. 北京：人民教育出版社，1994：16.

化和认知相互创造的关系：①文化造就了认知，如成人使用文化中的工具和实践（语言、地图、音乐等）来指导儿童的学习（阅读、地理、唱歌）；②认知创造了文化，如成人和儿童共同尝试新的实践活动，用新的方法解决问题❶。

（四）研究个体学习的生理机制

认知神经科学是认知心理学的一个分支研究领域，主要探索个体心理活动的脑机制。

对大脑的研究早在19世纪就已开始，人们发现个体的高级认知活动是大脑整体活动的结果。但在学习心理学早期，认知的脑机制研究很少被运用于解释学习活动。桑代克根据神经活动的走向构建了刺激-反应的联结。桑代克基于脑研究构建教育心理学的思想反映了他对心理活动的系统看法，但由于理解水平有限，在具体操作上产生了一个被滥用的联结学习理论。直到20世纪80年代末，认知神经科学研究日新月异，脑机制才又被众多的教育心理学家所重视。

学习是知识的获得、保持与提取的过程，具体包括感知觉活动、记忆活动和思维活动等。认知神经科学研究为这些活动提供了依据。PET研究表明，大脑对信息的编码是多种形式的，如视觉呈现主要激活枕叶区域，听觉呈现则激活左侧颞叶上部，而与语义加工有关的脑区域有左侧额叶前部和额叶中部。记忆是一多重记忆系统。认知神经科学研究也明确证实大脑有五种典型的记忆：①程序记忆，与新纹状体有关；②知觉启动，与顶叶中部有关，负责内隐记忆；③短时记忆，与前叶和顶叶有关；④语义记忆，与左侧颞叶后部有关；⑤情景记忆，与大脑皮层前部（如额叶与顶叶）有关。同时，认知神经科学研究还揭示了与学习效率有关的生理实质。例如，人的情绪反应系统存在于大脑的淋巴系统结构中，包括扁桃体和海马，该结构被称为情绪脑，并与额叶（负责推理与问题解决）有紧密联系。当学习者感到压力或害怕时，情绪脑与大脑额叶区域的联系随之受损，因而导致学习效率低下❷。

认知神经科学研究还证实环境、经验、学习会改变大脑中神经元之间的联系结构。突触激增后再进行缩减是一个普遍现象。个体在出生后的几个月至数年内，神经元的生长会出现激增现象，但经过一段时间后，突触的数量会缩减至成人水平，到10岁左右，突触数量基本上完成缩减。但有一对大学毕业生和中学辍学生的尸体进行解剖的研究发现，大学毕业生的突触联系比中学辍学生多出40%；而那些生活缺乏智力挑战和刺激的大学毕业生，他们的树突更少❸。

值得注意的是，认知神经科学虽得到了众多研究结果，但要将这些研究结果直接运用到学生学习的改进上还是要持慎重态度。

二、学习心理学的作用

学习心理学是探讨揭示学生学习特点及规律的科学，该课程有助于了解、解释学生的学习现象，最终帮助学生更好地学习。

（一）有助于教师描述学生的学习过程

无论是课堂外的学习还是课堂内的学习，都表现出个体感知外部的刺激信息，并运用已有的适当知识去理解这一新信息，通过记忆或练习，学生记住该信息并能在以后的某一时刻恰当地运用。每位学生在学习过程中都表现出上述特点。教师通过对学习的一般过程的了解，有助于判断学生在特定学习环节上的表现。教师的教学过程是以学生学习过程为基础的，那么对学生一般学习过程的了解则有助于反思自己的教学过程是否与学生的学习过程相

---

❶ 吴庆麟，胡谊. 教育心理学——献给教师的书. 上海：华东师范大学出版社，2003：196.

❷ 胡谊. 改良教育心理学：来自认知神经科学的影响. 心理学探新，2007，27（1）.

❸ 王小明. 学习心理学. 北京：中国轻工业出版社，2009：20.

吻合。例如，在学生感知新信息的阶段，信息的强度、对比性、运动性和整体性会影响学生的注意与知觉，教师要反思自己是否提供了恰当的刺激。

同时，学生是千差万别的每位学生的学习也是独一无二的。教师除了要认识学生的共性，也要了解学生的特定学习方式。在"学习动机与学习"这一章阐述了学生常见的认知风格，学生能力、气质、个性在学习上的表现。教师以此为依据，可以理解并认同学生与众不同的学习方式。

（二）有助于教师对学生的学习进行研究

学习心理学提供了关于学习的一般过程和具体过程，这些为教师研究学生学习和自己的教学提供了科学的研究思路和研究方法。如教师研究学生的语文学习过程。对一般学习过程与言语信息学习过程的了解有助于教师将研究学生的语文学习过程分为三个阶段：新知识的获得、新知识的保持、新知识的运用。在获得阶段，主要分析学生注意到何种新知识，提取了何种旧知识；在保持阶段，主要分析学生的记忆方法；在运用阶段，主要分析学生提取何种知识，分析问题情境与知识学习情境的相似性。

学习心理学还提供了学生学习的丰富例证。这有助于教师结合学生的学习实际，灵活地分析学生学习困难的原因，创造性地解决学生特定的学习问题。例如，学生写作业粗心，那么我们除了要了解学生的注意集中性特点外，还要了解学生的知觉辨别能力和短时记忆能力；另外，冲动型学生在学习过程中更容易出错，因此我们还有必要了解学生的认知风格。

（三）有助于教师更好地指导学生的学习

学习心理学原理不但可以让教师正确分析并了解学生，而且可以预测学生未来的学习发展与学习方向，并采取相应的指导措施，实现学生更好的学习效果。例如，小孩写作业粗心的原因包括注意的指向、集中、转移不佳；视觉集中能力、视觉分辨能力、视觉协调能力不足、视觉记忆和理解能力不好；知识点掌握不充分等。另外，多血质与胆汁质、冲动型学生更容易粗心。教师在对粗心孩子的上述方面进行诊断的基础上采取额外的帮助或行之有效的矫正措施，促进学生学习上的进步，维持学生的学习兴趣与动力。

（四）有助于教师调整自己的教学

学习心理学为教师实际教学提供了一般性原则与技术。教师可以根据自己的特点、学生特点、教学内容、教学环境，按照这些原则与技术制定具体的教学步骤、采用灵活的教学策略、选择适宜的教学媒体。例如，根据学生注意的特点和学生学习动机的特点，在45分钟的课堂教学中设计多种教学活动，在后20分钟可以采用练习、小组竞赛等方式让学生既动脑又动手，促进学生对知识的整体把握、激发学生的成就动机、提高学生的注意力。

第三节　学习的分类与一般过程

学习是个极为复杂的现象，既涉及学习者的内部过程又涉及外部影响，既涉及学习的内容与形式又涉及学习的条件和方法，既有简单而低级的学习形式，又有复杂而高级的学习形式等。为了提高学习效率，就必须研究和了解相应的学习的一般特点及其特殊规律，因而对学习进行分类研究是有必要的。由于心理学家对学习所持的观点和依据的分类角度不同，导致学习分类有很多不同的流派。

一、学习分类

（一）布卢姆的学习分类

布卢姆（B. S. Bloom）的学习分类是为了用于课程设计，他从教育目标和教育任务的角度出发，将学习分为认知、情感和动作技能三大项。这三类目标中的每一类又可由低到高分为水平不同的若干等级。其中，认知领域的学习分为六级。

（1）知识。对具体事物和普遍原理的回忆，对方法和过程等的回忆，或者是对一种模式、结构或框架的回忆。简言之，是对知识的简单回忆。

（2）领会。能解释所学的知识，是一种最低水平的理解。

（3）应用。代表较高水平的理解，能在某些特定的、具体的情境里使用概念、原理和规则。

（4）分析。将交流内容分解成各种组成要素或组成部分，以便弄清各种观念的有关层次，或者弄清各种观念之间的内部联系。

（5）综合。将各种要素与组成部分重新组合为一个整体，即产生新的思想或者新的结构。

（6）评价。能结合特定的目的，对材料和方法的价值做出判断。

布卢姆的这六类认知领域的学习，是按简单到复杂的顺序展开的，后面每一项都建立在前一等级水平的基础上。

（二）加涅的学习水平分类

加涅（R. M. Gagne，1916—2002）认为，人类的学习是复杂多样的，简单低级的学习是复杂的高级学习的基础。1968年，他根据学习的繁简水平把学习划分为八种类型。

（1）信号学习。即巴甫洛夫的经典性条件反射学习，学会对某种信号刺激做出概括性的反应，是刺激→强化→反应的过程。

（2）刺激-反应学习。即斯金纳的操作性条件反射学习，是简单的刺激与反应联结的学习。与经典性条件反射不同，其过程是情境→反应→强化。

（3）连锁学习。即形成一个刺激-反应的联结序列。

（4）言语联想学习。也就是言语的连锁学习，即形成一系列的连续性的词语联结。

（5）辨别学习。即学会识别多种刺激的异同，并对不同刺激做出不同的识别反应。

（6）概念学习。学会对具有共同属性的同类刺激做出同一的反应，亦即对事物的抽象特征的反应。

（7）规则学习。规则是指两个或两个以上的概念之间的关系，规则学习就是要了解这种关系。

（8）问题解决学习。即学习运用规则去解决问题。

在加涅看来，八种学习类型意味着有八种相应的神经系统的变化需要识别和说明。他认为，理解学习过程的不同就是要领会中枢神经系统对刺激进行加工的不同方式。

加涅认为，学习的主要内容是概念、规则和问题解决，并在1971年把上述分类中的前4类合并为一类，把第六类分为两类，即连锁学习、辨别学习、具体概念学习、定义性概念学习、规则学习、问题解决学习。

（三）加涅的学习结果分类

加涅在1965年出版的《学习的条件和教学论》一书中，还从学习结果的角度将学习分成5类。

（1）言语信息。指能用言语表述的知识。学习中会获得大量的信息，包括事物的名称、事实、对事物所做的概括，事物的历史和事物的时间、地点等，可分为符号记忆、事实知识和有组织的整体知识三类。之所以将信息看成是言语的，并不是因为知识必须要以言语的方式储存于头脑中，而是因为言语信息是学习获得的结果，并且能用言语将所获得的知识表述出来。加涅认为，学习首先获得的是关于事物的各种信息即有关知识，这些知识在头脑中是有组织的，这种组织更便于以后知识的恢复和寻找。

（2）智慧技能。主要指运用概念和规则办事的能力。其中又分辨别、具体概念、定义性概念、规则、高级规则五类。加涅认为，智慧技能的学习与信息学习不同，要从简单的智慧技能开始，学习复杂的概念和规则须以更为简单的概念和规则为基础，学习是一个逐渐累积的过程。加涅的此种学习观被称为"累积的学习理论"，又称"学习层次说"。

与上述学习观相对应，教师在传授新的智慧技能时应注意以下几点：

① 必须清楚学生学过的技能，必要时须及时补教某些基本技能；

② 提供必要的线索，使学生能恢复以前学过的技能；

③ 须提供某种外部线索，以提醒学生关于即将学习的"技能组合"的性质。

另外，加涅还注意到学生有时会忘了使用已掌握的有关技能的信息，故而有关的言语信息知识也需经常学习。

（3）认知策略。指用以支配注意、学习、记忆和思维以提高效率的能力，也就是学习过程中的控制过程。智慧技能定向于学习者的外部环境，要解决"怎么做"的问题，而认识策略是调控个人内部行为的，是学习者用来"管理"其学习过程的方式。认知策略现已成为教育心理学研究中的热门课题。

（4）动作技能。又称运动技能，指通过练习获得的、按一定规则协调自身肌肉运动的能力。如体操技能、写字技能、操作仪器的技能等。

（5）态度。指习得的对人、对事、对物等的内部准备状态或反应倾向。态度可以从各种学科的学习中获得，但更多的是从校内外活动和家庭中得到。

（四）奥苏贝尔的分类

奥苏贝尔（D. P. Ausubel，1918—2008）根据两个维度对认知领域的学习进行了分类。按学习进行的方式，将学习分为接受学习和发现学习；按学习过程的性质，将学习分为有意义学习和机械学习。两个维度是彼此独立、互不依赖的，并且每一个维度都存在许多过渡形式，见图1.1。这一理论将在后文详细论述。

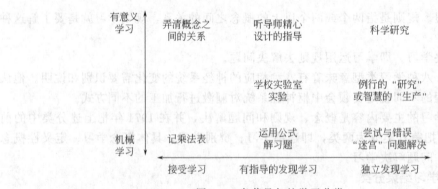

图1.1　奥苏贝尔的学习分类

（五）修订的布卢姆目标分类

布卢姆的教育目标分类学受行为主义心理学观点的影响较大，心理学家安德森联合心理学家、教学专家、测量与评价专家对布卢姆的目标分类进行了修订，修订后的目标分类以认知心理学理论为基础，建立在对知识、技能、能力的认识之上。主要观点表现在《教育目标分类学》第一分册——认知领域中。

修订版将认知领域的教育目标分为两个维度：知识维度与认知过程维度，形成知识类型与认知过程两维分类模型[1]，见表1.1。

表1.1 修订的布卢姆认知领域教育目标分类

知识维度	认知过程维度					
	1 记忆	2 理解	3 运用	4 分析	5 评价	6 创造
A 事实性知识	A1					A6
B 概念性知识		B2			B5	
C 程序性知识			C3			
D 元认知知识				D4		

从表中可见，知识维度包含四种类型的知识。它们分别是[2]：

（1）事实性知识。指学习者在掌握某一学科或解决问题时必须知道的基本要素，包括术语知识、具体细节与要素知识两类。

（2）概念性知识。指某个整体结构中发挥共同作用的各基本要素之间的关系，包括类别与分类的知识、原理与概括的知识、模式与结构的知识。

（3）程序性知识。指如何做事的知识和探究的方法，运用技能的准则、算法、技巧和方法的知识。

（4）元认知知识。指关于一般的认知知识和自我认知的知识，包括策略性知识、关于认知任务的知识、自我知识。

认知过程维度包含六类能力，它们分别是：①记忆指从长时记忆中提取相关知识，包括识别与回忆；②理解指能够确定口头的、书面的或图表图形的信息中所表达的意义，包括解释、举例、分类、总结、推断、比较、说明；③运用指在特定情境中运用某个程序，包括执行和实施；④分析指将材料分解为其组成部分，并且确定这些部分是如何相互关联的以及部分同总体之间的联系，包括区分、组织、归属；⑤评价指依据准则和标准来做出判断，包括核查和评判；⑥创造指将要素整合为一个内在一致、功能统一的整体或形成一个原创的产品，包括生成、计划和贯彻。

表中不同单元格是知识和认知过程的交汇处，表示预期学生对某一类别的知识采取什么样的认知操作，这有助于教育者了解目标所涉及的知识及认知过程。

（六）国内心理学家的学习分类

潘菽对学习的分类是国内学者中较有代表性的，他根据学习的内容和结果将学习分为四类：①知识的学习，包括学习知识时的感知和理解等；②技能和熟练的学习；③心智的、以思维为主的能力的学习；④道德品质和行为习惯的学习。

其他学者的观点与上述观点大同小异。这种分类只是从教育工作的实际需要出发，通常被认为比较笼统，不能很好地反映学习的特点和规律。

（七）学习分类的意义

学习分类与任务分析教学论思想早已在西方教学论中广泛流行，但国内一向持非分析的观点，倡导"教学有法，教无定法"。皮连生先生认为应改变这种现状，提倡"学有定律，教有定则"，并在其2003年出版的《学与教的心理学》一书中，通过对两个典型实例的分

---

[1] 吴红耘. 修订的布卢姆目标分类与加涅和安德森的学习结果分类的比较. 心理科学，2009, 32 (4)：994-996.

[2] 王小明. 学习心理学. 北京：中国轻工业出版社，2009：9.

析，很好地说明了学习分类研究的重要意义。

例一 20世纪80年代中期，布卢姆的教育目标分类传入中国。上海市教研部门在《上海教育》上刊登中小学各科教学目标分类。由于对学习分类缺乏研究，许多分类与现代学习心理学中的分类相悖。例如，"小学六年级学生学过有关圆的数学知识后自己用圆规画一个圆"这一课后练习题在该刊上被称为"操作技能学习"。"操作技能"在中国教育心理学中是西方心理学中"动作技能"的别称，这一划分是一典型的学习分类错误。上述"用圆规画圆"的例子是典型的智慧技能，是对学习过的圆的概念的运用，这里实质上没有动作技能学习的要求。如果是动作技能学习，则必须包含手指肌肉协调和手眼协调的学习，在圆的知识学习中并无这方面的要求。作为动作技能，手持圆规、转动圆规是六年级学生早已掌握的技能，从而不必学，他们要学的是按照圆的概念来画圆。要知道动作技能的学习规律与智慧技能的学习规律是完全不同的，搞错了学习分类就等于医生的误诊。医生搞错了病症分类，轻则贻误病情，重则要人性命。教师搞错了学习分类，其教学就会误人子弟。

例二 小学一年级语文课本上有篇课文，共有五句话："一年有四季，春天暖，夏天热，秋天凉，冬天冷"。拿到这篇课文，教师必须确定预期的学生学习结果——教学目标。这里就需应用学习心理学中的学习结果分类思想。如果学完以后问学生："一年有几季，它们各叫什么名称？"回答这个问题需要"事实性知识"，如果问："一年为什么有四季？"回答这个问题需要天文学知识。如果问："冷、热、凉、暖各是什么意思？"回答这个问题需要日常具体概念的知识。课文教完以后如果教师检测第一个问题，学生能顺利回答，那么这样的回答只反映较低水平的教学，因为事实性知识可以简单记忆。如果教师问第二个问题，则犯了脱离学生实际的错误。如果教师问第三个问题，则违背了日常具体概念属于默会的知识，只能列举概念例子而不能言表的规律。实际上，这篇课文的主要学习结果是识字和写字。因为一年级学生对什么是春、夏、秋、冬和冷、热、凉、暖已有了日常的具体概念，不必多教。也许相应的字词也已经在口语中掌握，但这些字词的识别和默写则是必须重点学习的。由于字词学习包括音、形、义三个方面，既然音和义的问题都已基本解决，那么现在关键的任务就是记忆字形，包括识别和书写两个方面。从学习类型来看主要是机械联想学习，可以用桑代克的准备律、练习律和效果律来解释。教师在语文教学设计时，要注意调动学生的学习积极性，如组织识字比赛，学生要反复认读和书写，教师及时给予反馈和纠正。这样的教学，尽管每个学生学习速度仍然会有差异，但其效果是能得到保证的。例如，某小学一年级的课堂上，实习教师为了讲解"一年有四季，春天暖，夏天热，秋天凉，冬天冷"，在黑板上画上太阳、地球、月亮，向学生演示地球如何绕太阳转，月亮如何绕地球转，地球、月亮转到什么地方出现春季，转到什么地方出现夏季等。如何评价这位实习教师的课呢？如果不研究教学目标或学习结果分类、学生的起点能力以及教学方法与目标类型的适合性，我们是无法评价一节课的好坏的。就这节课来说，施教者搞错了目标和学生的起点，尽管他采用了直观的演示方法，但这节课注定不能达到预期的效果。

二、学习的一般过程

皮连生先生等在综合加涅等人学习分类的研究成果基础上，提出了一个可称为"六步三阶段"的广义知识学习过程模型，见图1.2。

广义知识学习的第一阶段是新知识习得阶段。在这一阶段，所有类型知识的学习都是相同的，表现为知识的陈述性形式。学习者注意与预期新知识的同时，激活相关的原有知识，新知识与原有知识发生联系，新知识从而进入相应的命题网络。第二阶段是新知识的转化和巩固阶段。在这一阶段，符号、事实与言语信息等陈述性知识通过适当复习得到巩固，同时

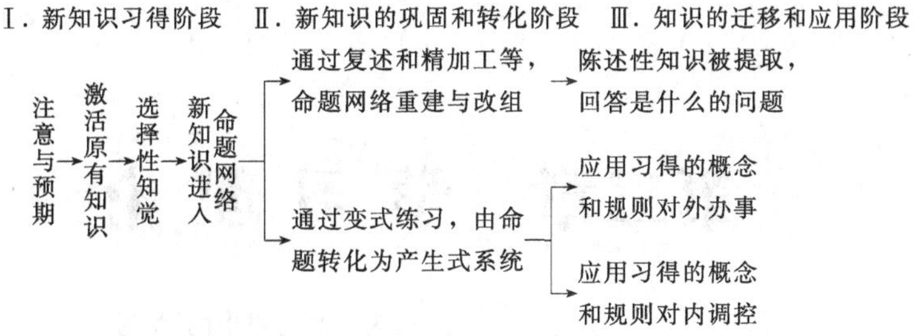

Ⅰ．新知识习得阶段　　Ⅱ．新知识的巩固和转化阶段　　Ⅲ．知识的迁移和应用阶段

图 1.2　广义知识学习过程模型

原有命题网络得到改组或重建；智慧技能、认知策略等程序性知识通过变式练习由命题转化为产生式或产生式系统。第三阶段是知识的迁移和应用阶段。此阶段是知识的应用阶段，陈述性知识主要是用来解决"是什么"、"为什么"一类的问题，程序性知识用来解决"怎么办"、"如何做"一类的问题。教师可根据不同类型的知识设计不同的问题来评价学生的学习结果。

【拓展性阅读】

［1］　王小明. 学习心理学. 北京：中国轻工业出版社，2009.

［2］　施良方. 学习论. 北京：人民教育出版社，1994.

［3］　吴庆麟，胡谊. 教育心理学——献给教师的书. 上海：华东师范大学出版社，2003.

［4］　胡谊. 改良教育心理学：来自认知神经科学的影响. 心理学探新，2007，27（1）.

【研究性课题】

1. 选择某一门课程中的一节，分别根据加涅的学习结果分类和修订的布卢姆目标分类来分析这一节的学习内容。

2. 结合自己学习实例分析皮连生的广义知识学习过程。

第二章 学习理论

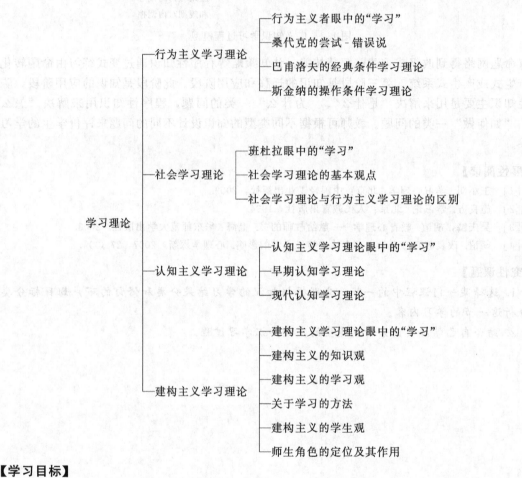

行为主义学习理论
- 行为主义者眼中的"学习"
- 桑代克的尝试 - 错误说
- 巴甫洛夫的经典条件学习理论
- 斯金纳的操作条件学习理论

社会学习理论
- 班杜拉眼中的"学习"
- 社会学习理论的基本观点
- 社会学习理论与行为主义学习理论的区别

学习理论

认知主义学习理论
- 认知主义学习理论眼中的"学习"
- 早期认知学习理论
- 现代认知学习理论

建构主义学习理论
- 建构主义学习理论眼中的"学习"
- 建构主义的知识观
- 建构主义的学习观
- 关于学习的方法
- 建构主义的学生观
- 师生角色的定位及其作用

【学习目标】

◎ 能陈述行为主义学习理论、社会学习理论、人本主义学习理论、认知学习理论的主要观点。

◎ 能了解建构主义学习理论的主要观点。

◎ 能说出社会学习理论和行为主义学习理论的区别与联系。

◎ 能用自己的言语陈述认知结构、认知同化、有意义接受学习、发现学习、先行组织者等术语。

◎ 能就某一个学习理论对于教育的启示进行思考，并尝试设计相关的教学案例。

自心理学作为一门独立学科出现以来，相继出现了结构主义流派、机能主义流派、行为主义流派、认知主义流派等，它们各自从自身理论的基本观点出发来阐述对学习过程、学习结果、学习者与环境等的认识，从而导致在学习这一领域主要出现了四大学习理论。

第一节 行为主义学习理论

一、行为主义者眼中的"学习"

华生（Watson John Broadus，1878—1958）是行为主义心理学这一流派有影响的人物。他的一段话广为流传："给我一打健康而又没有缺陷的婴儿，把他们放在我所设计的特殊环境里培养，我可以担保，我能够把他们中间的任何一个人训练成我所选择的任何一类专家——医生、律师、艺术家、商界首领，甚至是乞丐或窃贼，而无论他的才能、爱好、倾向、能力，或他祖先的职业和种族是什么（1924）。"在提出他的主要观点之前，他与助手雷纳（1920）进行了一项称之为"小艾伯特（little Albert）"的实验。

小艾伯特实验

小艾伯特是日托中心的一个健康、正常的幼儿，有 11 个月大。 最初放在小艾伯特面前的是一只小白鼠（图 2.1）。 他早先的反应是好奇，似乎想用手去触摸它。 但与此同时，华生在其背后用铁锤敲击一段钢轨发出声音(这显然是一种令人生厌的声音)，从而小艾伯特出现惊怕、摔倒、哭闹和爬开等消极情绪与行为。 在白鼠与敲击钢轨的声音一起出现 6 次后，小艾伯特光是看到白鼠就已引起强烈的害怕情绪和防御的行为反应。

资料来源：施良方.学习论.北京：人民教育出版社，1994：53.

图 2.1 小艾伯特实验

这一典型实验表明了行为主义学习理论（behavioral learning theory）的基本观点。①认为学习是个体处于某些条件作用（指引起反应的刺激情境）之下所产生的反应；②将个体学到的行为解释为刺激与反应之间关系的联结，这种联结主要是经过条件作用之后对某一刺激的固定反应。当然，不同行为主义心理学家的观点并不完全一致，而且他们解释学习的角度也存在一定的差别。下面介绍几位主要的行为主义心理学家及其学习理论。

二、桑代克的尝试-错误说

桑代克是历史上最重要的学习理论家，美国动物心理学的创始人之一，也是第一个系统论述教育心理学的心理学家。他把自己的心理学称为联结主义心理学。他不仅在学习理论方面做了大量开创性的研究，还在教育实践、言语行为、比较心理学、智力测验、训练的迁移等领域也做了相应的研究工作。

联结主义（connectionism）学习理论又称联结说或试误说，它来源于桑代克"猫走迷笼"的实验。实验中将饿了三天的猫关进迷笼内，它若拉开箱内装的开门设施（如一圈金属绳，一个把柄或一个旋钮），便可打开箱门并吃到箱子附近放置的鱼。此实验中猫的一个关键动作便是碰巧抓到开门设施，而在这之前，猫要经过许多无关的、不成功的行为进行不断的尝试。由动物实验的结果，桑代克提出了系统的学习理论。

（1）学习是个体在刺激情境中表现反应时所产生的刺激-反应的联结。所谓联结，指的是某种情境仅能引起某种反应，而不能唤起其他反应的倾向。如桑代克观察到"猫并没有仔细观察情境，也没有细致地思考，就直接决定该做的事。出于本能与经验，对于该情境（限于猫饥饿时，外面摆着食物）立即引起适当的反应。"也就是说，这种刺激情境与某种正确反应之间形成的联结不需要观念或思维的参与。每个刺激-反应的联结都是经由盲目的尝试与错误反应的渐进过程，由开始的错误反应多于正确反应到最后的全部为正确反应的结果。学习的实质在于建立情境与反应之间的联结。

（2）在试误学习过程中，刺激与反应间的关系能否建立，主要依赖于三大法则，即准备律、练习律、效果律。

准备律是指刺激与反应的联结，因个体身心准备状态而异。如果促进其行动就是一种增强，那么阻碍其行动则是一种烦恼。桑代克在《人的本性》中对准备律做了如下阐述：①在行动单元准备行动时，则该行动会产生满意的结果；②在行动单元准备行动时，不让其行动，将会产生烦恼的结果；③在行动单元不准备行动时，却强迫其行动，将会产生烦恼的结果。行动的愿望会使行动系列的前几个反应得以进入准备状态，同理，这个行动序列的前几个步骤的完成使被试进入下几个步骤的准备状态。也就是说，学习者在进入某种情境时的预备性反应倾向会影响到某种反应的学习。学习者如有某种反应行为的预备性倾向，当他做出这种反应时就会感到满意；假如不让他做出这种行为就会产生烦恼。实际上，准备律体现了学习的动机问题。

练习律是指刺激与反应间的联结随学习次数的多寡而有强弱之分；刺激和反应之间的联结因重复使用而得到强化。与此相对应，刺激与反应之间的联结因练习次数中断或不使用神经的联结而削弱。

效果律是指刺激与反应的联结后果会对这个联结有加强与减弱作用。在对某个情境做出一个反应之后，如果伴随着一种满意的事件（比如猫吃到了食物），那么这个反应与情境之间的联结就会增强，学习者以后就更可能在类似的情境中重复这一反应。相反，如果在这一反应之后跟随的是一个不满意的事件，这个联结的力量就会减弱。桑代克本来认为，奖励和惩罚都可以用来控制行为，奖励可以增强一种 S-R 联结，惩罚可以减弱一种 S-R 联结，但后来的实验表明，惩罚并不一定会减弱联结。三大法则中，效果律是最主要的。

（3）个体在某种刺激情境下学到的刺激-反应联结，将有助于在其他类似情境中学习新的刺激-反应联结。此种现象称为训练迁移或学习迁移。当然这种迁移只有在前后两次所学材料有共同元素时才会发生。

对学习理论而言，桑代克的最大贡献在于，他从动物和人类学习的实验中总结出了一系列的学习律，提出了尝试-错误说。他用动物学习的基本规律来说明人类学习是受到了达尔文进化论的影响，同时也犯了以偏概全、忽视人类学习的主观能动性等人类学习本质的错误。

三、巴甫洛夫的经典条件学习理论

巴甫洛夫（Ivan P. Pavlov, 1849—1936）是俄国著名的生理学家，他由于对唾液腺、味腺和肠腺的反射分泌的研究获得了诺贝尔奖。但他最出名的研究是经典条件作用（classical conditioning）研究，这一研究影响了心理学的发展。

（一）经典条件作用实验

经典条件作用又称为经典条件学习理论，是解释诱发刺激如何造就学习的另一种行为主义的学习理论。

巴甫洛夫在研究狗的消化系统时发现，狗在没有进食前就会对环境中的刺激开始分泌唾液，例如实验室人员出现时狗就会分泌唾液。于是他与同事展开了对在无条件刺激与中性刺激的成对呈现时，狗分泌唾液的条件作用的实验研究。

他把狗用一副套具固定住，唾液是用连接在狗颔外侧的管道收集的，管道连接到一个既可以测量以立方厘米计的总量，也可以记录分泌的滴数的装置。条件作用形成实验分成三个阶段，见表2.1[1]。

表2.1 巴甫洛夫条件反射实验

阶段一	阶段二	阶段三
条件作用形成前	条件作用形成中	条件作用形成后
S——→R （铃声）（注意） S——→R （铃声）（唾液）	S（铃声） ↑ R（肉末）	CS（铃声） CR（唾液） UCS（肉末） UCR

注：S=刺激；R=反应；CS=条件刺激；CR=条件反应；UCS=无条件刺激；UCR=无条件反应。

通过多次肉末与铃声的同时呈现，狗最终将两者联系起来，最终导致在出现肉末之前仅出现铃声，狗就引发了分泌唾液的反应。铃声最终由中性刺激变成了条件刺激，狗分泌唾液这一无条件作用最终变成了变化作用，这标志着经典条件作用的形成。

（二）获得与消退

条件刺激与无条件刺激联合，且条件刺激须在无条件刺激之前呈现，狗才会一听到铃声就分泌"唾液"，这一行为是"获得"。巴甫洛夫还系统地变换了条件刺激与无条件刺激的各种配对方式和两者之间的间隔时间，发现无条件刺激在条件刺激后0.5秒呈现，获得的效果最好。

巴甫洛夫在狗听到铃声分泌唾液后逐渐撤去无条件刺激，即条件刺激不再预示着无条件刺激的出现，发现狗听到铃声后分泌唾液的反应变得越来越弱，这一行为是"消退"。它是指刺激出现而反应不再出现或消失的过程。值得一提的是，要完全消除条件反应是非常困难的。消退现象只是暂时的，再隔一段时间之后，当条件刺激再次单独出现时，个体仍然会呈现条件反应，只是反应的强度非常微弱。这种现象称之为"自发恢复"。

（三）泛化与辨别

巴甫洛夫还研究了经典条件作用的其他两种学习现象：泛化与辨别。泛化是对相似的刺激以同样的方式做出反应。例如，当狗学会了对500Hz的铃声做出分泌唾液的反应后，它在听到400Hz或600Hz的铃声时也会引起唾液分泌的反应。一般来说，之后的刺激与学会条件作用的原先刺激越相似，引起相同的条件反应的可能性就越大。

辨别是指对相似但不同的刺激做出不同的反应。例如，当狗听到500Hz的铃声后做出分泌唾液的反应，因为它了解铃声意味着食物的即将出现。但是食物只是在500Hz的铃声后出现，而在400Hz或600Hz的铃声后不呈现，那么，久而久之，狗开始学会辨别，即只对500Hz的铃声做出分泌唾液的条件反应，而对其他铃声不做出反应。

四、斯金纳的操作条件学习理论

斯金纳是新行为主义的代表人物，也正是在斯金纳时期，行为主义发展到鼎盛时期，认知学习理论与行为主义理论展开了激烈的争论，最终以认知理论占上风而告终。

斯金纳的学习理论是建立在他对操作性条件反射的实验研究基础上的。斯金纳通常以白

---

❶ ［美］托马斯·费兹科，约翰·麦克卢尔. 教育心理学——课堂决策的整合之路. 吴庆麟等译. 上海：上海人民出版社，2008：34.

鼠和鸽子作为实验对象，观察它们在食物的强化作用下，学会压杆（白鼠）和啄亮窗（鸽子）等操作行为的过程，并对强化的机制、原则、类型、方式做了精细的研究。根据其著名的"斯金纳箱"的动物实验研究创建了独具特征而又对教育心理学影响极大的操作条件作用学习理论，这种理论有以下观点。

（1）斯金纳提出了操作性条件作用的原理。他把条件作用的学习历程分为两类：一类为反应性条件作用，即个体行为中已具有的刺激-反应联结，经过刺激替代的方式，而建立新的刺激-反应联结，又称"反射学习"。巴甫洛夫的经典性条件作用是刺激经强化引起所需的反应，是反应性条件作用，重点在于刺激；另一类为操作性条件作用，即指实验者就个体在刺激情境中自发性的多个反应中，选择其中的一个反应施予强化，从而建立刺激-反应联结的历程，又称"操作学习"，斯金纳对学习历程的解释就是后一种类型。他则强调由操作引起反应然后再予以强化，重点在于反应。

（2）操作性条件作用的重要手段是强化。操作条件作用学习理论对影响个体操作反应的因素做解析时，用了"强化原则"：个体的任何自发性反应，如能带来有效后果，该反应则因强化而保留。凡是能强化个体反应的一切刺激（包括人、事物）均可视为强化物，它有正负之分，强化作用也有正负之分。凡因强化物出现而强化某种反应的现象称为正强化，凡因强化物消失而强化某种反应的现象称为负强化。正负强化物的出现与消失，都是由于个体的有效反应所致，个体自己行为的后果将决定其以后的行为。因此在教学中应注意对不同的学生采取不同的强化。

（3）强化程序是指采用后效强化原理从事操作条件作用学习实验时，在提供强化物的时间上或频率上做各种不同的安排，从而观察个体正确反应的出现频率和强化实施的关系。不同的强化程序会产生不同的反应模式。连续强化在教学新的反应时最为有效，但这种强化下的行为容易消退。间隔式强化又称为延缓式强化，它比连续强化具有更高的反应率和更低的消退率。定时距式强化由于有一段时间间隔，随之会出现较低的反应率，但在这段时间间隔的末了，反应率会迅速上升，学生在考试时临时报佛脚就说明了这一点。

根据这些特点，教学中应注意：教新任务时，要进行即时强化，不要进行延缓强化。后果紧跟着行为出现要比延缓出现的效果好得多；在任务的早期阶段应对每一个正确的反应都进行强化，随着学习的进行，应逐渐地转到间隔式强化，不必事事都表扬；不要一开始就要求做到十全十美，要朝正确方向逐步去引导和增强学生的行为。

（4）提出了复杂行为塑造的技术即链式塑造，也就是将学习目标分成许多小步子，在学习者每表现出一种趋近目标行为的小反应之后再给予强化，逐步提高要求，直到把多个反应连贯成一种复杂的行为，这种通过小步子反馈来帮助学习者形成新行为的方法就是"塑造"。

斯金纳是当代心理学界最有影响的人物之一，他的学说不仅被应用到了动物身上，而且也被广泛应用到了人类社会情境中，比如心理治疗、问题儿童的处理、智力落后儿童的教育等。

行为主义学习理论的研究基本局限在动物的简单学习上，缺乏对人的高级学习活动的探讨，而且这一流派只强调研究外显行为，忽视对个体内部心理状态或活动的研究，因此该学习理论只能解释部分人的学习活动。

第二节　社会学习理论

一、班杜拉眼中的"学习"

班杜拉（AlbertBandura，1925—　）是社会学习理论的创始人。他认为学习包括直接学习与观察学习。直接学习即行为主义学习理论的学习模式：刺激→反应→强化。但是人的学习活动是复杂的、多样的，并不能全部由直接学习来解释。如网络语言"奥特曼"、"犀利"是如何广为流传？因此班杜拉认为人还应该有另一种学习——观察学习。

班杜拉以儿童的外部行为作为研究的出发点，通过一系列实验对儿童的社会学习行为做了大量的研究。其中一个经典的观察实验是这样进行的：将被试儿童分为甲、乙两组，在实验的第一阶段让两组儿童分别看一段录像片，甲组儿童看的录像片是一个大孩子在打一个玩具娃娃，过一会儿来了一个成人，给大孩子一些糖果作为奖励。乙组儿童看的录像片开始也是一个大孩子在打一个玩具娃娃，过一会儿来了一个成人，为了惩罚这个大孩子不好的行为，打了他一顿。看完录像片后，班杜拉把两组儿童一个个送进一间放着一些玩具娃娃的小屋里，结果发现，甲组儿童都会学着录像片里大孩子的样子打玩具娃娃，而乙组儿童却很少有人敢去打一下玩具娃娃。这一阶段的实验说明，对榜样的奖励能使儿童表现出榜样的行为，对榜样的惩罚则使儿童避免榜样的行为。在实验的第二阶段，班杜拉鼓励两组儿童学录像片里大孩子的样子打玩具娃娃，谁学得像就给谁糖吃。结果两组儿童都争先恐后地使劲打玩具娃娃。这说明通过看录像，两组儿童都已经学会了攻击行为。第一阶段乙组儿童之所以没有人敢打玩具娃娃，只不过是因为他们害怕打了以后会受到惩罚，从而暂时抑制了攻击行为，而当条件许可时，他们也像甲组儿童一样把学习到的攻击行为表现了出来。

该实验表明社会学习理论的基本观点：人有观察、思维、判断等能力，借助这些能力，个体在人际互动中不需靠直接的亲身经验，照样可以获得学习。

二、社会学习理论的基本观点

社会学习理论又叫做观察学习说，指个体的社会反应主要是通过观察和模仿别人的行为而习得的。该理论的主要内容如下。

（1）学习理论的三元（环境、个人、行为）取向。他反对斯金纳的环境决定论，认为环境并不能决定人的行为。除环境外，个人自己对环境中的人、事、物的认识和看法更是学习行为的重要因素。因此在社会学习中，环境因素、个人对环境的认知以及个人行为这三者彼此交互影响，最后才确定学到的行为。三者影响力的大小取决于当时的环境和行为的性质。

在社会学习理论看来，行为和环境都是可以改变的，但谁也不是行为改变的决定因素。例如，攻击性强的儿童期望其他儿童对他产生敌意的反应，这种期望使该儿童产生攻击性反应，其后果是其他儿童对该儿童的敌意反应使其更有攻击性，从而强化了该儿童的最初的期望。

（2）学习的产生并不基于强化。强化不是加强刺激-反应联结的必要因素，只是个体对环境认知的一种"信息"。即使个体自己未曾亲身体验行为之后的奖罚，单凭观察别人行为后的奖罚效果，或者听说别人对某事情的对错评价，也会学习到何时何地应该表现何种行为。

（3）学习来自观察与模仿。观察学习指个体只以旁观者的身份观察别人的行为表现（自己不一定需要实地参与活动）即可获得学习；观察学习并不限于经过实地观察别人而学到别人同样的行为。在某些情境之下，只凭见到别人直接经验的后果，也可以在间接中学到某种行为。这种经由别人的直接经验而学到间接经验的学习方式称为替代学习。模仿指个体在观察学习时，向社会情境中某个人或团体行为学习的历程。

（4）模仿学习有不同的方式。其一，直接模仿，如一些基本的社会技能（幼儿学习使用筷子即如此）；其二，综合模仿，指学习者经模仿历程而学得的行为，未必直接得自模仿一个人，而是综合多次所见形成自己的行为。其三，象征模仿，指学习者对所模仿者不是模仿其具体行为而是模仿其性格或其行为所代表的意义；其四，抽象模仿，指学习者观察学习所得的是抽象的原则，而非具体行为。

（5）模仿学习绝非机械反应。人在学习情境中观察模仿时，在接受刺激到表现出反应之间，有一段中介作用的内在心理历程。班杜拉将这种复杂的观察学习形式分为以下三种：一是直接的观察学习，是指对示范行为的简单模仿，如幼儿的大部分模仿行为。二是抽象性观察学习，是指观察者从对他人行为的观察中获得一定的行为规则或原理，在观察者以后的行为中能根据这些规则或原理表现出某种类似的行为。例如，观察者获得了攻击行为方式，他就会在以后面临某种情境时表现出来。三是创造性观察学习，是指观察者通过观察可将各个不同榜样的行为特点组合成不同于个别榜样的新的行为方式。

三、社会学习理论与行为主义学习理论的区别

班杜拉是新的行为主义心理学家，但是他所提出的社会学习理论与传统的行为主义理论不同，主要表现为：第一，注重认知内部因素对行为的影响。班杜拉认为绝大多数的外部影响是通过认知的媒介过程对行为起作用的，认知因素在一定程度上决定了人们观察到哪些外界现象，它们是如何被观察的，它们是否有持久性的影响，它们具有什么样的诱发力和功效，它们是如何组织的等。第二，注重观察学习。班杜拉认为正是人具有因为观察这种间接学习的能力，才有可能依靠比尝试错误等直接学习快得多的速度学习复杂的社会行为。第三，注重学习过程的自我控制、自我调节作用。班杜拉认为人们能够调节环境的刺激、发挥知识技能的作用，自己给自己以结果，并能控制自己的行为。这和行为主义的机械学习形成了鲜明对照，充分肯定了人们学习过程的主观能动性。

第三节 认知主义学习理论

一、认知主义学习理论眼中的"学习"

我们当前的学科教学方法多数是以认知主义学习理论为基础的。例如，小学数学教学片断的"平均分"。

"平均分"的教学
第 一 节 课

教师组织学生围着一张桌子坐成一圈。教师："有4个小朋友帮一位农民摘苹果，收工时，农民送给4个小朋友一篮苹果以表酬谢并说，你们把苹果分了吧。"教师讲完后从讲台下提出一篮苹果，建议全班同学考虑如何平均分。有学生建议：苹果很多，可先让4个人每人拿2个，然后再让他们每人1个1个地拿。这一建议被全班采纳了。很快学生知道，原来共有16个苹果，分给4个同学，每人平均可得4个。

分好后，教师连续出些类似的题目，让学生想想如何来平分，最后教师再让学生做类似的除法题。

第 二 节 课

教师先出与第一节课类似的除法题让学生练习，然后把练习从平分实物过渡到用实物

符号来代替实物，例如要求学生把黑板上画着的 20 个梨分成 4 份。

第三节课

教师先把第二节课的实物符号换成了点，然后让学生在黑板上练习平均分，进行一段时间的训练后，教师便让学生用语言表述练习题的答案，如"我把 24 个苹果分给 4 个小朋友，每个小朋友得 6 个。"这时教给学生的用语表述中仍有实物量词。

第四节课

教师先用第三节课的教学方法进行教学，再经过一段时间的练习后，教师让学生学习除法算式。

资料来源：孔企平.小学数学教学的理论与方法.上海：华东师范大学出版社，2002：146-147.

这一"平均分"数学教学遵循了"个"→"类"→"一般规律"的范例教学的基本流程，循序渐进地达到了学生理解除法运算的意义、获得除法的抽象概念、解决除法计算问题的目的。从此教学案例可知，认知主义学习理论强调学习者具有主动学习的倾向，能通过主动思考与理解来获得知识；学习者已有的认知结构影响着他们对新知识的学习。

二、早期认知学习理论

一般而言，早期的认知学习理论多以动物为研究对象，研究结论往往来自研究者对外界事物的观察；后期的认知学习理论则直接研究人类的教学过程，多采用比较严谨的实验设计。

（一）格式塔学派的顿悟说

格式塔学派的观点直接影响到今天认知学习理论的形成与发展。格式塔学派的代表人物是考夫卡、韦特墨、苛勒等。该派认为，学习的实质是构造与组织一种完形，而不是形成刺激与反应的联结。苛勒以大猩猩解决问题的实验为基础，提出了解释学习的过程和学习的迁移现象的"顿悟说"，对以后的认知学习理论产生了深刻影响。苛勒设计了一个著名的实验来证明自己的观点。根据这个实验，苛勒认为：黑猩猩在未解决这个难题之前，它对面前的情境的知觉是模糊的、混乱。当它看出几根短棒接起来与高处的香蕉的关系时，它便产生了顿悟，解决了这个问题。因此，学习是由顿悟实现的。顿悟即是完形的组织构造过程，学习就是知觉的重新组织。这种知觉经验变化的过程不是渐进的尝试与修正错误的过程，而是突然领悟的。

（二）托尔曼的认知-期待说

托尔曼吸收了完形说的思想，认为行为是个整体，不仅包括可观察到的行为，而且应包括有机体在进行活动中的所有东西，即外部的、内部的、身体的、脑内的，主张研究有机体的整体行为。由此他提出"中介变量"的概念，认为刺激与反应之间的关系不是简单的 S-R 的二项式，而是 S-O-R 的三项式。O 是中介变量，即中介过程或心理过程，是介于实验变量与行为变量之间并把二者联结起来的因素，它由实验变量所决定，又直接决定行为变量。以往的行为主义的形形色色的刺激-反应的学习理论的基本观点都认为，在行为和反应之间没有什么中间变量，动物或者人类在一定的内部和外部的刺激或者强化物的驱使之下进行学习，当以后遇到适当的环境刺激条件的时候，动物或者人类所习得的动作就会被发动起来。然而，托尔曼根据自己的研究认为，动物或者人类在学习过程中所学会的不是连贯的动作反应，而是获得了关于其周围的环境、学习目标的位置以及如何实现目标的方法的知识。这些知识促进动物或者人类形成所谓的"认知期待"，这种认知期待将直接影响到学习者下一次活动的方向与强度。也就是说，通过学习过程，学习者学会的不是简单的动作或者反应，而是学会了对目标和达到目标的途径和手段的认知，即学会的不是动作而是学会了意义。这一过程正是通过上述 O 这个中介变量完成的。

三、现代认知学习理论

（一）布鲁纳的发现学习论

布鲁纳（J. S. Bruner, 1915—　）是一位在西方教育界和心理学界都享有盛誉的学者，也是现代认知心理学的主要代表人物。《教育过程》（the process of education）是布鲁纳的主要著作，当时他的研究成果受到美国乃至整个世界的重视。20 世纪六七十年代世界性的教育改革运动与布鲁纳的结构主义教育心理理论有着密切的关系。虽然布鲁纳没有提出过一种真正成体系的学习理论，但在他的相关著作里，他对学习的一些主要问题提出了自己的观点。如他对学习过程、学生的认知发展阶段、学习动机、发现学习等都做了详细论述。

1. 学习过程论

布鲁纳认为学习包括新知识的获得、知识的转换和对知识的评价三种"几乎同时发生的过程"。其中，知识的转换是指学习者处理知识，使它们适合解决新任务的过程。对知识的评价是指核对一下处理知识的方法是否适合新任务。布鲁纳认为，任何一门课程的学习都包含着一连串的情节（episode），每一小节的内容学习都涉及获得、转换和评价三个过程。学习情节运用得最好时，可以反映已经学过的东西，而且可以举一反三，超越前面的学习。

2. 认知阶段论

布鲁纳将人类对其环境中的事物，经知觉而转换为内在心理事件的过程称为认知表征。它有以下的三个发展阶段：第一，动作表征，指依靠动作来获取知识。他认为儿童是凭借自己的认知结构去把握、再现事物表象的，儿童最初的认知结构是动作表象。如幼儿经由"坐"的动作了解椅子的意义，经过手摸和口尝的动作了解冷热的感觉。此种认知方式最早出现在幼儿时期，但却会一直延长使用终生，如学习游泳、打球、弹琴等。第二，形象表征，指经由对物体的知觉留在记忆中的印象或依靠照片图形等获得知识。如儿童不依靠实物就能回答"西瓜大还是苹果大"等类问题，形象表征的方式说明儿童的思维由具体进入抽象的开始。第三，符号表征，指按照逻辑思维去推理周围的事物，不必再靠动作和图像的帮助，而直接运用符号、语言文字为依据的求知方式，如数、理、化等科目非借助符号不可。

3. 学习动机论

布鲁纳在学习动机问题上反对奖赏或竞争等外在的作用，主张激发学生的学习兴趣，调动学生学习的内在动机。他认为，强调外在动机的条件反应、强化理论都来源于对动物的实验研究，只能说明人类学习中的比较低级的学习，而对人类的高级学习则无效。布鲁纳把内在动机分为四种：一是好奇心。它常由我们所接触的不明确的事物或未完成的事情引起。当事物尚未明确、事态尚未完成时，人们时常受好奇心的驱使去探索，并从中得到满足。二是上进需要。布鲁纳认为伙伴间的竞争不如向自身的记录挑战所激发起来的上进需要更能促进学习效率的提高。三是自居作用。研究表明，憧憬理想人物，使自身向理想人物看齐这种自居作用是学生学习的有效动力。四是伙伴间的相互作用。布鲁纳认为，学生具有强烈的学习集体所具有的行为方式、思想方式、价值观的需要。因此，求得文化方式的一致是一个受儿童学习需要所驱使的诱因。

4. 发现学习论

发现学习是指学生在学习情境中经由自己的探索寻找，从而获得问题答案的一种学习方式，是指让学习者自己去发现教材的结构、结论和规律的学习。不过，布鲁纳对发现的界定是宽泛的，认为它不仅包括人们探索未知的行为，还包括用自己的头脑亲自获得知识的一切形式。他认为发现学习首先有助于开发利用学习者的智慧潜力。学习者在亲自参与发现活动时，就会主动地按照一种促使信息更迅速地用于解决问题的方法去获得信息。第二，发现学习有利于调动学习者的内部动机，因为发现学习是以自我奖赏来进行学习活动的。第三，发现学习有利于学习者学会探索的方法，学习者越有实践经验，就越能把学习所得归纳成一种解决问题或者调查研究的方法。第四，发现学习还有利于记忆保持。

布鲁纳认为发现学习有三个重要的观念。第一，直觉思维是发现学习的前奏。所谓直觉思维，就是不按照逻辑推理方式的思维。学生在发现答案之前，依据自己的直觉和经验，对问题情境先做一番直觉思维。直觉思维未必一定能获得正确答案，但一旦运用直觉思维发现了解决问题的线索，直觉思维就成了发现学习的前奏。第二，学习情境的结构性是有效学习的必要条件。发现学习只有在具有结构性的学习情境下才会发生，因为只有具有结构性的教材才会使学生理解，才会在学后长期保持、不易遗忘，并且有助于在以后的类似情境中产生正向的学习迁移，从而培养学生独立获取知识的能力。布鲁纳所谓的结构就是知识的基本结构，包括彼此相关联的概念。第三，探索中发现的正误答案具有反馈价值。学生一旦发现错误而自行改正之后，其所产生的反馈作用，远比外在奖励更有价值。因此，"发现自己的错误"与"发现正确答案"对有效学习是同等重要的。

（二）奥苏贝尔的有意义接受学习

奥苏贝尔和加涅、布鲁纳一样，属于认知学派的心理学家。他提出了著名的有意义学习理论，认为学习的进行应通过接受，而不是像布鲁纳所说的发现，教师应把有组织、有顺序的结论性材料提供给学生，从而让学生接受最有用的材料。另外，奥苏贝尔还对认知结构的形成与发展、个体学习和解决问题能力的提高、学习的类型以及教学的主要原则等问题进行了深入探讨。具体说来，他的学习心理学理论主要表现如下。

1. 认知同化理论

奥苏贝尔对认知结构的形成持同化论的观点。他认为有意义学习的心理机制是同化，即学习者认知结构中的原有知识吸收并固定要学习的新知识的过程。新知识的学习必须以已有的认知结构为基础。学习新知识的过程就是学习者积极主动地从自己已有的认知结构中，提取与新知识最有联系的旧知识，并且加以"固定"或者"归属"的一种动态的过程。学习的结果导致原有的认知结构不断地分化和整合，从而使学习者能够获得新知识或者清晰稳定的意识经验，原有的知识也在这个同化过程中发生了意义的变化。所谓认知结构，就是指学生现有知识的数量、清晰度和组织结构，它是由学生眼下能回想出的事实、概念、命题、理论等构成的。因此，要促进新教材的学习，首先要增强学生认知结构中与新教材有关的观念。

根据将要学习的新内容与学习者已有的原有观点之间的关系，奥苏贝尔把学习分为下位学习、上位学习和并列结合学习三类。①如果将要学习的新内容在包摄和概括水平上低于学习者原有认知结构中已有的相关内容，这时的学习就是下位学习或类属学习，如学生在学习正方形、长方形、三角形时已形成了轴对称图形的概念（已有知识），在学习圆时，"圆也是轴对称图形"这一命题（新知识）的学习，就是下位学习。下位学习可以分成两种形式：一种是派生类属学习，另一种是相关类属学习。当新的学习材料作为原先获得的概念的特例，或作为原先获得的命题的证据或例证加以理解时，即为派生类属学习。在这种关系中，所要学习的新材料完全可以直接从上位概念或者命题中推演出来，新知识只是旧知识的派生物。而相关类属学习是指当新知识类属于原有的具有较高概括水平的观念后，原有的观念得到扩展、精确化、限制或修饰。②如果将要学习的新内容在包摄和概括水平上高于学习者原有认知结构中已有的相关内容，这时的学习就是上位学习或总括学习。比如，学生原有认知结构中已经有了正方形、长方形、三角形的概念，再学习新概念轴对称图形时，发生的就是上位学习。③如果将要学习的新内容，仅仅是由原有认知结构中已有的相关内容的合理组合构成，因而仅仅能与认知结构中相关内容的一般背景相联系，而不能与认知结构中某些特定的内容构成下位关系（从属关系）或上位关系（总括关系），那么，这时的学习就是并列结合学习。学生在数学、自然科学、社会学科和人文学科中所学习的大部分概念都是并列结合学习的例证。在并列结合学习中，由于只能利用原有认知结构中一般的非特定的相关内容起固定作用，因此对于新内容的学习和记忆都比较困难。

2. 有意义接受学习论

与布鲁纳强调认知-发现学习不同的是，奥苏贝尔的意义学习论强调认知-接受学习。其理论内含主要表现在以下几方面。

（1）奥苏贝尔根据学生进行学习的方式，把学生的学习分为接受学习和发现学习。他认为，学习应该是通过接受而发生，而不是通过发现。教师给学生提供的材料应该是经过仔细考虑的、有组织的、有序列的完整形式，因此学生接受的是最有用的材料，学习的主要内容是以定型的形式呈现给学习者的。对学习者来说，学习不包括任何发现，只要求他把学习材料内化并与其已形成的认知结构联系起来，以实现对这种学习材料的掌握。而发现学习是在教师不加讲述的情况下，学生依靠自己的力量去获得新知识，寻求解决问题方法的一种学习方式，发现学习依靠学习者的独立发现。与布鲁纳强调发现学习相反，奥苏贝尔更强调接受学习。

奥苏贝尔指出，在实际的教学中运用更多的是接受学习，而不是发现学习。因为，第一，发现学习花费时间太多，一般不适宜作为获取大量教材知识的主要手段。第二，虽然接受学习所能达到的程度以及复杂性受学生认知方面的一般程度或者在某一学科方面还不熟练的严重限制，但只要把具体经验结合进教学技术中，便可使这种接受学习很有效果。第三，尽管解决问题能力的培养是教育的目标，但它不是学习的主要目标。

（2）根据学习过程的性质，奥苏贝尔又把学习分为机械学习与有意义的学习。机械学习，即不加理解、反复背诵的学习，亦即对学习材料只进行机械识记；有意义的学习，指的则是语言文字或者符号所表述的新知识能够与学习者认知结构中已有的旧知识建立一种实质的、非人为的联系。有意义的学习需具备两个条件：学生要具有有意义学习的心向，即把新知识与认知结构中原有的适当观念关联起来的意向；学习材料对学习具有潜在意义，即学习材料具有逻辑意义，并可以和学生认知结构中的有关观念联系。这两个条件缺一不可，否则会导致机械学习。

他反复强调，无论接受学习还是发现学习，都有可能是机械的，也都有可能是有意义的。如果教师教学得法，并不一定会导致学生机械地接受学习；同样，发现学习也并不是保证学生有意义学习的灵丹妙药。如果学生只是机械地记住解决问题的"典型的步骤"，而对自己正在做什么，为什么这样做却很糊涂，他们也可能得到正确的答案，但并不比机械学习更有意义。有意义学习与机械学习、接受学习与发现学习是对学习进行划分的两个维度。四种类型的学习相交可产生集中学习类型，学习行为的种类如表 2.2 所示。

表 2.2 奥苏贝尔依据学习过程的性质对学习的分类

学习行为的种类	接受学习	发现学习
有意义的学习 机械学习	有意义接受学习 机械接受学习	有意义发现学习 机械发现学习

在几种学习类型中，奥苏贝尔所钟爱的是有意义接受学习。

（3）"逐渐分化、综合贯通"的学习原则和"先行组织者"的学习策略。知识学习的逐渐分化原则是指知识在头脑中的组成是一个有层次的结构，最具概括性的观念处于结构的顶点，它下面是包摄范围较小的和越来越分化的命题、概念和具体知识。综合贯通主要是指在横向上的融会贯通。"先行组织者"是贯彻"逐渐分化"和"综合贯通"的具体策略。所谓"先行组织者"，是先于学习任务本身呈现的一种引导性材料，它在概括与包容的水平上高于学习的新材料，但以学习者易懂的通俗语言呈现，并且能清晰地反映认知结构中原有的观念和新的学习任务。设计先行组织者的目的是为新学习的任务提供观念上的固定点，增加新旧知识之间的可辨别性，以促进新的学习。

奥苏贝尔主张学习应该通过演绎的过程，即从一般到特殊；布鲁纳则主张由特殊发现一般。奥苏贝尔认为人们得到的概念原理等是由别人提供给他们的，而不是自己发现的，越是组织得好、有意义，他们学得越好、越是明白意义，因而呆读死记是最无效的学习策略。

（三）加涅的累积学习说

加涅被公认为是将行为主义学习论与认知主义学习论相结合的代表。他从两大理论中汲取合理的成分，并且在 20 世纪 70 年代之后引进现代信息论的观点和方法，从而成为认知学习理论流派中强调信息加工模型的代表人物。

加涅对学习问题进行了深入细致的研究。他在《教学方法的学习基础》一文中认为，知识学习可以看成动机阶段（预期）→了解阶段（注意选择性和知觉）→获得阶段（编码储存通道）→保持阶段（记忆储备）→回忆阶段（检索）→概括阶段（迁移）→作业阶段（反应）→反馈阶段（强化）的这样一条学习链。

加涅认为，外部事件可以使用激化、维持、促进或者增强学习的内在过程的种种方式加以计划和执行，这个过程就是教学过程。加涅把与上述学习过程有关的教学过程也划分为 8 个阶段。①动机阶段：一定的学习情境成为学习行为的诱因，激发个体的学习活动，在这个阶段要引发学生对达到学习目标的心理预期。②了解阶段：在这个阶段中，教学的措施要引起学生的注意，提供刺激，引导注意，使刺激情境的具体特点能被学生有选择地知觉到。③获得阶段：这个阶段起着编码的作用，即对选择的信息进行加工，将短时记忆转化为长时记忆的持久状态。④保持阶段：获得的信息经过复述、强化之后，以一定的形式（表象或概念）在长时记忆中永久地保存下去。⑤回忆阶段：这一阶段为检索过程，也就是寻找储存的知识，使其复活的过程。⑥概括阶段：把已经获得的知识和技能应用于新的情境之中，这一阶段涉及学习的迁移问题。⑦作业阶段：在此阶段，教学的大部分是提供应用知识的时机，使学生显示出学习的效果，并且为下阶段的反馈做好准备。⑧反馈阶段：学习者因完成了新的作业并意识到自己已达到了预期目标，从而使学习动机得到强化。加涅认为："值得注意的是动机的强化主宰着人类的学习，因为学习动机阶段所建立的预期，此刻在反馈阶段得到了证实。"

在教育心理学领域最有影响的是奥苏贝尔的有意接受学习论和布鲁纳的发现学习论，这二者都重视所学内容的结构的重要性。因为只有知识内容的结构好才能使学习者更好地建构所学知识。他们两人不同之处在于，奥苏贝尔强调把知识按上、下位概念组织成层次结构，然后再按这种层次组织教学的序列。学习者则按照教师的传递程序，将新旧知识联系起来，进行有意义的接受学习。相比之下，布鲁纳则强调发现学习，认为应通过指导发现法使学生主动地去进行探索和解决问题，从而进行学习。他指出，在学校里的学习，不仅应该学到知识本身，而且应该引导学生学会学习的技能，例如，仔细地观察、比较、分析异同等。在认知心理学日益深入教育领域并占领统治地位的过程中，奥苏贝尔的学说被视为按照成人的逻辑进行定向传递的教学模式。在以学习者为中心的呼声日益高涨的声浪中，虽然他的"先行组织者"等思想仍然有广泛影响，但是他的接受学习的思想却日益被否定。

第四节　建构主义学习理论

建构主义学习理论属于认知主义学习理论，但它是认知主义学习理论的进一步发展。维果斯基、皮亚杰和布鲁纳等人是建构主义学习理论的早期代表。

一、建构主义学习理论眼中的"学习"

资料卡

小学数学"算法多样化"教学片断[1]

师：27＋19 这一题你们是怎样计算的？

生：我们可以用竖式计算。

师：还可以怎么算？　请你们讨论一下。

（学生讨论，课堂气氛活跃起来，并出现了以下算法）

27＋19＝30＋19－3	27＋19＝27＋20－1
27＋19＝30＋20－4	27＋19＝27＋3＋16
27＋19＝26＋1＋19	27＋19＝27＋10＋9
27＋19＝27＋9＋10	27＋19＝20＋7＋19
27＋19＝20＋19＋7	27＋19＝20＋7＋10＋9

从教学案例中可知，建构主义学习理论中学习者在积极主动地建构对知识的理解，且这种建构是在主客体交互作用的过程中进行的；这种建构源于学生的特殊性，每一学习者都是在自己已有的经验的基础上，以其特殊的方式在建构。不同人之间的交流可以影响学习者形成不同的建构。建构主义更加关注学习者如何以原有的经验、心理结构和信念为基础来建构知识，更强调学习的主观性、社会性和情境性。

二、建构主义的知识观

（1）知识不是对现实的纯粹客观的反映，任何一种传载知识的符号系统也不是绝对真实的表征。它只不过是人们对客观世界的一种解释、假设或假说，它不是问题的最终答案，它必将随着人们认识程度的深入而不断地变革、升华和改写，出现新的解释和假设。

（2）知识并不能绝对准确无误地概括世界的法则和提供对任何活动或问题解决都适用的方法。在具体的问题解决中，需要针对具体问题的情境对原有知识进行再加工和再创造。

● 孔企平. 小学数学教学的理论与方法. 上海：华东师范大学出版社，2002：224.

（3）知识不可能以实体的形式存在于个体之外，尽管通过语言赋予了知识一定的外在形式，并且获得了较为普遍的认同，但这并不意味着学习者对这种知识有同样的理解。真正的理解只能由学习者自身基于自己的经验背景而建构起来，取决于特定情境下的学习活动过程。否则就不叫理解，而叫死记硬背或生吞活剥，是被动的复制式的学习。

显然，这种知识观是对传统课程和教学理论的巨大挑战。在建构主义看来，课本知识只是一种关于某种现象的较为可靠的解释或假设，并不是解释现实世界的"绝对参照"。某一社会发展阶段的科学知识固然包含真理，但是并不意味着终极答案，随着社会的发展，肯定还会有更真实的解释。更为重要的是，任何知识在为个体接收之前，对个体来说是没有什么意义的，也无权威性可言。所以，教学不能把知识作为预先决定了的东西教给学生，不要以我们对知识的理解方式来作为让学生接收的理由，用社会性的权威去压服学生。学生对知识的接收只能由他自己来建构完成，以他们自己的经验为背景来分析知识的合理性。在学习过程中，学生不仅要理解新知识，而且要对新知识进行分析、检验和批判。

三、建构主义的学习观

（1）学习不是由教师把知识简单地传递给学生，而是由学生自己建构知识的过程。学生不是简单被动地接收信息，而是主动地建构知识的意义，这种建构是无法由他人来代替的。学习是学习者主动地建构内部心理表征的过程，它不仅包括结构性的知识，而且包括大量的非结构性的经验背景。第一，人们生成（即建构）对所知觉事物的意义，总是与他以前的经验相结合，即理解总是涉及学习者的认知过程及其认知结构；第二，人脑并不是被动地学习和记录输入的信息，而是建构对输入信息的解释，主动地选择一些信息，忽视一些信息，并从中得出推论。

（2）学习不是被动接收信息刺激，而是主动地建构意义，是根据自己的经验背景，对外部信息进行主动地选择、加工和处理，从而获得自己的意义。外部信息本身没有什么意义，意义是学习者通过新旧知识经验间反复的、双向的相互作用过程而建构成的。因此，学习不是行为主义所描述的"刺激-反应"。

（3）学习过程同时包含两方面的建构：一方面是对新信息的意义的建构，同时又包含对原有经验的改造和重组。这与皮亚杰关于通过同化与顺应而实现的双向建构的过程是一致的。只是建构主义者更重视后一种建构，强调学习者在学习过程中并不是发展起供日后提取出来以指导活动的图式或命题网络，相反，他们形成的对概念的理解是丰富的、有着经验背景的，从而在面临新的情境时能够灵活地建构起用于指导活动的图式。图式是学习者内部知识结构。图式可以被合并、扩展或改变来适应新的信息。

（4）学习意义的获得是每个学习者以自己原有的知识经验为基础，对新信息重新认识和编码，建构自己的理解。学习者以自己的方式建构对于事物的理解，从而不同人看到的是事物的不同方面，不存在唯一标准的理解。然而，学习者据此展开的合作学习可以使理解更加丰富和全面。在这一过程中，学习者原有的知识经验因为新知识经验的进入而发生调整和改变。学习总要涉及学习者原有的认知结构，学习者总是以其自身的经验，包括正规学习前的非正规学习和科学概念学习前的日常概念，来理解和建构新的知识和信息。学习意义的获得是每个学习者以自己原有的知识经验为基础，对新信息重新认识和编码，建构自己的理解。在这一过程中，学习者原有的知识经验因为新知识经验的进入而发生调整和改变。所以，建构主义者关注如何以原有的经验、心理结构和信念为基础来建构知识。

（5）建构主义认为，知识不是通过教师传授得到的，而是学习者在一定的情境即社会文化背景下，通过其他人（包括教师和学习伙伴）的帮助，利用必要的学习资料，通过意义建构的方式，借助学习而获取知识的过程。由于学习是在一定的情境即社会文化背景下，借助其他人的帮助即通过人际间的协作活动而实现的意义建构过程，因此，建构主义学习理论认为"情境"、"协作"、"会话"和"意义建构"是学习环境中的四大要素或四大属性。

"情境"：学习环境中的情境必须有利于学生对所学内容的意义建构。这就对教学设计提出了新的要求，也就是说，在建构主义学习环境下，教学设计不仅要考虑教学目标分析，还要考虑有利于学生建构意义的情境来创设问题，并把情境创设看作是教学设计的最重要内容之一。

"协作"：协作发生在学习过程的始终。协作对学习资料的搜集与分析、假设的提出与验证、学习成果的评价直至意义的最终建构均有重要作用。

"会话"：会话是协作过程中不可缺少的环节。学习小组成员之间必须通过会话商讨如何完成规定的学习任务的计划；此外，协作学习过程也是会话过程，在此过程中，每个学习者的思维成果（智慧）为整个学习群体所共享，因此会话是达到意义建构的重要手段之一。

"意义建构"：这是整个学习过程的最终目标。所要建构的意义是指：事物的性质、规律以及事物之间的内在联系。在学习过程中帮助学生建构意义就是要帮助学生对当前学习内容所反映的事物的性质、规律以及该事物与其他事物之间的内在联系达到较深刻的理解。这种理解在大脑中的长期存储形式就是前面提到的"图式"，也就是关于当前所学内容的认知结构。

由以上所述的"学习"的含义可知，学习的质量是学习者建构意义能力的函数，而不是学习者重现教师思维过程能力的函数。换句话说，获得知识的多少取决于学习者根据自身经验去建构有关知识的意义的能力，而不取决于学习者记忆和背诵教师讲授内容的能力。

四、关于学习的方法

建构主义提倡在教师指导下的、以学习者为中心的学习，也就是说，既强调学习者的认知主体作用，又不忽视教师的指导作用。教师是意义建构的帮助者、促进者，而不是知识的传授者与灌输者；学生是信息加工的主体，是意义的主动建构者，而不是外部刺激的被动接受者和被灌输的对象。

学生要成为意义的主动建构者，就要求学生在学习过程中要用探索法、发现法去建构知识的意义；在建构意义过程中要求学生主动地去搜集并分析有关的信息和资料，对所学习的问题要提出各种假设并努力加以验证；同时要把当前学习内容所反映的事物尽量和自己已经知道的事物相联系，并对这种联系加以认真的思考。"联系"与"思考"是意义构建的关键，如果能把联系与思考的过程与协作学习中的协商过程（即交流、讨论的过程）结合起来，则学生建构意义的效率会更高、质量会更好。协商有"自我协商"与"相互协商"（也叫"内部协商"与"社会协商"）两种，自我协商是指自己和自己争辩什么是正确的；相互协商则是指学习小组内部相互之间的讨论与辩论。

五、建构主义的学生观

（1）建构主义强调，学习者并不是空着脑袋进入学习情境中的。在日常生活和以往各种形式的学习中，他们已经形成了有关的知识经验，他们对任何事情都有自己的看法。即使是有些问题他们从来没有接触过，没有现成的经验可以借鉴，但是当问题呈现在他们面前时，他们还是会基于以往的经验，依靠他们的认知能力，形成对问题的解释，提出他们的假设。

（2）教学不能无视学习者已有的知识经验，简单强硬地从外部对学习者实施知识的"填灌"，而应当把学习者原有的知识经验作为新知识的生长点，引导学习者从原有的知识经验中生长新的知识经验。教学不是知识的传递，而是知识的处理和转换。教师不单是知识的呈现者，更不是知识权威的象征，应该重视学生自己对各种现象的理解，倾听他们时下的看法，思考他们这些想法的由来，并以此为据，引导学生丰富或调整自己的解释。

（3）教师与学生、学生与学生之间需要共同针对某些问题进行探索，并在探索的过程中相互交流和质疑，了解彼此的想法。由于经验背景差异的不可避免，学习者对问题的看法和理解经常是千差万别的。其实，在学生的共同体中，这些差异本身就是一种宝贵的教育资源。建构主义虽然非常重视个体的自我发展，但是它也不否认外部引导，亦即教师的影响作用。

六、师生角色的定位及其作用

（1）教师的角色是学生建构知识的忠实支持者。教师的作用从传统的传递知识的权威转变为学生学习的辅导者，成为学生学习的高级伙伴或合作者。教师应该给学生提供复杂的真实问题。他们不仅必须开发或发现这些问题，而且必须认识到复杂问题有多种答案，激励学生对问题解决的多重观点，这显然是与创造性的教学活动宗旨紧密相吻合的。教师必须创设一种良好的学习环境，学生在这种环境中可以通过实验、独立探究、合作学习等方式来展开他们的学习。教师必须保证学习活动和学习内容保持平衡。教师必须提供学生元认知工具和心理测量工具，培养学生评判性的认知加工策略，以及自己建构知识和理解的心理模式。教师应认识到教学目标包括认知目标和情感目标。教学是逐步减少外部控制、增加学生自我控制学习的过程。

（2）建构主义认为，教师要成为学生建构意义的帮助者，必须在教学过程中从以下几个方面发挥指导作用。一是激发学生的学习兴趣，帮助学生形成学习动机；二是通过创设符合教学内容要求的情境和提示新旧知识之间联系的线索，帮助学生建构当前所学知识的意义；三是为了使意义建构更有效，教师应在可能的条件下组织协作学习（开展讨论与交流），并对协作学习过程进行引导，使之朝有利于意义建构的方向发展。引导的方法包括：提出适当的问题以引起学生的思考和讨论；在讨论中设法把问题一步步引向深入以加深学生对所学内容的理解；要启发诱导学生自己去发现规律、自己去纠正和补充错误的或片面的认识。

（3）学生的角色是教学活动的积极参与者和知识的积极建构者。建构主义要求学生面对认知复杂的真实世界的情境，并在复杂的真实情境中完成任务，因而学生需要采取一种新的学习风格、新的认识加工策略形成自己是知识与理解的建构者的心理模式。建构主义教学比传统教学要求学生承担更多的管理自己学习的机会；教师应当注意使机会永远处于维果斯基提出的"学生最近发展区"，并为学生提供一定的辅导。

虽然建构主义学习理论和认知主义学习理论是不同的两个理论，但是也有相似的观点。比如，它们都将人类的思维过程和计算机对信息的加工处理进行类比；它们都支持图式理论，并都认为将超媒体、多媒体用于教学会收到较好的效果。

建构主义本来是源自关于儿童认知发展的理论，由于个体的认知发展与学习过程密切相关，因此利用建构主义可以比较好地说明人类学习过程的认知规律，即能较好地说明学习如何发生、意义如何建构、概念如何形成，以及理想的学习环境应包含哪些主要因素等。总之，在建构主义思想指导下可以形成一套新的比较有效的认知学习理论，并在此基础上实现较理想的建构主义学习环境。

纵观学习理论的发展历史，从桑代克提出第一个较完整的学习理论到 20 世纪 80 年代以前主要是一个从行为主义到认知主义的历程。从行为主义到认知主义，人们逐渐加深了对学习的认识，这是一个进步。但是，认知主义者研究学习时与行为主义也有相同之处，即它们持有的都是一种客观主义的立场，强调学习当中客观性的一面而忽视了其主观性的一面；而且它们研究的都是经过简化了的学习，与真实的生活情境存在一定差距，忽视了学习的社会性、情境性特征。而建构主义对此做了深入、全面的探讨，在一定程度上弥补了学习理论研究的不足。

【拓展性阅读】

    [1] 吴庆麟，胡谊. 教育心理学——献给教师的书. 上海：华东师范大学出版社，2003.

    [2] 施良方. 学习论. 北京：人民教育出版社，1994.

【研究性课题】

    1. 桑代克的联结说的主要观点及其主要的学习规律是什么？

    2. 试阐述人本主义的学习理论以及它对我们当前教学的影响。

    3. 奥苏贝尔提出的意义同化的模式是什么？尝试举例说明。

    4. 简要评述认知派心理对于学习的理解和看法。

    5. 怎样理解学习是一个建构的过程。这一观点与以往学习理论有何不同？

    6. 建构主义学习理论对学习的认识有哪些新的观点和看法？如何看待和评价这些观点和看法。

    7. 举例说明某一种理论是如何解释我们的学习，并用自己所学的心理学知识对其加以评价。

第三章　学习与认知

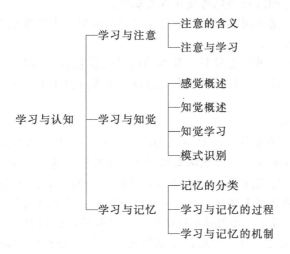

【学习目标】

◎ 能用自己的语言陈述注意、知觉、编码、组块、感觉记忆、短时记忆、长时记忆、记忆广度、长时程增强作用、知觉学习、模式识别等术语。

◎ 能对几种注意模型之间的异同分别进行比较。

◎ 能举例说明内隐记忆、内隐学习的含义。

◎ 能举例说明注意、知觉对学与教的影响。

◎ 能简述加涅的信息加工模型，并对三种记忆系统的特点进行比较和分析。

◎ 能结合实例说明记忆分类的意义。

第一节　学习与注意

一、注意的含义

注意是心理活动对一定对象的指向和集中。注意的核心在于对输入的刺激信息有选择地进行加工分析而忽略其他的刺激信息。注意是个体信息加工的重要内部心理机制，表明人具有主动加工刺激信息的特性。

注意最基本的功能就是选择性。生活环境中的刺激信息是极其丰富的，但其中很多信息对个体来说没什么意义，同时人的注意能力又是很有限的，而注意的选择性使人将有限的注意力集中到那些重要的信息上，为个体的正常生活提供了保证。一般而言，影响注意的因素有刺激物的物理特性、个体的需要、兴趣、情感及已有的知识经验等。

（一）注意的特征

注意有如下四个基本特征。

（1）注意的广度。指一个人在同一时间内能清楚地把握客体的数量，也称注意的范围。如：在 0.1 秒内，成人能认清 8～9 个黑点，4～6 个没有联系的外文字母，3～4 个几何图形，3～4个没有联系的汉字等。个体的知识经验和刺激信息的呈现模式等会较大地影响到注意的广度。

（2）注意的稳定性。有广义和狭义两种含义。广义的是指注意停留在与任务相关的活动内容上的时间。狭义的是指注意停留在同一对象上的时间。

（3）注意的分配。指在同一时间将注意力分配在两种或两种以上的活动中。注意分配的重要条件是其中有些活动应相当熟练或达到自动化。

（4）注意的转移。指把对某刺激信息的注意转移到另一个刺激信息上。

（二）注意的模型理论

注意是信息加工的一种内在机制，基本功能是对信息进行选择。20世纪60年代以来，认知心理学对注意的特征，尤其是对注意的选择性功能进行了大量研究，并提出了一些有关注意模型的理论。

1. 过滤器模型理论

英国心理学家布鲁德本特（D. E. Broadbent）于1958年最早提出此理论。他采用双耳分听技术进行研究：让被试通过耳机两耳同时听一些数字，这些数字分为三个一组，如左耳6，2，7，右耳4，9，3。左右耳同时成对输入（6-4，2-9，7-3），每隔半秒输入一对，直到全部输完，然后要求被试马上回忆。结果发现，被试分别再现各耳听到的数字（6-2-7，4-9-3）的正确率为20%。对此，布鲁德本特认为，人的两耳是分隔的两个信息通道，感觉信息是经单行通道串行加工的。当一个通道接受信息时，另一通道的信息只能暂存在缓冲记忆中，并会迅速衰退。只有当一个通道的信息加工完成后，另一通道的信息才能被提取出来加工。也就是说，人的高级神经中枢的加工能力是有限的，为了避免在神经系统加工能力上的超载，需要一个类似过滤器的装置来选择外界的刺激信息。刺激信息除了一部分通过过滤器的选择做进一步的加工处理外，那些被过滤了的刺激信息就迅速丧失了。此模型中的过滤器是按照"全或无"的原则工作的，因此也称单通道模型。

2. 衰减器模型理论

根据过滤器理论，人脑内存在着某种感官的内在开关装置，它激活了某个刺激信息的加工通道（比如右耳或左耳），从而使注意在指向该通道的时候过滤掉了其余的刺激信息。但特瑞斯曼（A. M. Treisman）的研究对此模型提出了挑战，她提出了注意的衰减器模型。特瑞斯曼的双耳分听实验表明，人能够成功地在两耳之间跳跃式地捕捉刺激信息的意义。她让被试的两耳收听不同的故事内容，耳机上有一个开关，可以随时将一个耳朵听到的内容转换到另一个耳朵中。被试被指定必须报告从一个耳朵（追随耳）听到的内容，忽略另一耳（非追随耳）听到的内容。实验中，将传入追随耳的内容突然转换到非追随耳中，同时将另一新内容立即输入追随耳。结果表明，尽管故事内容被转换到非追随耳，但被试却先报告追随耳和非追随耳听到的故事内容，然后才报告追随耳听到的新内容。如：追随耳听到"There is a house understand the world"，非追随耳听到"knowledge of on a hill"，但被试报告听到的是"There is a house on a hill"，并声称信息来自同一耳朵。

可见，当句子开始于追随耳，结束于非随耳的时候，被试会自动将注意转移到非追随耳中的信息，保持意义的连续性。特瑞斯曼指出，可能存在两种过滤器：一种是对信息的感觉特征进行选择，另一种是对信息的语义特征进行选择。过滤器并不是以"全或无"的原则进行工作的，无关信息并未被过滤器阻断，只是受到程度不同的衰减，当无关信息发生重要变化的时候，马上会被注意到（如在喧闹背景下突然听到自己的姓名），如果变化不大或只发生了某些细微变化，注意就不会发生转移反应，这种现象也被称作"注意的鸡尾酒会"现象。这也说明了人是如何使有限的信息通道迅速转换并传递更为重要的刺激信息的。

衰减器模型和过滤器模型的不同主要表现在两方面：首先，过滤器模型把注意的选择视为对刺激信息物理特征的分析，而衰减器模型则要复杂得多，认为既存在对刺激信息物理特征的加工处理，也存在对刺激信息的意义的高级加工处理过程；其次，过滤器模型中的过滤器按"全或无"的原则进行工作，那些未被选择的信息通道是关闭的，而衰减器模型则认为未被选择的信息通道并不是完全关闭的，它们只是关小些或做些阻抑性衰减，这样就把单通道模型改成了双通道模型，注意则在信息通道之间进行分配。

3. 反应选择模型理论

多伊奇（Deutsch）和诺曼（Norman）提出注意的反应选择模型，认为输入到感觉通道的信息都是可以进入到高级分析水平阶段的，也是可以得到全部的知觉加工和处理的，信息的选择依赖于刺激信息的知觉强度以及意义。注意并不仅仅在于选择刺激信息的物理特征或意义，更在于选择对刺激信息做何种反应，即输入的信息都会被加工，但输出则是按刺激信息的重要性进行安排的，人只对自己感到重要的刺激信息做出反应，而不会对不重要的信息做反应。当出现更重要的信息时，原来认为重要的信息就会被剔除。他们认为，刺激信息到达长时记忆系统并激活了其中的有关内容，然后竞争工作记忆的信息加工，人的注意是一种主动的信息加工机制。

反应选择模型与知觉选择模型（即过滤器模型和衰减器模型）的主要差异在于注意选择功能在信息加工系统中发生作用的位置不同，见图 3.1。

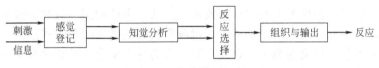

图 3.1　注意模型比较

从图 3.1 可见，按知觉选择模型，注意选择功能位于觉察和辨识之间，这意味着不是所有信息都能进入下一阶段进行高级分析而被辨识的；而按反应选择模型，选择功能位于辨识和反应之间，意味着所有被输入感觉通道的信息均可以被辨识，但只有一部分被认为是重要的刺激信息才会引起反应。

对于知觉选择与反应选择两种理论一直争论不断，直至今天仍无充分根据完全肯定其中一个理论或否定另一个理论。但认知心理学家设想，注意既可以是知觉选择，也可以是反应选择，认为对刺激信息的选择过程可发生在信息加工的不同阶段，这种观点现被认为是多阶段注意选择模型，是对上述几个模型的综合。

4. 资源分配模型理论

此模型认为，人类执行认知或心智任务的心理能量是有限的，或者说加工信息的心理资源是有限的，注意只能在心理资源许可的范围内承担有限的任务。认为每项认知活动都需要占有和消耗一定的认知资源，故在对信息进行加工活动时受到心理能量的限制，只有当认知活动所需要的资源之和不超过注意的总资源时，注意的协调和分配才能同时进行。所以，在同时面临两种或多种任务时，便会出现系统资源的竞争，于是信息加工系统会根据不同的任务目标分配有限的资源，选择一定的输入信息进行加工，其余信息则因资源限制而被放弃。

资源分配模型由卡内曼（D. Kahneman）于 1973 年提出。之后，诺曼等人又对认知活动做了区分，把认知活动分为两类：资源限制的认知活动和材料限制的认知活动。后者是指人的注意受到刺激信息任务（刺激材料）的低劣质量或不适宜加工的信息的限制，即使分配到了较多的认知资源也不能顺利完成认知活动。如批改字迹极潦草的作业等。

二、注意与学习

根据相关研究，注意与学习的关系主要体现在以下几个方面。

第一，注意是最基本的，指注意与辨别、记忆的关系。没有注意就没有对刺激信息的辨别，没有对信息的辨别与选择，就没有对相关信息的学习与记忆。

第二，对刺激信息的注意必须维持到加以选择之后的一定时间，以便对信息进行加工处理。如有研究表明，对感觉登记并经选择的刺激信息必须要给予大约 8 秒的持续注意才可能输入到短时记忆做进一步的处理，然后再存储到长时记忆中。

第三，提高注意动机能在很大程度上增进学习与记忆的效率。认知心理学提出，要提高注意力，必须让学生对学习内容具有一定的兴趣。研究表明，个体对不太简单也不太复杂的刺激信息或相关事物最感兴趣，也最能保持注意。太简单则缺少新信息，易引起厌烦；太复杂则难以发现新信息或不知所以，也不会引起并保持注意。如简单重复的练习、罚抄生字等，不可能达到预期的效果。

当然，动机水平是遵循耶基斯-多德森定律的，过低则注意力难以集中，影响认知活动，过高则会过度紧张，导致注意的窄化，也不利于认知活动。一般而言，中等强度的动机水平才是合适的。

第四，扫视、警觉与学习。人的主动性注意可分为中央注意和边缘注意。中央注意即选择性注意，边缘注意是指个体用扫视方式获取周围环境中相关信息的活动。

扫视在学习中是一种极为重要的可训技能，如受过训练的图书资料剪报员，能很快地同时扫视不同课题的信息；儿童的年龄越大，就越能较好地利用扫视方式注意周围事物。

另外，注意不仅是知觉的集中，它还具有一般的警觉功能。警觉是指对事物细微信号变化的察觉。人在清醒状态下，知觉系统是以扫视形式注意事物的，而当出现特殊的或有意义的信号时，就会把一个或几个知觉系统指向该信号，这就是警觉。警觉对学习有重要意义，但人的警觉水平受很多因素的影响，不仅与个体的动机水平、知识经验、受过的教育、当前的期望等有关，也与刺激物本身的特点如物理特征、情绪特征、差异特征和指令特征等有关。在教学中，教师通过变化字体的大小、声音的高低、列举新奇的例子等都可提高学生的警觉水平，提高学习效率。

第五，注意与自动化加工。一种活动所需的注意资源是有赖于该活动的熟练程度的。高度熟练的活动只需很少注意就能顺利完成，这种现象称为自动化加工。自动化加工有如下三个特点：①只需很少的注意资源，因而可与其他活动同时进行；②个体很少能注意到自动化加工的过程；③需经广泛的训练才能形成，而一旦形成则很难减退。注意的资源是有限的，所以一些基本认知技能的自动化对学习的意义非常大，使有限的注意资源能更多地分配到重要的方面。基本认知技能有扫视、阅读、解题、写作等。而训练技能自动化的有力手段就是练习，故而充分的练习对学生来说是十分必要的。

第二节 学习与知觉

一、感觉概述

(一) 感觉的概念及意义

(1) 定义。感觉是人脑对直接作用于感觉器官的客观事物的个别属性的反映。物体的这些个别属性通过感觉器官作用于人脑，在人脑中引起的心理活动就是感觉。

(2) 意义。①感觉提供了内外环境的信息。②感觉保证了机体与环境的信息平衡。③感觉是一切较高级、较复杂心理现象的基础，是人的全部心理现象的基础。换句话说，感觉是认识世界、获取知识的开端，也是维持正常心理活动的必要条件。

（二）感觉的分类

根据感觉的性质可把感觉分为两大类：外部感觉和内部感觉。

外部感觉是指接受外部刺激，反映外界事物个别属性的感觉，包括视觉、听觉、味觉、嗅觉和肤觉。肤觉又可细分为温觉、冷觉、触觉和痛觉。

内部感觉是指接受机体本身的刺激，反映机体的位置、运动和内部器官不同状态的感觉，包括运动觉、平衡觉和机体觉。

（三）感觉的编码

感觉的产生是分析器活动的结果。分析器是由感觉器官、传入神经和大脑皮层感觉中枢所组成的统一形态的机能结构整体。感觉的产生必须具有分析器所有部分的完整性。首先是感受器能把外界刺激的物理能量转化为神经冲动，故又把它称为"换能器"，即将感觉器官接受的各种适宜刺激转换为生物电能。其次是传入神经把神经冲动通过神经系统传递至大脑皮层，并在复杂的神经网络的传递过程中对传入的信息在不同阶段上进行有选择的加工。最后，在大脑皮层的感觉中枢区域，传入的刺激信息被加工为人所体验到的具有各种不同性质和强度等维量的感觉。

简言之，我们的神经系统不能直接加工外界输入的物理能量和化学能量，这些能量必须经过感官的换能作用才能转化为神经系统能够接受的神经能或神经冲动。这个过程就是我们说的感觉编码。

（1）特异化理论。不同性质的感觉是由不同的神经元来传递信息的。

（2）模式理论。编码是由整组神经元的激活模式引起的，只不过某种神经元的激活程度较大，而其他神经元的激活程度较小。

二、知觉概述

（一）概念

知觉是人脑对直接作用于感觉器官的客观事物的各个部分和属性的整体反映。知觉是在感觉的基础上产生的，它是对感觉信息整合后的反映。

（二）感觉与知觉的关系

（1）联系。①同属于认知过程的感性阶段，其源泉是客观现实。②都是对客观事物的直接反映。③感觉和知觉两者同时发生，合称感知。

（2）区别。①感觉是对事物个别属性的反映，知觉是对事物整体的反映。②感觉的产生依赖于客观事物的物理属性，相同的刺激会引起相同的感觉。知觉不仅依赖于它的物理特性，还依赖于知觉者本身的特点。③感觉是某个分析器活动的结果，知觉是多个分析器活动的结果。

（三）知觉理论

（1）格式塔理论。认为知觉具有主动性和组织性；人总是尽可能用简单的方式去感知外界刺激，知觉遵循"概略"规律；知觉符合于神经系统的特征。

（2）知觉的推断理论。假定知觉经验是一个混合物，它一部分信息来自当前的感觉，大部分信息是从储存的信息库中提取出来的。知觉可以预测外界刺激的性质，具有适应环境的功能。

（3）心理物理对应理论。认为知觉中完全不需要推理过程参与，因为刺激已经相当完整和详细，足以产生知觉，知觉与刺激相对应。

（四）知觉的分类

（1）根据知觉过程中起主导作用的分析器，可以把知觉分成视知觉、听知觉、触知觉、嗅知觉、味知觉等。

（2）空间和时间是物体存在的两种形式，运动又是一切物体的基本属性之一。所以根据知觉对象的空间特性、时间特性和运动特性，又可把知觉分为空间知觉、时间知觉和运动知觉。

（3）根据人脑所反映的事物特性，可以把知觉分为物知觉与社会知觉。

（五）知觉特征

知觉是将感官获得的信息转化为有组织和有意义的整体的过程。知觉不是简单地、被动地接收信息，而是依据原有的经验对输入的刺激信息加以识别和理解。知觉具有如下三个特征。

1. 选择性

人对同时作用于感觉器官的所有刺激并不都发生反应，而只对其中少数刺激加以反应，这种对外来信息进行选择而做进一步加工的特性叫做知觉的选择性。在知觉过程中选择少数刺激或刺激的重要方面有利于有效地认识外界事物，适应外界环境。

影响知觉选择性的因素从客观而言有：对象与背景的差别性、对象的活动性、刺激物的新颖性、刺激物的强度等。从主观来看有：知觉目的和任务、个体知识经验的丰富程度、个人需要和兴趣、定势与情绪状态等。

2. 整体性

知觉的整体性就是指人在过去经验的基础上把由多种属性构成的事物知觉为一个统一的整体的特性。

格式塔心理学认为知觉不能被分解为小的组成部分，知觉的基本单位就是知觉本身，格式塔心理学的信条就是：整体不同于部分之和（the whole is different from the sum of its parts）。格式塔心理学强调结构的整体作用和产生知觉的组成成分之间的联系。

格式塔心理学研究认为，人类具有不需要学习的组织倾向，这使我们能够在视觉环境中组织排列事物的位置，感受和知觉出环境的整体与连续，并总结出如下几条组织原则。

（1）图形与背景的关系原则。认为一个人的知觉场始终被分成图形与背景两部分。"图形"是一个格式塔，是我们知觉到的事物；"背景"则是尚未分化的、衬托图形的东西。人们在观看某一客体时，总是在未分化的背景中看到图形的。而且，视觉场中的构造是不时地变化着的，也就是说，当人们连续不断地扫视环境中的刺激物时，种种不同的客体一会儿是图形，一会儿又成了背景。图形与背景两可图是说明这种现象的经典例子。

（2）接近或邻近原则。在时间或空间上接近部分容易形成一个整体。

（3）相似原则。刺激物的形状、大小、颜色、强度等物理属性方面比较相似时，这些刺激物就容易被组织起来而构成一个整体。

（4）封闭原则，有时也称闭合原则。有些图形是一个没有闭合的残缺的图形，但主体有一种使其闭合的倾向，即主体能自行填补缺口而把其知觉为一个整体。

（5）好图形原则。主体在知觉很多图形时，会尽可能地把一个图形看做是一个好图形。好图形的标准是匀称、简单而稳定的，即把不完全的图形看做是一个完全的图形，把无意义的图形看做是一个有意义的图形。

（6）共方向原则，也有称共同命运原则。向着相同方向变化倾向的部分容易被看成是一个整体。

（7）简单性原则。人们对一个复杂对象进行知觉时，只要没有特定的要求，就会常常倾向于把对象看做是有组织的简单的规则图形。

（8）连续性原则。如果一个图形的某些部分可以被看做是连接在一起的，那么这些部分就相对容易被我们知觉为一个整体。

3. 恒常性

当知觉的条件在一定范围内发生变化时，知觉结果保持不变。恒常性具有重要的适应意义。在视觉范围内，知觉恒常性有以下类型。

（1）大小知觉恒常性。指人对物体的知觉大小不完全随映像变化而趋于保持物体实际大小的特征。

（2）明度和颜色恒常性。指人对客观物体固有的明度和颜色的知觉不随映像变化而保持不变的知觉特征。

（3）形状恒常性。指人对客观事物形状变化而反映客体本身形状不变的知觉特征。

4. 理解性

是指人以知识经验为基础对感知的事物加工处理，并用语词加以概括赋予说明的加工过程。知觉理解性主要受到个人的知识经验、言语指导、实践活动以及个人兴趣爱好等多种因素的影响。

三、知觉学习

知觉学习最初是由吉布森（E. J. Gibson）提出的，她于 1969 年在书中指出：有机体由于对环境所提供的大量刺激进行练习，从而提高了在环境中获取信息的能力。这种经由练习而导致的获取信息能力的提高就是知觉学习。后来的心理学家认为，个体因不能区分环境中各种不同的刺激，就开始知觉学习，学习的结果是达到对这些刺激的区分。知觉学习是很常见的，如辨别形状和大小、确定方位和距离、估测时间和温度、区分同卵双生子等。

吉布森在实验基础上，提出了三个知觉学习的原理，这些原理均与辨别学习有关。

（1）分化性原理。辨别学习要求学习者能发现使刺激信息区分开来的主要差异。

（2）独特性原理。学习者可借助那些与众不同的特征来进行辨别。

（3）对比性原理。辨别学习可通过提供鲜明对比的一些例子来实现。

根据知觉学习的特点，有学者提出，在教学中可采用如下一些技术来促进学生的知觉学习。

（1）扩大相关特征。如教师用不同颜色将"已、己、巳"的关键部分标出，可加深印象，便于学生识别。

（2）对比。如将 b 和 d 放到一起进行对比，易于学生辨别。

（3）多种知觉系统协同作用。如认字时，既让儿童念，又用手写，就运用了视觉、听觉、运动觉的协同作用，故易于学生掌握。

（4）强化或反馈。当学生进行识别时，教师要对正确的予以肯定，对错误的及时纠正。

四、模式识别

（一）模式识别的含义

现代认知心理学用信息加工的观点来说明人的知觉，把知觉看成对感觉信息的选择、组织、解释和确定意义的过程，这种理解又多是围绕模式识别进行的。

模式是由若干元素或成分按一定关系形成的某种刺激结构。符号、图像、物体、音乐等周围世界的各种客体，都可看做是由某些刺激元素以一定方式构成的各种模式。模式又可分为视觉模式、听觉模式、触觉模式等。

模式识别是指一个人把输入的刺激信息（模式）与记忆中的有关信息相匹配，借此辨认出该刺激属于什么范畴，也就是确认知觉到的某个模式是什么，并把它与其他模式区分开来。个体对物体、语言等的识别都是模式识别。

模式识别必须具备两个基本条件：一是来自环境的信息，即当前出现的某个刺激模式的信息；二是个体自身具备的信息，即先前获得的有关这类刺激的知识经验。当这两类信息匹配时，模式被识别。所以模式识别的实质是赋予刺激信息以特定意义的过程，包括认字、品出菜味、听出某人的声音等。模式识别是介于感觉登记和短时记忆之间的一个典型的知觉加工过程。一般要经历三个基本阶段：①分析阶段，从感觉记忆中抽取信息并进行分解；②比较阶段，将经过分析的信息与记忆中原有的各种信息进行比较和匹配；③决策阶段，对刺激信息做出解释，使模式得到识别。知觉不仅与注意、记忆密切联系，还在比较和匹配阶段受到内部期望的影响。

（二）模式识别的理论

格式塔心理学最早研究模式识别，认为组织是知觉之本，模式的自发组织是刺激本身的自然特点，它与个体的过去经验只有有限的联系。之后，认知心理学提出了许多模式识别的假说，影响较大的有下面几种。

（1）假设考验说。认为知觉是以假设为纽带的现实信息和记忆信息相结合的再造。由于感觉信息有时是模糊的、片断的、双关的，因而不能提供真实、完整的描述，而且这些信息可能是某种具有特别意义的象征（如交通信号灯），或者是语言文字，因此，只有在过去经验的基础上对其做出推断、评价、解释，才能形成知觉。此一学说是以过去经验为基础的知觉加工理论。所谓过去经验，主要以假设、期望或图式等形式在知觉加工中起作用。图式是一系列假设和期望，包括对可能出现的信息的预测，并指导感官从环境中获取信息。

（2）直接作用说。认为自然界的刺激是完整的，可以提供非常丰富的信息。我们的感觉系统已经发展到完全可以直接利用这些信息产生相应的知觉，而无须在过去经验的基础上形成假设、进行考验。认为刺激物的直接作用有两个特征：第一，刺激物本身是有组织的，如距离或深度刺激是种特定模式，其特点是刺激物的结构密度呈梯度变化，其中，距离的线索就是光线的梯度；第二，刺激物具有"提供量"，提供量是指事物本身物质性和观察者眼中物体外表的联合作用，如垂直固体表面意味着阻止运动，或者说象征一种障碍。

（3）自下而上加工与自上而下加工。这两者的区别在于，模式识别过程是由模式的各个部分引起的还是由模式整体的假设引起的。例如，识别一个人，是先识别五官、四肢，还是先识别这个人才认出其手脚等其余部分。

自下而上加工也称材料驱动的加工，指从低层次的感觉输入分析开始，到高层次抽象语义表征为止的知觉加工。认为知觉加工从低水平的物理特征开始，由简单的、局部的特征逐渐组合成较大的整体，直至做出最后的解释，使刺激获得意义。

自上而下加工也称概念驱动的加工，指从高层次的信息表征开始，到低层次的对感觉信息的加工为止的知觉加工。认为知觉是由经验塑造的，并且是在有关原有知识和期望的引导下进行的。如对句子中某个字的识别既受字形本身信息的影响，也受上下文材料的影响，读者会对句中可能出现的字产生某种期望，推测可能的组合，因而一个字迹不清的字能在完整的句子中被识别，而某些错别字也可能被疏忽。

上述两种加工理论可能各有其合理成分，后来有人还提出了将两种加工结合起来的综合加工假说。

（三）模式识别的模型

为回答原有知识经验是以何种形式储存在记忆之中的等问题，心理学家提出了关于模式识别的一些模型。

（1）模板匹配。该模型认为，长时记忆中所储存的是各种刺激的拷贝，即模板，每一模板都与一特定刺激物（模式）相联系。个体在看一事物时，视网膜能得到该事物的映像，并将其传递到大脑皮层相关部位，与已储存在这一部位的各类模板进行比较和匹配，当模式与模板达到最大程度的重叠时，模式便得到识别。

这一假说的缺点是：第一，适应性较差，如果知识都以模板形式储存，那么就难以应付环境中各种变化的刺激；第二，模板匹配导致记忆负担过重。

（2）原型匹配。原型是假设的、典型的某类模式的示例。原型匹配指从一类事物的具体形象中抽取出共有形式或关键特征的一种抽象形式。认为记忆中储存的是一类事物的内部表征，即原型，在知觉事物时，将当前模式与记忆中的原型进行比较，如果近似匹配，该事物就可得到识别。

原型是在模板的基础上形成的。在知觉事物时，开始储存的都是模板，但记忆中的模板会在对不同变式的事物的知觉过程中不断地得到修改，并最终演化为抽象的原型。记忆中的原型可以与一类事物相匹配而不是只与单个事物相匹配。

（3）特征匹配。该模型认为，所有刺激模式都是由可以分解的若干元素按一定关系构成的，这些元素以及它们的关系就是特征。如字母 A 的特征是两条线段在顶部相交成约 45 度，另一线段与这两条线段在中间相交。储存在长时记忆中的是一系列刺激特征，它们形成一张刺激特征登记表。模式识别就是对当前模式的特征进行分析，然后将其与记忆中的特征进行比较，做出最佳匹配时模式就得到识别。特征匹配的两个重要环节就是特征的分析和提取。

（四）模式识别与学习

就学习而言，涉及最多的是字词符号。字词识别是熟练阅读的必要条件，也是知觉模式识别的重要组成部分。有关字词模式识别的假说尚未获得广泛认可，这里就只介绍两个关于汉字的研究结论。

（1）字形结构与字词识别。汉字是包含音、形、义的图形文字，分独体字和合体字两大类。笔画则是汉字中最小的结构单位，它按一定数量和一定空间构成独体字或部件，并由部件构成合体字。笔画数与结构方式是汉字字形结构的两个主要特征，也是影响汉字识别的两个重要因素。

国内学者做了很多汉字识别的实验研究，发现以下一些结论：①在各种结构类型的汉字中，独体结构的字最难辨认。②在对汉字部件的知觉中，存在左右优势效应，即对左右结构字部件的识别易于对上下结构字部件的识别，上下结构字的上部件比左右结构字的左部件难以辨认。而对上下结构字而言，上半部较下半部对识别更为重要。③辨认字形时，字的首、尾、边、外框、轮廓以及构成字的骨架的突出笔画或部件等往往最先被识别。

所以在识字教学中应注意以下几点：①在指导学生分析字形时，应先让学生了解整个字形，再做细致分析。②将字分解成部件比分解成笔画更有助于识别和记忆。③让学生熟悉和掌握常用组字部件如偏旁、部首等，可提高正确识别的效率。

（2）语境与字词确认。语境即语词的上下文。字词识别的目的是要确认字词的特定意义。阅读时的字词识别，既受自下而上的字词视觉信息的驱动，也受自上而下的语境信息的驱动。

语境会影响字词识别的速度，还会影响对字词意义的确认。对一些有歧义的字词，只有在特定语境中才能确认其特定的意义。

语境对字词识别既有易化作用又有干扰作用，这取决于语境与目标词的关系。比如，对教师-学生、卡车-汽油等，语境能缩短识别所需时间，但对教师-卡车、学生-汽油等，语境会起干扰作用，增加识别难度。

第三节 学习与记忆

记忆可分为广义记忆和狭义记忆两大类。广义记忆泛指大自然的记忆和生命体力活动的记忆，狭义记忆单指大脑的记忆。根据人类的约定俗成，平常所说的记忆都是狭义记忆。

记忆是人脑对经验过的事物的识记、保持、再现或再认。通过识记和保持可积累知识经验。通过再现或再认可恢复过去的知识经验。从现代的信息论和控制论的观点来看，记忆就是人们把在生活和学习中获得的大量信息进行编码加工，输入并储存于大脑里面，在必要的时候再把有关的储存信息提取出来应用于实践活动的过程。把两者结合起来，可以将记忆的含义表述得更确切一些。所谓记忆，就是人们对经验的识记、保持和应用过程，是对信息的选择、编码、储存和提取过程。

学习与记忆是脑的重要功能之一。学习是指人和动物依赖于经验来改变自身行为以适应环境的神经活动过程，而记忆则是学得的信息储存和"读出"的神经活动过程。学习和记忆是两个相联系的神经过程。条件反射的建立就是最简单的学习和记忆过程。

一、记忆的分类

（一）按意识参与程度划分

内隐记忆：过去经验对个体当前活动的一种无意识的影响。

外显记忆：过去经验对个体当前活动的一种有意识的影响。

最初对遗忘症病人的无意识记忆现象进行系统核查并指出其理论意义的是俄国精神病学家 Korsakoff，他在 1889 年发现，一位接受过电休克治疗的遗忘症病人早忘了接受过电击这件事，但当他再次见到电击仪时却露出了相应的行为表现。Korsakoff 通过临床观察指出：尽管遗忘症病人并未意识到，但事实上那些被遗忘的微弱的记忆痕迹（尚不足以进入意识记忆）却能对其行为产生影响。他说："我们认识到一系列无法被有意识提取的记忆痕迹，虽说只是存在于无意识中，但它们以一种既非积极又非消极的方式产生作用，并对遗忘症病人的思想、决策产生无意识的、间接的影响。"

关于内隐记忆和外显记忆以及内隐学习和外显学习的关系是认知心理学研究的重要课题。在内隐记忆和外显记忆的关系方面，有如下一些结论。

（1）加工深度对两者的影响不同。加工深度不影响内隐记忆，但对外显记忆则有非常明显的影响。

（2）两者的保持时间不同。内隐记忆随时间延长而发生的消退要比外显记忆慢得多。

（3）记忆负荷量的变化对两者的影响不同。记忆的项目越多，外显记忆越难，而内隐记忆则不然。

（4）信息呈现方式对两者的影响不同。感觉通道的改变会严重影响内隐记忆的作业成绩，而对外显记忆的影响相对较小。

（5）干扰因素对两者的影响不同。外显记忆很容易受到其他无关信息的干扰，而内隐记忆则不同。

（二）按内容划分

（1）形象记忆：即对感知过的事物形象的记忆。

（2）情境记忆：对亲身经历过的，有时间、地点、人物和情节的事件的记忆。

（3）情绪记忆：对自己体验过的情绪和情感的记忆。

（4）语义记忆：也叫词语-逻辑记忆，是用词语概括的各种有组织的知识的记忆。

（5）动作记忆：对身体的运动状态和动作技能的记忆。

（三）按信息保持时间长短划分

瞬时记忆：也叫感觉记忆，是指刺激信息在感觉通道内迅速被登记并保留一瞬间的记忆，一般在 0.25～2 秒之间。

短时记忆：是指信息保持时间在 1 分钟以内的记忆，一般只有 30 秒左右。

长时记忆：是指信息保持时间在 1 分钟以上的记忆。

二、学习与记忆的过程

（一）加涅的信息加工模型

加涅主张用学习和记忆的信息加工模式来解释学习的结果和过程。并于 20 世纪 70 年代提出了他的信息加工模型，见图 3.2。

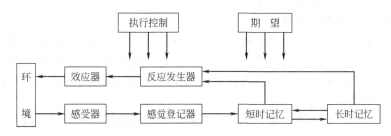

图 3.2　加涅的信息加工模型

1. 加工系统

又称操作系统。感受器从环境中接受刺激或输入信息，并将之传递至感觉登记器。信息在感觉登记器中只保存非常短暂的时间，这被称做感觉登记，也叫瞬时记忆。一般又把视觉的瞬时记忆称为图像记忆，把听觉的瞬时记忆叫做声像记忆。瞬时记忆有如下特点。

（1）瞬时记忆以刺激物原有的物理特征编码，即信息未经加工，所以瞬时记忆具有鲜明的形象性。

（2）瞬时记忆的容量很大，但保留的时间很短。一般认为，瞬时记忆的内容为 9～20 比特。

（3）如果对瞬时记忆中的信息加以注意，或者说当意识到瞬时记忆的信息时，信息就被转入短时记忆。而没有被注意到的信息会迅速消失，也就是遗忘了。

瞬时记忆中的信息只有小部分能被注意选择而进入到短时记忆系统中，并被编码和储存。研究表明，短时记忆系统具有将材料进行组织归类等功能，是一种组织信息的系统。短时记忆有如下特点。

（1）短时记忆的容量有限，一般为 7±2，即 5～9 个项目，这也就是平常我们所得的记忆广度。如果超过短时记忆的容量或插入其他活动，短时记忆则容易受到干扰而发生遗忘。米勒（Miller）等人认为，短时记忆的容量单位不是比特，而是组块。所谓组块（chunking），是指将若干较小的信息单元联合成熟悉的、较大单位的具有意义的信息单元。如单词"Psychology"由 10 个字母组成，对不懂英语的人而言，它有 10 个组块，但对懂英语的人而言，它仅是一个组块而已。组块的大小随一个人知识经验的变动和组织的不同呈现出很大的差异，所以，有人看一遍记不住一个单词，有人看一遍却能记住六七个单词甚至六七个句子。

（2）短时记忆是一种有意识的活动。

（3）短时记忆是一种知觉过程，不仅包括对输入的信息的接受，而且包括运用业已储存在记忆系统中的信息对输入的信息进行理解。

（4）在短时记忆中，主要以言语听觉方式对信息进行编码，但也有视觉方式的编码。语言文字的材料在短时记忆中多为听觉编码，即容易记住的是语言文字的声音而不是它们的形象；非语言文字的材料主要是形象记忆，而且视觉形象占有更重要的地位。此外，也有少量的语义记忆。

（5）短时记忆中的信息是当前正在加工的信息，因而是可以被意识到的。在短时记忆中加工信息的时候，有时需要借助已有的知识经验，这时又要从长时记忆中把这些知识经验提取到短时记忆中来。因此，短时记忆中既有从瞬时记忆中转来的信息，也有从长时记忆中提取出来的信息，它们都是当前正在加工的信息，所以短时记忆又叫工作记忆。

（6）短时记忆的信息经过复述，不管是机械复述还是运用记忆术所做的精细复述，都可以转入长时记忆系统，否则就被遗忘。

而在长时记忆中储存着两种不同的记忆。

（1）陈述性记忆。陈述性记忆是指对事实和事件的回忆。陈述性记忆又分为经历性记忆和语意性记忆两种。经历性记忆与个人生活经验相关，是个人生活事实的写照，故又称为自传式记忆。语意性记忆则表达对周围世界的认识和抽象事物的理解。我们的知识基础大都是语言、文字等语意性记忆的表现。

（2）程序性记忆。所谓程序性记忆，即对做事方法的记忆，学习者将做事的过程作为一个整体来记忆。更简单地说就是做事的先后顺序的记忆。

虽然我们在研究长期记忆储存的时候将它分类为程序性和陈述性记忆，但在应用中它们是合一的，比如科学的理论和实践。

长时记忆被看作一个储藏仓库，有如下特点。

（1）长时记忆的容量无论是信息的种类或是数量几乎都是无限的。

（2）长时记忆的编码有语义编码和形象编码两类。语义编码是用语言对信息进行加工，按材料的意义加以组织的编码。形象编码是以感觉映像形式对事物的意义进行的编码。

（3）长时记忆中存储的信息如果不是有意回忆的话，人们是不会意识到的。只有当人们需要借助已有的知识经验时，长时记忆存储的信息再被提取到短时记忆中，才能被人们意识到。

（4）对于熟练的自动化反应而言，被提取的信息直接从长时记忆流向反应器，并导致反应活动。而对有意识的认知活动而言，被提取的信息先流向短时记忆，然后才进入反应发生器，产生反应。

（5）长时记忆的遗忘或因自然的衰退，或因干扰造成。干扰分为前摄抑制和倒摄抑制两种。

加涅的模型吸收了记忆的多存储器模型理论的思想。多存储器模型的基本假设是，人的记忆系统中存在着三种不同类型的记忆存储器：感觉登记器、短时记忆存储和长时记忆存储。感觉登记器按感觉分为视觉的、听觉的、肤觉的等，即图像记忆和声像记忆等，具有感觉通道特异性。感觉记忆中只有那些在消退之前被选择与注意的信息才会转入到短时记忆中。

关于短时记忆和长时记忆两种记忆系统是否存在以及两者之间是否彼此独立，学界一直存在争议，并且争议的焦点主要在于后者。20世纪60年代，心理学家从脑损引起记忆障碍的病例中找到了证据：手术后，病人能轻易地回忆起手术前发生的事，但却不记得昨天做过的事，他甚至天天阅读同一个故事，却每次都说这故事以前从未阅读过。在他讲完故事前问他故事的开头，他尚能记得，但等他讲完后再问就不记得了，前读后忘。病人的表现说明他的两个记忆系统是完整的，但从短时记忆系统向长时记忆系统传递信息的通道受阻了，导致短时记忆系统中的信息得不到保持。可见，病人的大脑中有两种独立的记忆系统。

在脑损病例之后，心理学家在记忆实验中又获得了不少新的证据，证明人脑中确实存在两种彼此独立的记忆系统，其中最具说服力的证据有三个：两种记忆系统中的保持曲线是不同的；无意义音节适合于短时记忆；短时记忆和长时记忆有不同的回忆错误。

长时记忆是一个庞大而复杂的信息库，其中的信息绝大部分来自短时记忆信息内容的复述加工，但也有小部分是由于印象深刻而一次性存储的。研究表明，在长时记忆中，存在着独立的语义编码系统和表象编码系统，这两个系统都在某种情况下对刺激信息进行加工处理，并大大增加存储的数量与质量。其中，语义编码是主要方式，它除了对信息的意义进行深度加工外，还包括对刺激信息的组织或对自己认知结构的利用。

记忆系统是有组织的，那么长时记忆中的信息是如何组织的呢？主要有如下四种假说。

（1）联想模式。此一观念由亚里士多德最早提出。他认为记忆是一个观念系统，它借助联想的作用使观念与观念之间形成联结，由此组成一个复杂的网络系统。这一假说直到今天仍有生命力。

（2）层级模式。认为记忆结构按类属关系建构，一般观念下是具体观念，而一般观念与具体观念构成一种层级联系。比如，哺乳动物概念下有猪、牛、鲸等，而哺乳动物的概念又从属于更大的动物概念。

（3）命题模式。认为进入长时记忆系统的知识是以语词方式保持的，而语词则是以命题方式组织的。长时记忆以两种形式组织语词的命题：一种是语词的表层结构，即实际登记在记忆系统中的那个语句，如"打人是不对的"；另一种是派生的结构，即登记在记忆系统中的那个语句的意义，如为什么打人是不对的，打人的危害是什么等。

（4）双重模式。认为长时记忆系统是由语义记忆和情景记忆两种方式组织的。情景记忆是按事件发生的时间、场合、先后将事件本身登记在长时记忆之中，而语义记忆不依赖于个人所处的某个特定时间或特定场合，它涉及的是事物的意义，存储的是个体运用语言或知识时所需要的和所获得的信息，是人对"世界的一般知识的记忆"。

2. 执行控制系统

它对整个加工系统进行调节和控制。例如，对感觉系统的调节可以使个体选择适当的信息加以注意和知觉；对编码方式的调节可以提高信息存储的质量等。这一系统在加涅的学习结果分类中被称为认知策略。

3. 预期

这是信息加工过程的动机系统，对加工过程起定向作用。学习都指向一定的目标，而达到目标的动机、态度直接影响到学习者的努力程度和注意集中水平，并进而影响到对原有相关知识的激活水平。

（二）梅耶的学习过程模型

梅耶在加涅的学习信息加工模型基础上进行简化，于 1987 年提出了一个简约的学习过程模型，见图 3.3。根据模型，学习活动始于学习者的注意（A），通过注意，学习者选择了与当前学习任务有关的信息材料，并将有限的心理能量集中在相应的活动上，同时，与新信息有关的储存在长时记忆中的原有知识被激活（B）。新信息进入短时

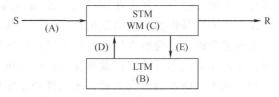

图 3.3　梅耶的学习过程模型

记忆系统，学习者找出新信息各部分的内在联系（C），同时与新信息有关的处于激活状态的原有知识和新信息产生联系（D）。最后新知识进入长时记忆中储存起来（E）。

三、学习与记忆的机制

（一）学习与记忆的脑功能定位

运用脑外科手术切除某一部分脑组织，观察手术对某种学会了的反应的影响，或者观察手术对动物的学习效率的影响以及对病人的临床观察，这是学习和记忆的神经基础研究手段。目前的相关研究表明，学习与记忆涉及整个脑的广泛区域，但某些特殊的区域和环路对学习与记忆的影响更为重要。

大脑皮质联合区可对获得的信息进行集中加工处理，是记忆痕迹的储存区域。其中某一区域的损伤可分别引起失语症、失认证、失行症等。由海马、杏仁核等组成的边缘系统与空间记忆和感情记忆等有关。另有研究表明，人脑中负责存取长时记忆的区域是前扣带脑皮层。

（二）学习与记忆的神经生理机制

（1）从神经生理的角度来看，神经元活动的后作用是感觉性记忆的基础。任何学习活动，即使是最简单的学习也不是靠单个细胞的活动，而是靠大量神经元的综合活动，这些神经元之间构成复杂的关系网络。神经元活动具有一定的后作用，在刺激作用过去以后，活动仍存留一定时间，这是记忆的最简单的形式，这可能就是感觉性记忆的机制。在神经系统中，神经元之间形成许多环路联系，环路的连续活动也是记忆的一种形式，这可能就是短时记忆的机制。

学习和记忆的基础在于神经系统发育的可塑性，而关键部位是突触。突触的可塑性变化可以发生在各种神经元之间，它是学习和记忆的细胞生理学基础。对突触传递过程的变化与学习记忆的关系已进行了许多研究，如在海兔的缩鳃反射的研究中观察到，习惯化的发生是由于突触传递出现了改变，突触前末梢的递质释放量减少导致突触后电位减少，从而使反射反应逐渐减弱；敏感化的机制是突触传递效能的增强，突触前末梢的递质释放量增加。

在高等动物中也观察到突触传递具有可塑性。研究发现，在经过短暂高频刺激后，家兔、海马内神经元的突触后电位（EPSP）将增强，表现为潜伏期缩短、幅度增高，并能持续几小时，这种易化现象被称为长时程增强（long-term potentiation，LTP）。LTP 的发现为突触的可塑性变化提供了有力的证据。

（2）从神经生化的角度来看，较长时性的记忆可能与脑内的物质代谢有关，尤其是与脑内蛋白质的合成有关。在金鱼建立条件反射的过程中，如用嘌呤霉素（puromycin）注入动物脑内以抑制脑内蛋白质的合成，则运动不能完成条件反射的建立，学习记忆能力发生明显障碍。人类的短时记忆可能与这一类机制关系较大。在逆行性遗忘症中，可能就是由于脑内蛋白质合成代谢受到了破坏，以致使前一段时间的记忆丧失。

中枢递质与学习记忆活动也有关。运动学习训练后注射拟胆碱药——毒扁豆碱可加强记忆活动，而注射抗胆碱药——东莨菪碱可使学习记忆减退。用利血平使脑内儿茶酚胺耗竭，则破坏学习记忆过程。动物在训练后，在脑室内注入 γ-氨基丁酸可加速学习。动物训练后将加压素注入海马齿状回可增强记忆，而注入催产素则使记忆减退。一定量的脑啡可使动物学习过程遭受破坏，而纳洛酮可增强记忆。临床研究发现，老年人血液中垂体后叶激素含量减少，用加压素喷鼻可使记忆效率提高；用加压素治疗遗忘症亦收到满意效果。

（3）从神经解剖的角度来看，永久性的记忆可能与新突触的建立有关。在动物实验中观察到，生活在复杂环境中的大鼠，其大脑皮层的厚度大，而生活在简单环境中的大鼠，其大脑皮层较薄，说明学习记忆活动多的大鼠，其大脑皮层发达，突触联系多。如果让猴子仅用中间的三个手指去触摸一个旋转的圆盘，经过数千次触摸之后，猴子大脑中专管中间三个手指的皮层区就会扩大。这说明，个体的实践能够导致大脑皮层相应区域的变化。人类的长时记忆的机制可能属于这一类。

【拓展性阅读】

[1]　皮连生. 智育心理学. 北京：人民教育出版社，2008.

[2]　皮连生. 学与教的心理学. 第 5 版. 上海：华东师范大学出版社，2009.

[3]　梁宁建. 当代认知心理学. 上海：上海教育出版社，2003.

[4]　李维. 学习心理学. 成都：四川人民出版社，2000.

[5]　刘儒德. 学习心理学. 北京：高等教育出版社，2010.

[6]　丁锦红，张钦，郭春彦. 认知心理学. 北京：中国人民大学出版社，2010.

【研究性课题】

1. 探讨内隐记忆对学与教的影响作用。

2. 评析模式识别的几个理论模型，并讨论如何将其有效地应用到教学过程中。

第四章 陈述性知识的学习

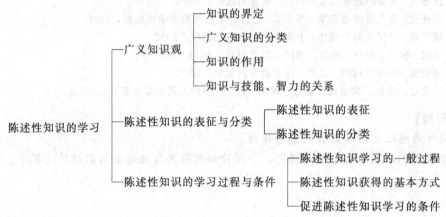

陈述性知识的学习
- 广义知识观
  - 知识的界定
  - 广义知识的分类
  - 知识的作用
  - 知识与技能、智力的关系
- 陈述性知识的表征与分类
  - 陈述性知识的表征
  - 陈述性知识的分类
- 陈述性知识的学习过程与条件
  - 陈述性知识学习的一般过程
  - 陈述性知识获得的基本方式
  - 促进陈述性知识学习的条件

【学习目标】

◉ 能陈述知识的概念及其分类。

◉ 能对提供的简单句子画出其命题网络图。

◉ 能举例说明四种同化学习模式在课堂教学中的运用。

◉ 能根据陈述性知识的学习过程和条件对某一学科内容的课堂教学进行教学设计。

　　加涅所说的言语信息（verbal information）有时又称言语知识（verbal knowledge），而当代认知心理学家则称之为陈述性知识（declarative knowledge），实际上都旨在表明在人所获得的能力中的一种最为熟悉的能力。本章就广义知识观与陈述性知识的学习加以阐述。

　　知识是人的素质结构中的基础性要素，知识的掌握是最基本的教育目标之一。知识的学与教的关系存在一个发展变化的过程。早期，教学与生活几乎同步，学习者主要在生活实践中，通过口传面授获取知识，而自学校教育产生后，教学成为传递人类文化知识的重要途径。教师如何教学，才能使学生获取真正的、深层的、灵活的知识？怎样通过知识的获得来发展学生的能力素质？这都是当今实施新课程改革中的根本问题。解决这些问题的关键在于教师怎样进行教学设计，而合理有效的教学设计必然要涉及如何理解知识以及对知识加以分类的问题。本章根据现代教育心理学有关研究的新成果，主要探讨广义知识观及陈述性知识的获得。

第一节 广义知识观

一、知识的界定

　　知识到底是什么，目前仍然有争议。知识历来是哲学中认识论研究的对象，故我们常见的有关知识的定义是从哲学角度提出的。如《教育大辞典》的定义是："对事物属性与联系的认识。表现为对事物的知觉、表象、概念、法则等心理形式。"[1]《中国大百科全书·教

---

[1] 顾明远. 教育大辞典. 第一卷. 上海：上海教育出版社，1990：144.

育》卷的定义是："所谓知识，就它反映的内容而言，是客观事物的属性与联系的反映，是客观世界在人脑中的主观映像。就它的反映活动形式而言，有时表现为主体对事物的感性知觉或表象，属于感性知识；有时表现为关于事物的概念或规律，属于理性知识。"● 从这两个定义中我们可以看出，知识是主客体相互统一的产物。它来源于外部世界，所以知识是客观的；但是知识本身并不是客观现实，而是事物的特征与联系在人脑中的反映，是客观事物的一种主观表征，知识是在主客体相互作用的基础上通过人脑的反映活动而产生的。上述定义为我们讨论知识的内含提供了哲学基础。但宏观的哲学反映论的认识还需要从个体认知角度进行具体化，这样才能有效地用以指导学校的具体教学。

与哲学不同，认知心理学是从知识的来源、个体知识的产生过程及表征形式等角度对知识进行研究的。著名的认知心理学家皮亚杰认为："知识是主体与环境或思维与客体相互交换而导致的知觉建构，知识不是客体的副本，也不是由主体决定的先验意识。"根据皮亚杰的思想和当代信息加工心理学的观点，我们可以将知识定义为：主体通过与环境相互作用而获得的信息及其组织。储存于个体内，即为个体的知识；储存于个体外，即为人类的知识。

二、广义知识的分类

知识的范围相当广泛，从"物"的知识到关于人类和社会的知识，从日常经验到分门别类的正规知识，从具体的感性知识到有关普遍原理和抽象概念的理性知识等，从不同的角度，我们可以把知识分成不同的类型。

（一）传统的知识分类

在我国关于知识的分类比较复杂，种类繁多。有的根据个体获得知识的方式，将知识分为直接知识和间接知识；有的根据知识本身的层次，将知识分为感性知识和理性知识，或称为实践知识和理论知识；有的根据社会需要，依据学科的不同来划分，将知识分为语文知识、数学知识、物理知识、化学知识等，并分别阐述不同学科知识的学习及教学方式；还有的是根据知识的性质，将广义知识分为知识与技能，并分别阐述知识的掌握过程与技能的形成过程，论述知识技能的掌握与智力发展的关系。其中最后一种分类方式在教育界的影响最大。我国 20 世纪 80 年代以来出版的教育学和教育心理学著作基本上是采取这种分类方式。但以上这些分类方式主要是根据客体化知识本身的性质和特点来划分的，并没有注意到个体在获得知识方面的心理过程和特点。即使是上述影响较大的有关知识与技能的分类方式，尽管也注意到了知识与技能学习的不同规律，但仍然是不够科学的。

（二）现代认知心理学对知识的分类

1. 安德森关于知识的分类

20 世纪 80 年代以来，现代认知心理学家安德森（J. R. Anderson，1985）根据知识的状态和表现方式，把知识分为陈述性知识（declarative knowledge）和程序性知识（procedure knowledge）两大类。陈述性知识是指关于事实"是什么"的知识，主要说明事物、情况是怎样的，是对事实、定义、规则、原理等的描述；程序性知识则是关于怎样完成某项活动的知识，比如怎样进行推理、决策或者解决某类问题等。陈述性知识容易被人意识到，可以明确说出来，比如，"本教材共由十章内容构成"，"长方形的面积是长乘以宽"，"功的计算公式：$W=FS$"等；而程序性知识是指"怎样做"的知识，它体现在实际活动中，且到底有没有程序性知识也只有通过个体的活动才能判断，比如，学生不仅可以说出长方形面积的计算公式，而且可以用它来解决有关的问题，那就意味着他具有了这方面的程序性知识。程序

● 董纯才. 中国大百科全书・教育. 北京：中国大百科全书出版社，1985：525.

性知识的表现不是被个体回忆起来，而是对所接受的信息进行加工交换。如：知道了长为 3 米，宽为 2 米，学生就可以计算出长方形的面积为 6 平方米，所以程序性知识是与一定的问题相联系的，在一定的问题情境面前，它被激活，而后被执行，这一过程几乎是自动进行的，不需要太多的意识。现代认知心理学家上述关于知识的分类是根据对人们学习知识的信息加工过程的研究结果而提出来的，有一定的实证研究作基础，所以这种观点提出虽然仅有十多年，但已普遍地被教育学界与心理学界所接受，并对教学心理学与学习心理学的研究与实践以及对教学领域有关问题的研究都产生了积极的影响。

2. 弗拉维尔关于知识的分类

"元认知"一词是弗拉维尔（Flavell，1976）首先提出来的，弗拉维尔没有提出系统的知识分类的观点，但是他在研究元认知的时候提出了一种新的知识类型，即元认知（meta-cognition）知识。弗拉维尔认为，元认知知识主要是指个人所具有的关于哪些因素可能以什么方式来影响自己的认知过程和认知结果的知识。这种新型的知识类型的提出对知识的学与教具有启发意义。

3. 帕里斯关于知识的分类

帕里斯等人（Paris，Lipson&Wixson，1983）将元认知知识归结为三种类型：陈述性知识、程序性知识和条件性知识。如果把陈述性知识看成是"知道什么"的知识，把程序性知识当作"知道如何用"的知识，那么帕里斯理论的独到之处是提出了条件性知识，它强调具体知识的使用情境，知道知识在什么时候用和为什么用。

4. 梅耶关于知识的分类

梅耶（R.E.Mayer，1987）在综合加涅和安德森的知识观的基础上将知识分为三大类：①语义知识（semantic knowledge），指个人关于世界的知识，相当于加涅所说的言语信息和安德森所说的陈述性知识；②程序性知识（procedure knowledge），指用于具体情境的算法或一套步骤，包括智慧技能和动作技能等一般性的程序性知识；③策略性知识（strategic knowledge），指如何学习、记忆或问题解决的一般策略，包括应用策略进行自我监控，相当于加涅所说的认知策略。

陈述性知识与程序性知识的分类经常是与学习者所达到的学习水平相联系的。学习往往是从陈述性知识的获得开始，而后进一步加工消化，成为可以灵活、熟练应用的知识。比如在教师培训中，一个新教师开始只是知道了一些教学方法，如探究式教学法，但他还不明白如何将这些知识应用到具体的教学活动中，只有通过对这些知识的深入理解，通过具体的教学实践和反思，他才能将这些知识转化为可以有效指导教学活动的知识。当然，程序性知识并不都是高级的，有时它也很简单，比如小孩子学习怎样系扣子等。

在实际的学习和问题解决活动中，陈述性知识和程序性知识是相互联系的。在实际活动中，陈述性知识常常可以为执行某个实际操作程序提供必要的信息资料，比如上面关于计算"长方形面积"的例子，知道了长方形的长和宽，我们就可以求出这个长方形的面积，但长和宽各是多少米，这些都需要陈述性知识来提供信息。在学习中，陈述性知识常常是学习程序性知识的基础；反过来，程序性知识的掌握也会促进陈述性知识的深化。

这里有两点值得注意。首先，这里所说的知识是一种广义的知识，它已不仅是简单地对各种事物的了解，而且包含了对知识的应用，涉及运用知识的技能。其次，陈述性知识和程序性知识不是对客观知识的划分，而是对人的头脑中的个体知识的分类，同样是学习一个知识点，学习者既可以形成关于它的陈述性知识，也可以形成关于它的程序性知识。比如，中学生学习摩擦力的知识时，他们可以了解哪些因素在影响摩擦力的大小，如表面的光滑程度、接触面的压力等，这就成为学习者的陈述性知识。在此基础上，学习者还可以用这种知识来解决实际问题，比如自行车为了省力，它的车轴应该怎样设计？即怎样减小摩擦力，这就需要关于摩擦力的程序性知识。因此，我们一般不能说课本里的某个知识点属于陈述性知识还是程序性知识。程序性知识是在陈述性知识的基础上进一步发展起来的，个体把陈述性知识与具体的任务目标联系起来从而去解决某个问题，在解决问题的过程中，个体把陈述性知识转化成程序性知识。安德森等把这一过程称为知识编译（knowledge compilation）。

三、知识的作用

知识是人对行为进行定向和调节的基础，是个体适应环境的重要机制。知识具有辨别功能，人可以基于有关知识对感受到的事物进行辨认和归类，从而对它们不再感到陌生。知识具有预期功能，在具备了相应的知识时，人就可以通过推论对事物形成一定的预期，推知事物会是怎样的，它会怎样发展变化等。知识还具有调节功能，个体总在以自己的知识为基础来确定活动的程序，并对活动的实施过程进行监控和调节。

知识不简单地等同于能力，但知识是能力发展的重要基础。能力是更稳定的心理特性，对人的活动有更普遍、更一贯的调节作用，而能力的发展依赖于知识的获得，它是知识、技能进一步概括化和系统化而形成的高度整合性的心理结构，是个体通过对知识、技能的广泛迁移应用而实现的。因此，在强调全面培养学生素质的今天，如何使学生形成深层的、灵活的、有用的"真知识"，如何提高知识获得的效果和效率应该作为教学活动的中心课题。

四、知识与技能、智力的关系

对知识的内含做心理学解释后，我们再来看智力。知识与智力的关系是教育界长期争论的焦点。当前的研究中，给人的感觉是智力（能力）比知识更加重要。人们往往把智力看成是解决实际问题特别是创造性地解决问题的能力。通常人们认为掌握知识不等于形成了能力，特别是不等于具有了解决实际问题的能力。于是有"在掌握知识的基础上发展智力、培养能力"的观点。那么，为什么会在掌握知识与发展能力之间出现不一致呢？人们认为这主要是因为客观的知识的掌握并不能自动地转化为主观的智力发展。因此教育要达到实质（掌握教材内容）与形式（发展智力）两个目的，而且要做到实质教育和形式教育的统一，我国在教育理论中长期坚持这一观点。但是，这种观点没有得到心理学实证研究的支持，而且由这种观点指导的教学实践也存在难以解决的矛盾。为此，皮连生（1998）提出"智力的知识观"，在区分智力的遗传成分和后天习得成分的基础上，把后天习得的一切智慧成就都看成是学习的结果，因此我们平时所说的"掌握知识、形成技能和发展智力"中的"智力"一词实质上指的是后天习得的智慧能力。这样，从原则上讲，后天习得的智力应该用广义的知识来解释。从这个意义上说，掌握了广义的知识就是发展了智力。当然，不同性质的知识对学生完成智慧任务的作用是不同的，例如，一般原理和概念（如加法交换律、分配律、数的分解和组合、勾股定理、均值不等式等）比一些具体事实性知识更有活力，在同化新知识的过程中发挥的作用更大。策略性知识有助于学生学会学习、记忆和思维，这是发展人的智力的核心成分。

如果按照这种观点看待知识和智力，那么研究如何发展智力的问题就变成了研究如何有效地掌握不同类型知识的问题了。如果我们相信学生习得的智力是由他习得的知识的数量和质量决定的，那么教师就必须认真研究不同类型的知识在学生的智力行为中起什么不同的作用；为了培养学生的智力，如何对不同类型的知识进行适当的组合；不同类型的知识学习过程和条件有什么不同；它们的测量和评价标准有什么差异；当发现学生缺乏某种能力时，就应当从学生所掌握的知识中寻找原因。这样，我们就可以使发展学生的智力落实到日常教学过程中了。

根据以上的论述，我们可以将知识、技能与策略等概念之间的关系用图 4.1 来表示。对于知识与技能，有些术语人们对其理解仅停留于常识的层面，未能上升到意识及理性的高度，这容易导致对知识的误解，从而错误地对教学中重视知识的倾向给以批判。为此，讨论知识、技能的关系十分必要。

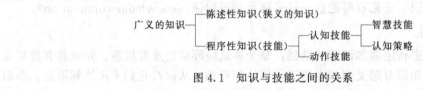

图 4.1　知识与技能之间的关系

第二节　陈述性知识的表征与分类

上一节内容表明，知识、技能可以通过学习者的外部行为变化间接地推测出来，但没有涉及知识和技能的本质。要清楚知识和技能的本质就必须进一步探讨知识和技能的表征（representation）。知识的表征是认知心理学的核心概念之一。认知心理学家把信息在人脑中呈现和记载的方式统称为知识的表征。同一事物，如"狗"，在人的长时记忆系统中可能以不同方式，如狗的表象或关于狗的定义的命题等形式表征。这些不同的表征形式所具有的共同的信息被称为表征的内容，而不同表征形式称为编码。

一、陈述性知识的表征

心理学家一般认为，陈述性知识主要以命题、命题网络或图式表征。

（一）命题

现代认知心理学家认为，知识的基本单元是命题。一个命题大致相当于一个观念，许多句子如"小明给小水一本书"表达一个观念，仅含一个命题。有些句子表达的不止一个观念。如"小明给小水一本有趣的书"，表达两个观念，是两个命题。第一个命题是："小明给小水一本书"，第二个命题是："这本书是有趣的"。命题由两个成分构成：一个成分是关系，另一个成分是一组论题。论题多由名词、代词表示，有时也可以用动词和形容词表示。命题中的关系多以动词表示，有时也用形容词和副词表示。关系对论题起限制作用。如"小明给小水一本书"这个命题中，"给"表示关系，"小明、小水和书"表示论题。"给"对论题"小明、小水和书"起到限制作用。同样"这本书是有趣的"这个命题中，论题是"书"，关系是"有趣的"，"有趣的"对"书"起到限制作用。

认知心理学家认为，词、短语或句子是交流思想的工具，它们是思维的物质外壳或载体。但人的思想在头脑内不是词语而是由命题表征和记录下来的。人思考的对象不是词语而是命题。命题是意义，是思想和观念的单元。心理学家们用许多实验或经验的事实论证了这一观点。

例如，温拿（H. E. Wanner，1968）向被试呈现如下 4 个句子。

（1）当你给自己的结果打分时，不要<u>更正你的</u>答案，只要<u>仔细地</u>画出你的错误答案。

（2）当你给自己的结果打分时，不要<u>更正你的</u>答案，只要<u>细致地</u>画出你的错误答案。

（3）当你给自己的结果打分时，不要<u>改你正确的</u>答案，只要<u>仔细地</u>画出你的错误答案。

（4）当你给自己的结果打分时，不要<u>改你正确的</u>答案，只要<u>细致地</u>画出你的错误答案。

第一句和第二句字面上稍有差异（"仔细"，"细致"），但意思相同。第一句和第三句字面上也只有微小的差异（"更正你的"，"改你正确的"），但意思差异很大。第三句和第四句同第一句和第二句一样，字面上稍有差异，但意思相同。第二句和第四句同第一句和第三句一样，在字面上和意思上都有不同。实验时全体被试先听其中的一个句子，然后被分成两半。一半受到提醒：要求他们按原词句回忆呈现的句子。另一半未受到这样的提醒。在被试听过一个句子后，要求他们翻到测验纸的第二页，纸上呈现两个句子。一句是他们听到过的，一句是他们未听到过的。未听过的句子分两种情况，一是字面上稍有不同，但意思相同；一是字面上稍有不同，但意思显著不同。实验的结果表明，未受到提醒的被试判断字面稍有不同但意思相同的句子的正确率为 50%，处于随机猜测水平。判断字面稍有不同意思显著不同的句子的正确率为 100%。另一半受到提醒的被试判断前一类句子的正确率仍然显著低于判断后一类句子的正确率。这一研究表明，人们倾向于储存句子的意义（命题），而不是特殊的词句。

（二）命题网络

任何两个命题，如果它们具有共同成分，则可以通过这种共同成分而使彼此联系起来。许多彼此联系的命题组成命题网络。

为了说明命题网络的形成，我们先来看命题的符号表示。如"好心的小明给了小水一本书"这个句子中含有两个命题，可分别表示如图 4.2 所示。

图 4.2　单个命题的图形表示

单一命题用圆表示，R 表示关系，S 表示行为的主体（相当于句子中的主语），O 表示行为的对象（相当于句子中的宾语）。此图中的 P_1 和 P_2 分别表示命题 1 和命题 2。

由于上述两个命题中有共同成分，这两个命题通过这一共同成分联系起来形成一个简单的命题网络，如图 4.3 所示。

图 4.3　最简单的命题网络图形表示

现代认知心理学家认为，人脑中的知识不可能孤立地储存，总是通过与其他知识建立某种关系而储存。而且只有通过一定的网络系统储存的知识才能被有效地提取利用。R. M. 加涅的女儿 E. D. 加涅指出："信息组合之间的关系是智力的关键方面……这种关系的知识支配着我们进行类比推理和洞察其他类型的联系的能力。这些能力对于解决新情境中的问题是重要的。"

科林斯和奎林恩（A. M. Collins and M. R. Quillian, 1969）的一个经典实验支持了知识以命题网络的层次结构储存的观点。他们认为如动物、鸟、鱼等分类的知识以图 4.4 的层次结构储存。

科林斯和奎林恩认为，不同的动物知识的概括水平不同。在每一概括水平上储存了可以用来区分其他水平的物体的属性。例如"有皮"是所有动物的属性，储存在最高水平。用这一属性可以把动物和矿石（没有皮）等区分开。又如，"有羽毛"是所有鸟的属性，储存在

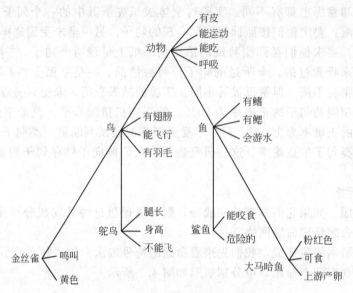

图 4.4　信息按层次组织的网络

比"动物"低一级的水平上，可以被用来区分鸟与非鸟的动物（如鱼、狗等没有羽毛）。科林斯等进一步假定，由于储存在知识网络中的事实的距离不同，提取它们的反应时间也将不同。如问"金丝雀是金丝雀吗？""金丝雀是鸟吗？"和"金丝雀是动物码？"这三个问题的第一个问题概括水平最低（被定为 0 级），第二个问题较高（被定为 1 级），第三个问题最高（被定为 2 级）。研究表明，随着问题的级别提高，被试判断问题真伪的反应时越长，见图 4.5。

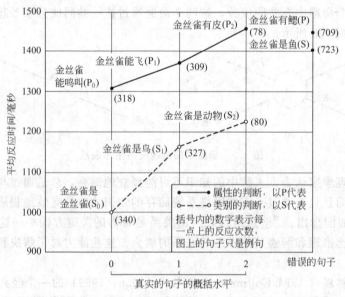

图 4.5　证实句子真伪的反应时是概念在记忆的层次结构中的距离的函数

（三）图式

J. R. 安德森认为："对于表征小的意义单元，命题是适合的，但是对于表征我们已知的有关一些特殊概念的较大的有组织的信息组合，命题是不适合的。"比如，人们有关房子的知识，如果用"房子是人们的居处"这一命题表征则不足以表征与人有关的"房子"的全部知识。我们也许还知道：

房子是一类建筑物。

房子有房间。

房子可能用木头、墙砖或石头建造。

房子常常具有矩形和三角形的形状。

房子除了居住还可以存放东西。

房子一般都大于 100 平方米小于 1000 平方米。

仅仅列出这些事实也不足以把握它们相互关联的结构。像"房子"这样的观念是由它们的许多属性组合而成的。人们对有关这些属性组合的知识储存方式称为图式。

现代认知心理学区分了两类图式。一类是关于客体的图式，另一类是关于事件的图式或做事的图式。前者如人们关于房子、动物、古玩等的图式；后者如人们进餐馆、去医院就诊、上电影院看电影的图式，后一类图式又称脚本（script）。

J. R. 安德森认为："图式根据客体的一组属性组合表征一类客体的结构。"如房子的部分图式如下：

房子

上位集合：建筑物

组成部分：房间

材料：木头、砖头、石头

功能：人的居处、存放东西

形状：方形、三角形

大小：100～1000 平方米

其中像材料、功能、大小、形状等被称为属性（也称变量），而砖头、木头、房间等被称为变量的"值"（value）。每一种变量和一个值的组合规定了一种典型特征。

用这样的图式表征一类事物不仅包含了该类事物的命题表征，如"房子是人的居处"基本上是一种命题表征，而且也包含了该类事物的知觉信息的表征，如有关房子大小的表征主要是一种知觉形象表征。图式不是命题的简单扩展，而是对同类事物的命题的或知觉的共性的编码方式。所以图式是一般的、抽象的，而不是具体的或特殊的。

每一个图式都有一个特殊的变量，那就是它的上位集合。如"建筑物"是房子的上位集合。由于下位概念包含了它的上位集合的属性，所以人们可以从"建筑物"的特征中推论出尚未在房子的图式中表征的特征，如"房子建在地面上"和"房子有屋顶"等。此外，图式的个别属性也可以形成子图式。如房子图式中还可以包含"墙壁"和"房间"的图式。从这些子图式中人们也可以推测房子图式中未储存的"房子有窗"和"房子有天花板"的知识。

脚本是人们关于多次出现的有时间顺序的事件的图式表征。如"去电影院看电影"这个经常出现的事件一般可以分解成如下的阶段：去影院、购票、进场、观看影片、退场。由于这样的步骤多次重复出现，人们头脑中形成了有关上影院看电影的定型图式。香克和阿伯尔逊（R. C. Schank & R. Abelson，1977）把这种表征反复出现的事件的图式称作脚本。事件的图式与客体的图式一样，也有上下位的层次组织。如看电影是娱乐活动的下位例子，购票也可成为看电影的一个子图式。

图式与命题网络相比，具有如下特点。

（1）图式不是命题的简单扩展，而是对同类事物的命题或知觉的共性编码方式。它是一般的、抽象的，而不是具体的或特殊的。

（2）图式除了包括一类事物的命题表征外，还包括了该类事物的知觉信息特征，如

"鸟"的形状主要是一种知觉形象表征。

（3）图式中有属性（变量）与值两个特征。如"房子"图式中，其属性为材料、功能、大小、形状等；而砖头或木头等则是材料这一属性的值。

（4）图式的相对性。相对于另一个图式，一个图式可能是其的上位集合或下位概念。如"房子"是"建筑物"的下位概念，但也是"房间"或"墙壁"的上位集合。

二、陈述性知识的分类

我们可以根据复杂性程度将陈述性知识分成许多类型。

布卢姆等的认知领域的教育目标分类系统对陈述性知识做了一个详细的分类。①具体的知识。指对具体的、独立的信息的回忆。它包括术语的知识、具体事实的知识。有关具体的言语和非言语符号的指称物的知识则属于术语知识。例如，熟悉大量词汇的一般含义、记忆有关平面集合图形的术语、了解科学研究中特有的术语和概念等。有关日期、事件、人物、地点、信息来源等方面的知识则属于具体事实的知识。例如，熟知新闻中的一些比较重要的人物姓名、地点和事实；了解有关主要自然资源的信息；对某些特定文化的主要事实的回忆等。②处理具体事物的方式方法的知识。这类知识是指有关组织、研究、判断和批评的方式方法的知识。它包括惯例的知识、趋势和顺序的知识、分类和类别的知识、准则的知识及方法论的知识。对待和表达各种现象及观念的独特方式的知识则属于惯例的知识。例如，熟悉一些主要类型的作品如诗词、剧本、科学论文等的形式和惯例；熟悉一般性礼节规则的知识；了解地图和图表上标出的标准的、象征性的图案和符号的知识等。各种现象在时间上的过程、方向和运动的知识则属于趋势和顺序的知识。例如，了解美国政府在最近50年中的发展趋势、逐步掌握人类进化的基础知识、了解古希腊文明是如何影响当今世界的等。类别、组别、部类及排列的知识则属于分类和类别的知识。这类知识是某一特定的学科领域、目的、话题或问题的基础。例如，能识别囊括各种问题或材料的某一领域、逐渐熟悉各类文献的范围等。检验或判断各种事实、原理、观点及行为所依据的准则的知识则属于准则的知识。例如，熟悉对某种作品及其阅读目的做出适当判断的准则、对娱乐活动进行评价的准则的知识、判断膳食营养的价值的准则的知识等。在某一特定学科领域里使用的以及在调查特定的问题和现象时所用的探究的方法、技巧和步骤的问题则属于方法论的知识。例如，学生应该知道解决有关社会科学的各种重要问题的方法、了解有关应用科学方法评价健康概念的知识等。③学科领域中的普遍原理和抽象概念的知识。这类知识是指能把各种现象和观念组织起来的主要体系和范式的知识。这些体系和范式是某一学科领域或者是在研究各种现象或解决问题中普遍使用的那些主要结构、理论和概念。此类知识包括原理和概括的知识、理论和结构的知识。对各种现象的观察结果进行概括的特定抽象概念方面的知识则属于原理和概括的知识。例如，用以概括我们接触到的生物现象的重要原理的知识、对各种特定文化的主要概括的回忆、中学化学中的主要原理的知识等均属此例。为某种复杂的现象、问题或领域提供一种清晰的、完整的系统的观点的重要原理和概括以及它们相互关系的知识则属于理论和结构的知识。例如，对各种特定文化的主要理论的回忆、对进化论进行比较完整阐述的知识、了解化学原理和理论之间的相互关系等。

加涅将言语信息由简到繁分为三类。①符号学习。也就是学习与记住事物的名称。②事实学习。因为一个事实是表达两个或两个以上有名称的客体或事件之间关系的言语陈述，学习一个事实相当于学习前面所讲的一个命题。③有组织的知识学习。即学习由许多单个事实连接成的大的整体，相当于前面讲的命题网络学习。言语信息指的是"世界是什么"的知识，也就是陈述性知识，因此加涅关于言语信息的分类实质上就是关于陈述性知识的分类。

　　奥苏贝尔在其有意义言语学习理论中谈及"知识"的这些构成成分时，未区分陈述性知识和程序性知识。由于奥苏贝尔的理论主要用于解释以语言文字符号表示的"意义"怎样被个体习得、保持和提取，所以可以将奥苏贝尔的这一"知识"分类看成是对陈述性知识的分类。奥苏贝尔在其有意义学习理论中提出了三类意义学习，即表征学习、概念学习和命题学习。他认为，最简单的知识是建立事物与符号的表征关系；较复杂的知识是获得同类事物的概念；高一级的知识是习得表示事物之间关系的命题。最后，学习者头脑中的原有命题和新学习的命题建立联系而组成命题网络。

　　布卢姆的知识分类是从测量的角度提出来的，但从知识习得的角度来看，上述布卢姆的知识分类可以简化为奥苏贝尔提出的三类意义学习。布卢姆的第一类知识相当于奥苏贝尔的表征学习和非概括性命题学习的结果。奥苏贝尔在他的命题学习中，把命题学习分为概括性的命题学习和非概括性的命题学习。后者指习得具体事实的知识，前者指习得原理、规则、或定律等带有规律性的知识。布卢姆的第二、三类的知识都是属于规律性知识。规律性知识都是由若干概念构成的关系，所以概念学习是概括性的命题知识学习的基础。

　　研究陈述性知识分类的目的是为了具体阐明不同类型的陈述性知识如何被学习者习得、保持和提取，奥苏贝尔提出有意义言语学习理论正是基于这一目的。下一节我们将主要借助这一理论来阐明陈述性知识的学习过程和有效学习的条件。

第三节　陈述性知识的学习过程与条件

一、陈述性知识学习的一般过程

　　我国学者皮连生根据奥苏贝尔的同化论和安德森的激活论的思想，提出了陈述性知识学与教的一般模型，如图4.6所示。[1]

　　图4.6中左边的方框表示陈述性知识学习过程的一般阶段，箭头表示学习阶段的前进方向。右边的序号表示与学习阶段相应的教学步骤。首先，任何有目的的学习都以学习者有意识的注意为先决条件。教学开始，教师可以适时告知学生教学目标以指引学生的注意，激起学生对学习结果的预期。其次，为了达到预期的学习结果，学生要同化新知识就必须在自己原有认知结构中找到适当的原有知识，并使之处于激活状态。要自觉做到这一点，对于中小学生来说是不容易的。在学习的这一阶段来自教师的外来提示和帮助是必要的。许多有经验的教师在教新知识前，都会先复习与巩固作为同化新知识的先决条件的

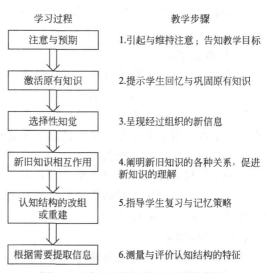

图4.6　陈述性知识的学与教的模型

原有有关知识。实践表明，许多教学的失败在很大程度上是由于学生尚未具备或未激活同化新知识的原有知识的缘故。第三，学生进行选择性知觉。学生阅读教科书、听教师讲课都是

❶ 皮连生. 智育心理学. 北京：人民教育出版社，2008：150.

在适当的背景知识指导下有选择性地进行的。为了使教学内容成为学生选择性知觉的对象，教师所提供的新信息必须以学生易于理解的方式呈现。第四，新旧知识相互作用。选择性知觉新信息的结果是在认知结构中以命题的方式表征新信息。这种信息如果不同认知结构中的原有有关观念相联系且发生相互作用从而区分新旧知识的异同，则新的信息会很快消失（不能进入长时记忆）。所以在选择性知觉以后的学习任务是，通过新旧知识的相互作用使新知识进入原有的认知结构的编码系统（命题网络）中。在此阶段，教学指导应着重在两个方面下工夫：一是揭示新知识的内在联系，二是寻找新旧知识的联系。第五，认知结构的改组或重建。带有新知识的命题网络不是原封不动地储存在长时记忆中的，它们仍会继续相互作用，从而导致认知结构的改组与重建。在此阶段，教师应指导学生掌握运用复习与记忆的策略。第六，根据需要提取信息。提取信息以提供日常生活或新的学习所需要的信息。在这一阶段教师的作用是测量和评价学生认知结构的特征。测量与评价的重点是看学生知识的网络结构是否形成，而不应强调孤立的信息的记忆，否则会导致学生形成机械学习的倾向。

二、陈述性知识获得的基本方式

陈述知识主要是以有意义接受学习，即同化的方式掌握的，其基本方式就是奥苏贝尔所提的三类有意义学习。

（一）符号表征学习

符号表征学习（representational learning）指学习单个符号或一组符号的意义，或者说学习它们代表什么。符号表征学习的主要内容是词汇学习，即学单词代表什么。符号表征学习中的心理机制是符号和它们所代表的事物或观念在学习者认知结构中建立相应的等值关系。符号表征学习的关键在于符号意义的获得，即从实物与认知内容的联系过渡到符号与认知内容的等值关系的建立。例如"杯子"这个符号，对初生儿童是完全无意义的，在儿童多次看到不同的杯子时，儿童的长辈或其他年长儿童多次指着杯子（实物）说"杯子"，儿童逐渐学会用"杯子"（语音）代表他们实际见到的不同的杯子。我们说"杯子"这个声音符号对某个儿童来说获得了意义，即引起了认知内容中的杯子的知识和表象。

（二）概念学习

意义学习的另一类较高级的形式叫概念学习（concept learning）。概念学习实质上是掌握同类事物的共同关键特征。例如学习"三角形"这一概念，就是掌握三角形的三个角和三条相连接的边这样两个共同的关键特征，而与它的大小、形状、颜色等特征无关。如果"三角形"这个符号对某个学习者来说已经具有这种一般意义，那么它就成了一个概念，成了代表概念的名词。同类事物的关键特征可以由学习者从大量的同类事物的不同例证中独立发现，这种获得概念的方式叫概念形成（concept formation）。也可以用定义的方式直接向学习者呈现，学习者利用认知结构中原有的有关概念理解新概念，这种获得概念的方式称为概念同化（concept assimilation）。

（三）命题学习

意义学习的第三种类型是命题学习（propositional learning）。命题可以分为两类：一类是非概括性命题，只表示两个以上的特殊事物之间的关系。例如"北京是中国的首都"，这个句子里的"北京"代表特殊城市，"中国的首都"也是一个特殊对象的名称，这个命题只陈述了一个具体事实；另一类命题表示若干事物或性质之间的关系，这类命题叫概括性命题。例如"圆的直径是它的半径的两倍"，这里的倍数关系是普遍的关系。这两类命题学习中的命题都是由单词联合组成的句子代表的，所以在命题学习中也包含了符号表征学习。由于构成命题的单词一般代表概念，所以命题学习实质上是学习若干概念之间的关系，或者说学习由几个概念联合所构成的复合意义。命题学习在复杂程度上一般要高于概念学习。如果学生对一个命题中的有关概念没有掌握，他就不可能理解这一命题，命题学习必须以概念学习为前提。

奥苏贝尔的有意义言语学习理论系统解释了命题知识的学习。奥苏贝尔认为，新旧知识之间可以构成三种关系：①原有观念为上位的，新学习的观念是原有观念的下位观念；②原有观念是下位的，新学习的观念是原有观念的上位观念；③原有观念和新学习的观念不存在上下位的关系，它们是并列的，这就构成了并列结合的关系。在这三种关系中，学习的内部和外部条件不同，新旧知识相互作用的过程和结果也有很大不同。据此，奥苏贝尔提出了陈述性知识学习的三种不同的模式。具体见表 4.1。❶

表 4.1　陈述性知识获得的三种模式比较

比较方式	上位学习	下位学习		并列结合学习
		派生下位学习	相关下位学习	
新旧知识的关系	所形成的新知识或观念的概括性与包容性比原有观念要高，需从原有观念中归纳、组织出来	新材料可以直接从认知结构中原有的具有更高包容性和概括性的概念或命题中推衍出来	新材料类属于原有的具有较高概括性的概念中，但不能从中推衍出来	新命题与原有观念是总括关系，但能与认知结构中有关内容的一般背景联系起来
原有观念的变化	原有的观念升华为较高一级的概念，本质属性发生变化，属质变	原有概念或命题得到了充实或证实，补充了例子，未发生本质属性的变化，属量变	原有的观念得到扩展、精确化、限制或修饰，发生本质属性的变化，属质变	仅与新知识发生微弱的关联，本质属性未变，属量变
学习特点	学习者需要自己发现与理解这一概括与包容水平较高的新知识，故此类学习较难	新知识的学习较快，比较省力	由于新、旧知识都发生本质变化，此类学习较难	由于只能利用一般的和非特殊的有关内容起固定作用，因此此种学习很难
学习条件	学习者认知结构中具有低一级的可供概括与综合的观念	学习者认知结构中具有包容和概括水平较高的观念	学习者认知结构中具有包容和概括水平较高的观念	学习者认知结构中具有能与新知识的一般背景相联系的观念
模式	新知识　　　　　A 原有观念 a₁　a₂　a₃	原有观念　　　　A 新知识 aN　a₁　a₂　a₃	原有观念　　　　X 新知识　Y　U　V　W	新知识A→B—C—D 　　　　　原有观念
举例	在知道"青菜"、"萝卜"和"菠菜"等概念之后，再学习"蔬菜"这个总括性的概念	学习"圆也是轴对称图形"这一命题时，这一命题纳入或类属于原有轴对称图形概念	"保护能源是爱国行动"的新命题类属于原先的"爱国行动"的命题	学习质量与能量、热与体积、遗传结构与变异、需求与价格等概念之间的关系

从上述陈述性知识的获得我们可以看出，新知识的获得主要依赖于认知结构中原有的适当观念，必须通过新旧知识的相互作用，新的意义才能习得，并进而形成高度分化的认知结构。

三、促进陈述性知识学习的条件

奥苏贝尔用同化概念来解释陈述性知识学习的心理机制，提出了系统的知识学习的同化理论。根据同化理论，知识的获得过程是以文字或其他符号表征的意义同学习者认知结构中原有的相关观念（包括表象、概念或命题）相联系并发生相互作用以后，转化为个体的意义

---

❶ 皮连生．教学设计——心理学的理论与技术．北京：高等教育出版社，2000：39．

的过程，即知识掌握过程是材料的逻辑意义与学生认知结构中的原有观念相互作用，从而产生个体的心理意义的过程。因此，陈述性知识获得的基本条件主要为：第一，学生认知中必须具有同化新知识的相应知识基础（能学）；第二，学习材料必须具有逻辑意义，即反映人类的认识成果（该学）；第三，学生必须具有主动加工材料并获得材料的意义的学习心向（愿学）。促进陈述性知识的学习除了学习者和学习材料本身的条件外，还有重要的一方面就是教师在教学过程中所采取的教学策略。教学策略是指促进学生的知识获得与保持的活动。在教学活动中，学生是学习的主体，教师起主导作用，因此师生之间的策略性行为存在相互影响。依据上述"陈述性知识学与教的模型"，教师可采取如下教学策略来促进学生获得陈述性知识。

（一）激发兴趣，促进注意与预期的策略

注意是知识获得的门户，注意与兴趣关系密切。注意可分为两类，即不随意注意和随意注意。前者又叫无意注意，是没有预定目的、不需要意志努力的注意。后者又叫有意注意，是预先有一定的目的的并需要意志努力的注意。

不随意注意受外界的刺激特征和个人自身的状态两方面因素的影响。研究表明，凡是变化的刺激，如教师讲课时语音的高低，呈现教材的颜色，教师的姿势、动作、手势等的特征的变化都能引起学生的不随意注意。另外，凡能唤起人的情绪的刺激，如讲课的生动、形象，阅读材料中的生动的比喻，漫画插图等都能唤起学生的情绪，都能吸引学生的不随意注意。教师应灵活应用变化的刺激和情绪性刺激的特征来唤起和维持学生的不随意注意。

不随意注意也受个人的预期、需要和兴趣等自身状态的影响。教师也可通过告知教学目标，激发学生的预期、学习的直接兴趣的策略来唤起和维持学生的注意。

如果说不随意注意主要受个人的直接兴趣的影响，那么随意注意主要受个人的间接兴趣的影响。直接兴趣是对活动本身的兴趣，间接兴趣则是对活动的结果感兴趣。幼儿的学习多受他们对学习活动的直接兴趣的支配。随着年级升高，高年级的学生的学习活动更多地受他们的间接兴趣支配，即受认识到学习所带来的能力的提高及其工具性价值所支配。所以随着年级的升高，教师应该更多地采用说明所学知识、技能的应用价值的策略来维持学生的有意注意。此外，教师也可以在讲课时适当地插一些问题，或要求学生做笔记等技术来维持学生的有意注意。

（二）激活原有知识的策略

研究表明，新知识要获得意义，则学生认知结构中不仅应具备相应的原有知识，而且原有知识必须处于激活状态。奥苏贝尔的研究表明，有时在学习新知识时，学生认知结构中尽管存在某些可以用来同化新知识的原有知识，但学生不能适当利用，为此他提出采用设计先行组织者的教学技术来促进原有知识的利用。按照奥苏贝尔的意见，先行组织者是一种在学习新材料之前先呈现给学生的引导性材料。它以通俗的语言呈现，使新的学习材料与学习者认知结构中的有关观念清晰地关联，从而促进新的材料的学习以及随后的保持。

在课堂教学中，教师常用的激活学生原有知识的方法是就与新课有关的知识提问学生。提问既可以了解学生原有知识的掌握情况，也可以做一些概要的复习，为新知识的讲授做好准备，也能起到"组织者"的作用。

（三）促进选择性知觉的策略

学生在课堂学习中主要通过视听两个渠道获取信息。教师无论用何种渠道传输信息，要使信息便于学生接受就必须精心加以组织和设计。从视觉呈现的材料来看，促进学生选择性知觉主要可采用以下几种方法。①教材中采用符号标志技术，如把重要的概念用黑体字印刷，要阐明的观点用小标题列出，把说明的逻辑层次用第一、第二等列出。它们未增加学习

材料的实际内容，但强调了材料的概念结构和组织。它们虽不提供实际的信息，但使材料的结构更为清晰，使人一目了然。因此它们为读者选择适当的信息并将信息组成为一个彼此关联的整体提供了一个概念的框架。②教师对板书和直观材料的精心设计。设计得好的板书可以突出新授知识的组织结构，可以弥补学生从听觉渠道接受信息的缺陷，如短时记忆容量的限制。直观材料的呈现要突出新知识的关键特征。例如，有人比较了讲授心脏结构的两种直观材料的效果，在一种情形下呈现心脏的真实照片，在另一种情况下呈现心脏结构的轮廓图。由于后者突出了心脏结构的关键特征，便于学生去选择性知觉，促进了学习。

从听觉渠道呈现材料看，如教师能用前面所述的吸引学生注意的讲课策略也可促进选择性知觉新信息。教师的讲课与板书、多媒体的直观材料的呈现相结合，其效果会更好。

（四）促进新旧知识相互作用的策略

教学中所设计的先行组织者，同样可促进新旧知识的相互作用。组织者有两种类型：陈述性组织者与比较性组织者。前者适用的情境是：学习者学习新材料时，其认知结构中缺乏适当的上位的、包容范围较广的上位观念。这时，可设计一个陈述性组织者为其同化新的下位观念提供一个认知框架。例如，我们在小学低年级教句子及句子成分知识时可先告诉儿童："一个完整的句子总是由两个部分组成，前面部分讲'谁'或'什么'，后面部分讲'做什么'或'怎么样'。缺乏其中一个部分都不是完整的句子"。接着呈现多种句式例子，如"小明上学去"，"汽车开来了"等，儿童能用上面的组织者同化这些具体的句式。紧跟着呈现如"公园湖面上的船"这样的短语，儿童能借助组织者识别这类短语不是句子。比较性组织者适用的情境是：学生的认知结构中已具有同化新材料的适当观念，但他不能自发应用。设计比较性组织者的目的是指出新学习的材料与认知结构中原有的适当观念之间的异同。如物理课中比较重力场与电场异同的组织者便是比较性组织者。它激活了学生的原有相关知识，也指出了新旧知识之间的异同，从而促进了新旧知识的相互作用。

在课堂教学中，教师可以用多种策略来促进新旧知识的相互作用，如讲到文学家鲁迅时，可以提问学生鲁迅与矛盾有什么相同和不同；讲到四边形时，可以让学生说明四边形与三角形有何相同与不同之处；讲到物理或化学的某些原理时，可以让学生用自己的生活经历来加以说明等。

（五）促进认知结构改组与重建的策略

根据同化论或激活论，知识的巩固过程不是通过多次机械重复和加强联想强度来实现的。在知识保持期间，认知结构要经过重新组织，达到简约以减轻记忆负担的目的。为了防止知识的混淆和有用观念的遗忘，认知结构必须在纵向上由上而下不断分化，在横向上要综合贯通。例如，华东师范大学

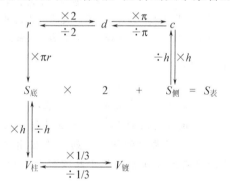

图 4.7　与圆、圆柱、圆锥有关
的知识网络

附小一数学老师，教会学生找出圆、圆柱和圆锥各有关知识的内在联系，形成了已学过的知识的如下网络结构（图 4.7）[1]，学生不必孤立地去记忆每个公式。这种知识的网络结构一经形成，学生就可以推测出他们所需要应用的公式。

列表比较彼此有联系但也有区别的知识也是一种常用的促进知识重建的方法，这种方法

---

[1] 皮连生. 智育心理学. 北京：人民教育出版社，1996：129.

可以在各门学科的知识复习时广泛采用。比如，心理学老师在讲短时记忆和长时记忆的特点时，可以设计表格，要求学生从记忆的容量、编码方式、保持信息的时间以及提取的方式来加以比较。根据表格组织学生讨论，既使学生看到了平行的知识间的联系，又消除了知识间的混淆，加深了理解，促进了知识的牢固掌握。指导学生的策略很多，从时间的安排上看有及时复习和延时复习，从材料的分配来看有集中学习与分散学习；从重复的数量来看有过度学习。

（六）测量与评价陈述性知识的策略

陈述性知识的本质是学生认知结构中命题网络的建立。有效的测量必须测到学生的命题网络是否形成。简单的选择题和填充题难以测量学生所具有的知识的内在组织情况。现代认知心理学正在研究与发展测量学生认知结构特征的技术。教师也可以学会如何编写测量知识内在联系的试题。如根据图 4.7 圆柱和圆锥知识的关系网络结构，给出"圆柱体的侧面积（$S_{侧}$）和高（h），求与它等底等高的圆锥的体积"这样一个题目，学生必须知道 $S_{侧}$ 除以 h 得到圆柱体的周长（C），C 除以 π 得到圆的直径（D），D 除以 2 得到圆的半径（R）。再利用公式 $S_{底}＝\pi R^2$，得到圆柱的底面积。$S_{底}$ 乘以 h 得到圆柱的体积。最后，圆柱的体积乘以 1/3 得到圆锥的体积。学生如果能完成这样的试题，可以认为他们的有关知识已经形成融会贯通的网络结构。

教师的测验题对学生的学习起向导作用。如果测验题只要求学生机械背诵学习材料，则会导致学生只注意机械学习、死记硬背；如果测验题是测量知识的内在联系，学生在平时的学习中就会主动去寻找知识的网络结构，注意素质的提高。

【拓展性阅读】

[1] ［美］加涅著. 学习的条件和教学论. 皮连生等译. 上海：华东师范大学出版社，1999.

[2] 张大均. 教育心理学. 北京：人民教育出版社，1999.

[3] 皮连生. 智育心理学. 北京：人民教育出版社，2008.

[4] 皮连生. 学与教的心理学. 上海：华东师范大学出版社，2009.

[5] 吴庆麟. 教育心理学. 北京：人民教育出版社，1999.

[6] 皮连生. 教学设计. 第 2 版. 北京：高等教育出版社，2009.

【研究性课题】

1. 试述知识的概念及其分类。

2. 举例分析陈述性知识的表征。

3. 试述陈述性知识的学习过程和条件。

4. 根据熟悉的学科，列出需应用四种同化模式进行学习的概念或命题，并明确指出各类学习模式在认知结构中起固定作用的观念的性质。

第五章　作为程序性知识的智慧技能学习

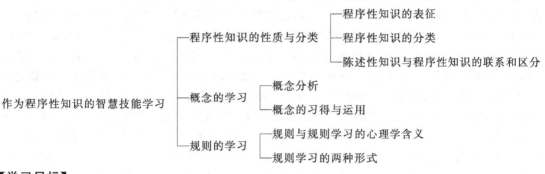

【学习目标】

◎ 能对所提供的简单技能写出其产生式规则。

◎ 能对所提供的学习或教学实例，做出陈述性知识或程序性知识的划分。

◎ 能举例分析概念和规则学习的过程与主要条件。

◎ 能根据概念和规则学习的基本原理，结合相应学科的教学内容进行概念和规则的课堂教学设计。

在上一章，我们讨论了广义知识观及陈述性知识的学习。需要强调的是陈述性知识的一个重要特征就是它的静态性，即这类知识仅代表了个体对某些事物的状况有所知悉、理解，但并未涉及个体如何去做某件事的另一类知识，即程序性知识。在人的知识结构中，程序性知识占有重要的地位。有关研究表明，专家与非专家之间的一个主要区别是专家具有本领域丰富的程序性知识，专家懂得怎样分类，懂得加工信息的专门化规则。例如，一个象棋大师在弈棋中能迅速识别出对弈者采用的特殊模式并果断地做出正确的应对策略（蔡斯和塞蒙，1973 年）；一个电子专家能很快从电路图中找到帮助他诊断问题的模式（Egan & Schwartzm，1979 年）；一个物理学家能迅速选择具体的公式（如：$F=ma$）解决物理问题（Larkin，Mcdermott，Simon，1980 年）。掌握了程序性知识实质上就是指个体获得了运用这种知识去办事的能力。掌握运用知识去办事的能力是学校教育的主要目标。因此，本章将主要讨论程序性知识的性质、分类及程序性知识获得的过程与条件。

第一节　程序性知识的性质与分类

程序性知识的本质到底是什么？它们在人脑中的储存和激活的方式与陈述性知识究竟有何不同？为了回答这两个问题，我们必须进一步探讨程序性知识的表征。

一、程序性知识的表征

（一）产生式

关于技能形成的机制，行为主义心理学家曾做过种种推测。一般的看法是：技能是一系列刺激-反应（S-R）之间的联结，在具体阐明这种联结时，格斯里曾提出运动产生的刺激的概念。他认为，机体的任何运动都能产生刺激，该刺激与下一个动作接近便成为下一个动作的刺激，依此类推。因而人学会了由一系列刺激-反应构成的活动或技能。

现代认知心理学家认为，表征程序性知识的最小单位是产生式（production）。产生式这个术语来自计算机科学。信息加工心理学的创始人 H. A. 西蒙和 A. 纽厄尔首先提出用产生式表征人脑中储存的技能。西蒙和纽厄尔认为，人脑和计算机一样都是"物理符号系统"，其功能都是操作符号。计算机之所以具有智能，能完成各种运算和解决问题，乃是由于它储存了一系列以"如果/那么（if/then）"形式编码的规则的缘故。我们可以设想，人脑之所以能进行计算、推理和解决问题，也是由于人经过学习，其头脑中储存了一系列以"如果/那么"形式表征的规则。这种规则被称为产生式。产生式是所谓的条件-行动（condition-action）规则（简称 C-A 规则）。S-R 与 C-A 有相似之处，但也有原则性的区别。相似之处是每当 S 出现或条件满足时，便产生反应或活动。不同点是 C-A 中的条件不是外部刺激而是信息，即保持在短时记忆中的信息。活动也不仅是外显的反应，也包括内在的心理活动或运算。如现在有"27＋15＋19＋30＋9＝?"这 5 个数连加题，我们在具体计算时先读 27，将 27 保持在短时记忆中，再读 15，记住 15，然后将 27 与 15 相加，得到和 42，记住 42，再读 19，记住 19，将 42 与 19 相加，得到和 61，记住 61，再读 30，记住 30，将 61 和 30 相加，得到和 91，记住 91，再读 9，记住 9，将 91 和 9 相加，得到和 100。这里的每一步就是一个产生式，从条件得出结果，这个结果被保存在短时记忆中，又成为下一步运算的条件。儿童学习算术，不是学习具体的数字运算，而是学习一套产生式规则。心算熟练的儿童，只要看到这些数字和运算符号，上述运算步骤就能自动激活。

正如命题网络有不同的表示方法一样，不同作者用于表示产生式的符号也不完全统一。这里以 E. D. 加涅的描述方法为例说明最简单的产生式（简称 P）的表示法（表 5.1）。

表 5.1　实施强化和鉴别三角形的产生式

P₁　实施强化的产生式	
如果	目标是要增加儿童的注意行为,且儿童注意的时间比以前稍微延长
那么	对儿童进行表扬
P₂　鉴别三角形的产生式	
如果	已知一个图形是两维的,且该图形有三条边,且该图形是封闭的
那么	可鉴别此图形为三角形,且说出"三角形"
P₃　观看房内的东西的产生式	
如果	目的是观看房内的东西,且房间是暗的,且电灯开关就在我旁边
那么	打开电灯开关,然后观看房内的东西

从表 5.1 中可见，一个产生式含有两个组成部分："如果"部分与"那么"部分。"如果"部分规定了要执行一系列特定的行动必须满足或必须存在的条件。在第一个产生式中有两个条件，在第二个和第三个产生式中有三个条件。"那么"部分列出了在符合这些条件时将要执行或激活的行动。在第一个产生式中的活动是"表扬儿童"，在第二个产生式中的活动是"指出"或"鉴别出"三角形，在第三个产生式中的活动是"打开"开关和"观看"东西。"如果"部分中的语句数目代表了必须满足的条件数目，"那么"部分中的语句数目代表了将要发生的行动数目。如果人们要对某个产生式的复杂性做粗略估计，只需看它含有的语句数目。产生式的语句越多，表明这一产生式就越复杂。

对产生式的条件部分再做仔细考察可发现，相对于个体来说，其中有些条件属外部条件，而另一些条件则属内部条件。例如在表 5.1 的"实施强化"这一产生式中，第一个条件为个人目的，它属于个体内部的条件，不为旁人所能看到或认同；但第二个条件则存在于个体的外部，别人既可观察到也可认同。同样，产生式中的行动也有这种区别。在表 5.1 的"鉴别三角形"这一产生式中，第一个行动属个体内部的心理活动，即此时个体对看到的特定图形做出某种心理表述（分类）；而第二个行动"说出三角形"则属于外部的行动，即个体向环境输出某种信息。认知心理学家对产生式中的内外条件及内外行动做出区分，是为了便于提出一些仅含内部条件和仅含内部行动的产生式规则。也就是说，有些产生式只负责处理不可观察的内心活动。当我们将一系列这类产生式连接起来，就有可能模拟人在解决复杂问题或阅读理解时所经历的推理过程中的一系列心理步骤。可以认为，产生式为描述人的内部认知活动提供了一种有力手段。

产生式的最后一个特征是，它产生的总是由目的指引的行为。这种目的性表现为产生式的条件部分总含有关于目的的陈述。我们可以考察表 5.1 的第三个产生式。它的第一个条件以观看房间里的东西为目的。这一目的对产生式的条件做了限制，即只有当个体有这一愿望或需要时才使用这一产生式。我们不妨设想一下，如果在产生式中排除了目的语句，将会发生何种行为？那就有可能出现：在一个午夜，某个人在一间黑暗的房间里，已上床睡觉，且灯的开关就在他身边，他就会按下开关去观察四周的环境。这显然是极为古怪的举动。因此，产生式总是由目的指引的行为。

我们不难发现，表 5.1 所列举的几个产生式仅表示人行为的一些很小片断。然而在现实生活中，人不仅限于对某个图形做出鉴别或表扬某个儿童的注意行为。对某个图形做出鉴别可能是解某道几何题这种更为复杂的行动步骤中的一部分，表扬某个儿童的注意行为可能是教给这个儿童某项知识的第一步，因此行动步骤的高度复杂性可能恰好代表了人的程序性知识的最为典型的特征。

（二）产生式系统

简单的产生式只能完成单一的活动。有些任务需要完成一连串的活动，因此，需要许多简单的产生式。正如我们需要运用某种形式来表示陈述性知识间的联系，我们同样需要运用某种形式来表示个别产生式之间的联系。对于命题知识而言，其基本单元间之所以能够建立起相互联系，是因为这些单元同属某一观念，或分享同一个观念，若干命题通过其共同的观念而形成命题网络，那么产生式通过控制流而相互形成联系。当一个产生式的活动为另一个产生式的运行创造了所需要的条件时，则控制流从一个产生式流入另一个产生式。经过练习，简单产生式可以组合成复杂的产生式系统（production system）。这种产生式系统被认为是复杂的技能的心理机制。如表 5.2 所示。

表 5.2　分数加法前三步的产生式表征

P_1	如果	我的目标是要将分数相加，且现在有两个分数
	那么	建立一个子目标，即求出它们的最小公分母
P_2	如果	我的目的是要将分数相加，且现在有两个分数，且两个分数的最小公分母已知
	那么	用最小公分母除第一个分数的分母
P_3	如果	我的目的是将分数相加，现在有两个分数，且两个分数的最小公分母已知，且已得结果 1
	那么	以结果 1 乘第一个分数的分子和分母

对于程序性知识而言，其基本单元间之所以能够建立起内在联系，是因为一个产生式的活动将给出另一产生式所需满足的条件。当一个产生式的输出能够成为另一个产生式的输入

时，这两个产生式就有可能建立起相互联系。我们不妨考察表 5.3 引用的实例。其中 P_4 引出的行动产生了这样一个事实或命题：这个儿童可用同伴的注意来强化，而 P_6 正是以这一观念作为自己的一个条件，即当 P_4 被执行时，它实际上产生了一个能够满足 P_6 的条件，因此在 P_4 与 P_6 之间会建立起某种联系。由此看来，执行某一产生式的活动，实际上可产生两类不同的信息。像上面提及的由 P_4 产生的信息，是一个命题或一个简单事实，因此这类信息是陈述性知识。由产生式的执行引出的信息也可以是对实现任务的总目标之前必须满足的某个或某些子目标做出的陈述。例如，由 P_1 产生的行动，便是对总目标实现之前必须满足的两个子目标进行设定。

表 5.3　教师处理不专心学生的产生式系统

P_1	如果	目的是要使儿童专心，但不知何物可强化儿童
	那么	建立了解何物能强化儿童的子目标，且建立只要儿童专心就予以强化的子目标
P_2	如果	子目标是要了解何物能强化儿童
	那么	建立考察儿童在何种条件下会表现出不专心的子目标
P_3	如果	子目标是考察儿童在何种条件下会表现出不专心，且儿童在每当我注意他时会有不专心的表现，且儿童在每当我忽视他时会有专心的表现
	那么	建立"儿童可以用我的注意来强化"这一命题
P_4	如果	子目标是要考察儿童在何种条件下会有不专心的表现，且儿童在每当别的孩子注意他时会有不专心的表现，且儿童在每当别的孩子忽视他时会有专心的表现
	那么	建立"儿童可以用同伴的注意来强化"这一命题
P_5	如果	子目标是要在儿童专心时便强化他，且儿童可用我的注意来强化，且儿童已表现出比平时更加注意的行为
	那么	我便给这个儿童以我的注意
P_6	如果	子目标是要在儿童专心时便予以强化，且儿童可用同伴的注意来强化，且儿童已表现出比平时更加注意的行为
	那么	我便使儿童与他喜欢的同伴在一起

现在我们按照先后的顺序来考察表 5.3 的实例。在这一实例中，P_1 将一个目标列为自己的条件，其行动则设定了为实现这一目标所需的两个子目标；P_2 以 P_1 设定的一个子目标为条件，而其行动又设定了另一子目标；P_3 和 P_4 又以 P_2 设定的子目标作为自己的一个条件；同样，P_5 和 P_6 也各自含有 P_1 所设定的另一子目标，并以这一子目标作为自己的一个条件。我们可以看到，表中的每一产生式均含有一个目标或子目标，并以此作为自己的一个条件；这些目标和子目标能使所有的产生式联结成一个有组织的目标层级的整体。产生式按这种方式相互连接起来，便形成了认知心理学家所说的"产生式系统"或"产生式集合（production set）"。实际上，一个产生式系统代表了人在从事某一特定任务时的一系列复杂行为。我们可以用图 5.1 来表示表 5.3 这一实例中的目标层级。图中的框面代表了表 5.3 中的总目标及三个子目标，含有称谓的箭头表明各子目标间的相互联系以及各子目标与总目标之间的联系。箭头上的称谓表示由哪些产生式负责这些联系。例如，为了要实现使儿童专心的总目标（P_1），需完成两个子目标：确定何物或何种事件能强化儿童（P_2），以及每当儿童专心时便提供适当的奖励（P_5 或 P_6）。同样，确定何物或何事能强化该儿童这一子目标又需要通过另一子目标来实现，即观察儿童在什么时候会表现出不专心（P_2），而 P_3 和 P_4 所描述的条件及随后的行动恰好能满足 P_2 设定的子目标，即当我们按这两个程序对儿童何时会表现出专心的行为进行了实际观察后，可根据观察做出相应的推论。

由于在各产生式之间或在一个产生式集合中含有目标与子目标的联系，因此在一个特定产生式系统中的认知控制可以从某一产生式流至另一产生式，也就是说，在任何时候对行为的控制总是处于目标或子目标被激活且又能满足其条件的某个产生式中。一旦这个产生式被执行后，对行为的控制将转移到现在能满足其条件的另一产生式。这种认知控制流的思想代表了当今认知心理学的一个基本设想：在人已经获得了程序性知识的那些领域中，对外显或内隐的认知行为的控制本身就存在于程序性知识之中。这一思想引出了一些重要的含义：第一，人的认知加工系统并不需要一个与其相分离的执行控制机制，因为这种控制已直接建立在有关的程序性知识之中了。这一观点与早先提出的信息加工观点形成鲜明对比。第二，这一思想涉及技能的学习或获得过程。如果说对行为的控

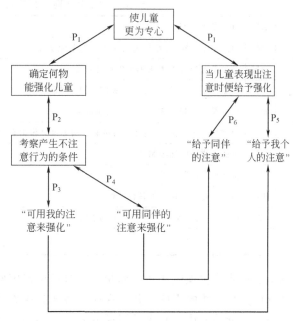

图 5.1 处理不专心儿童的产生式中的目标-子目标层级

制必须一丝不苟地建立在代表这种技能的产生式系统中，那么在获得程序性知识的过程中，也许应当有某种方式来保证所获得的产生式集合既准确又可靠。我们不妨设想一下，要是一个适用于过马路的产生式集合将交通灯的颜色规定搞错了将会带来什么样的问题。

二、程序性知识的分类

为了研究程序性知识的学习过程，这里再进一步介绍有关程序性知识的分类。前面已经提到，加涅将认知技能区分为对外办事的技能（智慧技能）和对内调控的技能（认知策略），同样，程序性知识也可以相应地区分为对外操作的程序性知识和对内调控的程序性知识。在加涅的分类基础上，其女儿 E.D. 加涅提出，可以从两个维度对程序性知识分类。

（一）一般与特殊维度

根据这一维度可以区分专门领域的程序性知识和非专门领域的程序性知识。专门领域的程序性知识是由仅运用于特殊领域的产生式系统构成的。例如，表 5.2 中的分数加法的产生式只适用于解决分数加法问题。又如，中小学生所学习的算术四则运算的规则利用"待定系数法"、"配方法"、"数学归纳法"等解决相关的数学问题，在语文课上学习的造句、改错句的规则，在英语课上所学习的语法规则等都属于专门领域的程序性知识。

非专门领域的程序性知识也称思维或解决问题的一般方法、步骤的知识，如"做事之前先有计划"、"三思而行"、"从多方面考虑问题"等，这些规则不只适合在特殊情境中应用，还可以适用于多种多样的情境，所以这类程序性知识又称跨情境的程序性知识。表 5.4 描述了"做事之前先有计划"的产生式系统。

（二）自动与受控维度

根据这一维度可以区分自动化的程序性知识和受意识控制的程序性知识。自动化的程序性知识是由经过充分练习而能自动激活的产生式系统构成的，也可称之为经过充分练习而达

表 5.4 "做事之前先有计划"的产生式系统

P₁	如果	目标是为 X 订一个计划
	则	建立一子目标:选择与 X 有关因素的最佳联合
P₂	如果	目标是选择与 X 有关因素的最佳联合
	则	建立一子目标:评价与 X 有关因素的各种联合
P₃	如果	目标是评价与 X 有关因素的各种联合
	则	建立如下子目标:制定评价各种联合的标准并根据它和已知限制条件比较,再说明已知限制条件
P₄	如果	目的是说明已知限制条件
	则	依次列出限制条件
P₅	如果	目的是建立评价各种联合的标准
	则	建立子目标:设想出与 X 有关的诸因素
⋮	⋮	⋮

到熟练的技能。在现代认知心理学中,自动化程序性知识与熟练技能是等同的。如前面所述的异分母分数加法的程序,儿童在初学时要分成许多小步子,一步学一个子程序。如先学习找最小公分母的方法,其次学习通分方法,再学约分方法等。有经验的教师在教这些子程序时,使儿童对每一个小步骤都有明确的意识并能用明晰的语言说出每一子程序所遵循的规则。但当学生的运算达到高度熟练以后,反而不能明确说出自己运算中的每一步的规则了。中小学生掌握有关读、写、算的程序性知识大都要达到自动化。

受意识控制的程序性知识是由一系列未达到自动激活程度的产生式构成的。例如,"做事之前要有计划"的产生式系统,因 X 所指对象是变化的,与 X 有关的因素及其组合也是变化的,所以这样的产生式系统难以达到自动化执行的程度。

应当指出的是,从受意识控制到自动化是一个连续不断变化的维度,完全自动化的与纯粹受意识控制的只是这个连续体的两极,大量的程序性知识是介于这两极之间的。同理,从特殊到一般也是一个连续变化的维度。大量的程序性知识介于一般与特殊这两极之间。如

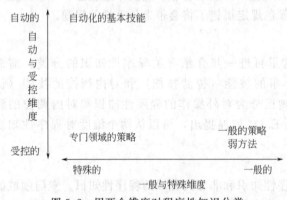

图 5.2 用两个维度对程序性知识分类

果我们同时考虑上述两个维度对程序性知识进行分类,各类程序性知识之间的相互关系可以表示成如图 5.2 所示。

三、陈述性知识与程序性知识的联系和区分

前面我们根据产生式理论论述了程序性知识的性质。产生式理论侧重说明程序性知识在人脑中的表征方式。知识作为产生式储存的结果,是具体知识与人的特殊行为建立的联系。据此可以对知识(狭义)与技能做大致的划分。然而在程序性知识内部还可分成哪些亚类,各亚类有什么关系,产生式理论没有做具体回答,而加涅的智慧技能层次论明确回答了这两个问题。而且加涅的智慧技能层次论认为,所谓程序性知识或者智慧技能,其核心成分是概念和规则的运用。加涅的智慧技能层次论是人类历史上第一次明确地用知识来解释智慧技能的尝试。概念和规则既是陈述性知识的核心成分,也是智慧技能和认知策略的核心成分。如

果它们以命题网络的形式储存且能被人陈述或提取出来，则称为陈述性知识；如果它们以产生式方式储存，支配了人的行为，则称为程序性知识。后者又可按对外办事和对内调控、自动与受控、一般与特殊等维度加以划分。

综上所述，可将陈述性知识与程序性知识的区分概括如下：①从测量学的观点看，前者可以通过"陈述"或"告诉"的方式测量；后者只能通过观察人的行为间接测量；②从心理表征来看，前者主要以命题和命题网络的形式表征，后者以产生式和产生式系统表征；③从激活和提取来看，前者激活速度慢，其提取往往是一个有意识的搜寻过程，后者激活速度快，能相互激活；④从输入与输出来看，前者是相对静止的，其输入与输出不同，如输入的是 $1/3+3/4=?$ 输出的是 $13/12$；⑤从学习与遗忘速度来看，前者习得速度快，遗忘也快，后者习得速度慢，遗忘也慢。

由于概念和规则既是陈述性知识的核心成分也是程序性知识的核心成分，所以我们在上一章论述陈述性知识学习时提到概念和命题（规则也是一种命题）的学习，但是上一章的重点是说明由概念和命题构成的认知结构的形成，本章将进一步论述概念和规则的学习，但讨论的重点是阐述概念和规则如何支配人的行为，使概念和规则由陈述性形式转化为支配人的行为的程序性知识。

第二节　概念的学习

一、概念分析

什么是"概念"？这个术语在不同学科有不同含义。在心理学中，严格地说是指"符号所代表的一类事物或性质"。如"三角形"、"战争"、"红色"这三个词（语言符号），如果分别代表三角形（一类物品）、战争（一类事件）和红色（物体的一类属性），则这三个词分别代表三个概念。事物之所以能分成不同的类别，乃是由于它们具有共同特征（或本质属性）的缘故。所以可以把概念定义为"符号所代表的具有共同关键特征的一类事物或性质"。要引导学生掌握好概念，教师必须对概念做出明确的分析，而对一个概念的分析一般包括以下四个方面：概念名称、概念定义、概念例证、概念属性。下面用等边三角形说明概念的这四个方面。

（1）概念名称。若"等边三角形"一词代表一般等边三角形，则它便是一个概念名称。

（2）概念定义。等边三角形是平面上有三条等边和三个等角的简单封闭图形。

（3）概念例证。等边三角形的例子，如图 5.3 所示。

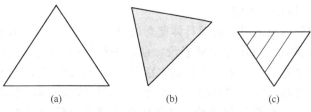

(a)　　　　　　　(b)　　　　　　　(c)

图 5.3　等边三角形的正例

一切符合等边三角形定义特征的图形，不论它们的大小或颜色，也不论它们是画的或是实物的，都是等边三角形这个概念的例子，又称正例或肯定例证（positive instances 或 positive examples）。一切不符合等边三角形定义特征的图形，如图 5.4 所示，称为等边三角形概念的反例或否定例证（negative instances 或 nonexamples）。概念的例证必须具有典型性，

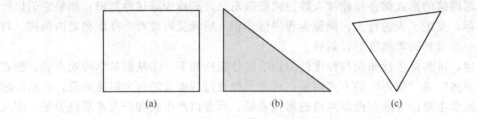

图 5.4　等边三角形的反例

而且应该多样化。

（4）概念的属性。概念正例的共同本质特征，又称关键特征（critical features）或标准属性。如等边三角形概念的属性或关键特征有：①在平面上；②封闭的；③三条边相等；④三个角相等。一切等边三角形的正例都包含了这一概念的关键特征，一切反例都不包含这些特征。概念的正例除了包含关键特征外，还包含无关特征，如等边三角形的大小、颜色和方位都是无关特征。概念的反例虽然不具有概念的关键特征，但概念的正例与反例在无关特征方面可能有许多相同点，如上述等边三角形的正、反例中的颜色是相同的。

另外，概念分析还可以从某概念的上下位概念进行分析。通过概念分析，教师可以明确这一概念的基本要点，弄清这一概念与学生原有知识的联系以及它与以后将要学习的知识的联系。

所谓概念学习，就是能概括出同类事物的共同本质特征。辨别是反映事物的差异，而概念是反映事物的共同点。由于事物不仅在本质特征上有共同点，在非本质特征上也有共同点，这就给概念学习带来了困难。所以，习得一个概念不仅要求学生学习与掌握一类事物的共同本质特征，而且要求他能排除非本质特征。例如儿童在学习"鸟"这个概念时，把苍蝇和蝙蝠看成鸟，乃是由于他们把"能飞"也看成是"鸟类"的本质特征的缘故。如果这样的非本质特征未排除，则儿童仍未掌握"鸟"的概念。

二、概念的习得与运用

按概念的抽象水平，可以把概念分为具体概念和定义性概念。具体概念只经过一级抽象，一类事物的共同本质特征是直接从具体实例中抽象出来的；定义性概念要经过二级抽象，因为在给某个概念下定义时，其定义中必须包含其他概念。例如，若平行四边形作为一个定义性概念，其定义是"对边平行且相等的四边形"。这个定义中包含"四边形"、"对边"、"平行"和"相等"四个概念。平行四边形的定义建立在其他概念的基础上，这样的概念经过了二级抽象。具体概念和定义性概念性质不同，促使其习得的教学方法也存在差异。

（一）具体概念的习得与运用

奥苏贝尔的上位学习模式可以说明具体概念的习得。在教学时，教师先呈现概念的若干正例，引导学生进行辨别，提出与检验假设，最后进行概括，得出同类事物的共同本质特征。在引导学生掌握概念的过程中，应特别注意以下几个方面：①突出有关特征，控制无关特征。概念的关键特征越明显，学习起来就越容易；而所涉及的无关特征越多，越突出，学习起来就越困难。所以，在教学的开始，教师应该强调这个概念的关键特征，使之鲜明突出。②正例与反例的辨别。在呈现若干正例的同时，必须伴随呈现适当的反例。正例同时呈现（同时处于工作记忆中）有助于学生进行概括。伴随呈现反例有助于学生辨别，使概念的概括精确化。例如，教"鸟"的概念时，可以同时呈现麻雀、燕子、鸽子、老鹰等正例。教师告诉学生这些都属于鸟类。问学生它们都有哪些共同特征？学生在辨别（感知）的基础上也许会把它们的"能飞"、"长羽毛"作为"鸟"的共同关键特征。紧接着教师呈现鸟的反例,如"蝙蝠"、"苍蝇",并指出它们"能飞",但不是鸟。这种反例的出现促使学生重新进行假设,排除无关特征,使概括达到精确化。③变式。变式是指概念的正例在无关特征方面的具体变化,也就是通过保持概念的关键特征,而变化那些非关键特征,从而构成的表现形式不同的例证。比如,在上面"等边三角形"概念的例证中,等边三角形的摆放方向、大小、颜色等都是无关特征,保持等边三角形的关键特征,改变无关特征,就出现了上面画的三个变式。在学生对概念的关键特征有了基本的理解之后,教师可以通过呈现变式来帮助学生辨明概念的无关特征,更精确地理解概念的含义。而且更重要的是,通过各种变式,学生可以看到概念应用情境的各种变化,这可以促进他们对概念的灵活应用。④比较。对相关的概念进行比较以说明它们之间的区别,这也是引导学生把握概念的一种重要方法。比如,在学习不同气候类型时,教师可以用列表对比的方式比较温带海洋性气候和温带大陆性气候的特征及成因,这可以使它们的特征更加鲜明。

这种从例子到概括的习得概念的方式称为概念形成。学前儿童通过概念形成的方式习得了许多日常概念,这为他们学习下定义的科学概念提供了前提条件。

(二)定义性概念的习得与运用

定义性概念可以通过两种方式获得。

第一,概念形成。这种教学方式也可以用奥苏贝尔的上位学习同化模式来解释。例如,有人对"质数"和"合数"这两个定义性概念进行了如下的教学实验,被试为小学三年级学生。实验时,先呈现表5.5的材料,然后呈现表5.6的材料。

表5.5 材料一 教师与学生的反应

题 例	教师陈述	学生反应	教师反馈
2=2×1	2是质数		
3=3×1		3是质数	正确
4=4×1=2×2	4是合数		
5=5×1	5是质数		
6=6×1=2×3		6是合数	正确
7=7×1	7是质数		
8=8×1		8是质数	错误
9=9×1	9是合数		

表5.6 材料二 教师和学生的反应

题 例	教师陈述	学生反应	教师反馈
10=10×1=5×2		合数	正确
11=11×1	质数		
12=10×1=3×4=6×2	合数		
13=13×1		质数	正确
14=14×1		合数	正确
15=15×1	合数		
16=16×1=4×4=8×2		合数	正确
17=17×1		质数	正确
18=18×1=6×3=9×2	合数		

第一个材料的学习共用了 6 分钟。紧接着，主试问学生："为什么 8 是质数？"学生回答："一个等号后面的是质数，8 后面只有一个等号，所以 8 是质数。"可见学生尚未发现质数的本质特征。

第二个材料的学习共用了 8 分钟。最后出示 19、20、21、22、23、24、25、26、27、28，学生能正确指出 19 和 23 是质数。至此，我们可以假定该学生已经获得了"质数"概念。这一例子说明：概念形成是通过辨别正反例子的特征，提出假设并通过主试（在日常条件下是年长者）的肯定或否定，学习者重新提出假设与检验假设，最后把通过检验的假设（即概念的本质特征）推广到同一类别的其他成员上去的过程。质数的定义是"大于 1 且只能被 1 和它自身整除的整数"，这个定义中包含"整数"、"整除"等概念，定义性概念学习的一个先决条件是学生必须先行掌握构成定义的相关概念。

第二，概念同化。这种教学方法可用奥苏贝尔的下位先行同化模式来解释。传统学习理论认为所有概念都是通过从例子到概括的方式习得的，所以心理学关于概念学习的实验都称为概念形成实验。在加涅的智慧技能学习层次论中也只提到概念形成这种概念学习方法。奥苏贝尔根据其同化学习论，提出了概念学习的另一种方式，他称之为"概念同化"。概念同化是从上位到下位的学习，其先决条件是学生认知结构中具有同化下位概念的上位的一般概念。如：倘若学生认知结构中已有清晰和巩固的分数概念，学生学习百分数这个下位概念时，只需要给他们呈现百分数的定义，学生就能习得百分数概念。在这种条件下，教师为了使讲课形象生动，在下定义时也可能用例子来加以说明。但这里的例子与概念形成中的例子作用不同。在概念形成条件下，必须同时呈现若干正反例；在概念同化条件下，只需呈现一个例子即可。在概念形成条件下，呈现正反例的目的是让学生发现同类事物的共同本质特征；在概念同化条件下，因概念的本质特征已经在定义中被揭示出来，学生没有发现的任务，举例的目的是为了便于学生证实已抽象出来的特征。随着学生年级升高，通过概念同化的方式掌握概念的机会越来越多。

第三节　规则的学习

一、规则与规则学习的心理学含义

人们在认识世界，发现各种事物的内在联系的基础上得出计算的公式、处理事物的法则或提出科学原理和定律等，这些公式、法则、原理、定律都叫"规则"。加涅认为，在规则中包含两类概念。一类是情境性的，它们代表情境的某个方面；一类是转换性的，它们代表操作或运算（operation）。例如，在"功＝力×距离"这个规则中，"力"和"距离"属于情境性概念，"乘"代表转换性概念。规则同概括性命题一样，都是几个概念之间的关系的陈述。这些陈述对教师或科学家来说是有意义的，对初学者来说可能是无意义的，或只是部分有意义的，其学习的过程也是习得语言陈述的命题意义的过程，所以同样可以用奥苏贝尔的同化论来解释规则的学习。

规则与概念一样，也有适合它应用的情境，这些情境就是能体现规则的例子或情形。如体现"加法交换律"的例子有 5＋8＝8＋5，25＋13＝13＋25，1/2＋1/3＝1/3＋1/2 等。缩句的规则是：删去句子的次要成分，保留句子的主要成分。"小明的妈妈是纺织厂的工人"缩成"妈妈是工人"、"小明高高兴兴上学去"缩成"小明上学去"等是体现缩句规则的例子。规则作为一种智慧技能，其学习的实质是学生能在体现规则的变化的情境中适当应用规则。

二、规则学习的两种形式

按照奥苏贝尔同化论，习得规则的形式有上位学习、下位学习和并列结合学习。但最基本的学习形式是上位学习和下位学习。

（一）从例子到规则的学习

这是上位学习的一种形式，也称发现学习。其教学方法简称例-规法。在此我们以上海市青浦县数学教改实验小组"有理数加法"规则教学的部分课堂记录为例，说明例-规法的应用及其中包含的思维过程。●

师：现在让我们来看一组具体问题：从一点出发，经过两次运动，结果方向怎样？离开出发点的距离是多少？

（1）先向东走 5 米，再向东走 3 米，结果怎样？

生：向东走了 8 米。

师：如果规定向东为正，向西为负，你能不能用一个数学式子来表示？

生：表示为（+5）+（+3）＝+8

师：我们可以画出示意图。（教师画出图示 1）

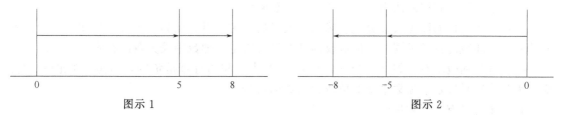

图示 1　　　　　　　　　　　　　　图示 2

（2）先向西走 5 米，再向西走 3 米，结果如何？

生：向西走了 8 米。可以表示为（-5）+（-3）＝-8。（教师画出图示 2）

（3）先向东走 5 米，再向西走 3 米，结果呢？

生：向东走了 2 米。可以表示为（+5）+（-3）＝+2。（教师画出图示 3）

（4）先向西走 5 米，再向东走 3 米。结果呢？

生：向西走了 2 米。可以表示为：（-5）+（+3）＝-2。（教师画出图 4）

图示 3　　　　　　　　　　　　　　图示 4

师：从上面一组问题中，你觉得两个有理数相加的结果有没有一定规律呢？你能通过观察来发现它们的规律吗？（略停一下）为了便于寻找，我们可以从以下两方面去思考：①和的符号与两个加数符号有什么关系？②和的绝对值和两个加数的绝对值又有什么关系？

现在不忙回答，我们再来看一个有理数加法的具体问题，希望同学们边做边想，大家一起来找规律：从某点出发，规定上升为正，下降为负。

● 皮连生. 智育心理学. 北京：人民教育出版社，2008；189-191.

（1）上升 8 米，再上升 6 米，结果怎样？

生：上升 14 米。[教师板书：（+8）+（+6）=+14]

（2）下降 8 米，再下降 6 米，结果怎样？

生：下降 14 米。[教师板书：（−8）+（−6）=−14]

（3）上升 8 米，再下降 6 米，结果怎样？

生：上升 2 米。[教师板书：（+8）+（−6）=+2]

（4）下降 8 米，再上升 6 米，结果怎样？

生：下降 2 米。[教师板书：（−8）+（+6）=−2]

（5）上升 8 米，再下降 8 米，结果怎样？

生：没上升也没下降。[教师板书：（+8）+（−8）=0]

（6）下降 8 米，再上升 0 米，结果怎样？

生：还是下降 8 米。[教师板书：（−8）+0=−8]

师：通过以上两组题目，请同学们再想一想，有理数加法的法则究竟是怎样的？

生：我认为加数同号的，符号不变，和的绝对值等于两个数的绝对值的和。异号时，和的绝对值等于两个加数的绝对值的差，和的符号与被加数相同。

师：这位同学归纳的法则，我们看看是否正确？

生：刚才，他的回答大部分是正确的，但最后一句不对。比如（+3）+（−5）=−2，和的符号与被加数的符号不同。所以应改为和的符号决定于加数中较大数的符号。

生：这句话也不对。如（+3）+（−5）=−2 中，和的符号是负的，但是+3 比−5 大，应改为和的符号决定于加数中绝对值较大的数的符号。

师：还有没有不同意见？

众：没有。

师：归纳得好！两个有理数相加，如果两个数是同号时，结果取原来的符号，并把绝对值相加，如（1）和（2）题。两个加数异号时，结果取绝对值较大的加数的符号，并用较大的绝对值减去较小的绝对值，如（3）和（4）题。那么从第（5）题中还可以得出什么结论？

生：互为相反数的两数相加，和为零。

师：对。这是异号两数相加的特殊情况。那么第（6）题又说明了什么呢？

生：一个数与零相加，仍得这个数。

师：对。以上就是有理数的加法法则。

这是一节典型的采用例-规法教规则的课。从心理学的观点看，这节课的优点是，第一，在教规则之前，学生对有关规则的原有概念（正数、负数、绝对值）已掌握；第二，采用指导发现法，教师在关键的地方提供指导，如要求学生从两方面去思考：①和的符号与两个加数的符号有什么关系？②和的绝对值与两个加数的绝对值有什么关系？第三，既有体现两条主要规则的变式例子，又有体现特殊规则的例子；第四，组织学生讨论，师生之间、学生之间都有信息反馈。要学习的主要内容基本上是学生通过有关例证的辨别抽象概括出来的。课教到这里还没有完，为了使学生习得的规则转化为技能，随后又进行了一系列课堂练习，包括口答题 5 道、课本上的练习题 10 道、计算题 3 道（其中两道出现分数和小数，一道题的数字在 10 以上）、学生自编口答题 3 道。根据学生顺利完成这些习题的行为，我们可认为学生顺利应用有理数加法规则的技能已经形成。

（二）从规则到例子的学习

这是下位学习的一种形式，又称接受学习。其教学方法简称规-例法。随着学生年龄增长和年级升高，规-例法的教学应用的范围越来越广。例如，我国中学生在有了一定的本族语言知识基础以后，在学习外语时会接触到外语读音、词法、句法方面的许多规则。这些规则一般不大难理解。教学时一般是先告知规则，然后适当举例，学生便能理解。如：学习一般现在时态的英语动词第三人称单数加"S"的规则时，通过举例"I write a letter"，"He (She) writes a letter"，学生一般便能理解这一规则。当然这里也必须以学生对相关的概念（如此处的"一般现在时态"、"规则动词"和"人称"）的掌握为先决条件。就规则作为一种技能学习来说，当然不能停留在理解上，还应当通过多种条件下的练习达到熟练应用的水平。就外语学习来说，练习的形式就是大量听、说、读、写。

在实际教学中，从规则到例子和从例子到规则并没有截然的界限，一般是从例子到规则，又从规则到例子，交叉和反复进行。

下面以皮连生等在小学低年级进行的汉语句法与词性概念和规则的教学实验研究加以说明[1]。

1986年上学期华东师范大学附小三年级语文期末考试有如下测验题："蚕儿慢慢（de）大起来了，桑叶也剪（de）粗了，以后就开始喂整片（de）桑叶了。我总是高高兴兴（de）把桑叶擦（de）干干净净，再轻轻（de）、均匀（de）撒到匾里。"要求学生用"的"、"地"、"得"三个结构助词填空。我们随机抽查了一个班的成绩，结果这道题无一人全对，全班的正确率只有56.36％。考虑到这里只有三个词选择填空，学生随机猜测，正确率也可能达到30％以上，可见这道题的考分是很低的。

这道题考查的是学生运用句法和词法规则办事的能力。要正确应用"的"、"地"、"得"三个结构助词填空，学生必须掌握汉语的一套词法规则。这套词法规则可以用下述形式简单表示。

具体地说：①名词和代词前的修饰词带"的"；②动词和形容词前的修饰词带"地"；③动词和形容词之后的修饰词前用"得"。我们试教的结果发现，用词法规则来解决"的"、"地"、"得"三个结构助词的误用问题不够理想。因为汉语的词的词性离不开它在句子中的作用。如"胜利"一词，在"胜利了的中国人民"中作形容词用，在"中国人民胜利了"中作动词用，在"下定决心，争取胜利"中作名词用。词性的判断必须参照词在句子中所担负的功能。

经过实验我们发现，通过掌握一套句法规则更便于纠正学生误用"的"、"地"、"得"三个结构助词。句法规则可以概括如下。

具体地说：①主语、宾语前的修饰词带"的"；②谓语前的修饰词带"地"；③谓语之后

---

❶ 皮连生. 智育心理学. 北京：人民教育出版社，2008：159-163.

的修饰词前用"得"。

这两套规则是彼此关联的。因为主语一般由名词和代词充当，谓语一般由动词和形容词充当。学生掌握了第一套规则有助于掌握第二套规则，反之亦然。如果学生能同时应用这两套规则来判断"的"、"地"、"得"的应用情况，则在遇到疑难句子时，便会表现出更强的能力。

但是，小学二、三年级的学生能不能初步掌握这套句法规则呢？我们的研究表明，小学二年级后期的儿童在简单句（被动句除外）的范畴之内完全能掌握上述句法规则，关键是如何教的问题。

我们认为，掌握上述句法规则的关键是形成模式识别的能力。儿童首先应识别"句子"，在形成了"句子"概念之后，再识别句子中的"主语"、"谓语"和"宾语"，"补语"可暂时不教，因为谓语之后的修饰词前用"得"这一规则中未出现"补语"概念。一旦"主语"、"谓语"和"宾语"这几个句子成分的模式能被儿童识别了，规则应用的问题就迎刃而解了。

教学步骤如下。

第一步：初步形成句子概念。

方法：先提供若干典型的例子，如：

> 我是老师（"是"字句）
>
> 小军帮助成绩差的同学（主谓宾句）
>
> 小鸟飞得很快（主谓补句）

在呈现许多例句的基础上，引导学生概括。使学生认识到，完整的句子必须包括两部分。

(1) $\begin{bmatrix} 谁 \\ 什么 \end{bmatrix}$ (2) $\begin{bmatrix} 怎么样 \\ 干什么 \\ 是什么 \end{bmatrix}$

这一概括便构成了学生识别句子的认知模式。接着提供句子的正反例，让学生识别。同时规定一套操作步骤以便教师给学生提供及时的反馈信息，便于学生自我纠正。

例句如下：

√ <u>爸爸</u>　<u>是</u>　<u>厂里的工人</u>
　　谁　　是　　什么

√ <u>我的衣服</u>　<u>很美丽</u>
　　什么　　　怎么样

长风公园湖面上的船

……

要求学生给完整的句子打钩，不是句子的不打钩，并在完整的句子上完成如例句所示的练习。对不是句子的反例，说明不是完整句子的理由。如此反复练习并及时纠正学生的错误，至全班熟练掌握后转入第二步。

第二步：在句子中分化出主要成分和次要成分，加深对句子的理解。

方法：出示如下例句并完成如例句所示的练习。

我们的教室很明亮 —→ <u>教室</u>　<u>明亮</u>
　　　　　　　　　　　什么　　怎么样

活泼的小红难过地哭了 —→ <u>小红</u>　<u>哭了</u>
　　　　　　　　　　　　　谁　　干什么

第三步：用正式术语"主语"、"谓语"、"宾语"概括句子的主要成分。

方法：首先，教师直接告诉学生，在缩短了的短句中，句子中前面部分的"谁"或"什么"，换一个名称叫"主语"，后面部分的"怎么样"（包括"干什么"、"是什么"）叫谓语部分。"干"和"是"叫谓语。这里的"什么"叫宾语。符号学习不是概念本身的学习，只是学习相同概念的不同名称，故没有什么难度。紧接着让学生进行练习。练习方法：先进行缩句并在短句中找主语和谓语，有宾语的还要找出宾语，如：

小明高高兴兴地上学去——→小明　上学去
　　　　　　　　　　　　主语　谓语

然后在长句中直接找主、谓、宾，如：

我　爱冬天的梅花
主　谓　　宾
明明的妈妈　热得满头大汗
　　主　　　谓

第四步：从例句中概括出表示主语、谓语和宾语的词的词性。

方法：出示若干例句（例句见上，这里从略）。教师引导学生发现规律。由于二年级期末的小学生已有一定的词性概念基础，这一步进行得很顺利。最后得到如下对应关系：

主语　　　谓语　　　宾语
代词　　　动词　　　代词
名词　　　形容词　　名词

第五步：从例句中概括出三个"de"（的、地、得）的运用规则，用简化的形式表示如下：

（1）句法规则
　　　　主语
（的）宾语　　（地）谓语　　（得）
　　└─┘
（2）词法规则
　　　名词　　　动词
（的）　　（地）　　　（得）
　　代词　　　形容词
　　└─┘　　　└─┘└─

紧接着出现各式各样的例句，让学生反复应用上述规则。

如：他（de）弟弟紧紧（de）拉着他的手
　　小鸡冷（de）发抖

先让学生找主、谓、宾，然后填写"的"、"地"、"得"。

检查教学效果的方式是参照教学目标的测验。教学之后进行了即时测验。试卷包括28个句子。每个句子要划出主、谓、宾，然后用"的"、"地"、"得"三个词选择填空。全卷100个计分点，其中主、谓各28分；宾语9分；"的"、"地"、"得"分别为11、13和11分。三个月后进行了重测。重测试卷在形式上与第一次的试卷相同，在保持句型不变的条件下，更换了其中的名词、代词和动词，同时还改变了题序。即时测验全班38人，平均错误率为3.94％，三个月错误仍只有9.79％。错误主要出现在几个差生身上。如：重测时有两名学生失分86分，几乎占全班失分的1/4。

在我们所规定的简单句的范围之内，二年级期末的小学生应用句法和词法规则填写"的"、"地"、"得"的能力形成了。这一教学的成功表明：应用规则的前提是形成概念（即识别模式）。概念和规则的教学总是通过正反例使学生的思维过程从个别到一般，又由一般到个别，逐步深入，逐步发展。

【拓展性阅读】

[1]　[美]加涅著. 学习的条件和教学论. 皮连生等译. 上海：华东师范大学出版社，1999.

[2]　张大均. 教育心理学. 北京：人民教育出版社，1999.

[3]　皮连生. 智育心理学. 北京：人民教育出版社，2008.

[4]　皮连生. 学与教的心理学. 上海：华东师范大学出版社，2009.

[5]　吴庆麟. 教育心理学. 北京：人民教育出版社，1999.

[6]　皮连生. 教学设计. 第2版. 北京：高等教育出版社，2009.

【研究性课题】

1. 应用例-规法或规-例法设计一个概念或规则的教学方案。

2. 举例说明程序性知识的表征方式。

3. 试述陈述性知识与程序性知识的联系与区别。

第六章　动作技能的学习

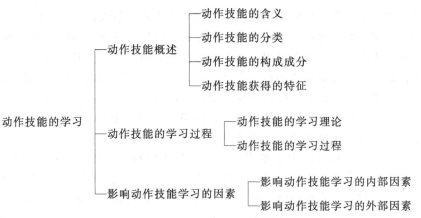

动作技能概述
- 动作技能的含义
- 动作技能的分类
- 动作技能的构成成分
- 动作技能获得的特征

动作技能的学习

动作技能的学习过程
- 动作技能的学习理论
- 动作技能的学习过程

影响动作技能学习的因素
- 影响动作技能学习的内部因素
- 影响动作技能学习的外部因素

【学习目标】

◎ 能阐述动作技能的定义与分类。

◎ 能陈述动作技能的学习过程。

◎ 能陈述影响动作技能学习的因素。

　　动作技能是一种经学习而获得的能力，各类动作技能的学习在各学科教育中发挥了重要的基础性作用。如：写字、绘画、唱歌、弹琴、打球、做操、锯木、挖土、操作电脑等就属于动作技能。学生在操作实验器具、演奏乐器以及机械制图等活动中都要运用到某些动作技能。动作技能的学习对于体育、绘画、声乐、烹饪等专业的学生以及其他职业技术学校的学生尤其重要。

第一节　动作技能概述

一、动作技能的含义

　　所谓动作，指由于骨骼和肌肉状态的变化引起的机体状态的改变[1]。这种变化有时是受大脑控制在意识条件下发生的，有时处于无意识状态。动作存在于生活的一切领域中。当一个人做出有目的的动作时，他是在协调着认知、动作技能和情感。当人们在完成一项任务时，对所涉及的一系列实际动作能以完善的、合理的方式组织起来，并能自动化地、不受意识直接控制而熟练进行时就称为动作技能。

　　心理学家从不同角度对动作技能进行了解释，其中有代表性的有以下几种。克伦巴赫（J. Cronbach）将动作技能定义为："习得的、能相当精确执行并且对其组成的动作很少或不需要有意识的注意的一种操作。"伍尔福克等则把运动技能定义为："完成动作所需要的一系列身体运动的知识和进行那些运动的能力。"著名教育心理学家加涅认为："动作技能是协调

---

[1] 陈会昌. 中国学前教育百科全书·心理发展卷. 沈阳：沈阳出版社，1995：68.

运动的能力。"他将动作技能分为两个成分：一是描述如何进行动作的规则；二是因练习与反馈而逐渐变得精确和连贯的实际肌肉运动。

动作技能又称心因运动技能（psychomotor skill）。这一术语中的"psychomotor"是由"psycho"和"motor"两个成分合成的，意指这里的运动不是简单的外显反应，强调它受内部心理过程控制。动作技能往往和知觉密不可分，所以人们将知觉与运动联系起来，称之为知觉-动作技能。

根据动作技能的含义，应将动作技能与不随意动作和反射性动作加以区别。例如，触摸新生儿的脚底，则足趾必然向上呈扇形张开，是足趾反射；用物品刺激新生儿的手心，他就会马上抓紧东西不放，属于抓握反射；还有游泳反射，将不满六个月的婴儿放在水中，他会表现出协调得很好的不随意游泳动作；以及在人的面前出现轻微刺激时，人能迅速做出眨眼反应。这些反应都不是习得的，因此不属于动作技能。

综合以上观点，我们将动作技能定义为：按照一定目的要求，通过练习而获得的迅速、精确、流畅和娴熟的身体运动能力。个体越是有效而合理地利用身体动作完成任务，其动作技能的水平就越高，其运动能力也越强。日常生活中的行走、写字、打字、绘画、骑自行车，体育运动中的游泳、体操、打球，音乐方面的吹、拉、弹、唱，生产劳动中的锯、刨、挖、铲等活动方式都属于动作技能。它要求肌肉、骨骼以及神经系统的精巧配合，必须经过训练才能够具备，每个人最终达到的水平也不相同。

二、动作技能的分类

心理学家按照不同的分类标准，将动作技能分为四类。

(一) 粗放型与精细型动作技能

动作技能的粗细之分主要考虑到在动作性操作中涉及使用身体肌肉的分量。粗放型动作技能是依靠大肌肉群的运动来实现，执行动作时伴有强有力的大肌肉收缩和通过全身运动的神经-肌肉系统协调动作。如奔跑、骑自行车、攀登、游泳、跳高、举重、打篮球以及投掷铁饼和标枪就属于粗放型动作技能。精细型动作技能是依靠小肌肉群的运动而一般不需要激烈的大运动，主要是依靠手指或手腕部位这些小肌肉与眼睛的巧妙协调来实现。如翻书、写字、打字、弹琴、缝衣服、打开瓶盖以及用蜡笔或铅笔涂画就是精细型动作技能。另外，说话、唱歌也属于精细动作的范畴。

(二) 连续的和不连续的动作技能

按照动作的连续性，可以将动作技能分为连续的与不连续的两类。连续性动作技能是个体对一组刺激做出连续的反应并且完成动作的序列较长。例如，骑自行车、开汽车、舞蹈、弹琴、打字、滑冰等活动中需要用连续的技能。不连续的技能是只对某个特定的刺激做出某种特定的反应并且完成动作的序列较短。例如，射击（射箭）、投篮、举重、按电钮、紧急刹车等都是典型的不连续的动作技能活动。连续的动作技能较多地受外部情境制约，需要根据外部情境中的信息不断调整操作者与外部情境的关系。不连续的动作技能一般是自我调节，较少受外部情境控制。由于两类动作技能控制的性质不同，完成任务所需要的能力和策略也就不同，比如游泳运动员和举重运动员完成任务所需要的能力和所运用的策略就不同。

(三) 封闭的与开放的动作技能

按照动作技能在进行过程中外部条件是否变化，连续与不连续的动作技能又可分为封闭的与开放性两种动作技能。如骑自行车就是连续的开放的动作技能，因为在骑车的过程中，外部条件在不断发生着变化，骑自行车时要根据外部条件的变化不断调整自己的操作。而撑竿跳高则属于连续的封闭技能，因为运动员每次试跳时，外部环境保持不变。加涅认为，封闭性的动作技能主要以来自肌肉的反馈为反应的指导刺激，因此这一类技能闭着眼睛就可以执行。开放性动作技能或多或少要受到外部刺激的影响，比如跳水、刹车等都要根据外部刺激的不同情况做出适时与精确的反应。

（四）徒手型与器械型动作技能

根据是否运用工具来实现，我们可以将动作技能分为徒手型与器械型两类。凡是依靠操作者自身来实现的动作技能都属于徒手型动作技能。如跑步、舞蹈、打太极拳、自由体操等活动就是徒手型动作技能。动作技能依靠操作一定的工具和器械来实现的叫器械型动作技能，如熨烫衣服、打字、弹钢琴、高低杠等活动属于器械型动作技能。

尽管我们对动作技能进行了以上的划分，但并不是说某一种技能只具备某一方面的特征。比如，游泳运动要使用身体各个部分的肌肉，因此属于粗放型的动作技能。但游泳又可分解为蹬水、划动手臂和换气等一系列更简单的动作，因此又可归类于间断的动作技能；由于在游泳时基本上可以依赖来自肌肉的反馈指导自己的下一个动作，因此它又可以被称作封闭的动作技能；同时游泳时主要依靠自身实现，所以又可以归为徒手型动作技能。因此在实际生活中，我们要从不同的角度出发，才能对某一特定的动作技能做出全面的描述。

三、动作技能的构成成分

对于运动技能的构成成分，运动心理学家认为，动作技能的本质是由知觉维、动作维、练习维构成的一个完整的三维体系。

（一）知觉维

知觉是人脑对直接作用于感觉器官的刺激物的整体属性的反映。知觉能力包括听觉、视觉、动觉、触觉辨别能力，其中手眼协调、手脚协调和身体平衡能力对完成动作任务具有重要的意义。在完成动作任务时，必须要有知觉的参与，没有知觉参与往往会造成不能完成某些动作技能。有些技巧性动作对知觉有特殊的要求，比如体操运动员的身体平衡能力要好，才能完美地完成规定动作。其次人们利用知觉来发现并有效利用反应所需要的线索。在动作技能学习的不同阶段，动作技能的熟练程度不同，知觉参与的程度是不一样的。一般情况下，在动作技能学习的初级阶段，知觉参与的成分会多一点；在动作技能形成的自动化阶段，知觉参与的成分就少一点。但并不能说在动作技能的自动化阶段没有知觉参与，只是参与程度较低而已。

（二）动作维

动作技能的学习是以动作的学习为基础的，没有动作的动作技能是不存在的。所以，动作维是动作技能三维中一个重要的维度。台湾著名心理学家张春兴认为：动作技能的学习实际上是完成两件事。第一件事是学习技能中所包含的各种动作，其次才是学习技能。技能中包含了各种各样的动作，在学习动作技能前，必须先具备动作技能中所包含的各种各样的动作。动作有难易之分，相对来说，完成难一点的动作，动作技能水平要高一点；完成简单一点的动作，动作技能水平相对来说就低一点。例如，在完成体操动作中的前滚翻动作和前空翻动作时，由于前者相对容易，所以完成前空翻的动作技能水平要比完成前滚翻的动作技能水平高。

（三）练习维

动作技能必须是在后天通过练习而获得的，并且练习是动作技能习得的唯一手段。那些由于生物成熟因素导致的动作发展不能算作动作技能。动作技能的学习过程是一个练习→矫正错误→再练习→再矫正错误→直至正确无误达到熟练的过程。在练习过程中可以利用内在反馈和外在反馈两种行为作为矫正错误的线索。内在反馈是个体表现某种动作时，自己知道表现的是什么样的动作。如果动作的后果是正确的，个体所得的内在反馈就会使自己满意，以后继续表现该正确动作；如果动作的结果是错误的，个体就会寻找原因纠正错误。外在反馈是指个体表现某种动作后所得到的外部回应。

四、动作技能获得的特征

动作技能达到的熟练程度可以通过观察动作执行的速度、精确性、把握的力度以及流畅性加以判断。心理学家将达到较高速度、精确性高、轻松、连贯的操作或动作称为熟练的操作或熟练的动作。熟练的操作是技能获得的标志。研究表明，动作技能获得主要有以下特征。

（一）知觉成分减弱，动作自动化

熟练的、达到自动化的动作受知觉与意识控制的程度很小，不需要对自动化动作的具体细节进行觉察。例如，我们在一开始学习骑自行车时，往往要考虑手、脚的动作以及身体平衡等。随着练习的增加，慢慢可以达到不用考虑这些因素而能自如地骑则是获得了技能的表现。

（二）能够利用细微的线索

任何动作都要受情境中的线索指导。有关的线索可以帮助人们辨认情境并调节其行为。在一开始学习某种动作技能时，人们只能对明显的线索产生反应。但当动作熟练后，人们就能凭借细微的线索而调整自己的行为。比如，在排球快攻中要有一个前飞扣球双脚起跳的技术。前飞扣球的技术要求助跑路线与网的夹角要小，以避免冲过中线。快攻队员从3号位进攻位置向二传队员方向助跑，最后一步的踏跳后要正好选择在短、平、快时所处位置上，起跳时身体重心要迅速前移，不宜过于后倾，助跑要积极加快，这样就能充分发挥起跳后的前冲力量来扣二传手传出的近体矮球。训练有素的运动员利用场上的细微线索就知道何时助跑，何时起跳。

（三）局部动作得以综合成连贯的动作

尽管动作技能的开头是逐个学会的，但动作技能学习的较高阶段使局部的动作得以综合成大的连锁，使完整的动作顺畅无阻地进行。比如，在接力跑中，传接棒技术十分重要。该技术要求接棒人做到身体向前倾，手臂自然向后伸，虎口向下掌心向上，拇指与其余四指分别向两边分；要求传棒人做到由下向上传递接力棒，快速准确地将接力棒送到接棒人的掌心。初学者是将该技术分开来学的，可经过练习达到熟练程度之后，就可以连贯顺畅地进行了。

（四）在不利条件下也能发挥出正常水平

衡量一个人动作技能的熟练程度，不仅要看他在正常条件下的操作水平，还要看他在外部环境突然发生变化的不利条件下的表现情况。熟练动作技能的掌握者能够在外部情况发生变化时或者面临紧急情况时也能发挥出正常的水平。比如，一名优秀的汽车驾驶员在人多拥挤、道路复杂的情况下也能准确协调地操作，而不熟练的驾驶员往往就手忙脚乱。

第二节　动作技能的学习过程

一、动作技能的学习理论

心理学家提出了不同的理论对动作技能的学习进行解释，其中比较有代表性的是：行为主义的强化理论和认知心理学家提出的认知论。

行为主义心理学家认为人和动物的行为反应被其行为后果加强。当某些动作产生积极的后果时，便受到积极的正强化，逐步被巩固下来。以后只要呈现适当的环境刺激，该动作就会出现。这种理论将动作技能看成是刺激与反应联结的形成，即形成 S-R 模式。

20 世纪六七十年代以后，心理学家更多地用认知的理论来解释动作技能的学习。他们认为在刺激与反应的联结过程中，即在 S-R 形成联结之间应加入一个"中介变量"，即个体的内部条件和内在动机，包括认知、目的、意识、能动性等。动作学习在于构造或组织一个整体，这一整体是通过领悟、理解、推理等来实现的。认知心理学家把动作技能的学习解释为：是不断形成一个在意义、态度、动机和技能各方面相互联系着的，越来越复杂的模式体系，即认知结构。他们强调认知的参与，把动作技能形成看成是一个由多因素构成的、多阶段的、并由多种记忆成分所储存的模式结构。

二、动作技能的学习过程

为了更好地理解动作技能的学习过程，心理学家将其分解为形成、保持与迁移三个阶段。

（一）动作技能的形成

费茨和波斯纳概括了较为成熟的人动作技能形成的一般过程，并将这一过程分为认知、联系形成和自动化三个阶段。

1. 认知阶段

认知阶段主要是理解学习任务，并在头脑中形成运动全过程的总的表象，以记忆中的动觉表象为依据尝试完成各个动作，同时对自己的操作水平进行估价，即明确自己能做得如何。这一阶段的主要任务是领会动作技能的基本要求，获得正确的动作表象，掌握动作技能的局部动作。比如，在学习中英文打字的认知阶段，首先要了解正确的打字姿势、打字方法，如视线要落在原稿上，而不要盯着电脑键盘；击键动作要敏捷、果断等。从认知的内容看，包括知识和动作两方面，学习者既要了解与某种技能有关的知识、性质、功能等，如电脑各组成部分及其名称、用途，电脑的使用方法等；也要了解动作的难度、要领、注意事项及动作步骤等，如打字的准确性，打字速度、力度及其节奏，哪些是初学打字者容易犯的错误等。从认知的过程看，包括观察、记忆、想象三个环节。就讲授者而言，包括讲解和示范两个环节。由教师通过讲解、演示、模型、幻灯、电影等将整套动作分解成若干局部动作，让学生逐个学习。如初学打字时，教师将整个打字动作分为手指自然弯曲放在基本键位上，眼睛看着原稿，击键后手指要迅速回到基本键位上等几个动作步骤，让学生掌握。

认知阶段的主要特点是注意和其他心理活动都很紧张。肌肉紧张，动作忙乱、不协调，动作之间相互干扰，常常出现一些多余的动作。

2. 联系形成阶段

在这一阶段，重点是使适当的刺激与反应形成联系，主要特点是经过反复练习，使个别的动作联系起来，即技能的局部动作被综合成更大的单位，最后形成一个连续技能的整体。此时不仅要求各个动作准确无误，而且全套动作要形成条件反射式的连锁反应，各个环节自动地依次出现，有条不紊，变成有固定程序的反应系统。比如，打字训练经过字母键练习、大写字母键练习、数字练习、标点符号练习等大量、反复的练习之后，要求对键位熟悉到条件反射的程度，眼睛看着原稿，手指动作运用自如，不停地轮流击键，几乎不经过大脑思考。这一阶段的另一个任务是排除过去经验中习惯性动作的干扰。比如，学会了用拼音法录入汉字的人，在学习用五笔字型法录入汉字时会受到干扰。

这个阶段是在反复锻炼的基础上形成的动力定型阶段，由于大脑皮层中兴奋过程集中，抑制性条件反射牢固，因此每次完成动作的质量较高。这时在大脑皮层的调节下，运动中枢和植物性中枢的联系更为协调。这一阶段的主要特点是一连串的动作已经联结成完整的动作系统，多余动作逐渐消失。学习者的注意与紧张度有所下降，但如果受到干扰动作容易出现错误。

3. 自动化阶段

动作技能学习进入这一阶段时，意识的调节作用已大大降低，肌肉运动的感觉作用占主导地位，视觉对动作的控制进一步减弱，整套动作相互协调，得心应手。一个书法家就不必在意单个字如何写，各个字之间应如何安排，而是下笔如神，书写动作灵活而省力，所写字的框架结构恰到好处。一个织毛衣能手，灵巧的双手就像长了眼睛一样，即使眼睛看着电视机或与旁人谈笑风生，也织得半点不差。一个用手机发送短消息的"高手"，即使手机放在衣服口袋里，在不方便拿出来的情况下也能将短消息发送成功。如果能够再对动作技能有进一步的创造与发展，则可以进入到出神入化的境界，就如同庄子《庖丁解牛》里提到的庖丁的解牛技能。

这一阶段的特点是：学习者的紧张状态消失，注意范围不断扩大，并能根据情境变化适当地调整动作技能，动作自动化。

（二）动作技能的保持

我们在日常生活中都有这样的经验，学会了某一种动作技能之后，即使很长时间不用，也不容易遗忘。比如，小时候学会了跳芭蕾舞，即使几年不练习，一旦重新站到舞台上，旋律响起，也能够翩翩起舞。心理学家的研究也发现，动作技能一经学会，则能保持相对较长的时间，不容易遗忘。

我国心理学家许尚侠在1986年以大学生为被试，研究了动作技能的遗忘过程。大学生们被安排学习一套新的徒手体操，一般10分钟便可学会，一分钟就可以完成动作。图6.1给我们描述了研究结果，动作技能的遗忘率在间隔31天后还不到30%，大大低于艾宾浩斯的无意义音节的遗忘率。艾宾浩斯遗忘曲线与动作操作遗忘曲线有一个在进程上更为重要的差异，就是动作技能遗忘进程的开始部分（1~2天）下降较多，然后（2天以后）又缓慢上升成一"V"形，这之后遗忘曲线渐渐下降而趋于平坦。而艾宾浩斯遗忘曲线则没有这种现象，在保持的初期就急剧下降，直至曲线

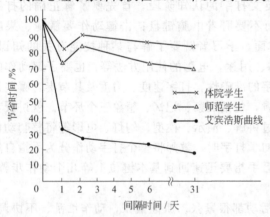

图6.1 运动技能与无意义音节的遗忘曲线的比较

趋于平坦。造成这种现象的原因有多种解释，有人认为"记忆恢复"是由于练习疲劳所导致的大脑皮层保护性抑制的解除所致，这称为疲劳说。事实上，有些简单的练习并不产生疲劳，而记忆恢复依然存在。还有人用反映性抑制说来说明这种现象。他们认为如果反复进行一种操作，就会产生抑制现象。也就是说，进行过一定的学习就会形成兴奋和抑制倾向，只是这些倾向随着时间的增加而减少，而且抑制倾向减少得更快，所以，这种差别就成为实际的反应潜力，对休息后的学习有促进作用。

对于动作技能得以很好保持的原因，心理学家们做出了如下的解释：

（1）动作技能一般是经过大量的练习之后获得的。经过大量、反复的练习，刺激与反应之间建立了牢固的联结。这种经过过度学习后建立的联结是不容易遗忘的。

（2）大多数的动作技能都不是单个的，而是以连续操作的形式出现的，动作之间的这种环环相扣容易产生连锁反应，便于记忆。于是有人提出这样的假设，如果动作技能完全由孤立的成分构成，其遗忘率可能会和艾宾浩斯的无意义音节的遗忘率相近。

（3）动作技能的保持高度依赖小脑和脑低级中枢，这些部位可能有更好地保持动作痕迹的功能。生理学家在关于小脑在技能学习中作用的实验研究中发现，大脑皮层控制着复杂运动的先后顺序，经过练习，最终激活小脑的传入各种特定运动的序列。大脑皮质与小脑皮质之间借大脑皮质→脑桥固有核→小脑皮质→齿状核→丘脑→大脑皮质不断进行着环路联系，同时小脑不断接受感觉传入冲动的信息。当动作完成状况为自动化以后，小脑就储存了一整套程序。当完成精巧动作的时候，大脑皮质通过小脑提取储存的程序，再启动锥体系统，通过小脑皮质按照确定的程序管理运动。

（三）动作技能的迁移

动作技能的迁移问题是心理学中的一个重要课题。在各项运动中，都有大量的各不相同的动作。已掌握了的动作技能对新技能的形成发生积极影响，能促进技能的形成，称为技能的正迁移；已掌握的动作技能对新技能的形成发生消极影响，起着阻碍作用的，称为技能的负迁移。运动技能相互之间的正负迁移现象极大地影响着动作技能学习的速度和质量。动作技能的迁移主要表现在以下方面。

1. 两侧性迁移

早在19世纪末人们就发现，一个人学会了用右（左）手做某一动作，另一只手就很容易学会该动作，这种能力称为两侧迁移，又称交叉迁移。实际上，两侧迁移是指身体一侧器官的学习向另一侧器官的迁移。研究发现，两侧迁移最明显的是人体对称部位，其次是同侧部位，最弱的是对角线部分。两侧迁移对于需要四肢协调的动作技能学习有促进作用。

2. 言语-动作迁移

在指导动作技能的学习过程中，存在着言语动作迁移。例如，加涅等人在1950年的研究中发现，只有当言语的反应不干扰被试的动作时，亦即言语的反应就意味着动作，或者言语的反应简单，或言语能提高知觉的辨别能力时，事先的言语训练才能使动作技能得到正迁移。否则，事先的言语训练会干扰动作技能的获得。

3. 动作-动作的迁移

此类迁移在日常生活和学习中的事例很多，如学会开摩托车的人，就比较容易掌握驾驶汽车的技能，其原因是这两种活动需要相似的注意分配、反应速度、处理机械的技能。动作-动作的迁移在体育运动中尤其重要。我国的体育工作者将体育运动中的动作-动作迁移分为以下几类。①纵向迁移，指同一项技术中各种动作之间的技能迁移。如体操教学中的前滚翻与纵向滚翻、鱼跃前滚翻之间的技能迁移。②横向迁移，指同一项目中不同类技术之间的迁移。如排球教学中的正面上手发球与正面扣球之间的技能迁移。③间接迁移，指一种动作的掌握通过某种媒介对另一种动作的学习产生迁移效应。如投掷手榴弹教学中，教师在讲解方法要领时，结合学生已有的投掷石子的经验，使学生把投掷石子的动作迁移到投掷手榴弹的动作上来。④部分迁移，如支撑跳跃中，学生学会分腿腾越后，再学习屈腿腾越，动作的前半部分的助跑、踏跳有利于后面动作的完成，而后半部分的屈膝并腿就会受到分腿的干扰。

但是，旧的技能有时又会对新的技能产生干扰作用。例如，学会了广播体操再学太极拳，由于手或腿用力不同或踏跳动作的不同，而使原先已经形成的动作技能阻碍新技能的掌握。又如，人们习惯的用力方法和身体姿势对体育运动中掌握正确技术也有干扰。人们上肢的习惯性用力是屈臂用力，而体育项目中有些动作技术则要求直臂用力。如排球运动中的双手下手垫球，学生在初学这个动作时很容易出现屈臂垫球的错误。人们下肢的习惯性用力方法多是腿的屈、伸、蹬、踏用力，而体育项目中有些动作技术则要求直腿用力。如双杠教学中的挂臂摆动屈伸上动作，学生在学习这个动作时，当伸展髋关节时很容易做出屈腿蹬伸的错误动作。

在教学中，教师恰当地运用迁移规律组织教学、安排学习能强化动作技能的正迁移，防止和克服各种不利于学习的干扰现象，对学生顺利地学习新的动作技能、加速动作技能的准确掌握，提高教学质量有着十分重要的作用。

第三节　影响动作技能学习的因素

在动作技能的学习过程中，学习者的内部因素（如成熟、经验、智力水平、个性特点、态度、动机）和外部因素（如练习方法、老师的指导与示范）都会对学习结果产生影响。

一、影响动作技能学习的内部因素

（一）认知与经验

认知心理学家将动作技能的学习解释为：是在特定的情境（动作行为环境）下，知觉在意识的支配下理解性地、目的性地筛选、检索外部信息。所摄取的信息通过机体的视觉、听觉、触觉、动觉和平衡觉的输入，在相应的神经中枢内进行整合，经过反复多次进行反馈强化后，动作达到适应情境的要求。也就是说，此时被校正的信息由短时记忆逐渐转变成长时运动记忆形式，在大脑皮质内储存起来。这种储存不能脱离已建立的旧的认知结构和运动经验。动作技能的学习不仅仅是通过反复的试误而形成一个巩固的、刻板的机械反应过程，练习者的学习意义、目的、态度、经验、理解领会能力、认知结构和认知策略等内部因素是实现动作技能形成成功的关键自变量。

北京体育大学研究者李少丹于1998年对我国男子高水平自行车和篮球运动员认知发展的状况进行了研究。他采用由中国修订的韦氏成人智力量表对高水平自行车与篮球运动员进行智力测验，得出了言语、操作和总智商的等级分布情况。将该智商等级分布与全国人口智商分布进行比较发现，高水平自行车和篮球运动员的言语、操作及总智商的分布在不同程度上具有比一般群体的智力分布更优秀的特点。自行车与篮球虽然分属不同的项目，但它们都要求运动员具备良好的观察能力、时空感，要求运动员的身体对器械进行协作，所以也都需要在操作过程中智力因素良好发展。但是不同运动项目所运用的认知结构和认知策略不同。篮球运动由于具有强烈的直接对抗性，运动员与同伴存在着协作关系以摆脱对手，因此篮球运动员对言语理解因素的需求相对于记忆集中，注意因素就更为突出些。而自行车运动基本上是以个人的竞赛技能强弱决定比赛的胜负，与同伴和对手的关系不像篮球运动那样密切，战术意图是在赛前就预先设计好的，竞赛中运动员的智力活动主要集中在自身的动作速度、节奏的变化以及到达终点的时间等方面，所以相对于篮球运动员来说，自行车运动员的记忆能力在竞赛中显得更为重要。

（二）个性心理特征

运动心理学研究认为，一个人的个性特点，即一个人经常的、稳定的、本质的心理特征表现了这个人对现实的态度和习惯化的行为方式，并直接表现在他的行为动作之中。由于人们的生物遗传因素、所处环境、所受教育、所从事的职业不同造成了个性方面的很大差异，不同的动作技能的掌握需要具有不同的个性心理特征，同时，长期从事某项活动训练也塑造了人们各自不同的个性心理特点。

北京体育大学研究人员柴国荣于2000年以我国优秀男子跳跃运动员的个性心理特征为

着眼点，通过与一般水平运动员和普通大学生个性特征的测试比较，揭示了我国优秀男子跳跃运动员的个性心理特征[1]。该研究运用了卡特尔人格测验，得出优秀男子跳跃运动员具有以下几个主要的个性特征。

在个性意志特征方面：优秀运动员在敢作敢为、不畏缩、刚强的毅力及好胜好强等方面表现突出。

在个性情绪特征方面：优秀运动员的突出表现是轻松兴奋、活泼、待人热情等。

在个性智力特征方面：优秀运动员在学识上抽象思维居中等水平，与普通大学生有一定差距，智慧性方面需进一步加强。

南京师范大学研究者于 2010 年采用文献资料调研、专家访谈、心理实验测量和数理统计等方法对我国在训优秀男子散打运动员的心理能力进行了测试分析[2]。结果显示，优秀散打运动员的心理能力明显优于一般散打运动员，在坚韧性、顽强性、果断性、自信心、目标清晰度、社会评价焦虑、比赛准备焦虑、失败焦虑、受伤焦虑、选择反应时、复杂反应时、操作步数维度上存在显著差异。优秀男子散打运动员的心理特征结构由意志能力因子、焦虑水平因子、反应能力因子和操作思维能力因子构成。

另外，也有研究者从一个人神经系统的动力特征，即气质方面考虑个性与动作技能学习的关系。内倾性的人兴奋过程迟缓、强度低、持续时间短，抑制过程持续的时间长。这些特点使得内倾性的人动机水平低、效率低、速度慢，但动作精确细致。外倾性的人兴奋过程迅速、强烈、持续时间长，抑制过程持续时间短。具有这些特点的人在活动中动机强、效率高、速度快，并且乐于进行力量大的活动。

二、影响动作技能学习的外部因素

（一）有效的指导与示范

在动作技能的学习过程中，来自于老师、教练等外部的言语指导、演示、示范及评价特别重要。这些手段与方法能使学习者掌握动作的要领与关键，起到事半功倍的效果。

1. 有效的指导

心理学家戴维斯于 1945 年比较了着重技术指导与着重学习者自学，发现在动作技能掌握过程中不同的效果。他将射箭运动员分成两组，一组进行站立姿势、握弓和放箭方法的指导，而对另一组不进行任何指导，让他们自己尝试练习。经过 18 次练习，受到指导的组命中率高达 65％，而没有受到指导的组命中率只有 45％。对这一实验结果戴维斯解释为：接受指导组更多地注意了正确的姿势与射箭的技术，这使得他们掌握了该技能的关键，命中率提高。未接受指导组更多地注意了目标而不是技术，这使他们的技术不能得到改进。这一结果也使我们意识到，在动作技能学习的过程中，有效的指导是非常重要的。

教师的语言指导对学生动作技能的学习具有相当重要的作用，尤其是在动作技能学习的开始阶段。在这一阶段学习者必须获得有关动作的要领、程序的具体提示才能有目的、有步骤从而高效率地开始其动作技能的学习。有经验的教师，可以用简明扼要的语言指导学习者"怎么做"以及"下一步做什么"。另外，语言的指导还可以帮助学生更有效地进行一些复杂动作技能的学习与练习。"口诀"或"口诀表"就是一种经实践证明对动作技能学习、练习非常有效的语言指导形式。比如，在体育课上，有效的语言指导可以使学生理解动作要领，及时纠正错误动作。比如，学生做高抬腿练习时，老师的这些语言"某同学大腿抬

---

❶ 柴国荣，詹建国，韩喆. 我国部分优秀男子跳跃运动员个性特征的研究. 西安体育学院学报，2000，（12）.

❷ 高亮. 我国优秀男子散打运动员心理特征的研究. 中国体育科技，2010，（01）.

高些"，"某同学身子不要后仰"，"某同学注意摆臂要协调"，"某同学这次比上次跳得远，再来一次"，"某同学这次跳得不错，注意两脚同时用力蹬地"不仅针对每个学生的不同情况进行评价，使其注意到自己存在的问题并得以很好地改正，而且还起到鼓励学生练习的作用。

2. 正确的动作示范

动作示范是动作技能获得过程中常用的一种直观方法。它是教师或教练通过具体的动作示范使学生在头脑中建立起所要学习的动作的表象，以了解所学动作的结构、要领，同时获得感性经验。学生通过对教师形体动作的观察在头脑中形成清晰的记忆表象，并使之"内化"，经过思维的加工建立起正确的动作概念。正确的示范可以造成一种跃跃欲试的心理气氛，引发学生的学习兴趣。激发学生学习的自觉性，有利于形成正确的动力定型。正确的示范还可以使学生在体验到动作的娴熟美、力度美等美感的同时获得一种满意的心理感受。

老师一般可先做一次完整的示范，让学生先观察，了解整个动作的结构和过程，然后把动作分解，用慢速或常速做重点示范。教师的示范动作要规范，应力求做到准确、熟练、轻快、优美、大方。考虑到观察动作的角度不同，在动作示范的过程中要兼顾到各个"面"，如正面、侧面、斜面和背面等。

3. 恰当的多媒体技术的应用

随着科学技术的发展，人们越来越多地采用录像、电影、电视、电脑、幻灯片、互联网、照片、录音等现代化视听手段对动作技能学习者进行指导。利用视听手段指导，可以提高学生练习的兴趣，同时可以大大增加学生动作练习的准确性，因为将整套动作技能的程序用图像等视听形式来进行分步骤演示比仅用语言的指导更形象，从而有效得多。1950 年国外就曾有研究者用跳高影片指导助跑跳高学习，结果表明运动员的错误明显减少了。另一个指导车床操作学习的实验表明，用观看影片的手段指导学习，其效果甚至比用言语讲解指导学习的效果还要好。

我国研究者在 2008 年采用文献资料法、问卷调查法、统计分析法，以普通高中 105 名高二女生为研究对象，在高中《体育与健康》课的篮球教学中融入多媒体技术的辅助教学的效果进行实验研究[1]。研究结果为：在篮球课教学中运用多媒体技术的辅助教学能提高学生的学习积极性，开阔学生视野，帮助学生建立正确的感性认识，有效提高运动技能，培养学生分析和解决问题的能力，对学生树立终身锻炼观念有积极的促进作用。

有研究者认为[2]，多媒体技术可以改变体育教学的方式，并能够提供教学效果。多媒体技术应用于体育教育能鞭策教师进一步构建新的体育教学模式，完善体育课堂教学，使教学过程更具有科学性。改变体育锻炼学习的方式，把多媒体技术作为促进学生自主学习的认知工具、情感激励工具和丰富的教学情境的创设工具。具体地说，通过运用多媒体技术可以创设情境，让学生进行体验，调动学生学习的积极性；通过人机交互可以让学生进行主动探究，进行实践，启发其想象；利用多媒体教学可以兼顾学生个性，并实施学生之间的互动协作。

在运用多媒体进行教学过程中需要注意的是，在利用视听手段对动作技能的学习进行指导时，不要对其过分依赖。如果用得过多，学习者在观察上消耗大量时间，自主练习的时间就相对减少了。

---

[1] 丁慧儿. 在高中女生篮球教学中运用多媒体技术的实验研究. 浙江省体育科学学会学校体育专业委员会第十一届论文报告会论文集，2008.

[2] 郑云霄. 多媒体技术与体育学习方式的改变新视角研究. 中国科技信息，2007，(09).

4. 不同指导方法的效果比较

汤姆森用不同指导方法对动作技能的学习效果进行了比较研究。他将 25 名儿童分成 5 组，要求他们学习拼七巧板。实验者先给他们以不同的指导，然后让他们独立拼装成实验者要求的形状。如表 6.1 所示。

表 6.1　不同指导方法的不同效果

组别	在观察时儿童的活动	示范者的言语解释	拼七巧板所用时间（容易的任务）	拼七巧板所用时间（困难的任务）
1	连续加 2 到 100	无	5.7	25[①]
2	说出示范者的演示	无	3.1	22
3	默默观看	不完整的描述	3.5	16
4	默默观看	完整的描述	3.2	14
5	说出示范者的演示	纠正儿童描述中的错误	3.2	12

① 25 名儿童中仅有三名完成了任务。

由表 6.1 可见，运用不同的指导方法，动作技能的学习效果是不同的。第 1 组在观看示范时，由于大声数数，做 2 到 100 的简单加法，他们不能对自己复述，学习的效果最差。第 2 组和第 5 组都要说出示范者所示范的东西，这就迫使他们努力注意示范者的演示，学习的效果较好。实验者对各组采用不同的言语指导方法，第 1 组与第 2 组没有言语指导。第 3 组与第 4 组有言语描述但完整程度不同，受到完整描述指导的第 4 组，学习的效果比第 3 组好。第 5 组不仅说出示范者演示，示范者还纠正了学生讲述中的错误，结果这组的学习效果最好。这一实验表明，有效的言语指导与正确的示范相结合是有效地指导动作技能学习的方法。

巴廷在 1956 的实验中发现，当动作技能比较简单的时候，在训练中事先进行言语指导能够促进练习；但在动作技能比较复杂的时候，言语指导的作用就不那么重要了。在复杂的动作技能学习中需要一系列同时进行的协调动作，因此仅靠言语指导难以传递特有的节奏与动感。这时，要使学习者充分地理解和把握技能就需要指导者一面示范一面让学习者反复跟着练习，同时还应该向学习者指出动作技能的要点。

（二）练习

1. 练习曲线

动作技能的获得要通过不断地练习。我们将描述动作技能随练习时间或次数变化而变化的图形叫做练习曲线。我们可以通过练习曲线来了解动作技能随练习量的增加而改变的一般趋势。我国心理学家沈德立等人对四名中学生的动作技能学习进程进行了研究，并将每人的练习结果绘成了图 6.2。此外，常见的练习曲线如图 6.3 所示。

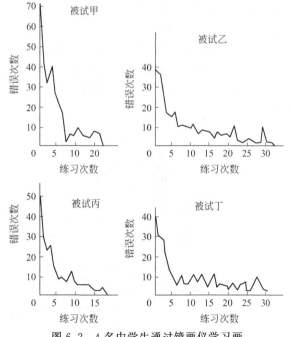

图 6.2　4 名中学生通过镜画仪学习画六角星的练习曲线

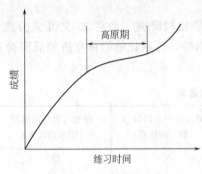

图 6.3　常见的练习曲线

图 6.2 和图 6.3 为我们揭示了不同个体练习曲线的一些共同特点。开始阶段进步很快，在由不会到会这一质变过程中，由于新鲜感和好奇心等动机的驱使，个体表现出非常大的进步幅度。中间出现一个或长或短的停顿期，在这一阶段成绩几乎没有提高。后期进步缓慢，但总的来说是一种进步的趋势。

动作技能学习者在练习过程中，往往发展到一定阶段就出现停滞不前的局面，成绩几乎没有提高。心理学家将这种现象称为"高原现象"，"高原现象"的产生有以下原因。

（1）经过长时间的练习，学习者的兴趣与动机水平下降。

（2）学习者的生理状况不佳、身体素质较差，如产生疲劳、疾病等现象引起"高原现象"的产生。

（3）学习者习惯性活动结构和活动方式的束缚。学习者完成部分练习任务，练习成绩达到一定水平后，要想再进一步提高、取得更大进展就必须突破自己原来的活动结构和活动方式，建立新的活动结构及活动方式。如果这个转变不能实现，那么他就不能从相对较低层次的学习进入相对较高层次的学习，从而使练习成绩一度停留在固有水平上。

（4）练习学习者的意志品质因素。如果学习者练习中遇到困难时，缺乏毅力，没有勇气和决心继续前进也会导致训练取得一定成绩后不能继续提高、徘徊不前。

运动技能学习中出现"高原现象"并不意味着练习者的水平已经达到了极限，虽然我们应当承认任何人都存在生理的限度。事实证明，在运动技能学习中，许多人在经历了成绩徘徊不前甚至下跌的局面后，还能重新将成绩提到新的高度。运动训练工作者提出，在运动技能学习中，人的潜力是很大的，只要掌握了良好的方法，克服各种障碍，在"高原期"后还可以出现技能水平继续提高的局面。

2. 练习的分配与集中

集中练习指连续地练习一项任务直到掌握为止，中间没有休息。分配练习指把练习分成若干阶段，在各阶段之间插入一定的休息时间。二者也经常混合在一起使用。

洛齐曾以操作安定度测定器为课题，比较了集中练习、分配练习和混合练习的效果，见图 6.4。

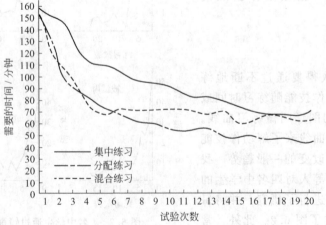

图 6.4　集中练习、分配练习和混合练习的比较

在这一实验中，集中练习组连续进行了 20 次练习，分配练习组在各次练习之间休息一分钟，混合练习组在一开始的 5 次是分配练习，以后的 15 次为集中练习。结果是，分配练习组的成绩一直优于集中练习组，而混合练习组的学习曲线在不同阶段分别表现了不同的特点。穆尔在 1970 年进行的研究也表明，在体育运动的练习中，分配练习要优于集中练习。

一般来讲，分配练习的效果要优于集中练习。不过，在动作技能的学习过程中进行集中练习还是分配练习要考虑多种因素，这些因素包括以下几点。

（1）动作技能的性质与特点。如果动作技能简单，经过几次练习便可熟练掌握，就没有分配的必要了。容易产生疲劳、容易出现错误反应的动作技能分配练习的效果较好。但是，想要不减弱对所学动作技能的持续动机以采取集中练习的方法为好。

（2）学习者的能力、动机等特点。如果学习者动机水平不高或身体容易疲劳，为了避免厌倦情绪与疲倦感觉的出现，就要考虑用分配练习的方法。

（3）集中练习与分配练习进行的时期不同，效果也不一样。

（4）各练习阶段中练习所需要的次数和练习所需要的时间不同也影响到是采用集中练习还是采用分配练习。

（5）各练习阶段与中间休息时间的关系。克拉蒂在 1973 年的研究报告中提出，练习时间与休息时间的比是一个影响练习效果的因素。为了进行有效的练习，当练习需要进行很长时间时，休息与练习同等重要，甚至更为必要。

（6）休息时间里被试的活动。在日常生活中，纯粹的集中练习和纯粹的分配练习极为少见，经常是将二者结合起来加以使用。还有，对不同能力和不同年龄的学习者来说，同样动作技能的困难程度是不一样的，因此要采取不同的练习方法。通常在技能形成的早期进行分配练习，到动作技能形成的后期进行集中练习。总之，要根据具体情况采取合适的练习方法。

3. 整体练习与部分练习

分配练习和集中练习所探讨的是在时间方面影响技能形成的条件。此外，影响技能的形成条件还有如何向学习者呈现学习课题的问题。

在对一个动作技能进行练习时，有整体练习法与部分练习法。前者是把某个技能的所有反应作为一个整体反复地进行练习，后者是把所有的反应分成几个部分分别地进行练习。部分练习还可分为纯粹部分练习、逐渐的部分练习和重复的部分练习。如果把整个动作技能划分为 A、B、C、D…几个部分，纯粹部分练习法是先分别练习 A、B、C、D…各个部分，然后再把它们放在一起进行练习；逐渐的部分练习是以 A、B→AB→C→ABC…这样的顺序，先将 A 和 B 分别加以练习，然后把 A 和 B 放在一起进行练习，下一步是练习 C 部分，在这之后把 A、B、C 放在一块练习；重复练习是以 A→AB→ABC…这样的顺序，先练习 A，再把 A 与 B 放在一起练习，然后再把 ABC 放在一起练习，这样一直到最后一个部分。

在动作技能的学习中是采取整体练习还是部分练习要考虑动作技能的性质特点来决定。尼迈耶在 1958 年的研究报告中比较了在游泳、排球和羽毛球训练中整体练习与部分练习的不同效果。结果是在游泳训练中整体练习法效果较好，在排球训练中部分练习法效果较好，而在羽毛球训练中哪一种方法更好是因人而异的。尽管不同的练习方法效果不尽相同，但迄今为止所进行的技能学习方面的研究表明，整体练习的效果似乎更好一些。布里格斯和布罗格登在 1954 年的研究报告中提到，在复杂的运动协调性测验中发现整体练习要优于部分练习，但是进一步的分析发现，随着复杂水平的提高，整体练习的优越性渐渐失去。内鞠与布里格斯在 1963 年的研究报告中也曾指出，在选择使用某一种方法时必须考虑技能的复杂程度与组织程度这两个方面。技能非常复杂而组织程度又低的时候，使用部分练习更合适；但是在组织程度很高，各部分之间关系紧密时，使用整体练习更为合适。例如，麦奎根和麦卡斯林在1955年的实验表明：射击这种综合的活动需要各部分之间的协调运动，因此用整体练习更有益。这是因为采取部分练习会使这一动作技能的综合性和各部分之间的关系受到损害。如果动作技能的各部分相互独立，只要按顺序进行即可，那么这时最好是分别练习各个部分。

部分练习与整体练习的问题与集中练习和分散练习的问题一样，既要考虑学习材料的种类、难易程度、一致程度、量的大小，也要考虑学习者的能力、年龄和熟练程度。学习者在一次练习中能够把握的课题以整体练习为好，这样不仅效果好，学习者的动机也高。在实际的学习与训练中不应该只采取部分练习或整体练习某一种方法，而应在最初进行部分练习，之后改成整体练习。而且在划分成几个部分的时候要考虑各因素的关系，具有连续性的部分不要机械地分开。在实际运用中，不要把整体练习当成是各部分的简单组合，而是要先选择一个合适的量进行练习，然后发展到更高的层次，采取一种螺旋式上升的过程才能真正理解掌握基本的技能。

4. 表象训练

不直接进行身体运动的练习，而是练习再现那些运动的视觉表象和动觉表象，这叫做表象训练。它的主要特点是：通过回忆运动技术动作，形成清晰的运动表象和概念，从而提高运动技术动作的质量。其目的是训练脑的心理机能，通过心理机能促进技术动作的形成和发展。

认知心理学家运用人的心理活动规律对心理练习的作用做出了如下解释。在心理练习的过程中，通过语词作用唤起记忆表象就能够保持对过去经历过事物的反映，进而拿过去的事物和当前的事物进行分析、比较、判断和推理形成更高水平的思维，从而掌握科学的概念。用言语"表述"或内部言语"默念"方法引起表象，进而大大提高表象的清晰度并加速动作的形成和巩固。因此，学生在练习时就不是机械地去模仿动作，而是自觉地进行练习。这样有助于加快掌握技术动作，加深对运动知识的领会。心理学有一条著名法则：即一个人对一种实际情况模拟的越是接近实际，他就越有可能产生在这种情况下的表现能力。心理练习正是应验了这条规律。表象训练有助于提高学生学习动作技能的积极性，加速动作技能的形成。

按照行为主义心理学家的解释，多次唤起动作表象对提高人的再现和表象记忆能力有较大作用，这些能力的提高无疑对形成动作技能有促进作用，可引起机体相关部位产生与做动作时相似的生理变化，再加上实际训练的反复操作练习，使头脑中形成巩固的暂时神经联系，建立起技术动作的合理的动力定型结构，从而有助于加快动作的熟练和加深对动作的记忆。

韶关大学体育系张向群老师总结出体育教学中动作技能学习的心理练习一般程序[1]：自然坐立，微闭双目，身体放松，深呼吸（腹式呼吸），"动作表象"演练，技术动作练习。学习新动作时，让学生了解完整动作形象，粗略地掌握动作。其教学程序是：看示范，听讲解，"动作表象"演练（比如，单手肩上投篮、行进间单手肩上投篮的演练），技术动作练习。这一阶段主要是通过视觉表象让学生回忆示范的动作形象。复习巩固提高课的教学程序为："动作表象"演练，技术动作练习，观察并重点进行表象演练，改进技术动作练习。这一阶段主要是对自我想象动作的时空感觉和肌肉用力等运动感、知觉的训练。每次课后给学

---

[1] 张向群. 动作技能学习中的心理练习. 韶关大学学报：自然科学版，1996，（4）.

生布置课外心理练习作业，每周不少于两次，每次 10～20 分钟。这一训练模式的结果表明，在教学中采用心理练习教学的实验班，在对篮球考核项目中的单手肩上投篮和行进间单手肩上投篮的技术动作掌握较快，且质量也较高。学生通过多次唤起表象，对动作要领的关键词汇、动作名称、术语与技术概念掌握较快，动作进行的顺序、方向、速度、节奏和幅度也掌握得较好。

有研究者发现❶，在一般体育运动技术的技能课的教学中，在常规的讲解、示范、练习等教学过程中引入表象练习方法，使之与常规的教学有机地结合。通过教学中对照实验和研究结果显示，表象练习对体操教学具有特殊的作用，表现在能增进学生对体操动作技术的理解和认识，提高学生学习动作技术的效率，便于学生更快掌握，同时能培养学生学习的兴趣及热情等方面。

身体练习与表象训练往往是同时进行的。运动心理学研究表明，若能将身体与心理的练习相结合，动作技能学习的效果最好。对于初学者来说，这一点尤其重要。在高级动作技能的学习中，必须使肌肉运动感受器接受实际的刺激，必须进行积极的反应，进行实际的操作。总之，不能用单一的心理练习来代替实际的身体练习。

（三）反馈

"反馈"一词来源于控制论，其创始人 N. 维纳曾经说："任何有效行为必须由某种反馈过程来提供信息，看是否达到预定的目标。最简单的反馈是检验任务的成功与失败。"大量的研究表明，在学习者练习的过程中提供适当的反馈信息是提高练习效果的有效方法。反馈分为内部反馈与外部反馈。内部反馈是作业自身所存在的信息，产生于个人的反应结果。它不依赖环境所提供的外部信息，是在行动当中或行动之后本体感受到的反馈。外部反馈来自于老师或其他旁观者等外部环境所提供的信息。

在各种球技当中的投球、钢琴演奏及其他一些活动中，发自于内部的反馈是重要的信息，内部反馈通常以运动肌肉感觉为线索，在学习过程中起着积极的作用。尤其在动作技能学习的后期，基本动作或技术已经掌握，练习的目的主要是形成连贯性与流畅性。这时的反馈信息主要来自内部，协调、平衡、节奏等感觉要靠自己体会，所以应强调主动练习与发现经验。

但是，有时自己很难把运动感觉客观地表示出来或转换成言语的表现，因此难于直接弄清内部反馈的作用。内部反馈的另一特征是它的信息不容易保持。这时教师或其他旁观者可以提供较多的外部反馈信息，或让学习者观看自己的录像，这样就能纠正学习者的错误动作。

湖南师范大学的研究者谢清于 1997 年所做的研究表明，具体、准确、积极的外部反馈有利于动作技能的获得。该实验使用横马分腿腾越为实验动作，对湖南师大体育系 40 名男生进行了研究。实验者将被试分为四个组，其中一个对照组，三个实验组。在实验 1 组，给予那些动作完成得不太好的和完成得有错误的学生以"不行、不好、要不得"等笼统的否定性的反馈；在实验 2 组，根据动作完成情况，分别给予"很好、好、可以、不行"等等级式的、笼统的反馈；在实验 3 组给予具体的反馈信息，比如"上板时脚超肩不够、推手不快、推手后立肩不够、展体很好但落地缓冲不够"等。实验结果表明，在动作技能学习中，老师给予学生反馈与否将直接影响学生的学习效果。"不行、不好、要不得"等否定的、笼统的反馈不但起不到调控作用，反而会影响学生的学习兴趣，使学生无所适从，这一组的成绩比

---

❶ 杜建辉. 表象意识的培养对体操教学效果的影响. 福建师大福清分校 2003 年会议论文汇编，2003.

对照组的还差。学生只知道自己做得不好、不行，不知错在何处，不懂得如何改正，做一次是"不行"，再做一次又是"不好"，反正得到的反馈都是"不行"、"不好"，不知道怎样做才是"好"，无所适从，这样多次重复不仅使学生对自己失去信心，练习起来没有劲头，而且错误动作得不到及时的改正。"好"、"还可以"、"不好"等等级式的、笼统的反馈，缺乏准确性，似是而非，虽有反馈但也起不到调控作用。学生每次练习后如果都能得到一个反馈，学生得到各自的评价后，相互之间就有一个比较，明确了怎样做是"很好"，下次就照着做得好的同学那样做，怎样做是"不行"的，自己不能那样做。但这样的反馈对于那些动作完成得不好的学生来讲，他们不知道自己在什么地方还有哪些不足，当然就不知道有针对性地改正动作。具体的、准确的反馈，比如说"推手不快"、"其他都好，就是落地缓冲不够"、"腿没伸直"等能有效调控学生的学习过程。学生得到这种具体而准确的反馈后，就知道自己的动作所存在的问题，便会及时调控自己的学习行为，发扬长处，纠正错误。这样，每修正一次，动作的质量就提高一步，动作就会越做越好，成功的喜悦不断地刺激学生学习的积极性，学习兴趣也会随之高涨。

多媒体技术与体育学习方式的改变

利用多媒体技术创设情境，进行人机交互可以有效提供体育教学效果。例如，在讲解篮球扣篮技术时，合理运用表演场景，使学生在悠扬、悦耳的乐曲中欣赏到乔丹跳起飞身扣篮的特写动作，从而很具体、很直观、很形象地让学生认识和欣赏体育的和谐美。同时，又能使学生的注意力集中，提高学生对课程的兴趣及积极性。在这样认识的基础上，学生们课上练习更认真，课堂气氛更活跃，很快就掌握了动作。

在体育教学中还可以借助人机交互技术和参数处理技术的优势，充分利用各种应用软件，积极研究、开发各种学习软件平台，制作交互性较强的教学课件。人机交互式学习方式具有以下优势：①它可以循循善诱，把学生的学习探究活动逐步引向深入；②它可以全程监控学生的学习探究过程，对学生在学习进程中的表现做出及时的评价，随时激励学生的学习情感，并能总结反馈学生的学习成果；③它允许学生根据自己的兴趣、爱好随机地选择学习探究的内容和方式；④它还可以对学生的学习探究起到帮助、提示的作用。

例如：跳远教学，其教学问题是教师示范动作过快，不能做成分解的动作，并且示范次数有限，不能使每名学生都仔细观察，掌握动作要领。如何把这一整套动作分解再现，使一闪而过的细节动作清晰、准确地展现在学生们面前？于是我运用了 Flash 做成的跳远课件进行授课，解决了上述存在的问题。教学时教师的讲解示范通过课件直接播放给学生观看。学会的同学可以进行练习，没学会的同学可使用控制按钮重复播放动作的讲解示范，用特定的声音、图标显示提醒学生注意。形象地解决了重点、难点，让学生直观、主动、立体全面地掌握动作，提高教学效果。

资料来源：郑云霄.多媒体技术与体育学习方式的改变新视角研究.中国科技信息，2007,(09).

【拓展性阅读】

[1] 莫雷.教育心理学.广州：广东高等教育出版社，2002.

[2] 叶奕乾.普通心理学.上海：华东师范大学出版社，1997.

［3］　张向群. 动作技能学习中的心理练习. 韶关大学学报：自然科学版，1996，（04）.

［4］　皮连生. 智育心理学. 北京：人民教育出版社，1996.

［5］　彭聃龄. 普通心理学. 北京：北京师范大学出版社，2004.

［6］　杜建辉. 表象意识的培养对体操教学效果的影响. 福建师大福清分校 2003 年会议论文汇编，2003.

［7］　丁慧儿. 在高中女生篮球教学中运用多媒体技术的实验研究. 浙江省体育科学学会学校体育专业委员会第十一届论文报告会论文集，2008.

［8］　郑云霄. 多媒体技术与体育学习方式的改变新视角研究. 中国科技信息，2007，（09）.

［9］　陈会昌. 中国学前教育百科全书·心理发展卷. 沈阳：沈阳出版社，1995.

［10］　柴国荣，詹建国，韩喆. 我国部分优秀男子跳跃运动员个性特征的研究. 西安体育学院学报，2000，（12）.

［11］　高亮. 我国优秀男子散打运动员心理特征的研究. 中国体育科技，2010，（01）.

【研究性课题】

1. 结合实例论述影响动作技能形成的内部条件。

2. 分析在动作技能习得的过程中不同指导方法的效果。

3. 观察一位体育教师在课内教学生掌握某项动作技能的情况，分析学生动作技能的形成过程。

第七章 态度与品德学习

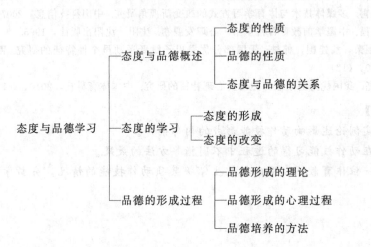

【学习目标】

◉ 掌握态度与品德的含义。
◉ 分析与解释态度形成的过程。
◉ 陈述认知失调与平衡论。
◉ 掌握态度改变的方法。
◉ 分析皮亚杰与柯尔伯格的道德判断发展阶段理论。
◉ 掌握品德培养的方法。

在生活中有这样的现象：学生喜欢玩电脑游戏，却不喜欢学习科学文化知识；一个中学生愿意在网络上与从未谋面的网友聊天，却不愿意与始终关注自己成长的父母沟通。这里提到的"喜欢"与"不喜欢"、"愿意"与"不愿意"以及人们日常生活中对某一事物的肯定或否定、赞成或反对、接受或拒绝、选择或不选择都涉及态度问题，而与道德规范有关的态度则是品德。优良品德的培养是实施素质教育的重要任务，教师在培养学生良好品德的过程中可以借鉴改变态度的途径和方法。本章主要论述态度与品德的含义、态度形成与改变的过程与条件以及品德形成的过程与良好品德的培养。

第一节 态度与品德概述

一、态度的性质

（一）态度的含义

"态度"（attitude）一词来源于拉丁文"aptus"，基本含义是适合、适应❶，是指对特定

---

❶ 金盛华. 社会心理学. 北京：高等教育出版社，2010.

事物做出反应时所持有的稳定的、评价性的内部心理倾向[1]。在态度研究的历史中，心理学家们提出了不同的概念，其中有代表性的有以下几种。①态度是一种评价或情感反应，它为我们提供了一种有效的方法来评价世界[2]。②奥尔波特认为态度是一种心理和神经的准备状态，它通过经验组织起来，影响着个人对情境的反应；他的定义受行为主义的影响，强调经验在态度形成中的作用[3]。③克瑞奇认为态度是个体对自己生活世界中某些现象的动机过程、情感过程、知觉过程的持久组织；他的定义强调个体的主观经验，把人当成会思考并主动将事物加以建构的个体，反映了认知派的理论主张。④弗里德曼认为态度是个体对某一特定事物、观念或他人稳固的由认知、情感和行为三个成分构成的心理倾向。他的定义吸收了认知论和学习论的要素，强调了态度的构成及特性。⑤法齐奥（Fazio）认为态度是个体的认知结构中特定对象与特定评价之间的联结。该定义反映了当代社会认知心理学对态度表征体系的强调。

尽管各自的侧重点不同，但大多数研究者都同意态度包含认知、情感和行为三种成分；态度指向特定对象；态度代表了一种内在的、相对稳定的主观倾向；态度能够影响个体在相关情境中的行为[4]。

（二）态度的构成要素与态度类型

1. 态度的构成成分

态度由认知（cognition）、情感（affect）和行为倾向（behavior tendency）三种成分组成。可以按照态度组成要素的开头字母，将其称作态度的 ABC 理论，如图 7.1 所示。态度的认知成分是指人们作为态度主体对态度对象的认识、理解和评价。它可能是中性的，如对某一物件的大小、形状、颜色的认识。但一般的认知和理解都带有评价色彩：肯定或否定、赞成或反对。比如"长城是人类艺术的瑰宝"，"数学是自然科学的基础"，"网络给大学生的学习带来便捷"等。这种有意义色彩的评价使人们倾向于按照刻板印象来认识事物并对其进行思考。例如，一提到女同学的学习状

图 7.1　态度的 ABC 理论

况，很多人就会想到女生智商比男生低，在学习方面天生不如男同学有潜力。心理学家的研究已经证实，这种观念不是对女性特征的客观描述，而是性别偏见[5]。观念或认知是在直接或间接经验的基础上形成起来的，也可以通过新经验的建立而获得改变。如果新接受的信息与既有的观念总是不相一致的，则人们的观念就会发生改变。例如，如果我们接触的女同学聪明、勤奋、成就动机强烈、成绩优异、动手能力强、具有创新精神与独立型，则关于女同学"笨"的落后观念就会动摇并最终发生变化。

态度的情感成分是个人对态度对象在评价基础上产生的情绪或情感反应，被认为是态度的核心成分。比如，热爱或仇恨、喜爱或厌恶、热情或冷漠、尊敬或轻视等。由于认知的影响，个体对于客观事物会产生相应的情绪反应。比如，认识到"长城是人类艺术的瑰宝"而"感到长城气势宏伟"，认识到"数学是自然科学的基础"而"喜欢学习数学"，认识到"网络给大学生的学习带来便捷"而"愿意上网"。但我们有时也会出现这样的情况，有强烈的情绪反应，如烦躁不安，却不能明确意识到产生的理由。

---

❶ 张林，张向葵. 态度研究的新进展——双重态度模型. 心理科学进展，2003，（02）.

❷ 戴维·迈尔斯著. 社会心理学. 侯玉波等译. 北京：人民邮电出版社，2006.

❸ 胡斌. 态度改变视野中的情感作用及其对德育的启示. 河南师范大学学报：哲社版，2007，（06）.

❹ 邵志芳. 社会认知. 上海：上海人民出版社，2009.

❺ Claire A Etaugh，Judith S Bridges 著. 女性心理学. 苏彦捷等译. 北京：北京大学出版社，2003.

态度的行为倾向成分是指个体对态度对象表现出行为的可能性，是行为的直接准备状态。作为态度与行动相联系部分的行为倾向性，通常表现为"做不做"或"怎么做"的指令，如"我想登上长城"，"我们要学好数学"，"我们要改变落后的学习模式，更多地利用网络"等。

一般地说，态度的三个成分是协调一致的。例如，看一场精彩的电影，演员的出色表演会使我们对他们形成一定的态度。其中，由于我们的审美知识和评价，对他们给予我们的艺术享受产生崇敬之情与美的感受以及由此激起想要再看一次他们的演出的行为倾向是完全协调一致的。再比如，中学生了解吸烟危害后就反对吸烟，因此不想吸烟或准备戒烟。但在日常生活中，我们也会遇到三个成分不协调一致的情况。比如我们经常听到学生讲："我知道整个晚上都看动画片或上网聊天、打游戏是不对的，但我就是喜欢看电视、喜欢上网，所以每天放学回家后第一件想要做的事就是打开电视或打开电脑。"有研究表明，情感成分与行为倾向成分之间的相关比较高，而认知成分与情感成分、认知成分与行为倾向成分之间的相关相对较低，因而人们常以情感作为态度的一种测量指标。人们比较善于用语言或动作来掩饰自己的真实态度，但难以支配与态度相关联的情感。

2. 态度的类型

传统上，态度一直被看作是一种个体对特定对象支持或反对的内在心理倾向，是一个单维的结构。到了20世纪90年代中期，美国心理学家格林沃德（Greenwald）和巴纳吉（Banaji）提出了内隐性社会认知（implicit social cognition）的概念，即过去经验的痕迹虽然不能被个体意识到或自我报告，但是这种先前经验对个体当前的某些行为仍然会产生潜在的影响[1]。随后，内隐态度（implicit attitudes）的概念被提出，即过去经验和已有态度积淀下来的一种无意识痕迹潜在地影响个体对特定对象的情感倾向、认识和行为反应[2]。也就是说，人们对特定对象的态度受到很多不被意识到的因素的影响。在这种状况下，人们或者意识不到自己的态度倾向，或者虽然表现出态度倾向和行为反应，但是并没有意识到产生这些倾向的原因。在此基础上，威尔逊（Wilson）和林德赛（Lindsey）等人提出了双重态度模型理论（dual attitudes model）[3]，他们认为人们对于同一态度客体能同时存在两种不同的评价，一种是能被人们所意识到、所承认的外显的态度，另一种则是无意识的、自动激活的内隐的态度。该理论认为内隐态度可以自动激活，而从记忆中提出外显态度则需要更多的认知容量和动机。外显态度变化容易，而内隐态度变化缓慢，态度改变技术通常改变的是外显态度而非内隐态度。

（三）态度的功能

人为什么要形成或保持某种态度，这就涉及态度的功能问题。态度具有以下功能。

1. 适应功能

人是社会性的生物，人们的态度也是在适应环境中形成的。适当的态度将使我们更好地适应环境，因此人们总尽力发展能给自己带来最大利益的态度。以需要为中介，人们对于能够满足自身需要的对象会产生积极的态度；对于不能够满足需要的对象就会产生消极逃避的态度。

2. 自我防御功能

在现实生活中人们总是倾向于选择有利于自我防御的态度。兰博特等人所做的耐痛力测

[1] Greenwald A G, Banaji M R. Implicit social cognition：attitudes, self-esteem, and stereotypes. Psychological Review, 1995, 102 (1)：4-27.

[2] 张林，张向葵. 态度研究的新进展——双重态度模型. 心理科学进展, 2003, (02).

[3] Wilson T D, Lindsey S, Schooler T Y. A model of dual attitudes. Psychological Review, 2000, 107 (1)：101-126.

定的经典实验证明了态度的自我价值保护功能❶。测定仪器是在血压计空气袋上装一个硬橡皮头改装而成的。实验操作是像测量血压一样把改装的空气囊扎在被试手臂上，然后增加气压。随气压增加，硬橡皮头会顶入肌肉产生无伤害的痛感，气压愈大，痛觉也愈强烈。到被试最后不能忍受而叫停时，血压计的读数就是该被试耐痛阈限的定量的、客观的指标。参加实验的大学生，一半为基督教徒，另一半为犹太教徒。第一次测定之后，在休息过程中，实验者将被试分为两组，一组为实验组，由一半犹太教徒与一半基督教徒组成。实验者告诉犹太教徒，"有报告说犹太教徒对痛苦的忍耐性不如基督教徒。"对基督教徒则说："有报告说基督教徒对痛苦的忍耐性不如犹太教徒。"实验的控制组由另一半基督教徒与犹太教徒组成，对他们没有任何提示。休息后的再测量发现，无论是基督教徒，还是犹太教徒，实验组被试的耐疼痛能力大大增强，而控制组则没有变化。由此可见，态度或信仰上的倾向导致了人们宁可忍受更大的痛苦也要改变自身所属的群体不能忍受痛苦的不良印象。信仰使人把群体的价值看成是自我价值的一部分，并在行动上努力对其加以保护。

3. 价值表现功能

价值观是一个人对事物的善恶、是非和重要性的评价。在很多情况下，一个人的态度表现了他的主要价值观。比如，中学生自愿参加"消灭白色垃圾，保护校园环境"的活动就表明他们赞同这一主题，并持有"保护环境是重要的"这样一种价值观。

4. 记忆过滤效应

大量社会心理学实验研究已经很好地证明了态度对人们内部信息加工过程的影响。社会心理学家琼斯（E. E. Jones, 1956）研究证明，人们对支持自己既有态度的材料，学习起来更容易，信息更容易被自己的记忆系统吸收和同化。而与个人既有态度相违背的材料，不仅学习、记忆起来更困难，而且获得的信息也容易被歪曲。态度对于记忆的这种选择作用被称为态度的过滤效应，即作为心理准备状况的态度会对信息加工过程产生制约，自动过滤掉不利于自己的信息。

5. 激励功能

在日常的教学活动中，我们发现，对学习怀有浓厚兴趣、学习主动、态度积极的学生能更好地理解与记忆学习材料，在学习中善于动脑，勤于动手，学习效果也会更好些；否则就会有相反的效果。态度也会影响到工作效率。一个人喜爱自己所从事的工作就会努力工作，产生高效率；对工作有厌倦感的人，在工作中就提不起精神，致使工作效率低下。当然，学习态度端正也不一定就能取得好成绩，因为在学习过程中，智力、学习策略等因素也会影响到学习成绩；工作满意度低，工作效率也不一定低，由于其他动机的支配，如：为了维持生计、受人尊重或自我表现也能提高工作效率。但在其他条件完全相同的情况下，对学习、工作满意度高而态度积极的人比持有消极态度的人会有更高的效率。

（四）态度与行为的关系

通过态度来预测行为是人们最初研究态度并将其视为心理学中最重要的领域之一的原因。然而，心理学家研究发现，态度与行为之间的关系非常复杂，并不是一一对应的关系。

1936年，美国盖洛普民意测验成功预言了罗斯福总统的当选。预测投票数与实际投票数相差不到1%。这一巨大成功不仅使得民意测验成为一项引人注目的事业，更重要的是，它向人们展示了如果运用正确的方法，确实能够了解人们的真实态度并且通过态度来预测行为是完全可能的。1972年、1976年及1980年美国总统大选期间，盖洛普民意测验以及其他

---

❶ 时蓉华. 社会心理学. 杭州：浙江教育出版社，1998.

主要新闻机构所做的民意测验结果也显示，在选举行为上，态度有着高度的预测行为的作用。众多的态度与行为一致的研究结论，特别是大量的最终被证明是正确的民意测验使越来越多的人相信，态度作为行为的准备状态的确可以成功地预测人们的行为。

同样在20世纪30年代，美国社会心理学家拉皮尔（R. T. Lapiere）所进行的一项著名的现场研究却对态度与行为之间协调一致的关系提出了挑战。20世纪30年代的美国，种族歧视的现象非常普遍，对有色人种的歧视尤为严重。研究者写信给旅馆老板说东方人要预约房间举行聚会时，一律遭到拒绝。但当研究者与一对中国夫妇一起到达旅馆并要求提供食宿时，许多旅馆并未拒绝。另一种情况是没有其他人陪同，只是一对中国夫妇到旅馆要求提供食宿，许多旅馆也未拒绝。该研究结果表明，人们的态度与行为并不一致。在现实生活中，我们也会遇到言行不一的情况。由此可见，态度与行为之间并非总是协调一致的。研究者认为，影响态度与行为一致性的因素主要有以下几类。

（1）态度与行为的对应关系。态度是针对特定对象的，在从抽象到具体的不同水平上，存在着形形色色的态度。同时，影响某一具体行为的因素也非常复杂。因此，探讨态度与行为的一致性必须将态度与行为尽可能地对应起来。比如，具体的行为要由具体的态度来预测，而一般性的行为要由一般性的态度来检验。在拉皮尔的研究中，询问的是一种概括化的态度，却用一种非常具体的方式来检验旅馆老板的行为，当然得不到显著的相关。

（2）行为的特征。一个行为如果符合社会规范，社会敏感性低，则个体较少考虑外界因素，更有可能根据自己的态度倾向指导自己的行为；如果社会敏感性高，则个体要综合考虑各种有利和不利的因素，态度与行为之间的一致性较低。

（3）个体的人格特质。如果个体的自我调控能力较强，注重根据周围环境来调节自己的行为，则态度与行为之间的一致性较低；如果个体自我调控能力较弱，则其行为较多受到内心需求和行为倾向的影响，态度与行为的一致性较高。另外，认知需求较高的个体，习惯于对相关信息进行系统的加工从而形成稳定的态度，对自身的行为倾向也比较明确，因此态度与行为之间的一致性较高。

（4）态度本身的特征。与间接经验相比，通过直接经验生成的态度，信息丰富，更容易被个体意识到，并影响其行为，因而两者之间的一致性较高。另外，内隐态度具有自动激活的特点，这对随后的行为倾向会产生影响。在很多情况下，这种影响处于个体的意识之外，也就是说，个体虽然受到了影响，却意识不到这种影响的存在，或者虽然意识到了影响，却无法意识到到底是什么造成了这种影响。研究者发现内隐态度与行为之间存在相关，尤其在偏见和刻板印象等社会敏感性较高的领域以及较难有意识控制的领域，内隐态度对行为的预测性较高❶。

（5）情境因素。在不同的情境下，人们可能会有不同的行为反应。比如，一个并不喜欢抽烟的大学生，也没有抽烟的习惯，但在某次聚会时，在大家都抽烟的情况下，他也可能抽烟。一个一贯不愿吃药的人，在得了重病时也会毫不犹豫地把药吃下去。这是环境使得有些人的态度与行为不一致。

二、品德的性质

（一）品德的含义

品德即道德品质，是个人依据一定的社会道德、行为准则行动时表现出来的稳定的心理特征。人们常说的热爱祖国、遵守秩序、助人为乐、见义勇为、尊老爱幼等就是一个人良好

---

❶ 邵志芳. 社会认知. 上海：上海人民出版社，2009.

品德的表现。品德具有经常、稳定的特征。例如说一个学生具有诚实的品质，是指这个学生在一贯的行为中都表现出诚实的倾向，"诚实"这个特点是他经常的、稳定的表现。如果只是偶然一次表现了诚实，则不能说这个学生具有诚实的品德，只能说是一次诚实的行为。

人的品德不是天生的，是在社会道德舆论的熏陶和学校家庭道德教育的影响下形成的，是现实社会关系和道德规范在人脑中的反映。一个人按照社会规定的行为准则行事，主要是指个人在矛盾冲突的道德情境中自觉地意识到是非，从而做出自己的判断与行为，而不是对社会道德准则一味的顺从。

品德与道德是两个既有联系又有区别的概念。所谓道德，是指协调人们之间相互关系的行为规范的总和，是由舆论力量和内心驱使来支持的行为规范。每个人的品德的表现以及人们对个人品德的判断是以道德行为作为中介的，即品德是与道德行为紧密联系在一起的。此外，品德必须以道德意识或道德观念的指导为基础，这样才能做出道德判断，产生道德情感和道德行为。再者，虽然道德和品德两者是紧密地联系在一起的，但彼此又有区别。道德是一种社会现象，是一定社会政治和经济要求在人们行为规范中的体现。它是社会学和伦理学研究的对象。而品德则是一种个体现象，是指个人的心理品质，这是教育学和心理学的研究对象。

（二）品德的构成成分

品德的构成成分包括以下方面：道德认知、道德需要、道德情感、道德动机、道德行为、道德意志、道德评价、道德信念、道德理想、道德习惯等成分。但主要是道德认知、道德情感、道德意志和道德行为四个方面。

1. 道德认知

道德认知也称道德观念，是指对道德行为准则及其执行意义的认识，其中包括道德的概念、命题和规则等。道德认知表现在两个方面：一是道德思维发展的水平，二是道德观念变化的程度。道德认知首先表现在道德知识、道德判断和道德评价上。在一定意义上说，这些是道德思维水平的反映，同时，人的思维能力的高低也影响到道德认知的水平。道德思维发展的产物是道德价值观念的变化。道德价值观念是对各种涉及他人利益的行为价值的概括化，它是一种标准观，个人按照这一标准来判断自己或他人行为的是非、善恶和好坏。道德价值观念是道德价值的内容，对道德行为有稳定的支配作用。道德价值的内容受到不同文化背景的影响。我国学者的研究发现，道德价值主要包括集体、真实、尊重、律己、报答、责任、利他、平等这八个独立的内容。

道德观念是个体道德的核心部分，在道德事件中起着极为重要的作用。当一个人坚信某种道德知识是正确的，无论自己执行或者看到别人执行都会产生积极的情绪体验，也更可能产生这种道德行为。

2. 道德情感

道德情感是指人的道德需要是否得到满足而引起的一种内在体验。当人的思想意图和行为举止符合一定社会准则的需要时，就感到道德上的满足；否则，就感到悔恨或不满意。道德情感是人的情感过程在品德上的表现。道德情感可以分为三种类型：第一种是直觉的情绪体验，它是由对某种情境的感知而引起的，由于其产生非常迅速，因而对于道德规范的意识往往是不明确的；第二种是道德形象所引起的情绪体验。道德形象之所以能引起人们的情感体验，是因为这种直观的形象是作为社会道德标准的化身而存在的，给人以强烈的感染。第三种是伦理道德的情感体验，它由道德认识所支配，清晰地意识到道德要求和道德伦理。这种情感体验具有自觉性和概括性的特点。

3. 道德意志

道德意志是一个人自觉地克服困难去完成预定的道德任务以实现一定道德动机的活动。道德意志是调节道德行为的内部力量。它是人的意志过程或主观能动性在品德上的表现。

道德意志主要表现在道德意志的品质和言行一致性这两个方面。道德意志的品质又包括道德行为的自觉性、果断性、坚持性和自制力，这些品质保证了道德行为的实现，同时也可以作为区分人与人之间道德意志好坏的指标。言行一致是道德意志行为发展的重要方向。研究表明，年龄越小的儿童言行越一致；随着年龄的增长，言行一致和不一致的分化越大。这是由于年龄越小，行为比较简单、外露，个体还不善于用道德意志调节控制自己的行为。此外，儿童中言行不一致主要表现为只说不做，这说明他们还不善于用道德意志调节自己的言行，使得道德认识是一回事，道德行为又是另一回事。比如，一个幼儿园的孩子对老师说"我下一次不打小朋友了"，可他下一次还可能犯类似的错误。

4. 道德行为

道德行为是在一定道德认知支配和道德情感的激励下所表现出来的对他人或社会所履行的具有道德意义的行为。道德行为是一个人道德意识的外部表现形态。道德行为有两种表现形式：一种道德行为是不稳定的，有条件的；另一种是无条件的、自动的、带有情绪色彩的行为。前一种是不经常的道德行动，后一种则形成了道德习惯。在客观道德环境的作用下，主体的道德习惯往往将一些单个的行动协同起来，自动地做出一系列的道德行为。道德习惯是一种自动化道德行动的过程，是由不经常的道德行动转化为品德的突破点，因此良好道德习惯的形成是品德培养的重要目标。

品德的各个成分是彼此联系，不可割裂的。缺乏正确的道德认知，道德行为就容易盲目；没有积极的道德情感，就会失去坚定的道德意志；如果没有道德行为，道德认知、道德情感、道德意志也就无法实现了。

三、态度与品德的关系

态度与品德是相互联系的两个概念，两者所涉及的问题及构成成分基本是同质的。比如说某个学生有爱护环境的品德，也指这个学生在具体的自然环境或社会环境中做出行为选择的内部状态或反应倾向，我们也可以把它叫做爱护环境的态度。另外，态度与品德的主要构成成分都是认知、情感与行为三个方面。

尽管如此，态度与品德这两个概念也是有区别的，主要表现在所涉及的范畴和内化程度不同。态度所涉及的范围较广，包括人们在社会生活中对人、对事、对物的态度，其中有些涉及社会道德规范，有些并不涉及道德规范。涉及道德规范的那部分态度才是品德的范畴。比如，一个中学生自我控制能力不强，上课时不认真听老师讲课而是看漫画书就属于学习态度不认真，而算不上品德不良。另外，年幼的孩子由于认知水平低，价值标准尚未建立，在面临各种价值的矛盾与冲突时，不能有效做出决策，所以他们的一些行为表现不能视为品德的表现。比如一个 3 岁的孩子不小心将饭碗打碎了，因惧怕父母体罚而撒谎说是小花猫把饭碗打碎的，这种现象就不能被认为是孩子品德不良的表现。

第二节　态度的学习

态度的学习有两种情况：一种是由于直接经验或间接经验的影响对一个以前没有接触过的对象产生某种态度，这叫做态度的形成。另一种是对某一对象已经具有一定的态度，但是新经验的影响使原有态度发生了变化，这叫做态度的改变。在现实生活中，除新生儿外，几乎没有纯粹的态度形成或改变，它们总是结合在一起的。因为旧态度的改变必然带来新态度的形成，而新态度的形成又是以旧态度的改变为前提的。只是为了研究的方便，才将其分成两部分。

一、态度的形成

（一）态度形成的过程

态度可以通过以下方式形成：个体的直接经验、观察和模仿他人的态度反应、根据已有知识和行为做出推论等。

1. 学习经验与态度的形成

根据行为主义的学习理论，人们也像获得概念、规则那样习得了对特定事物的态度。人们的生活经验以及与这些生活经验有关的情绪体验导致了态度的产生。

经典条件反射理论认为，如果一个中性刺激（条件刺激）与一个原来就能引起某种反应的刺激（非条件刺激）相结合，并且这种情况反复出现，人们就可以学会对中性刺激进行反应。学习的结果是，非条件刺激不必出现，仅出现中性刺激就可以引发人们的反应。在态度的学习过程中，假如一个态度对象出现的时候总是伴随着有益的结果或愉快的情绪体验，当这种情况多次出现后，仅出现态度对象也能引发个体的积极体验或使行为出现的频率增加，从而形成对该对象的积极态度。反之，如果态度对象出现的时候总是伴随着有害的结果或消极的情绪体验，则个体会产生消极的态度。比如，在学习的过程中伴随着愉快的体验，则学生就会对学习形成积极的态度，如果总是伴着厌烦、痛苦的体验，学生就会对学习产生消极的态度。

操作性条件反射也是态度形成的重要模式，指个体做出一种操作反应，然后再受到强化，从而使受强化的操作反应的概率增加的现象。如果在某一个场景中，个体做出某种行为后能够得到有益的结果或者产生愉快的体验，长此以往，个体就会对这种行为产生积极态度。反之，则产生消极的态度。比如，一个学生因捡起教室地面上的纸屑而受到老师的表扬，那么日后该学生出现类似行为的概率会增加，时间长了，就容易使学生形成保持教室内整洁干净的态度。这一增加行为概率出现的过程叫强化。强化又分为正强化和负强化。正强化指通过呈现刺激增加反应概率，如学生因表现好而得到的口头表扬、贴纸、奖状或奖品。负强化指通过终止不愉快刺激而增强反应概率，即去除不喜欢的事物来达到强化的目的。例如，一个不喜欢网络游戏的小学生，发现自己很难融入一个由喜欢网络游戏者组成的小群体而产生被排斥的感觉。当该学生试着上网打游戏后，发现与同伴的共同语言增多了，原来被排斥的感觉也消失了，于是他感到愉快，并逐渐对网络游戏产生了积极的态度。在这个态度形成的例子中，打网络游戏行为的增加使同伴们排斥的行为消失，这是一个负强化的过程。在态度形成的过程中，强化物既可以是物质的，也可以是精神的，甚至一个肯定的眼神都可以成为强化物。另外，对特定对象的态度，还可能泛化到同类的事物上。

2. 观察、模仿与态度的形成

在态度形成过程中，有时不需要个体的直接经验，而通过社会生活中的观察和模仿也可以形成。根据班杜拉的社会学习理论，人可以通过观察别人的行为和行为的结果而形成某种态度。模仿是指个体在学习时，仿照某人或某个团体的态度和行为方式使自己的态度和行为与被模仿者相同。模仿的对象称为榜样或楷模（model）。班杜拉将模仿分为四种：直接模仿，人类生活中的基本社会技能都是通过直接模仿习得的；综合模仿，指未必直接模仿一个人，而是综合多次所见形成自己的态度与行为；象征模仿是指模仿的不是榜样的具体行为，而是其性格或行为所代表的意义。电视、电影、儿童故事书中所描述的偶像人物以及他们行为背后的勇敢、智慧和正义等性格是希望引起儿童象征模仿的；抽象模仿指学习者学习到的是抽象的原则，而不是具体的行为。父母与老师一向是儿童模仿的对象，因此在教育中特别强调"以身作则"。

榜样是否具有魅力、是否拥有奖赏、榜样行为的复杂程度、榜样行为的结果和榜样与观察者的人际关系都将影响观察者的态度形成与行为倾向。在个体的不同发展阶段有对其态度发生较大影响的"重要他人"。对于青少年来说，重要他人包括父母、同伴、老师、明星或偶像等。由此看来，一个人所处的家庭、学校、社区环境以及交往的对象、大众媒体都会影响个体态度的形成。尤其在信息与媒体高度发达的社会中，电视、网络、报纸杂志等对人们态度的形成具有重要的影响作用。

上述强化主要指的是替代强化，即个体因观察他人的某种行为受到强化而增强自己该种行为的出现频率，从而形成行为倾向。另外一种强化方式是自我强化，即根据本人所建立的标准、信念或预期，评判过自己的行为之后，在心理上对自己所做的奖励或惩罚。自我强化又可分为"自我奖励"或"自我惩罚"。自我奖励是个人对自己行为的肯定；自我惩罚是个人对自己行为的否定，否定后如果能够改正，就可以免除因自我惩罚而引起的愧疚。人们更愿意表现那些令自己满意的行为，而摈弃那些让自己生厌的行为，因此自我强化是养成学生自律行为的重要心理历程。

3. 自我知觉与态度的形成

自我知觉理论由贝姆（D. J. Bem）于1972年提出。该理论认为，当个体的态度不够清晰、模棱两可时，会倾向于从自身过去的行为和当时的情境来推断自己的态度。人们在社会生活中会做出很多行为，而当别人问起我们对某个事物的态度时，我们很可能一时想不起自己究竟是什么态度，只是想起了与该事物有关的所作所为，并据此推论这就是自己的态度。另外在态度的自我知觉上，认为在没有外界环境压力时，我们的行为是表达真实态度的。当存在着明显的外部压力时，我们的行为由外部原因引起。比如，你从图书馆的书架上取出心理学的书籍来读，有人问你是否喜欢心理学。你就会思考：在如此多的书籍中，我只选择了心理学方面的书，而且没有人强迫我，那我肯定是比较喜欢心理学的。

（二）影响态度形成的因素

1. 知识或信息

态度的形成受到个人所具有的关于这一事物的信息的影响。比如，对我国载人航天工程的重要性了解越多的人，支持航天事业的态度越坚决；知道心理健康在学生成长过程中具有重要作用的老师，更重视对学生的需要与情感的关注。

2. 需要

态度是在满足个人需要的基础上产生的。当个人出现某种需要时，就会对与之有关的外界事物产生一定的态度。对能满足自己需要或能帮助自己达到目标的对象产生肯定的态度；对阻碍自己目标实现或可能引起挫折的对象产生否定的态度。需要满足与否影响了人态度中的情感成分。

3. 经验的情绪后果

"一朝被蛇咬，十年怕井绳"是一个非常典型的情绪体验影响态度的例子。心理学家奥尔波特早在1935年就开始对这一现象进行研究。他发现，某些导致心灵创伤的经历，哪怕仅仅是一次就可以使人形成十分稳固的态度。而且，这种态度还会泛化到相关或相似对象上。心理学家对恐惧症的长期研究发现，各种恐惧症都是与强烈的情绪伤害联系到一起的。比如，一个小学生因为一次考试成绩不及格而遭到了父亲的毒打，以后只要考试成绩不及格，他看到父亲就会出现紧张、不安、腿抖个不停、讲话语无伦次等心理与行为反应，并且表现出厌恶考试、惧怕考试等态度。

4. 家庭

家庭是个人社会化的第一个场所，父母则是个人成长过程中的第一任老师，是儿童首先认同的对象。因此，父母会通过各种途径影响儿童态度的形成。研究表明，人们对许多事物的态度，都深刻地受到父母的影响。个人的许多价值观、行为习惯都是在父母影响下发展起来的。美国社会心理学家海斯等人的研究表明，小学生中80％的人对政党的态度都与其父亲相同。有关宗教的研究也表明，宗教信仰之所以在一个地区形成优势，主要是由家庭的传递作用决定的。心理学家杰宁斯等人在全美国范围内做的研究也表明，83％的中学高年级学生对总统候选人的选择，都同自己的父母亲相一致。

5. 社会群体的期望与规范

个人在社会化的过程中，无形中受到群体的压力，导致向群体的其他成员认同，遵守群体规范。对同属几个群体的个人来说，他的态度主要倾向于认同感最高的群体。著名心理学家纽科姆曾做过一个多年的追踪研究。结果发现重要态度和行为方式与家庭相一致的大学新生，入大学时间越长，行为模式越靠近大学生的一般模式，而越远离家庭的旧有模式。比如，对于总统候选人的选择，新生班中62％的人与父母相一致；二年级则下降为43％；到三、四年级则更低，仅为15％。

文化作为人们社会化的大背景深刻地影响着人们态度的形成。著名人类学家玛·米德（M. Mead，1929）曾对南太平洋萨摩亚群岛的三个原始部落进行了长期研究，发现文化背景直接决定着人们对许多事物的态度。米德发现，在一个叫阿尔派西的部落，男子也同女性一样高度女性化。在阿尔派西部落，如果一个男子勇敢、刚毅、敢做敢当、善于竞争是被人看不起的。在仍保留食人肉遗风的芒都古莫部落，女子则也像男子一样，行为充满敌意、攻击与暴力，而温柔、体贴、含蓄等我们期望的女性特点是不受欢迎的。

二、态度的改变

人们在人际交往的过程中，在相互制约与需要彼此控制的情况下都很重视对方的态度，以预见其后续的行为；人们也注意自己的态度表现，以设法去影响或改变对方的态度。比如，聪明的广告商总是想尽办法试图改变消费者的态度去购买他们的商品；老师为了学生的成长和学习成绩提高，很重视学生态度的改变。态度既然是后天形成的，所以也是可以改变的。但态度是一个统一体，尤其还包括情感成分，这就增加了态度改变的难度。

态度的改变有两种：一种是改变态度的方向，如对某一观点由反对变为赞成，对某一事物由喜欢变为厌恶；另一种是改变态度的强度，方向不变。例如对某一观点由不赞成到坚决反对，对某一事物从喜欢到爱不释手。

（一）态度改变的过程

心理学家凯尔曼（Kelman，1958）通过分析典型的态度变化例证，提出态度变化是分三个阶段实现的。这三个阶段包括依从、认同和内化。

1. 第一个阶段：依从

凯尔曼认为，任何态度形成的开始阶段，总是个人按照社会的要求、规定或他人的意志在外显行为上表现得与别人一致，以得到奖励或避免惩罚。这种完全受外在诱因控制的行为具有表面性与暂时性的特点。一旦外因消失，依从会停止。例如，对于遵守考场纪律处于服从阶段的一名小学生，知道考试作弊要受到没收考卷、停止考试、给予处分或勒令退学等处罚，当监考老师在他身边时，他就遵守考场规则，可一旦他发现有机可乘，就有可能作弊。但被迫服从不久就可能成为习惯，变成自觉服从，进入态度的下一阶段——认同。

由于人们在心理上具有保持认知一致性的需要，因而长期的依从将可能导致整个态度结构的真正改变。

2. 第二个阶段：认同

在这一阶段，态度不再是表面的，而是自愿地接受他人的观点、信息或群体的规范，使自己的态度与他人的要求相一致。比如，一名中学生要想成为三好学生，他应自觉按照三好学生的标准要求自己，在德、智、体、美、劳等方面都表现突出。认同虽然是个人受到认同对象的吸引，但不限于外部奖惩的控制，而是主动自觉地趋同于认同对象。这一对象可以是具体的，也可以是抽象的。再比如，一个经常逃学的初中生，加入不良少年的团伙后，会认同同伴的行为方式。如果伙伴们吸烟、整夜上网或为了哥们儿义气打群架时，他感到作为群体的一员应该保持与群体的一致，从而也接受吸烟等不良行为。

认同阶段的态度变化与依从的根本区别一是态度的变化是自愿的，而不是被迫的；二是认同性的态度变化已不是简单的表面态度反应的变化，而是已有情感因素的改变，并开始涉及态度的认知因素。长期的认同会导致整个态度的根本转变。

3. 第三个阶段：内化

内化是态度形成的最后阶段，是真正从内心深处相信并接受他人的观点，这意味着个人已经把新的观点、新的思想纳入了自己的态度体系，成为一个有机的组成部分。态度的内化与服从、认同相比最大区别就是不再依赖外在压力及受到认知对象的影响，它已成为一种独立的态度，因而无论从态度改变还是从新态度的形成讲，内化的态度是最为坚定的态度。当个人按照内化了的态度行动时会感到愉快；如果出现与自己的态度不一致的行为时会感到气愤或内疚，这时态度就成为个人性格的一部分，不易改变了。

以上三个阶段，可以看作是从儿童到青少年态度形成的次序，也可以看作是个体形成的态度所处的三个层次。这种阶段划分的方法可以帮助我们分析和理解态度形成的性质。

（二）态度改变的理论

1. 认知失调理论

心理学家认为，在生活中人们需要维持自己的信念或观点的一致以保持心理的平衡。如果一个人发现自己的信念或观点不一致，即出现认知失调时，内心就会不愉快或紧张焦虑。在这种情况下，个体会通过改变自己的信念或观点获得一致与协调，从而达到新的平衡。因此，认知失调被认为是态度改变的先决条件。

美国心理学家费斯廷格在1957年提出了该理论，并做了一个著名的实验证明了该理论。实验研究如下：斯坦福大学的学生被邀请参加了一小时非常枯燥的活动（比如，请他们反复地将托盘里的胶片卷轴拿空又重新——放入盘内等）。然后实验者要求他们对等在门外的一个妇女（研究者的助手）撒谎说，这个活动很有趣，挺好玩的。其中一半人因为说了这个谎言得到20美元，另一半只得到1美元。最后要求所有参加活动的人重新评价这项活动的有趣程度。实验的结果是相当有趣的，得到1美元奖励的组态度发生了转变，将活动评价为有趣的，而得到20美元的组，仍然坚持原来的态度，认为活动是枯燥无味的，对此费斯廷格提出了认知失调理论来解释。只得到1美元的人产生了认知失调："活动是很枯燥的"，而"我选择了撒谎，告诉别人说活动挺好玩的，但我这样做却没有什么像样的理由（在美国，1美元的用处实在太小了，如果因为1美元而撒谎会被别人耻笑）。"为了减少不协调，这些人最终只得改变了对这个活动的评价并且事后表达出他们的看法："这真的很好玩，我愿意再做一次。"相比之下，因为撒谎而得到20美元的人，态度没有改变——活动依然枯燥无味，他们只是"为了钱"而撒谎。

费斯廷格指出，认知不协调通常在四种情况下出现：第一种是逻辑上的不一致，如考大学是中学生的唯一选择与行行出状元这两个观念是不协调的；第二种是文化价值的冲突，指一种观念或行为在一种文化中被接受而在另一种文化中被摒弃。比如，在美国，孩子18岁以后任由其独立，父母不再给予经济支持是正常的，同样的行为在中国可能会被批评为父母不负责任；第三种是观念层次的冲突，如果对于同一事物，从不同观念层次评价得出的结论是矛盾的，也会引起不协调。比如，一个初中生看到班级里的好朋友与另外班级的同学打架而正义又在对方时，从个人关系上应当帮助自己的好朋友，但从更高的主持正义的角度又觉得应当帮助对方；第四种是新旧经验的矛盾。当我们新的行为与旧有经验不一致时，对行为的认知也会出现不协调。比如，一个中学生认为不应该使用塑料饭盒，以免产生不可降解的白色垃圾，可在外地旅游景点只有塑料饭盒的情况下也用它装饭菜吃饭，就会产生不协调。

要使认知恢复协调，一种办法是改变原有的认知及与其一致的行为（即改变态度），另一种办法是维持原先的状态，但必须加上一种辩护的理由（新的认知成分）。例如，"我知道过量饮酒容易导致心脑血管系统的疾病"，但是"现实情况是，每次吃饭时我都要喝半斤酒"，这里认知和行为是不协调的。个人要消除这种不协调状态通常的办法是：改变行为，把酒戒掉使两个认知元素协调起来；或者是改变态度，使之符合行为，如对"过量饮酒有害身体健康"这一认知因素加以否定，改为"不饮酒的人并非身体都健康"，这样态度与行为相协调；或者寻求、引入新的认知因素以便能较合理化地解释原来态度与行为的不一致，如"少喝一些酒对健康反而是有益的"。

2. 平衡理论

1958年海德提出一种有关态度改变的认知理论——平衡论。该理论认为，人的心理活动是在人与社会因素（如社会事件、他人、文化观念等）相互作用中实现动态平衡的过程。个人（person）在社会生活中与他人（other）建立的关系是通过某件事（X）形成的。比如，一个中学生（P）喜欢听台湾歌手周杰伦的歌曲，她的同班同学（O）也喜欢他的歌曲，于是她就会对自己的同伴产生积极的情感评价，并有可能相互建立友好的关系。按照海德的观点，P-O-X三者的关系如果相适应，则P-O-X的体系呈平衡状态，P的态度不需要改变；如果P-O-X三者的关系状态不平衡，则P的态度需要改变。P-O-X三者的关系有以下8种，如图7.2所示。

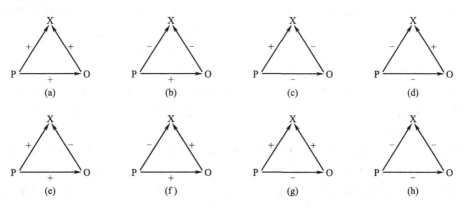

图7.2 平衡与不平衡状态示意图

模型中的正负号表示主体P对O及X的态度或客体之间关联——O与X的关系的性质，如果主体对O与X或客体关联是积极性质的，则为正，记作"＋"；如果主体对O与X是消极性质，则为负，记作"－"。在模型（a）、（b）、（c）、（d）中系统是平衡的。而在（e）、（f）、（g）、（h）模型中系统是失衡的。

人类普遍有一种和谐、平衡的需要，一旦认知上出现不平衡，就会产生紧张与焦虑，从而促进认知结构向平衡与和谐的方向转变，由此带来了态度的改变。例如，P 和 O 是母女，两人感情很好。最近女儿 O 交上了男朋友 X。如果母亲和女儿一样，认为 X 是个好青年，很赞成女儿与其来往，那么母亲 P 在心理上与 O 是和谐的。如果母亲 P 与女儿 O 对 X 的看法不同，认为 X 是个坏朋友，对 O 产生否定的态度，竭力反对女儿 O 与之来往，则 P-O-X 体系发生了不平衡，P 会十分苦闷。这时就必须对这一认知体系加以改变，P 要么说服 O 不要接近 X，从而使 P-O-X 三者关系重新实现平衡；要么改变自己对 O 的态度，即疏远冷淡女儿或断绝与女儿的关系，态度上由肯定转为否定，关系上由正转为负；要么改变自己对 X 的态度，即由反对女儿与之交往改为赞成他们交往。

平衡理论的缺点是过于简单。它只能指出 P-O-X 之间的关系是肯定的还是否定的，而不能指出肯定或否定的程度怎样。此外，平衡理论也没有把人们态度改变的内在过程揭示出来。

（三）态度改变的方法

1. 提供榜样法

现实世界中存在许多潜在的学习榜样，那么最能引起儿童模仿的是什么样的榜样人物呢？班杜拉在 1963 年的实验研究中发现，有 4 种人是儿童最喜欢模仿的：①儿童最喜欢模仿他心目中最重要的人。所谓"最重要的人"，是指在其生活中影响他最大的人，如：父母、老师或同龄伙伴。②儿童最喜欢模仿与他同性别的人。在家庭中，女儿模仿母亲，儿子模仿父亲；在学校里，男同学模仿男老师，女同学模仿女老师。③儿童最喜欢模仿曾获得荣誉或奖励（如三好学生）、出身上层社会以及富有家庭的儿童。④同一社会阶层的儿童喜欢互相模仿。从年龄上看，幼儿最初态度模仿的对象是其父母；入学以后老师成为学生效仿的对象；到了青春期，同龄人中的榜样人物会成为青少年解决价值观念冲突的主要决定因素，青少年的许多态度是从自己敬佩的同学身上学到的；到了成年期，人们会根据自己的社会角色选定榜样人物，这时榜样人物的可信度是态度改变的决定因素。

班杜拉认为观察与模仿的行为是否表现出来要依据人们的认知判断。也就是说在观察模仿时，在接受刺激到表现反应之间有一个中介作用的内在心理历程。他认为在下列情况下所观察到的榜样行为最具有影响力：观察到榜样的行为得到了强化的结果；榜样被看成是正面的、令人喜爱和尊敬的；榜样和观察者的外貌及心理特点具有可知觉的一致性；观察者因为注意榜样的行为而受到了奖赏；榜样的行为可以被看到并且很突出；最后一点是榜样的行为是在观察者所能模仿的能力范围之内。

在学校教育中，教师应该根据上述有关榜样的特点，按照观察与模仿学习的理论来设计榜样以及榜样行为示范，另外还应该考虑奖励与惩罚应用的有关策略以引导学生学习符合学校及社会要求的态度。

班杜拉有一个经典实验研究儿童对攻击性行为的观察和模仿。研究者将幼儿园的孩子分为三组，让他们观看一个成年人（榜样）攻击一个成人大小的充气塑料人的录像。他把充气人放倒在地，然后坐在它身上打它的鼻子，边打边叫："哈！打中啦！咚！"；再把充气人拉起来，用一个木槌继续击打它的头部，一边打一边叫："哈！趴下！"；然后又把充气人踢来踢去，高兴地叫着："飞喽！"；最后用一个橡皮球猛砸充气人，砸一下就大叫一声："咚！"在录像的结尾，第一组孩子看到攻击者得到糖果或饮料等奖励；第二组孩子看到攻击者被人用卷起来的杂志打了一下，并且被严厉警告以后不允许出现这样的行为；第三组孩子看到攻击者既未受到奖励也未受到惩罚。接下来将这些孩子一个个单独领到一个房间里去。房间里放着各种玩具，其中包括洋娃娃，让他们自由活动 10 分钟。实验者通过单向玻璃观察到三组儿童都表现出了一定的攻击行为，但那些看到榜样被表扬的儿童比看到榜样被责怪的儿童表现出了更明显的攻击行为。

这一结果显示，即使榜样的攻击行为并未受到强化，儿童也会习得攻击行为。它带给我们的大众传媒业这样的信息：儿童平时对电影、电视、网络及杂志中打斗情境的观察，虽然没有直接加以模仿，但并不能阻止他们的学习，而且，即使对这些行为给予惩罚也不能阻止他们对这类行为的无意识学习。美国心理学家在1999年有关媒体暴力与青少年行为的研究报告中提出：几十年的研究一致表明，观看电视暴力行为会促进观看者的模仿行为，并通过三种方式对其生活产生负面影响。首先，由于观察学习机制，观看暴力电视节目会增加攻击性行为。小时候过度看暴力电视而产生的攻击习惯可能会为长大后的反社会行为埋下种子。第二，观看暴力电视节目导致观察者对日常生活中暴力事件的发生估计过高，从而过分害怕自己成为现实生活中的暴力受害者。第三，媒体暴力提高了人们对现实生活中攻击行为的容忍度。

2. 条件反应法

条件反应法是利用经典条件反应和操作条件反应原理促进态度形成与改变的方法。个体可以在一定的条件作用下形成或改变某种态度。在斯塔茨（staats，1958）的研究中，把某一刺激对象与褒义的词语（美丽、愉快等）配对呈现，儿童全变得对那一刺激对象抱有积极的态度。相反，儿童对与贬义词语（肮脏、不愉快等）配对呈现的刺激表现出消极的态度。根据经典条件反射的理论，态度就是在这种唤起情绪反应的条件作用下形成的，并且这一态度会泛化、迁移到类似的事件中去。在实际的教育中，可以让儿童逐渐理解"优秀"、"第一名"等标记与老师的赞扬或同伴的羡慕之间的关系，从而形成积极的态度；相反也可用同样的方法形成对"不及格"、"不遵守纪律"等的消极的态度。教育工作者还应该在学校里提供一些令人感到愉快的刺激，如使学生感到心情舒畅和愉快的图片、各种有趣的设施、装饰和教学工具。学生们的学习是通过与学科相联系的游戏和其他有趣的活动来诱发积极的情感而进行的。比如，要改变学生不喜欢数学的态度，就要让学生把数学和使人感到快乐的东西直接联系起来，其中一个重要的方法是使学生能够获得学业的成功。在一个学科的学习中，不断遭到失败会使学生丧失自信心，从而不喜欢这个学科。另外，教师应该把学习组织得使学生感到可以胜任。

在日常生活中，积极的态度往往是对某一事物有了多次成功经验后的结果。例如，在学校中取得了好的学习成绩受到老师的表扬并且得到同学的尊重，在这些经验之上，儿童逐渐变得喜欢学习。而如果某门学科学了也不懂，发表自己的看法同学也不同意，这种经验的重复会使儿童丧失自信心，逐渐对某一学科产生消极的态度。依照操作性条件反应的原理，教师可以适当地操纵学生行为之后的强化，如"你干得真不错"，"做得好，就这么做"，或"老师相信，只要努力你会成功的"这类强化会使学生获得成功的感觉而避免产生失败感。

3. 说服法

说服是指通过信息传播或沟通的方式来改变人们的态度。说服广泛地存在于学校教育、思想政治工作、政治宣传、报刊杂志、电影电视广播等领域，是改变态度的主要方法。因此如何提高说服效果也就成为学校教育工作者的重要课题。任何一个说服过程都是由对某一问题有看法的说服者（信息的传递者）向说服的对象（信息收受者）传递信息来完成的。这个说服过程必定是在特定的情境中完成的，所以情境因素也对说服过程发生影响。概括起来，说服过程包括四个部分，即说服者、说服信息、说服对象及周围情境，而说服活动是围绕着说服对象展开的，影响说服效果的有以下几个方面。

（1）说服者的说服力。在说服过程中，信息接受者对信息的来源是否信任决定了他是否接受这些信息，因此说服者是否有说服力对态度改变有很大的作用。影响说服力的有说服者的权威性、人格魅力和意图等因素。

权威性源自于说服者在有关信息领域中的学识和资历条件，如所受的教育、专业训练、社会经验、年龄、职业、社会背景、社会地位等。美国心理学家阿龙森等人进行过的一项实验表明，具备权威专家身份的说服者的意见更容易引起态度改变。关于这一点，我们在实际生活中都有体会。对一种新药的评价如果出自一位名医之口就会比普通人更有说服力。因此，广告公司总是请权威性高的人来赞誉某种产品以达到较好地改变消费者态度的目的。在转变学生态度的过程中，那些知识渊博、兴趣广泛、讲课精彩、耐心亲切的老师所讲的理由应该是令学生信服的。老师的人格魅力往往对学生的态度学习产生较大的影响，对一些高年级的学生尤其如此。我们经常听一些学生讲"我不喜欢数学老师，所以也不喜欢上他的课"或"我喜欢上英语课，英语的成绩也好，是因为我喜欢英语老师的缘故"。有研究表明，如果教师注重给学生留下良好的第一印象，如第一次与学生见面时使学生感到关心、爱护、尊重与信任，讲好第一次课，批改好第一次作业，处理好班上第一个意外事件，开好第一次班会等，就容易在学生中树立起威信，但最关键的还在于教师要有高度的教育责任感，热爱学生，认真工作，重视师生关系。

另外，说服者的意图也会影响说服效果。心理学家曾对法庭上的辩护进行过调查，他们发现不论是律师还是罪犯，当他的辩论仅仅是为了维护个人权利时，说服力就会降低。相反，如果他的辩护可能有损于他的私利，他的信誉就会上升。因此，在说服工作中，要收到好的效果就要使学生感到老师确实是为学生着想，而不是别有用心或为了自己的私利，不是为了评优秀班集体，也不是为了拿奖金等。只有在学生心目中树立一个客观、公正的形象，才能使学生对老师的教育更为信服。

在态度教育中，不仅教师应当被学生看成是有才能的、有吸引力的和可信赖的，而且学生之间也应该有这种感觉。这就要求创设这样一种课堂环境：能培养起师生之间、学生之间在沟通上互相尊重、友好、诚实和信任，并建立起相互支持和关心的模式。在这样的学习环境里，教师和学生共享信息，从而影响态度的认知成分。

（2）说服对象的特点。说服对象原有态度的稳定性不同，改变起来的难易亦不同。与个人价值观、人生观相联系的态度以及从小或多年形成的习惯态度较难改变。态度改变也有个性差异，人的气质、性格、能力等个性特征都与态度改变容易与否有关。比如，一般认为智力高的人比智力低的人更不容易接受说服，因为他们具有批判能力，知识丰富，善于逻辑判断。但研究表明，智力高的人不是不易接受说服，而是不易接受意义浅显、简单的说服。比如，对意义较复杂、深奥的说服，虽为智力较低者难以理解，而对他们则效果很好。智力高者改变态度的特点是主动性强，往往随着情况变化而主动改变态度，而智力低者改变态度比较被动。另外，与说服者关系好的说服对象更容易被说服。总之，教师要从说服对象的实际情况出发，因人施教。

（3）说服信息的有效性。说服是一个信息沟通的过程，因此信息内容不同，传递方法不同，说服效果也不同。为了提高说服效果，可以采用以下策略。

第一，要考虑到可接受性，逐步提高要求。说服信息所要求的态度与说服对象原来的态度之间一定要有差距，这样才能造成认知不协调，造成心理紧张，促使个人产生改变态度的主动性。但这个差距要适当，不是越大越好。心理学研究证明：如果信息所要求的态度与原来的态度相差太远，不但不能达到改变态度的目的，而且可能适得其反，使说服对象更坚持原来的态度。当要求的态度在可接受范围内，态度就可以改变，如果超出了可接受的范围，就不可容忍，会被拒绝。因此老师要改变学生的态度必须首先了解他原有的态度。如果老师的要求与之差距很大，就要逐步提出要求。每一次提出的要求都要在可接受范围内，待态度改变并稳定下来后再提出进一步的要求。这样改变态度才能真正有效。否则要求过高会被说服对象拒绝而更坚持原来的态度，结果欲速则不达。

第二，应考虑不同情况，提供单面论证与双面论证。单面论证就是说服信息只提供赞成或反对一个方面的论据，双面论证是提供正反两方面的观点和论据。研究表明，单面论证和双面论证没有简单的优劣之分，改变态度的效果因情况不同而不同。如果信息要求与原来的态度方向一致，单面论证就可以了。否则，双面论证效果会更好些。另外，学生的年龄特征和受教育的程度也影响采用论证的方法。老师在说服低年级学生时，主要应提供正面论据；而说服高年级学生时，就要考虑用双面论证的方法。还有，如果说服的任务是解决当务之急，用正面论证的方法简单有效；如果是培养学生长期稳定的态度，则提供正反两方面的论据会使学生理解得更深刻。

第三，恐惧唤起是试图改变别人态度的一种常用的方式。老师在改变学生态度时要晓以利害，使其对原来的态度不但有理性的认识，而且能唤起一定的恐惧，效果会更好。研究表明：中等恐惧效果最好。恐惧太高会引起防御机制，产生抵制和逃避，效果反而不好。老师在对学生进行说服教育的过程中要实事求是，而不要危言耸听。

第四，新颖与重复的有效运用。由于人们对陈旧的观点往往充耳不闻，所以在沟通过程中新颖性总是一个有效的策略。但学生不可能在第一次听到一个新观点时就被说服，因此增加熟悉性可以提高对信息的吸引力和好感。不过信息的重复如果超过限度，会使学生感到厌烦或被学生认为是对他们智力的轻视和威胁，容易引起防御性的反抗。

（4）环境与情境的辅助和强化作用。教师的说服目的是改变学生的态度，如果在进行说服时，周围环境中的一些因素或老师有意创造的气氛能给人带来愉快和放松的心情，说服会更有影响力。但是，有些中学教师在对学生进行说服教育时，有时不考虑环境因素。比如，在教室里当着全班同学的面大声批评或斥责学生，就容易引起学生的反感，收不到良好的说服效果。

4. 角色扮演法

"角色"一般是指戏剧中演员依据剧本所扮演的特定人物。社会角色指在特定的情境中，人们期待他做出的一套由社会界定的行为模式。不同的社会情境需要不同的角色。当你在家中时扮演"孩子"的角色，当在教室时扮演"学生"的角色。老师不在，班干部代替老师管理班级时是在扮演"老师"的角色。"角色扮演法"是让一个人有意识地"假扮"某种角色，使其在一种特定的或创设的情境中扮演这一角色，使其认清该角色的理想模式，了解周围人对该角色的期望和自己处于这一角色时应尽的义务，从而有助于他控制或改变自己的态度和行为。角色扮演方法在态度改变方面有着特殊作用。著名态度问题研究者詹尼斯等人在1965年开始进行的追踪研究揭示，角色扮演是扭转人们日常生活中顽固态度与行为的很好方法。他们以嗜烟的女大学生为被试，用角色扮演方法促使她们戒烟。研究者让吸烟者扮演一个患者，由医生告诉她们说："你已经身患肺癌，必须很快进行手术。"结果被试对于吸烟的态度和行为变化十分明显。实验前，被试平均每天抽烟24支，角色扮演后很快降到不足13支，18个月后抽烟量下降到了11支。而没有参加角色扮演的控制组被试，同样的时期内抽烟量没有变化。

在教育过程中，老师也应经常运用角色扮演法来改变学生的态度。比如，有的中学生对数学不感兴趣，老师就让他当数学课代表。一旦扮演这个角色后，他就会产生与这一角色相符合的行为，认真地学习数学，努力提高自己的数学成绩；有的学生不爱劳动，老师让他当劳动委员，也能提高他劳动的积极性。

第三节　品德的形成过程

一、品德形成的理论

现代教育心理学家认为，人类的道德观念和道德行为，都是个体在人格成长中经过社会化的过程而逐渐发展形成的，因此他们重视道德发展的研究而不过分强调道德教育，因为道德教育只有在配合学生道德发展的情况下才有效。在品德发展的研究中，皮亚杰、柯尔伯格的道德发展阶段论和班杜拉的社会学习论是最具代表性的两种理论，前者侧重于道德认知发展规律的探索，后者侧重于道德行为方面的研究。这两种理论对于培养学生的道德品质都很富有启发性。班杜拉的社会学习理论在前面章节已有涉及，在此不再赘述。

（一）皮亚杰的道德发展阶段论

皮亚杰是第一个系统地研究儿童道德发展的心理学家，他设计了一些包含道德价值内容的对偶故事，要求儿童判断是非对错，从儿童对行为责任的道德判断中来探明他们所依据的道德规则以及由此产生的公平观念发展的水平。下面就是皮亚杰在研究中所用的一个对偶故事❶。

A：有一个小男孩叫朱利安。他的父亲出去了，朱利安觉得玩他爸爸的墨水瓶很有意思。开始时他拿着钢笔玩。后来，他在桌布上弄上了一小块墨水渍。

B：一次，一个叫奥古斯塔斯的小男孩发现他父亲的墨水瓶空了。在他父亲外出的那一天，他想把墨水瓶灌满以帮助他父亲。这样，在他父亲回家的时候，他将发现墨水瓶灌满了。但在打开墨水瓶时，他在桌布上弄上了一大块墨水渍。

皮亚杰对每一个对偶故事都提出了两个问题：①这两个孩子的过失是否相同？②这两个孩子中，哪一个更坏一些？为什么？通过大量的实证研究，皮亚杰发现儿童道德判断能力的发展与其认识能力的发展存在着互相对应、平衡发展的关系，这种认识能力是在与他人和社会的关系之中得到发展的。皮亚杰概括出儿童道德认知发展的三个阶段：前道德判断阶段、他律道德阶段和自律道德阶段。

（1）前道德判断阶段（1.5～7岁）。在这一阶段的前期儿童所有的注意力都集中于自己身体和动作本身，到2～7岁时转向集中注意权威，如父母或其他照料者。他们的道德认知不守恒，分不清公正、义务和服从，其行为既不是道德的，也不是非道德的，随着年龄的增长才能对行为做出一定的判断。

（2）他律道德阶段（8～10岁）。这一阶段的儿童道德判断具有以下几个特点：①认为规则是万能的、不变的，不理解这些规则是由人们自己创造的；②在评定行为是非时，总是抱极端的态度——非好即坏；③判断行为的好坏是根据后果的大小，而不是根据主观动机。比如，6岁儿童认为因为帮妈妈洗碗而失手打碎15只碗的孩子比故意摔碎一只碗的孩子犯的错误大；④绝对服从权威。

（3）自律道德阶段（10岁以后）。这一阶段道德判断的特点有：①认为规则或法则是经过协商制定的，可以怀疑，可以改变；②判断行为时，不只是考虑行为的后果，还考虑行为的动机和意图；③与权威和同伴是一种相互尊重的关系，能较高地评价自己的观点和能力，并能较现实地判断别人；④能把自己置于别人的位置，判断不再绝对化。

---

❶ 姚本先. 心理学. 北京：高等教育出版社，2005.

　　根据皮亚杰的看法观点，道德教育的目标就是使儿童达到自律道德，使他们认识到道德规范是在相互尊重和合作的基础上制定的，而要达到这一教育目标就必须注意培养同伴之间的合作，注意成人与儿童的关系应该是平等的，而不应是权威和服从的关系；在儿童犯错误时，要使他了解错误的原因，以发展儿童的道德认知能力。

（二）柯尔伯格的道德发展阶段论

　　美国心理学家柯尔伯格是道德发展心理学的建立者，他采用实证的方法所建立的道德认知发展理论，在心理学与教育学上具有卓越的贡献。尤其在教育实践中，其理论比皮亚杰的理论更受重视。他根据自己设计的道德两难问题情境测验不同年龄的被试反应，并对其结果进行分析，以下就是他设计的道德两难问题情境中的一个例子。

　　在欧洲某个地方有一个妇人海因茨太太，患了一种特别的癌症，病情严重，生命垂危。经医生诊断只有一种药物可治，而该药只能在镇上一家药店买到。因为是独家生意，药店老板就把原价200美元的药物提高10倍，索价2000。海因茨先生为太太治病已用尽所有积蓄，四处求亲告友，也只能凑到半数。他恳求老板以慈悲为怀，让他先付1000元取药，余款留下字据，稍后补足。老板不为所动，坚持一次付清，他绝望离去。在第二天夜里，他破窗潜入药房，偷走了药物，及时挽救了妻子一命。你认为海因茨先生这种做法对不对？

　　对以上问题没有单一正确的答案，从不同观点将有不同的答案。柯尔伯格采用这类两难问题的目的不在于测验被试回答的对错，而在于了解他们回答时采用的不同观点。对其回答方式及对自己所做回答的解释可以认定被试的道德发展水平。根据研究中不同年龄儿童对这些两难问题的反应，柯尔伯格于1969年提出著名的三水平六阶段道德发展理论：前习俗、习俗和后习俗水平。习俗是社会习俗，所代表的是社会规范，合乎社会规范的行为，就是道德行为。

　　（1）前习俗道德水平。九岁以下的儿童在面对道德两难情境进行道德推理判断时，常带有自我中心的倾向，其道德推理的前提是个体应该服从于自己的需要而不考虑社会规范的问题。按照道德发展水平的高低又分为两个阶段。

　　阶段1，避免惩罚服从取向。这是人类道德发展的最低水平，从行为的后果判断行为对错，服从是为了避免惩罚。处于这一阶段的儿童，一般认为海因茨先生偷药会受到惩罚，因此是不对的。

　　阶段2，相对功利取向。遵守规则与否要看能否得到回报，帮助别人是为了得到别人的帮助，只有道德符合自身利益时才是有价值的。道德发展达到此阶段的儿童会认为海因茨先生应该偷药，因为这样才能挽救他妻子的生命，自己才不会痛苦。

　　（2）习俗水平。九岁以上一直到成人一般都遵从社会规范进行道德判断，他们认为社会系统必须依靠法律和规章制度来维护。这一发展水平的两个阶段代表了两种心理取向。

　　阶段3，寻求认可取向。社会大众认可的就是对的，反对的就是错误的。一般认为帮助别人是良好行为，因此，处于这一发展阶段的人会认为海因茨应该偷药，作为一个好丈夫就应该尽力帮助并保护好他的妻子。

　　阶段4，遵守法规的取向。社会系统必须依靠法律和规章制度来维护，道德的基础是严守法律和履行责任。道德发展达到这一水平的人认同自己的角色，在行为上有责任心和义务感，他们会认为海因茨先生是错的，因为偷窃行为是违法的；无论他有什么样的理由，法律的权威必须维持以维护整个社会系统的稳定。

　　（3）后习俗道德水平。个人从自己的良心或价值观出发进行是非善恶的判断，是在合乎大众利益的基础上寻求更适当的社会规范。只有少数人能够达到这一水平，多数人的道德发展只能达到习俗水平，学校的道德教育中强调的学生要遵纪守法也是习俗的道德观念。这一时期按照发展水平的高低也分两个阶段。

阶段5，社会契约取向。道德的基础是保护每个人的人权，关键在于维持一个能够完成这一任务的社会系统；法律用来保护人们的自由而不是限制人们的自由，可以时时加以改变。道德发展达到此阶段的人会认为海因茨先生的行为是对的，因为社会一向强调人的生命是最重要的，垂死者要求得到医药的权利重于药店老板牟利的权利，其行为虽然违法但是符合道德意义。

阶段6，普遍伦理取向。个人根据他的人生观与价值观建立了他对道德事件判断时的一致性与普遍性的信念；道德是关乎个人良心的事情，超越法律之上有普遍的道德原则，如人性的尊严、真理、正义与人权。道德发展达到这一水平的人就会认为海因茨先生是对的，他太太的生命权不容许任何人剥夺，维护别人生命的行为，其价值超越了仅仅遵从法律。

我国心理学工作者的研究结果表明：我国儿童与青少年的道德判断也经历着由低级到高级，由他律到自律的发展过程；我国中学生的道德发展水平大多数处于柯尔伯格道德发展阶段论的第三、四阶段；学生的品德发展水平与执行行为规范程度有显著的正相关；道德判断水平受个体发展年龄阶段的制约，但是可以通过教育进行促进。根据皮亚杰与柯尔伯格的理论，结合我国心理学工作者的研究，我们认为教师在对学生进行品德教育的过程中，培养学生的道德判断推理和道德决策能力是非常重要的。

（三）艾森伯格的亲社会道德理论

美国心理学家艾森伯格（Nancy Eisenberg）针对柯尔伯格的理论提出异议，她认为柯尔伯格运用其两难故事只是研究了儿童道德判断推理的一个方面，即禁令取向的推理，她设计出另一种道德两难情境，即亲社会道德两难情境来研究儿童的道德判断。亲社会两难情境的特点是，一个人要面对满足自己利益和满足他人利益的双趋冲突，助人者的利益和接受帮助者的利益之间存在不可调和的矛盾❶。

艾森伯格及其合作者利用亲社会两难故事进行了一系列的研究，归纳出儿童亲社会道德判断的五个阶段。

阶段一，享乐主义的推理。助人不助人的理由包括个人的直接受益，或者由于自己需要和喜欢某人才去帮助他。

阶段二，需要取向的推理。当他人需要与自己的需要发生冲突时，儿童对他人身体的、物质的和心理的需要表示关注。

阶段三，赞许和人际取向的推理。儿童助人不助人的理由是好人或坏人以及他人的赞许和许可等。

阶段四，包括两个时期：一是自我投射性的移情推理，儿童的判断中出现自我投射性的同情反应和角色采择；二是过渡阶段，儿童助人与否涉及内化的价值观、规范、责任和义务，对社会状况的关心以及保护他人权利和尊严等，但是儿童并不能清晰地表达出来。

阶段五，深度内化推理，是否助人的依据是他们内化的价值观、规范和责任，改善社会状况的愿望等。

二、品德形成的心理过程

个体品德的形成，是个体在社会化过程中受到社会舆论和教育等的影响，将道德规范内化的过程，是个体在社会生活中通过自己的实践，由被动接受到主动形成道德行为习惯的过

---

❶ 姚本先. 心理学. 北京：高等教育出版社，2005.

程。下面我们介绍两种主要的品德心理形成过程理论。

（一）以构成成分为基础的品德心理形成过程

品德心理学研究者一般从品德构成的几个要素——认知、情感、意志、行为的形成过程分别探讨品德的形成过程。这个过程包括：心理准备、道德信念的形成、道德意志力与道德行为习惯的培养三个阶段。

1. 心理准备

心理准备是接受道德教育的前提。学生对教师的态度影响着这种心理准备。学生如果对教师持有积极的态度，就会顺利地接受教师的要求与教诲并努力去执行，甚至教师的缺点也可以得到原谅；如果学生对教师持有消极的态度，则不情愿接受教师的要求，甚至会和教师发生冲突。

2. 道德信念的形成

使学生形成一定的道德价值观念，学会用道德价值观念来调节自己的行为，在品德培养方面是必要的。但是仅仅具有道德价值观念，还不能说这些观念已成为个体行为的动机力量，还应该使其转化为坚定的道德信念。道德信念就是坚信行为规范的正确性并伴有情绪色彩与动力性的观念，它是一种主动要求得到维护与实现的道德需要。要使学生在道德认识的基础上形成道德信念。一方面，老师应该注意自己要言行一致；另一方面，还应该注意培养学生道德判断能力。道德判断能力是学生运用已有的或正在形成的道德准则或道德价值观念对别人或自己的行为品质做出是非、善恶的判断能力。在培养学生的道德判断能力时应注意其认知发展的特点以及皮亚杰与柯尔伯格理论中所阐述的阶段性特点。

3. 道德意志力与道德行为习惯的养成

在社会情境中，人们必须克制自己的某些欲望，使自己的行为符合社会上的约定俗成的行为规范，符合自己内心的价值观念、信仰。这种克制就是抵制各种诱惑的意志努力。当一种道德行为无需意志努力时，我们就称这种道德行为已成为习惯。为了促进学生道德意志力与道德行为习惯的养成，教师应该给学生提供适当的强化、合适的榜样和实践的机会。

（二）以动态变化为特征的品德心理形成过程

美国心理学家 J. 雷斯特于 20 世纪 80 年代初提出了道德心理四过程模型（rest's model of moral psychology）[1]，即个体面对具体情境时，形成道德行动要经历四个基本心理过程：解释情境、做出判断、道德抉择和实施行为。

过程一，解释情境。面临特定的具体情境，个体必须先竭力加以理解，对自己说明当前发生了什么，然后估计可能采取哪些行动以及它们对自己和他人有何影响和后果。个体对情境的道德意义的理解、解释是一个复杂的心理过程。社会认知研究指出，它含有线索检索、信息整合、做出假设、进行推断等，而它们都与个体认知能力的发展有关。道德情境的解释能力还与个体的道德敏感性有关。对其他人的需要、利益的敏感程度，个体之间有着很大的差异。如有的个体会把别人或自身的一举一动都视为饱含着道德意义，而有的个体则不太容易意识到道德问题。个体的道德敏感性一般会随年龄和经验的增长而发展。由此可见，个体在解释社会情境时会面临各种各样的困难，有时甚至会发生解释不当的现象。

过程二，做出判断。在解释情境的基础上，个体从各种可能的行动中决定其中的哪一个在道德上是正确的，这也就是做出道德判断的过程。以皮亚杰和柯尔伯格为代表的道德认知发展学家在这方面已有大量研究和成果。他们向个体直接呈示道德问题的情境，要求对此做

---

❶ Roger Bergman. Why Be Moral? A Conceptual Model from Developmental Psychology. Human Development，2002，45：104-124.

出选择判断并陈述其理由，从而了解他们道德推理的依据和道德思维的框架。由此，他们发现了个体道德判断的图式和发展阶段，而公正观（感）则是图式和发展阶段的核心问题，它帮助个体对社会情境做出道德判断。

过程三，道德抉择。在道德判断的基础上，个体对自己认为在道德上是对的行动所赋予的道德价值超过了其他观念的价值，从而做出把认识和判断付之以行动的抉择。这是一个涉及道德行动的决策过程，是判断与行动、认识与行为之间的必要环节。基于道德判断的道德价值观常常不是个体唯一的价值观，非道德的价值观念常颇具诱惑力而使个体不能遵循道德判断去做出相应的道德抉择。

过程四，实施行为。在道德抉择的基础上，个体进一步将道德意向具体转化为道德行动。这一过程不仅需要个体具有相应的体能和技能，而且需要个体能明确行动的具体步骤，克服可能出现的阻碍，战胜疲劳和挫折，排除分心和干扰。

雷斯特的上述四个过程组成的模型勾画了个体从面临道德情境到形成道德行动所经过的心理历程。模型中的每一过程各有其自己的功能。一个人有能力处理某一过程，却未必有能力胜任另一过程的处理。如能做出复杂判断、推理的人却有可能不去实施行动过程；付之以行动并能持之以恒的人却可能基于相当简单的判断和推理。

雷斯特的模型，虽与道德认识、情感、意志、行为有联系，但已不是单一的品德心理成分。如在解释情境时总会有相应的情感唤起，在做出判断时还受情绪状态和情感体验所影响，实施行为的过程更离不开认知、情感和意志活动。较之于采用某个单一的变量或心理成分来分析品德心理形成的理论，雷斯特的道德心理模型能够更加综合地考虑知、情、意、行的各种心理活动，它纵向地剖析了品德心理的形成过程，实证地指出了个体从面对情境到产生行动的合乎逻辑的心理过程。该模型不仅动态地反映了个体道德品质形成的全貌，而且对道德教育也有启示，即道德教育除了应着眼于道德品质的诸心理成分外，还可以从对环境的感知到身体力行这样一个纵向的全过程的各个环节入手。

三、品德培养的方法

品德培养是一个由浅入深的过程，即从对某种道德价值观念的轻微接受的态度教学开始，使学生逐步将道德价值观念内化，达到形成较为稳定的品德的水平。因此，品德培养的初级阶段与广义的态度学习在方法方面有一定的相似性。我们在此主要论述小组道德讨论法、价值辨析法以及试图直接改变道德行为的实践法。

（一）小组道德讨论法

柯尔伯格认为，教师在课堂中和儿童一起讨论道德困境问题可以激发儿童进入更高水平的道德发展阶段。有三个因素影响了小组道德讨论的效果。

1. 课程因素

道德讨论的内容必须由一些能引起学生认知冲突的道德两难故事组成，因此教师应该给学生提供一个更高阶段的道理让他们进行推理。

2. 小组成员的因素

参与道德讨论的小组成员必须由处于不同阶段的学生混合组成，使学生接触到高于或低于自己的道德判断水平，从而触动其原有的道德经验结构，产生对现实水平的不满足感，达到改变原有道德结构的目的或排斥低于自己道德阶段的推理。

3. 教师因素

教师应该具备儿童道德发展的理论知识，并能根据儿童道德发展的阶段特点，启发学生积极思考，使其主动与别人交流比较相互矛盾的道德观念，做出道德判断。另外教师还应协调小组内的分歧并鼓励学生在小组道德讨论的过程中考虑别人的观点。

柯尔伯格与其合作者在 20 所学校的研究证明，小组道德讨论法确实可以有效地激发学生进入一个更新的道德判断阶段。

（二）价值辨析法

价值辨析学派以人本主义理论为基础，强调人的潜能、价值，认为人的价值观念开始时混沌一片，个体不能清醒意识到，因而难以指导行动。个体必须经过一步步的辨别和分析才能形成清晰的价值观念以指导自己的道德行动。在价值辨析的过程中，学生被引导经历一系列活动或使用种种策略。这些策略向学生提供不同的选择，并鼓励他们做出有意识的努力去发现他们自身的价值观。比如，在一次活动中，学生被一起带进一个暗室，他们中间只有一支蜡烛。教师要学生想象他们都被困住了，他们要挖掘一条通道。越靠前的人，得救机会就越多。这个班的所有成员都要说出自己要排在前头的理由，在听完了所有人的理由之后，决定走出通道的次序。

在这类活动中，个体既触及了自己原有的价值观，也了解了他人的价值观。对不同价值观的辨析影响了个体最后做出何种选择。价值辨析包含三个阶段七个子过程。

1. 选择

（1）自由地选择。

（2）从可选择的范围内选择。

（3）对每一可选择途径的后果加以充分考虑之后选择。

2. 赞赏

（1）喜爱这一选择并感到满足。

（2）愿意公开承认这一选择。

3. 行动

（1）按这一选择行事。

（2）作为一种生活方式加以重复。

价值辨析的目的并不在于这些问题所要求的正确答案，而在于帮助学生学会估价的过程，使学生意识到自己所持的观点，让学生学会从正反两方面进行权衡，学会考虑做不同的选择的后果和意义。这种方法采用了诱导式的教育方式，反对枯燥乏味的说教和强硬的灌输，学生乐于接受，有助于学生道德行为发生积极的转化。

（三）通过实践与强化形成道德行为的实践法

1. 积极引导个人参加实践活动，可以有效地改变道德行为

生活在城市里的青少年往往不知道珍惜粮食，老师与其在教室里讲"谁知盘中餐，粒粒皆辛苦"，不如组织他们到农村去参加一下农业劳动，会更有效地改变他们浪费粮食的行为。这个道理也提示我们教育工作者要防止由于参加一些不良活动，而使学生原有的道德观念发生动摇。如本来不抽烟、不赌博、不参加打架斗殴的青少年，在别人的怂恿下抽一支烟，偶然进一次赌场或为了哥们儿义气打一次群架，最后可能改变了道德观念。

2. 通过强化进行行为矫正的目的在于训练道德行为

它是以道德发展的社会学习观为基础，强调的是教育学生以在道德上被认为是正确的方式表现其行为。这里我们主要论述奖励与惩罚在训练学生道德行为方面的作用与实施时应注意的问题。

奖励是指施与行为之后以增加该行为再次出现可能性的事物或事件，包括外部奖励与内部奖励。当学生按照社会道德规范表现出良好的行为时，教师通过物质的或精神的外在手段来促使他们形成良好的道德品质，这些手段是外部奖励；如果学生按照社会道德规范行为后

自身体验到满足感则属于内部奖励。

美国心理学家赫洛克曾就奖励的作用进行了实验研究，他把 106 名四、五年级的学生分成 4 个组，在 4 种不同的情况下进行加法练习，每天 15 分钟，共进行 5 天。第 1 组为受表扬组，每次练习后给予表扬和鼓励；第 2 组为受训斥组，每次练习后，只指出错误的地方并严加训斥；第 3 组为观察组，每次练习后，既不给予表扬，也不给予批评，完全不注意他们，只让其静听其他两组受表扬和挨批评；第四组为控制组，让他们与另外 3 组隔离，单独练习，不予任何评价。最后测量其成绩，就学习的平均成绩来看，3 个实验组的成绩均优于控制组，受表扬组与受训斥组又明显优于观察组，而受表扬组的成绩呈现不断上升的趋势。

教师在运用奖励作为强化手段时应注意选择正确的道德行为、恰当的奖励方式，不必时时运用物质奖励；还应该注意奖励要及时，应随着学生年龄的增长，引导他们更多地利用内部奖励。另外，心理学研究表明，过多的外部奖励容易使学生产生对奖励的依赖心理，不必要的奖励会削弱学生学习的内部动机，因此教师不要滥用外部奖励[1]。

惩罚是指为减少或消除某种不良行为再次出现的可能性而在此行为后所实施的不愉快事件。惩罚和负强化是截然不同的两个概念。负强化指由于某种刺激的去除或取消而产生的使个体反应概率增加的作用。这里去除了的刺激称为阴性刺激。例如，家长因为孩子说谎而禁止他再打篮球。而当孩子不再说谎变得诚实可信时，原有的禁令被取消，就是一个负强化的过程。其间能使孩子认识到必须诚实才能有打球的机会，从而强化了他良好的行为。负强化与惩罚可以从四个方面来区分。第一，实施的前提不同。负强化是在个体表现出正确的、适当的反应之后施加的。惩罚则是当个体表现出不当行为之后才考虑实施的。第二，实施的目的不同。负强化等于向个体说明其反应是正确的，应该继续保持。即通过强化既有的行为，增加此行为重复出现的概率。惩罚的目的与此相反，其实施指出了个体的既有反应是错误的、不合适的，并且阻止其再发生，要求改变做法，使其重复概率降低到零。第三，实施的方式不同。负强化是通过取消原先的阴性刺激来实现的，惩罚的实施是增加一个阴性刺激或取消原有的阳性刺激（学生喜欢的刺激）。第四，引起的主观感受不同。负强化的实施引起的是令人满意的、愉快的、安全的感受，从而把与之相关的行为巩固下来；惩罚的实施则使人产生厌恶、痛苦、挫折感等不愉快的情绪体验，从而促使个体尽快消除原有的行为方式。

惩罚对于禁止不良行为和建立必要的制度、使学生养成良好习惯是有效的。心理学的研究证明，惩罚作为对犯错误者的威胁是一种策略，它使学生为了避免再一次遭受惩罚而付出更大的努力。惩罚作为一种外部诱因，可以激发学生对错误行为产生羞耻感和负疚感，帮助学生分清是非。学生出现不良行为后，教师可以对其施加某种痛苦或厌恶的刺激，或者取消学生喜欢的某种刺激，由此减少受罚行为出现的可能性。

由于惩罚是教师向学生施加具有一定压力的刺激，是对学生行为的否定评价，这是学生所不喜欢的。如果运用不当，容易使学生产生负面的心理效应。比如，过多的惩罚使学生产生恐惧心理，导致退缩、逃避及说谎行为的发生；过度的惩罚使学生产生对抗心理，导致师生关系的对立；人本主义心理学家对一些教师提出如下批评：有的教师在课堂上以权威自居、发号施令，盲目追求个人威信，过分地使用惩罚，并把它视为权力的象征，以表现出教师对学生的控制；学生只要做错了事，教师就严加惩罚，而且学生必须无条件地接受，不许申辩，不许违抗，否则"罪加一等"。很多学生在受到惩罚后会产生反抗心理，如"怀恨在心"、"想打人"、"想发脾气"等。另外，不恰当的惩罚会使学生产生压抑心理，妨碍学生健康人格与创造性思维的发展。

---

❶ 戴维·迈尔斯著. 社会心理学. 侯玉波等译. 北京：人民邮电出版社，2006.

教师必须树立正确的学生观，要把学生作为一个具有独立人格的人来看待，必须尊重学生的意愿、需要、情感，注意唤起学生主体内部的自我教育机制。教师应做到奖惩实施得当，在实施奖惩时，应将学生与行为的动机、行为的全过程联系起来，而不应该仅仅指向行为的结果，应着眼于奖惩的远期效果。在学生品德培养的过程中要以奖励、表扬为主，惩罚时应明确学生今后行为努力的方向，向学生指出合适的行为以及处理问题的方法。

关注"古惑仔"，帮教"古惑仔"

在广州等经济比较发达的大都市中，经常可以看到这样一些12～18岁的青少年：他们不爱读书，喜欢奇装异服，耳上钻孔，裤子挖洞，讲"义气"，爱打架，外表古里古怪，脾气喜怒无常。这样一群行为有些"另类"的青少年，社会上一般称为"问题青少年"，在广州和香港等地则被称为"古惑仔"。"古惑仔"在人们的言谈之中多少带有些贬义，被当作是"另类"的代名词。这个群体具有以下特点：标新立异的生活方式，出人意料的行为举止，引人侧目的着装打扮，张扬出位的率直个性，游戏人生的享乐精神。他们中的很多人抽烟、喝酒、打架、泡吧、蹦迪，成为让家长和学校都很头痛的一个群体。

"古惑仔"已是一个不容忽视的群体。中国青少年犯罪研究会一项统计表明，近年来青少年犯罪总数已占全国刑事犯罪总数的70%以上，其中十五六岁"古惑仔"犯罪案件又占到青少年犯罪案件总数的70%以上。虽然"古惑仔"这个群体在逐渐增长，给家庭和社会带来了各种各样的影响，但当前社会普遍缺少对"古惑仔"的关心。社会工作者和青少年教育工作者认为，"古惑仔"现象应当引起足够的重视。

据了解，香港有专门帮助"古惑仔"的专业社工，他们享受公务员待遇，收入固定，而且薪酬很高、工作稳定，成为香港比较吃香的职业。香港对社工服务的时间、帮扶"古惑仔"数量等都有详细规定，所以他们帮助"古惑仔"效果很好。目前新加坡、香港等地的社区少年活动中心办得有声有色，除了提供一般的活动器材和场所外，还经常由专业人员组织有关的讲座，如心理辅导、就业指导、家庭伦理道德等。这种层次比较高的活动中心除了为青少年提供活动空间外，还在思想、心理上对青少年进行正确的教育。

专家指出，帮教"古惑仔"是一个需要家长、学校以及社会方方面面共同努力的社会系统工程。

资料来源：http://news.sina.com.cn/s/2004-04-19/10062344815s.shtml.

【拓展性阅读】

［1］　金盛华. 社会心理学. 北京：高等教育出版社，2010.

［2］　张林，张向葵. 态度研究的新进展——双重态度模型. 心理科学进展，2003，(02).

［3］　戴维·迈尔斯著. 社会心理学. 侯玉波等译. 北京：人民邮电出版社，2006.

［4］　胡斌. 态度改变视野中的情感作用及其对德育的启示. 河南师范大学学报：哲社版，2007，(06).

［5］　邵志芳. 社会认知. 上海：上海人民出版社，2009.

［6］　Claire A. Etaugh，Judith S. Bridges 著. 女性心理学. 苏彦捷等译. 北京：北京大学出版社，2003.

［7］　Greenwald A G，Banaji M R. Implicit social cognition：attitudes，self-esteem，and stereotypes.

Psychological Review, 1995, 102 (1).

[8] Wilson T D, Lindsey S, Schooler T Y. A model of dual attitudes. Psychological Review, 2000, 107 (1).

[9] 时蓉华. 社会心理学. 杭州：浙江教育出版社，1998.

[10] 姚本先. 心理学. 北京：高等教育出版社，2005.

[11] Roger Bergman. Why Be Moral? A Conceptual Model from Developmental Psychology. Human Development, 2002：45.

【研究性课题】

1. 论述态度形成的过程以及影响态度形成的因素。
2. 论述态度改变的理论。
3. 运用所学方法设计一个态度改变的方案。
4. 运用所学知识设计一个有效培养初中生良好品德的教育方案。

第八章 问题解决与创造性

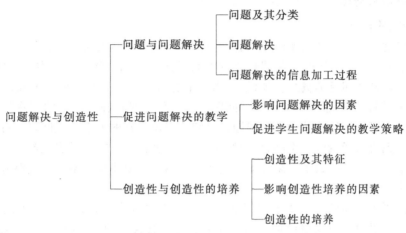

【学习目标】

◉ 理解问题以及问题解决的心理学内含。
◉ 了解问题的类型及其分类标准。
◉ 能通过具体实例分析说明问题解决的信息加工过程，并了解问题解决的影响因素。
◉ 掌握问题解决的算法式策略与启发式策略。
◉ 说明如何培养学生的问题解决能力。
◉ 理解创造性及其特征。
◉ 能结合自己的学习经历说明如何培养学生的创造性。

邓哀王冲字仓舒。武皇帝子，母环夫人，少聪察岐嶷，生五六岁，智意所及，有若成人之智。时孙权曾致巨象，太祖欲知其斤重，访之群下，咸莫能出其理。冲曰："置象于船上，刻其水痕所至。称物以载之，则校可知矣。"太祖悦，即施行焉。

——《三国志·魏书二十·武文世王公传第二十》

曹冲称象是我们耳熟能详的故事。创造性地解决问题，让我们在学习、工作和生活中事半功倍，同时这也是推动人类社会文明进步的主要形式。问题解决是人类与环境的一种基本的交流方式，我们通过信息交流和问题解决来获取知识，形成智慧，同时，智慧的进步又推动着人们去发现和解决新的问题。在问题解决的过程中，学习者能更主动、广泛、深入地应用自己的知识与经验，并通过积极、系统的推理活动，洞悉所面临的问题情境，形成更新更深刻的知识经验，从而实现问题解决效率与质量的提升。

第一节 问题与问题解决

问题解决是思维最一般的形式，是人类适应环境、解决生存与发展中各种问题的基本方式。人类在问题解决的过程中适应和改造了环境，同时也获得了知识与认知技能，从而丰富了自身，为进一步适应和改造环境提供了基础，在这种循环中，人类变得更加有智慧。

人的思维开始于问题，学生的思维也是伴随着层出不穷的问题而展开的，在日常生活中我们每时每刻都会遇到问题并想方设法加以解决。那么到底什么是问题和问题解决呢？

一、问题及其分类

（一）问题的含义

什么是问题？这是一个问题吗？当我们看到这个带有问号的句子时，很多人会想当然地认为这是一个问题，其实不然。格式塔心理学家邓克尔（Karl Dunker）在1945年给出的定义或许能为我们理清问题的概念。他说："当一个有机体有个目标，但又不知道如何达到目标时，就产生了问题。"这个定义说明"问题"是一种相对存在，问题的存在与否，是主观的认知与感受；对知识经验差的人是问题，对知识经验丰富的人未必是问题；对有所追求者是问题，对一无所求者就未必是问题。对于一个数学教授而言，一道多位数加减运算题不是问题，但对于小学一年级的学生来说就是问题。当然，如果小学生不想去做那道数学题，问题也不能称为问题。

在现代汉语中，问题是指要求解答的题目，或需要讨论、研究和加以解决的疑难、矛盾、困境。在英语中，一般用单词problem来表达，其含义为question to be solved or decided，esp. sth difficult。心理学对于问题的定义，是指个体面临的不能直接用已有的知识、经验和方法加以处理，而必须重组自己已有的知识信息或认知结构才能使之得到解决的疑难情境。

一个问题具有三个基本成分：给定、目标和差距。

（1）问题的给定（givens）是一组已经明确给予的有关问题的信息，或关于问题条件的一系列描述，即问题的初始状态。如一位北京的游客准备到苏州旅游，当他坐在家里筹划这次行程的时候，他就处于了问题的初始状态。

（2）问题的目标（goals）是指关于构成问题结论的明确描述，即问题需求的结论、答案，或者说问题的目标状态。当这位北京的游客和家人畅游在苏州园林的时候，他就处于问题的目标状态。

（3）问题的差距（gaps）是问题的给定与目标之间直接或间接的距离，问题解决者要通过一定的心理操作来改变给定（初始）状态，缩小差距，逐步达到目标状态。关于这次旅行的食宿交通等一系列安排就是为了一步步缩小初始状态与目标状态的差距。

介于问题的初始状态和目标状态之间的各种中间状态及其算子（operator）的组合统称为问题空间（problem space）。所谓算子是指顺利实现问题中间状态逐次转化的操作，这些操作可以是实物形式的，如去火车站售票窗口排队购买火车票；也可以是符号化的认知加工形式，如查询Google地图规划最为紧凑的旅游路线。一个问题的中间状态越多，算子越复杂，也就决定了这个问题的难度越大。

（二）问题的特征

我们的学习、工作和生活中的问题多种多样，小至选购一台合适的个人电脑，大到设计与修建三峡大坝，都可以被称为问题。有画家创作油画的形象思维问题，也有工程师设计飞机空气动力学部件的逻辑思维问题。有的问题利用现成的知识经验就可以解决，有的必须探索全新的方法和途径才能解决。由此可见，问题在形式与内容上是多样性的，但我们仍然可以归纳出所有问题在本质上的共同特征。

首先，问题具有主观性。问题是从问题情境（problem setting）开始的。所谓问题情境，是指用过去的手段和方法不能达到目的时令人感到不安的情形或情况。然而问题情境还不是问题本身，它只是问题的模糊状态，或者说是一种前问题状态。只有对问题情境加以识别和分析，才能产生真正的问题。当然，某一情境或事件是否成为问题，这与个体主观的认知与感受有关。

其次，问题具有困难性。问题的一个根本特点就是障碍。有障碍才会有问题，障碍越大，问题的难度就越大，不存在没有障碍的问题。障碍引起疑惑，疑惑产生问题。然而，客观的障碍并不是问题本身，问题是由遇到障碍的个体提出来的。它总是以一定的方式被理解和表述。问题一方面可以由别人来表述，另一方面可以由问题解决者自己来表述。正确地理解和表述问题是问题解决的第一步。

再次，问题通常不能用"是"、"否"或简单一句话来直接解决，而要重组已有的知识经验或信息，寻找新的策略、方法来加以解决。例如，请问您贵姓？你是学生干部吗？你是师范生吗？这类问题都不属于心理学研究的范围。但是，怎样提高学生的创造力？如何学好学习心理学这门课程？一个好教师应有哪些素质要求？诸如此类问题则属于心理学研究的问题。

(三) 问题的类型

问题的分类对问题解决很重要。分清问题的类型不仅利于明确界定问题，而且利于评价问题、表征问题、制订计划、决定对策。根据不同的分类标准，对问题可作不同的分类。

(1) 根据问题寻求答案的多少，可把问题分为封闭性问题和开放性问题。封闭性问题是指寻求唯一正确答案的问题。如水在什么情况下会从液体变为固体？开放性问题是指寻求两个或两个以上，乃至无数个可行性答案的问题。例如，试列举一杯水的 20 种用途。

(2) 根据问题呈现的具体情境，问题可分为书本问题和现实问题。书本问题是指书本上呈现的、经过书本编写者选择的问题。这类问题通常在表述上信息充分，需求给予期望的、正确的解答。例如，如果已知 $(a+b)^2 = a^2 + 2ab + b^2$，那么 21^2、25^2、32^2 各是多少？现实问题是指在现实生活环境中遭遇到的问题。这类问题有的信息复杂，甚至模糊，有的限制则不明确，因而可以寻求多种多样可能性的解答。对这些解答可以进行多中选佳、佳中选优。例如，设计一条由北京到上海的高速铁路。

(3) 根据问题的信息表述的明确性，问题可分为确定性问题、不确定性问题和争论问题。确定性问题也称做结构良好问题（well-structured problem），是指具有明确的条件目标和解决方法的问题。这一类问题不但问题的目标很明确，而且从条件通往目标的方法也是确定的。数学物理教科书上的练习题全是结构良好问题。不确定性问题也称做结构不良问题（ill-structured problem），是指对条件、目标和解决方法没有明确规定和说明的问题。解决此类问题，无任何固定程序可循，试探思维虽然有时奏效，但却不能保证问题解决的成功进行。结构不良问题常使人感到困扰，在日常生活中经常遇到。比如：父母应该怎样教育子女？一个人如何拥有一份理想的职业？这些都是无法给出肯定答案的问题。争论问题（issue）指带有情绪色彩的问题。在性质上，争论问题既缺乏固定结构，又易于使人陷入带有情绪的极端立场。如死刑是否应该被废除？同性恋是否为心理变态等。这些都是多年来争论不休的问题。

(4) 根据问题寻求解答的指向性，问题可分为理论问题和应用问题。理论问题是指以探讨和发展科学的基本理论为定向的问题，即基础性研究的问题。例如人类基因库的研究。应用问题是指在科学理论指导下开发新项目、新产品，并应用于现实生活定向的问题。例如风能发电系统的设计开发。

（5）根据问题的创造性程度，可分为常规性问题和创造性问题。常规性问题是指日常生活中一般性的、创意程度较低或无创意问题。这类问题的解决不需要找新的策略，只需直接从已有的知识经验系统中提取有关解决方法。例如，分析食物中某种微量元素的含量。创造性问题是指那些富创意的、需要重组已有信息和知识经验，寻找新策略方法才能加以解决的问题。例如利用废弃的易拉罐建造简易房屋。

二、问题解决

学习的最终目的是要能自主地解决问题。因此，问题解决是概念与规律学习的自然延伸，也是高级形式的学习活动。

（一）问题解决的心理学定义

作为学习论的一个科学术语，"问题解决"指的是认知操作的一切目标定向过程。它需要问题解决者运用并重组已有的信息、知识、经验，寻找新的策略方法，制订实施的方案，朝着问题的目标状态进行内隐性操作（思维）和外显性操作（动作）。这是认知心理学家基本上公认的问题解决定义。该定义主要包括了以下三点：首先，问题解决具有目的指向性；其次，问题解决是一系列的操作；最后，这种操作是一种认知操作。

（1）问题解决本质上是一种重要的思维活动，遵循逻辑推理、设想证明。问题是一种从当前状态向目标状态进行建构的过程，是指个体面临的、不能直接用已有的知识、经验和方法加以处理，而必须重组自己已有的知识信息或认知结构才能使之得到解决的疑难情境。它需要问题解决者运用自己已有知识经验和当前环境下的情景经验去不断地尝试证明、论证自己问题解决方法的可行性，是一种重要的思维活动，包含着概念、判断、推理等，是问题解决者创造能力的表现。

（2）问题解决是认知加工，包含算式的认知操作与运行。问题解决过程是问题解决者对一系列算子进行加工、组合、运算使其从初始状态向目标状态转化的过程。这里认知加工的算子有两种表现形式，即实物的和符号的。如在河内塔问题（the problem of tower of hanoi）的解决过程中，问题解决者是根据问题当前状态而凭感觉去移动，主要运用试误法来实现对圆盘的操作，这是对实物算子的运算表现。而在高级知觉策略、符号算子的运算操作中，被试把任务目标分解为多个子目标，将问题的当前状态与储存于工作记忆中的预期子目标进行比较，根据被执行的子目标顺序来决定移动操作。

问题解决一般由认知、态度和操作三种成分构成：认知成分是问题解决的理性因素；态度成分是问题解决的非理性因素；操作成分是问题解决的运行策略因素。认知成分是指问题解决者对问题的理解、表征以及对问题解决的评价、监控等认知活动。态度成分是指问题解决者接受问题，并愿意采取各种策略、方法，努力解决问题。它包括需要、动机、情感、意志等具有动力性的心理活动。操作成分是指问题解决者在针对问题的性质、特点、制订解决计划或方案的基础上所进行的目标性的操作活动。

（二）问题解决的特征

问题解决具有以下特征。

1. 情境性

问题解决是由一定的问题情境引发的，通过克服问题空间中的各种障碍，最终进入问题的目标状态。如果问题解决者没有感受到问题情境的存在，任何问题对他不构成问题，也就无从谈问题解决了。问题情境对问题解决者而言，通常是第一次遭遇到的，如果对同一问题情境多次经历过，那么相应的问题解决只能是一种练习。问题解决的结果是问题情境的消失、问题解决者的能力或心理倾向的变化以及出现新的思维产品。

2. 认知性

问题解决主要是一种综合性的系列认知过程，这不仅受问题解决者的认知结构的制约，而且体现出他的认知能力和元认知能力。

3. 目标性

问题解决是一种有明确目标定向的、自主性行为。它启动于问题的初始状态，经过问题空间，运用系列的算子（operators），达到问题的目标状态，从而实现对问题生成一个或多个有效的答案。

4. 操作性

问题解决是一系列的心理操作过程。它需要问题解决者运用并重组已有的信息、知识、经验，寻找新的策略方法，制订实施的方案，朝着问题的目标状态进行内隐性操作（思维）和外显性操作（动作）。

5. 情感性

问题解决是比较复杂的持久性心理操作过程，它需要多种心理成分的相互作用，有时需要消耗大量的时间和精力，因此为了使问题解决顺利、有效地进行，问题解决者必须有问题解决的意愿、心向和动机，认同、接受问题，并乐于解决问题，对问题的最终解决有信心、决心和恒心。

资料卡

　　如图 8.1 所示，河内塔问题的初始状态有三根柱子，在第一个柱子上有三个圆盘，而且小的圆盘在大的上面，叠在一起就像一个"塔"。目标状态是把这三个圆盘移到第三个柱子上，大小顺序不能变。规则是每次只能移动最上面的一个圆盘，大的圆盘不能压在小的圆盘上，可以利用中间的柱子作为过渡。要解决"河内塔"问题，就要寻找联系初始状态和目标状态的一系列中间状态，然后一步步达到目标，换言之就是分析手段和目标之间的关系，以解决问题。

(a) 初始状态　　　　　　　　　(b) 目标状态

图 8.1　河内塔问题

三、问题解决的信息加工过程

尽管由于问题的类型和个体思维方式的不同，解决问题的过程也是多种多样的。研究者们从不同的角度、用不同的方法探索解决问题的过程，提出了各不相同的模式。但比较分析一下，我们会发现，这些模式实际上经历了大致相似的过程。John Bransford 和 Barry Stein

（1993）提出的 IDEAL 模型可以用来分析问题解决的信息加工过程（表 8.1）。

表 8.1　IDEAL 模型

过　　程	含　　义
Identify	明确问题和条件
Define	定义目标和表征问题
Explore	寻找可能的策略
Anticipate	预期结果和行动
Look Back	回顾和学习

（一）明确问题和条件

明确问题和条件即我们通常所说的发现问题。从完整的问题解决过程来看，发现问题是其首要环节。只有存在问题时，人们才有可能产生解决问题的认知活动。同一个事件或情境能否成为问题，这是因人而异的。有人善于发现、提出问题，有人则对问题熟视无睹。爱因斯坦有一个著名的观点：提出一个问题比解决一个问题更重要。的确，发现问题，特别是发现有价值的问题，并不是一件容易的事。所以，是否善于发现问题是思维发展水平的一个重要标志。巴甫洛夫在人们司空见惯的"吃东西就会流口水"的现象中提出了有价值的问题，发现了条件反射，并进而揭露出高级神经活动的规律，这是善于发现问题的典型事例。

能否发现问题，这与个体的活动积极性、已有的知识经验等有关。个体的好奇心、求知欲望越强，活动的积极性越高，则越能发现常人所发现不了的问题。个体的知识经验越丰富，视野也越开阔，这就更容易发现问题。比如，有经验的教师比无经验的教师更容易发现学生存在的问题。由于学生学习过程的特殊性，这个阶段不同于一般人的问题解决。在这个阶段，对教师而言，主要是呈现构成问题情景的命题，使学生置身于问题情景。如将教科书上现成的问题或教师事先设计好的问题呈现出来；对学生而言，主要是认识问题。

有这样一个故事可以为我们说明发现问题的重要性。一个社区的住户向物业投诉抱怨说电梯太慢，物业管理员查看了电梯后向他的主管报告说电梯没有故障，如果要提高电梯的速度，成本会很高。一天，这位主管看到住户们正焦急的等待在电梯门口，他突然意识到问题不是电梯太慢，而是人们在等待电梯的过程中太过无聊。当他明确了住户在等待电梯的过程中无所事事才是抱怨太慢的真正问题时，在每一层的电梯门口安放一面镜子就消除了人们的抱怨。

明确问题是解决问题关键的第一步。研究表明，人们经常匆匆完成这重要的一步而"跳跃"到对跃入脑海的第一个问题进行命名，如上面故事中的"电梯太慢了"。问题解决的专家们可能会花更多的时间仔细考虑问题的实质。发现一个可以解决的问题，并且把它转换成一个改善问题情境的机会，由此才能奠定成功解决问题的基础。

一旦问题明确以后，下一步会发生什么呢？

（二）定义目标和表征问题

让我们来看看这样一个问题。

在抽屉里有黑色和白色两种短袜混在一起，黑袜和白袜数量之比为 4∶5，请问：为了得到一双相同颜色的短袜，你要从抽屉中取出多少只短袜来？

定义目标和表征问题就是对问题情境中所包含的信息进行选择性加工的过程。表征问题是指解题者形成问题空间的过程，表现为明确问题给定的条件、目标及允许的操作等。通俗的说法就是读懂题目，理解题意。其心理过程就是学习者将外在的符号所表达的题意转化为内在的命题表征，要求其外在表现就是学习者能用自己的话陈述问题的条件和目标。这是第一层次的问题表征，要求解题者必须具备相关的原有知识。问题表征的第二个层次是深层次理解，即在表层理解的基础上将问题综合成一个有关条件以及目标统一的心理表征。

完成对问题的深层次理解需要具备两方面的能力，即识别问题类型的能力以及区分有关信息和无关信息的能力。这要求学习者具备一定的问题图式。学习者有了这些图式就能在遇到类似问题时准确、迅速地识别问题，区分有关和无关信息。如何才能激活正确的问题图式呢？

1. 集中注意力

表征问题通常需要发现相关信息而忽略无关的细节。例如上面的袜子问题，什么信息是有关的？你意识到关于黑白袜子 4∶5 的比例这个信息是无关的吗？只要你的抽屉里只有两种不同颜色的袜子，你就必须拿出 3 只才能保证它们中的 2 只是配对的。

2. 理解问题的表述

正确表征问题的另一重要过程就是理解问题语句的意义。让我们来看看下面一段数学老师和一年级学生的对话。

教师：小明有 3 个苹果，婷婷也有一些苹果。他们两人一共有 9 个苹果。那么婷婷有几个苹果呢？

学生：9 个。

教师：为什么呢？

学生：因为老师刚才这么说的啊。

教师：那你能重复一下这个故事吗？

学生：小明有 3 个苹果，婷婷也有一些苹果。婷婷和小明全部都有 9 个苹果。

这个学生把"一共"（全部）理解成为"每一个"（部分），导致他完全曲解了问题的意义。有时，需要学生在阅读问题的过程中寻找一些关键词（更多、更大、更高等），在这些关键词的基础上提炼一个策略或公式，并且将公式运用于问题的理解中，这样学生才不会离问题的本意越来越远。

3. 理解整个问题

问题表征的第三个阶段是把问题情境中的所有的信息整合起来，转化为对整个问题的精确理解。这就意味着要求问题解决者形成对问题的概念模型——他们必须理解问题的实质是什么。让我们来看看下面这个例子。

两个火车站相距 50 千米，星期六下午 2 点，两列火车分别从两个车站出发相向而行。刚好在两列火车出发之时，一只鸟从其中的一列火车向另一列火车飞行，当然，鸟的速度要快于火车的速度，因此这只鸟会比第一列火车更快地与第二列火车相遇。当这只鸟到达第二列火车时，它再转身飞向第一列火车。这只鸟就这样不停地在两列火车之间飞来飞去，直到两列火车相遇。如果两列火车都以 25 千米的时速行驶，鸟以 100 千米的时速飞行，那么当这两列火车相遇时，鸟飞行了多少千米？

当你在理解这个问题时，你就在进行图式转换，因为你需要把问题转换为一个你能够理解的图式。如果你想，"我必须计算出这只鸟在遇到第一列火车时飞了多远，它转身飞回去又飞了多远，如此循环直到两列火车相遇，然后把鸟飞行的所有路程加起来"，那么你就将这个问题转化成为了一个距离的图式，这将使整个问题变得非常复杂，需要高等数学的知识才能求解。那么有没有更好的图式用来理解这个问题呢？当然，如果你将这个问题转化为一个时间的图式，问题将变得异常简单。时间图式的获得可以陈述为如下方案。

火车以相同的 25 千米时速相向而行，彼此距离为 50 千米，那么它们的相对时速为 50 千米，将在一个小时以后在两个火车站的中点相遇。而在这一个小时时间里，这只鸟一直在不停地飞，鸟的时速为 100 千米，所以它一共飞行了 100 千米，是不是太简单了！

当学生缺乏表征问题的必要图式时，他们通常会依赖情境的表面特征而错误地表征问题，如上面的距离图式，而当正确的图式被激活，就将把学生的注意力引向有利的信息，产生对问题目标的正确期望，引导学生顺利地解决问题。

问题表征的质量决定了问题解决的质量。如果你能有效激活关于问题的正确图式，那么解决问题就是一蹴而就的事情，这种问题的解决常被称之为图式——驱动问题解决。但我们往往很难获得正确的图式激活，那么就需要问题解决者去探索新的途径和方法，寻找新的策略以获得新的图式。

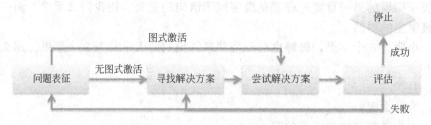

图 8.2　寻找有效问题图式的过程

（三）寻找可能的策略

如果学习者未能激活有效的问题图式，那么他就必须如图 8.2 所示，进行问题解决方案的搜索。此时，学习者将会使用各种策略来获取问题的解决方案。问题解决的策略主要分为两大类：算法式策略（algorithms strategy）和启发式策略（beuristics strategy）。

1. 算法式策略

算法式策略是指对一个问题解决的所有可能途径都加以尝试的一种策略，例如，要开一个四位数的密码锁（每位数字号 0 至 9），就要进行 104 次尝试。算法式策略的特点是如果解存在的话，就一定能找到解，而且能找出所有的解，选出最佳的解。缺点是对所有的可能都进行尝试，太费时费事，有时简直办不到。

2. 启发式策略

启发式策略是凭借经验来解决问题的一种策略。用启发式策略解决问题，并不探索所有可能途径，仅仅对经验中认定的最有可能成功解决问题的途径进行探索。这一策略的优点是能提高问题解决的效率，缺点是，如果受到已有经验的误导，走了错误的途径，往往导致解决问题的失败。

主要的启发式策略有如下四种。

（1）手段-目标分析。这种策略是指将目标划分成许多子目标，将问题划分成许多子问题，寻找解决每一个子问题的手段。这种策略的核心是发现问题的当前状态与目标状态之间的差别，并采用一定的步骤来缩小这种差别，也就是说，采取一系列措施，逐步缩小给定条件与目标状态之间的差距，最终使问题得到解决。在日常生活中，我们常常采用这种方法来解决问题。例如，我们在北京天安门广场，我们的目标是要到北京火车站去。我们先想到天安门广场与火车站有什么差距。这个差异主要是距离上的差异，如大约是 15 千米。然后我们思考要用什么操作手段去缩短这一空间距离。我们可以乘坐地铁，也可以乘坐公交车或者出租汽车去，如果公交车没有直达路线，那么我们还需要考虑在什么地方换乘是最便捷的。我们可以运用所掌握的任何可行的操作方法去缩短这个距离。如果时间紧迫，我们就坐出租汽车，但是还要考虑用什么方法可以乘到空闲的出租车。这里又产生一个如何打车的"距离"，要缩短这个"距离"，也就是减小差异，我们就得依据现有条件，决定是在路边等或是打电话叫，还是走到出租汽车站要车。

上述事例中解决问题所用的方法就是所谓的手段-目标分析方法。这种方法概括地说，就是先有一个目标，它与个人当前的状态之间存在着差异，当个人认识到这个差异时，就要想出某种活动来减小这个差异。但是要完成这个活动，还要先满足某些条件，也就是说要设法减小这方面的差异。

（2）爬山法。这种策略的名称是一个形象的比喻。即在问题解决的过程中，假定的目标是山顶。人们不可能一下子爬到山顶。在探索达到山顶的路径时，只要遇到有岔道，我们就看几条岔道中哪一个是向山上延伸的（而不是向山腰或山下延伸）就选择哪一条道路。这种策略也称为局部最优选择法。

（3）逆向思维。这种策略适合于解决那些从起始状态出发可以有多种操作，但是只有一种操作能够达到目标状态的问题。

如图 8.3 所示，已知矩形 $ABCD$，求证 $AD=CB$。在解决这个问题时，学生会自问："怎样才能证明 $AD=CB$ 呢？如果我能证明三

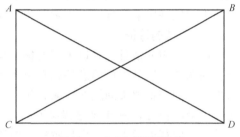

图 8.3　几何证明题示例

角形 ACD 全等于三角形 BDC，我就能证明 $AD=CB$。"这样，学生就会从证明线的全等逆向推出要证明三角形全等。他进一步还会推想，如果要证明三角形 ACD 和三角形 BDC 全等，那么证明这两个三角形的两条边及其夹角相等就可以了。

（4）类比思维。另一种有用的启发式是类比思维，这种策略将你对解决问题方案的搜索限制在某一个特定的情境内，该情境与你目前面临的情境有某些共同之处。例如，在最初设计潜艇时，工程师必须弄明白如何确定海底深处潜艇的位置。而研究蝙蝠如何在黑夜中飞行的动物学问题导致了军用声呐的发明。类比推理也会导致问题解决陷入歧途。当文字处理软件最初出现时，一些人用打字机来进行类比，结果计算机的优势特征没有发挥出来。这种类比显然只关注了两个问题表面的相似性。为了更为有效地使用类比，人们既需要问题领域内的知识，也需要类比领域内的知识，此外，更必须关注类比问题的内部意义相似性而非表面相似性。

（四）预期、行动和回顾

表征问题和探索可能的方案之后，下一步是选择一个方案并预期结果。

例如，治理城市空气污染，涉及大量普通市民，他们希望能有最清新的空气；涉及交通、车辆用户、车辆制造以及造成空气污染的工厂等，他们希望治理污染，但又不希望有太多的额外开支；也涉及政府，它既要保护环境，又要保证经济发展。不同的立场实际上反映了问题的不同侧面，这正体现了结构不良问题的基本特点，解决这种问题就需要对各种可能的方案进行预估，评判其结果的利弊关系。

当表征某个问题并选好某种解决方案后，下一步就要执行计划、尝试解答。在此过程中，行动和反思通常是循环进行，贯穿始终的，它包括考察问题的表征是否正确、解题计划是否能达到最终目标、计划的执行过程是否正确，以及最终的解答是否符合要求等。

问题解决往往不是一次性完成的，针对问题解决结果的反馈信息，解决者常常需要调整解决方案，或者改变理解问题的方式和思路。在通过实际检验找出自己认为最有效的方法后，解决者还需要反思解决问题的思路，看这种解决方法对其他问题的解决有什么启示，从这个问题中自己获得了什么新知识、新策略，这对于问题图式的获得以及问题解决水平的提高来说具有关键性意义。

第二节 促进问题解决的教学

一、影响问题解决的因素

问题解决的思维过程受多种因素的影响，有些因素能促进思维活动对问题的解决，有些因素则妨碍思维活动对问题的解决。影响问题解决的因素可以分为问题自身的客观因素和问题解决者的主观因素，这两类因素互相影响，共同决定了问题解决的质量与效率。

（一）问题的特征

问题情境中的信息总是以不同的特征呈现在我们面前，如空间位置、距离、时间以及顺序等。问题情境所呈现的信息特征在很大程度上影响我们对问题的理解和表征。某些呈现方式有助于我们获得解决问题的线索，从而寻找到正确的解决策略、方法和途径。而有些则包含某些多余的信息，或者问题解决所需的部分条件被隐藏起来，这就增加了问题解决的难度，需要个体能够发现、分离出解决问题所需的必要线索，抓住问题的本质特征。比如一个人的知觉特点会影响着我们解决问题的思维过程。如图 8.4 所示，已知圆的半径 R，求正方形的面积。很明显，图 8.4(b) 比图 8.4(a) 提供的线索更隐蔽，因此当学生面对图 8.4(b) 时常会不知如何下手。

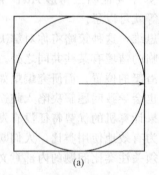   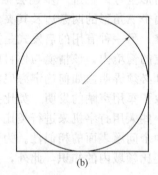

(a)   (b)

图 8.4 问题解决图例

（二）已有的知识经验

已有经验的质与量都影响着问题解决。通常情况下，一个人与问题解决有关的经验越多，质量越高，解决该问题的可能性也就越大。

上面的 4 个移火柴问题都只许移动一根火柴，以使等式两端相等。解决前三个问题，只需要简单的空间知识，而第四个问题则涉及阿拉伯数字和平方根的知识。只有当学生具备 1 的平方根等于 1 这样的数学知识后，问题才能解决。

有研究证明，优生认知结构中储存的知识经验显著地多于一般学生。也就是说，拥有某一领域的高质、丰富的知识经验是有效地解决问题的基础。知识的质量主要是指已有知识经验在组织上的特征，表现为已有知识的可利用性、可辨别性以及清晰稳定性。研究发现，问题解决专家们的知识都是按层次分门别类地组织起来的。对专家与新手的对比研究发现，专家的知识储备既丰富，又都经过精细的加工和组织化，以便需要时很容易从长时记忆中检索和提取，并加以应用。专家不仅拥有丰富、组织合理的陈述性知识，而且也拥有解决问题所必需的、有效的心智技能和认知策略。但若大量的知识经验是以杂乱无章的方式储存于头脑中的，则对于有效的问题解决毫无帮助。显然，知识经验在头脑中的储存方式决定了问题能否有效地解决。已有知识经验对问题解决的影响还表现在定势和迁移上。

（三）反应定势与功能固着

反应定势是指以最熟悉的方式作出反应的倾向。定势有时有助于问题的解决，有时也会妨碍问题的解决。陆钦斯（A. S. Luchins）的"量杯实验"证明了这一现象。在这一实验中，研究者要求被试用容积不同的量杯（A、B、C）来量取一定量的水。量杯与要量的水量如表 8.2 所示。实验组与控制组开始时做一道练习题，然后按要求解决其他几道题。实验组做全部题目，而控制组只做 7～11 题。

表 8.2　陆钦斯（A. S. Luchins）的反应定势实验

问题	A	B	C	要量的水	方法
1	29	3		20	A—3B
2	21	127	3	100	B—A—2C
3	14	163	25	99	B—A—2C
4	18	43	10	5	B—A—2C
5	9	42	6	21	B—A—2C
6	20	59	4	31	B—A—2C
7	23	49	3	20	B—A—2C，A—C
8	15	39	3	18	B—A—2C，A+C
9	28	76	3	25	A—C
10	18	48	4	22	B—A—2C，A+C
11	14	36	8	6	B—A—2C，A—C

这一实验表明，实验组的被试，无论是小学生还是中学生，大多数都具有强烈的三杯量法的定势，而控制组的被试，通常继续用两杯量法（即 A±C）。实验组被试通常坚持用三杯量法去完成这一系列的课题，而忽视更简单的可能解法。甚至实验者企图用各种方法提醒他的被试，使他们避免这种可怜的盲目，但是很难成功。这就是定势的消极影响，使学生在解题中失去思维的灵活性，而具有呆板性。因此，教师要根据定势对迁移的双重影响，注意在教学中必须建立哪一种定势。既要利用定势的积极作用帮助学生迅速掌握解决一类课题的方法，同时又要变化课题，以帮助学生具体问题具体分析，防止定势的干扰。

定势的作用还极明显地表现在"功能固着"上，功能固着是指人们总是倾向将某一物体的常见功能看成是该物体的特定功能，从而妨碍了发现物体的其他功能而影响了问题的解决。也就是说，当一个人熟悉了某种物体的常用或典型的功能时，就很难看出该物体所具有的其他潜在的功能。而且最初看到的功能越重要，就越难看出其他的功能。例如图8.5所显示的问题。

你走进一间房屋，从天花板上悬着两根绳子，实验者要求你将绳子的两端系在一起。在附近的桌子上有一些工具，包括钳子、螺丝刀等。当你抓住绳子的一端走向另一根绳子时，你就意识到你绝对完不成这个任务，你不可能达到另一根绳子的终端，你用钳子夹住绳子的终端延长这根绳子，也终归无济于事。这时你将怎么办呢（N. R. F. Maier 1933，图8.5）？

对于这个问题，唯一的解决方法是把桌上的钳子拿起来，捆在一根绳子的尾端，像钟摆似地使之晃动，然后再抓着另一根绳子，走到房间中间，等捆着钳子的绳子晃到眼前，再将它抓住，这样就可以将两根绳子接在一起了。曾有人用这个问题进行实验，发现只有39%的被试可以在10分钟内找到答案。问题的症结就在于被试只把钳子视为一种功能固定的技术工具，没有想到钳子也可以用它的重量当摆来使用。

类似的问题还有著名的火柴盒问题，利用图中给定的工具将蜡烛固定在墙壁上。如图8.6所示。

图8.5　功能固着实验（一）

图8.6　功能固着实验（二）

对于这个问题，只有你不仅仅把火柴盒看作是装东西的盒子，而换一个角度看成是一个平台，你才能想出解决办法。导致上述两个问题不能顺利解决的关键，都是因为被试在表征物体时总是按照物体的传统功能，不会变通。人们通常不能解决这类问题是由于他们很少考虑具有特定功能的物品的不平常的用途，在问题解决时不能用新的方式来表征问题情境。这种功能固着现象有时会限制人们的思维和解决问题的能力。

（四）酝酿效应

有人反复探索一个问题的解答而毫无结果时，把问题暂时搁置一下，然后再回头来解决，这时常常可以很快找到解决办法。许多科学家在研究工作中都报告过许多这类经历。这种现象称之为酝酿效应。酝酿效应打破了解决问题不恰当思路的定势，从而促进了新思路的产生。

在科学史上有许多著名的发现都是酝酿效应的结果。德国化学家凯库勒长期研究苯分子结构，但同样对苯分子中原子的结合方式百思不得其解。1864年冬的某一天晚上，他在火炉边看书时，不知不觉打起瞌睡，做起了梦。这是一个化学史上最著名的梦，苯分子结构的秘密由此解开。凯库勒自己是这样描述的："但事情进行得不顺利，我的心想着别的事了。我把座椅转向炉边，进入半睡眠状态。原子在我眼前飞动：长长的队伍，变化多姿，靠近了，连接起来了，一个个扭动着，回转着，像蛇一样。看那是什么？一条蛇咬住了自己的尾巴，在我眼前轻蔑地旋转。我如同受了电击一样，突然惊醒。那晚我为这个假设的结果工作了整夜，这个蛇形结构被证实是苯的分子结构。"

当问题解决陷入困境时，把问题暂时搁置几小时、几天或几个星期，由于某种机遇突然使新思想、新心象浮现了出来，百思不得其解的问题往往一下子便找到解决办法。"山重水复疑无路，柳暗花明又一村"正是这一效应的生动写照。

（五）动机和情绪状态

在问题解决过程中，问题解决的效率——问题解决的速度、质量、流畅性是受问题解决者成就动机强度制约的。动机对于问题解决效率的制约关系比较复杂。随着问题解决者的动机从零开始增大，问题解决的效率也随之开始增高；在动机强度适中时，会产生最高的效率，而超过一定强度后，解决的效率又会随之降低。这是因为问题解决者的动机过强，易处于紧张的情绪状态和过强的神经兴奋状态，导致个体注意力发生分散，知觉范围窄化，从而既不能使问题的信息在中枢加工器中得到良好的表征又不能有效选择长时记忆中与该问题解决有关的信息。当然，动机过强对问题解决效率的影响也因问题的复杂程度和个体学习能力而有差异。M. V. Seagoe 的研究表明，强烈的动机对于简单问题的解决会产生积极的影响，但对于复杂问题的解决则有不利影响；对于一定问题来说，在学习者具有很强的能力这一前提下，动机强烈仍会促进问题解决。

情绪因素对问题解决也有明显的影响，这种影响可以是积极的也可以是消极的。问题解决者过去解决问题的成败印象和体验对当前的问题解决将产生影响。这种影响主要表现于问题解决者的问题解决信心。既往问题解决成功率较高者，对自己的学习能力有积极的自我评价，个人的成就期望较高，他们对当前问题解决比较自信；而既往问题解决失败印象较深者，自我评价较低，对自己解决当前问题显得信心不足。并且，当前的问题与问题解决者以往面临的问题情境越相似，成败的情绪体验对当前的问题解决就越强烈。

总之，影响问题解决的因素是多种多样的，它们不是孤立地起作用，而是互相联系、互相影响，综合地影响问题解决的效率。

二、促进学生问题解决的教学策略

问题解决在学生的学习活动中占据着主导地位。在加涅对学习进行的八个层次的划分中，问题解决处于最高水平。因此，促进学生问题解决的能力，不但能提高学生的思维发展水平，而且直接影响他们的学习效率和质量。

在实际教学中，学生问题解决的能力，完全可以结合各学科的内容来进行训练和提高。在教学中，教师要把重点放在特定学科问题解决的逻辑推理和策略上，放在有效解决问题的一般原理和原则上。教师要注意为学生创造适当的气氛，以利于解决问题。

（一）提高学生知识储备的数量与质量

1. 帮助学生牢固地掌握和记忆大量的知识

广泛的专门知识是有效地解决特定领域内问题的最重要的条件之一。在学习过程中，既要注意陈述性知识的掌握，又要注意程序性知识的掌握，并牢固地记住它们。知识记忆得越牢固、越准确，提取得也就越快、越准确，成功地解决问题的可能性也就越大。教师应教给学生一些记忆和提取的方法，鼓励学生应用这些方法。

2. 提供多种变式，促进知识的概括

只有深刻领会和理解的知识才能牢固地记忆和有效地应用，因此，教师要重视概括、抽象、归纳和总结。应用同质不同形的各种问题的变式（即事物在无关特征方面变化的例子，如等边三角形、等腰三角形、直角三角形、锐角三角形等都是三角形的变式）来突出本质特征，加强对不同类型的问题的区分与辨别，提高学生对所学内容的理解水平。

3. 重视知识间的联系，建立网络化结构

问题解决经常是综合应用各种知识的过程，知识之间的有机联系是保证正确地解决问题的基础。为此，教师要有意识地沟通课内外、不同学科、不同知识点之间的纵横交叉联系，使学生所获得的知识不只是一个孤立的点，而是能够融会贯通、有机配合的网络化、一体化的知识结构。

通过以上的努力，以增加学生所掌握知识的清晰稳定性、可利用性以及可辨别性，提高知识的质量，从而有效地促进问题解决能力的形成。

（二）教授与训练解决问题的方法与策略

1. 结合具体学科，教授思维方法

有效的思维方法或心智技能可以引导学生进行正确地解决问题，教师既可以结合具体的学科内容，教授相应的心智技能，如审题技能、构思技能等；也可以根据已有的研究成果，开设专门的思维训练课，教授一些知识掌握及问题解决的策略，如知识学习的精加工策略、问题解决的手段-目的策略等。教授心智技能或策略的主要目的就是使学生学会学习、学会解决问题，成为一个自主的、自我调控的有效学习者。

2. 外化思路，进行显性教学

教师在教授思维方法时，应遵循由内而外的方式，即把教师头脑中的思维方法或思路提炼出来，明确地、有意识地外化出来，给学生示范，并要求学生模仿、概括和总结，这在一定程度上可以避免学生不必要的盲目摸索。学生通过这种学习，可以逐步掌握各种思维方法，将教师的经验转化为自己的经验，充实或完善自己的内部认知结构，这是一个由外而内的内化过程。

（三）提供多种练习的机会

应避免低水平的、简单的提问或重复的机械练习，防止学生埋没于题海之中，应考虑练习的质量，根据不同的教学目的、教学内容、教学时段等来精选、设计例题与习题，充分考虑练什么、什么时候练、练到什么程度、以什么方式练、如何检验练的效果等。比如，既要训练学生解决有结构的问题，又要训练他们面对无结构问题存在的事实；既要有直接利用领会的知识进行解答的基本问题，又要有灵活、综合利用有关知识进行解答的较复杂的问题；既要有一般的语言文字问题，又要有一定数量的动手操作的问题；既要有促进学生理解所学知识的基本问题，又要有适当的结合现实的实际问题；既可以要求学生去解决、回答有关的问题，又可以要求学生自己去提问题、编问题。多种形式的练习，可以调动学生主动参与学习的积极性，提高学生知识应用的变通性、灵活性与广泛性。

（四）培养思考问题的习惯

1. 鼓励学生主动发现问题

鼓励学生对平常事物多观察，主动发现问题。不要被动地等待教师指定作业后，才去套用公式或定理去解决问题。

2. 鼓励学生多角度提出假设

在明确问题的基础上，教师可以鼓励学生从不同的角度，尽可能多地提出各种假设，而不要对这些想法进行过多的评判，以免过早地局限于某一解决问题的方案中。这时，重要的是数量，而不是质量。

3. 鼓励自我评价与反思

要求学生自己反复推敲、分析各种假设、各种方法的优劣，对解决问题的整个过程进行监控与评价。也就是说，应注重培养学生的元认知能力，以有效地调控问题解决的过程。

帮助学生学习有效的解决问题策略的教学指南

一、如果学生确信他们理解了问题时

问他们能否区分有关信息和无关信息；

问他们是否意识到他们所作出的假设；

鼓励他们对问题进行图解；

要求他们向别人解释问题。

二、鼓励从不同角度看问题

你自己提出集中不同的可能性，然后要求学生再提一些；

思考平常物体的不平常的用途。

三、帮助学生考虑可以选择的方案

解决问题时大声思维；

常常问："如果……，就会发生什么？"

保留一系列建议。

四、教授启发式方法

要学生解释解决问题所采取的每一步；

运用类比去解决问题，想想其他类似的问题是如何解决的；

运用反推法。

五、让学生进行思考，不要只提供解答

向学生提出问题，让学生思考；

如果学生对错误的解答有充足的理由，向学生提供一些证据；

如果学生很固执，就让他们在事后再思考这个问题。

第三节　创造性与创造性的培养

问题解决是一系列有目的的指向性的认知操作过程。使用现有的方法解决问题叫做常规性问题解决，而在问题解决过程中运用新颖、灵活、独创的方法，就叫做创造性地解决了问题。一个较好的问题解决的过程常常也是个体的创造性得以充分发展和发挥的过程，在这个过程中个体的创造性思维是关键。

一、创造性及其特征

（一）创造及创造性的含义

所谓创造，是指一种最终产生独特而有价值产品的活动或过程。这种产品可以是一种思想、方法、理论；也可以是一种物品或其他东西。创造有真正的创造和类似的创造之分，前者是一种产生了具有人类历史首创性成品的活动，如鲁班发明锯子。后者产生的成品并非首创，只对个体而言具有独创性。如高斯少年时做数字1～100的连加，自己发现了一种简便的方法，即首尾相加，将连加变为乘法。虽然这种方法不是高斯首创，但对他个人而言，也是具有创造意义的。无论是真正的创造还是类似的创造，它们所表现出来的思维或认知能力在本质上是相同的。

创造性是指个体产生新奇独特的、有社会价值的产品的能力或特性。故也称为创造力。它有两种表现形式，一是发明，二是发现。发明是制造新事物，例如瓦特发明蒸汽机，鲁班发明锯子。发现是找出本来就存在但尚未被人了解的事物和规律，例如，马克思发现剩余价值规律，门捷列夫发现元素周期律等。

认识创造与创造性、真创造和类创造具有重要意义。它纠正了历史上长期存在的创造力是"天赋神授"的、只有少数人才有，与多数人无缘、将创造神秘化的观念。创造性特别是类创造，不是少数人的天赋，而是人类普遍存在的一种潜能。在中学生身上，也同样存在着创造有实用价值或学术价值，或道德价值，或审美价值等的潜能。

（二）创造性的基本特征

关于创造性特征，可谓"仁者见仁，智者见智"。总体来说，研究者们主要是从以下三个不同的方面进行研究的：①创造性作品；②有创造性的人；③创造的过程。创造性这个术语起初是专门用来指作品而言的，当研究者涉及创造性作品是怎样产生出来时，他就把这个术语作为一个形容词用到创造作品的人身上，把他叫做一个有创造性的人；当注意力集中于创造过程时，就开始讨论创造性活动了。下面，我们就从以上三个方面逐一对创造性的特点加以分析。

1. 创造性作品

一般认为创造性作品应具有以下几个特征。

（1）新奇性。一项作品首先必须是新奇的，然后才能被称为是创造性的。关于这一点，研究者们的意见是一致的。而判断新奇性的标准，则是一个相对的东西。对于一个在某个领域里国际知名的人来说，其作品的新奇性可能是以同一类型的全部其他作品为对比的，无论是一幅画、一首乐曲、一种科学学说，还是一项机械发明。而对于一个儿童而言，其作品的新奇性则可能是以他的经验范围为依据来判断的。因此，对于新奇性的判断要根据一定的常模而定。在常模变化的范围内，新奇性是判断作品是否具有创造性的先决条件。

（2）适当性。新奇性只是创造性作品的必要特征，却不是充要特征。否则，我们就会收集到许多奇怪的被当作创造性作品的东西。如精神病患者的狂言乱语与正常人的言语相比将包含更多的新奇或独特的词组。因此，创造性的作品不仅要具有新奇性，而且在与其相关的范围内，作品是合适的且有用的、才算得上有价值、有创造性。作品之所以要具有一定的社会价值，还可以从另一个角度来加以分析，即：具有创造性的作品总是创造者受其内外部多种诱因的影响而积极主动地创造出来的。这些诱因既包括了社会的需要，也包括了创造自身的一些需要，如自我实现的需要、自我表现欲、获取社会承认的愿望以及理智感的督促等。正是由于这些内部需要和外部诱因的影响，创造者才会创造出具有社会价值的作品来。

（3）改造性。改造性作为一项衡量作品是否具有创造性的标准是由杰克逊和梅西克提出来的。他们认为，任何杰作都是基于对某一现有观念或材料的重大改造而产生的。创造性的作品总是超越了先前思维方式束缚和局限的产物。如哥白尼的"日心说"、达尔文的"生物进化论"、弗洛伊德的"精神分析理论"以及马克思的"剩余价值学说"，都是创造者在各自不同的领域中摆脱传统思维方式的束缚而产生的具有明显改造性的作品典范。在其他的一些创造性作品中，比方说日常生活中的小发明、小创意中，也都或多或少地体现着作者对传统作品加以改造的痕迹。

总之，创造性的作品必须具备新奇性，具有现实意义和社会价值（适当性），并在其中体现出一定的改造性。

2. 有创造性的人

具有高度创造性或有创造潜力的人曾由和其同辈的比较研究以及成套的创造性测验予以鉴定，如南加利福尼亚创造力测验、托兰斯创造性思维测验等。在这里，我们不打算回顾在评定和鉴定中使用的这些技术，重点只谈一谈那些被鉴定有高度创造性的人们的那些共同的个人特征。

（1）人格特征。根据测验和科学家发明家的自述和事迹调查表明，创造性与性格的关系是密切的。美国的温伯格教授就曾说"很重要的一个素质是进攻性，不是人与人关系中的进攻性，而是对自然的进攻性"，这是科学家的重要品质。又根据美国托兰斯的调查，发现高创造的儿童有三个特点：第一顽皮、淘气与放荡不羁（引申创造与学业成绩关系不大）；第二所作所为，有时逾越常规；第三处事待人不固执，较幽默，但难免带有嬉戏。综合同类研究，提出有创造性的人格特点主要表现在以下几个方面。

第一，认知的灵活性或无偏见性。创造性包含着能超越传统的知觉与思维方式，以不同寻常的方式观察事物，因此要求创造者具有认知的灵活性或无偏见性。如苹果落地、商品交换、洗澡时水溢出澡盆等这些人们司空见惯的现象由于牛顿、马克思、阿基米德不同寻常的观察而促使了伟大的科学原理的创造。关于有创造性人的特征的研究以及具有高度创造性的人们关于自己的体验报告都一致认为：能认真地去审视和思考有悖于常识和习俗的观念、对于无拘束的猜想的一种高度容忍精神、肯于扩展甚至乐于超越平凡与现实的倾向以及接受一种不一定有的甚至不可能有的事物的倾向是创造者的共同特征。

第二，独立型。高创造者是一个节制的不顺从者。即既不是一个绝对的不顺从者，也不是一个绝对的顺从者，而是一个独立的人。在其所从事的研究领域中具有极强的不顺从性和不随俗性，是相当自由自在的。他不迷信任何权威与专家，而是集中地去面对自己的工作，由此得出并且坚信自己的结论。但在他们创造性活动的外围领域，常常是随俗的。顺从性和不顺从性都是一个真正独立的人应具有的特征。因为他们认识到：在有组织的社会里，某种程度的顺从性对于生活来说是重要的，它能促进个人在社会中的作用，促进个人的生长，并使社会最终容忍个人创造性能力在特殊领域里的不顺从性。

第三，容忍模糊不明的事物。高创造者乐于接受不甚明确甚至是错综复杂的事物，他们确实不觉得有必要对问题强作结论，盲目地对待显然矛盾的事，以及对出现的难题在知觉上和概念上强行简化。他们愿意接受紊乱事物的存在，并能实事求是地去看待它们，反对那种以虚假而草率的急功近利式的方法来解决问题。

第四，容忍错误。对于一个问题广泛地提出可供选择的许多办法以及保持一种松弛的沉思态度是有创造性人的一个特征。具有高创造性的人在创造活动中并不过多地顾忌犯错误的危险性，他们仅仅把错误看成是为明确进一步的努力方向而提供的信息。在挫折和错误面前，他们能高度容忍，并有百折不挠的精神。

第五，独特的价值观念系统。富有创造性的人更关注理论，而对于事实和细节本身则比较不感兴趣。在有关的调查研究中发现，来自不同领域的高创造者对理论的东西比对实际的东西更感兴趣，对审美也有较浓厚的兴趣。可见，高创造者不仅具有从事创造性活动所必备的一套技术和方法，而且还有独到的价值观念系统，而这些观念并不单单是通过简单的学习而形成的，它是通过一种生活方式的培养而逐渐产生的。

第六，可驾驭的焦虑水平。高创造者由于认识到现实自我与理想自我之间的差别而导致了一种非凡的不满，这种不满和焦虑处于他们可以控制的范围以内，并且高创造者都很善于将其转化到从事创造性活动的方向上来。

第七，性别角色不受严格限制。高创造者一般都不太受性别角色的严格限制。有关的人格测验表明，有创造性的男子比一般男子具有更多的女性气质。研究认为，这是因为他们比普通男子对传统的男性角色扮演得不那样严格的结果。由于他并不十分严格地受其性别角色的限制，从而能更好地发挥其男性和女性特征的综合优势。从这个意义上说，他们也比那些在性别上更为严格典型化的男性同辈人要更为独立。

另外，董奇（1993）认为，高创造力者具有如下人格特点：①具有浓厚的认识兴趣；②情感丰富，富有幽默感；③勇敢、甘愿冒险；④坚持不懈、百折不挠；⑤独立性强；⑥自信、勤奋、进取心强；⑦自我意识发展迅速；⑧一丝不苟。

可见，创造型的人格特征具有多样性。

（2）创造性与智力和学业成绩的关系。第一，创造性与智力。习惯上人们会想当然地认为，高创造性的人一定都是最聪明的人。其实不然，心理学家们作了大量的研究，研究表明，创造性和智力的关系是一种相对独立，在一定条件下又有相关的非线性关系，如图8.7所示。

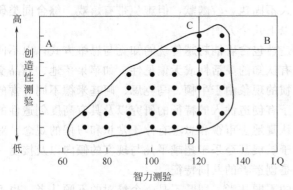

图 8.7　智力与创造性的关系

图中表明，创造力与智力的关系基本上体现在这几个方面：低智商不可能具有创造性；高智商可能有高创造性，也可能有低创造性；低创造性的智商水平可能高，也可能低；高创造性者必须有高于一般水平的智商。上述关系表明，高智商虽非高创造性的充分条件，但可以说是高创造性的必要条件。多数学者认为，智力是创造力的必要条件，但不是充分条件。创造性不仅与知识技能、智力有关，还与人格有密切关系。

第二，创造性与学业成绩。关于创造性与学业成绩的关系，研究者们的意见也很不一致，但总的说来，倾向于认为二者并不遵循绝对的线性关系。从许多跟踪调查研究中，我们也不难发现，在校期间成绩突出的学生，十几年后甚至是几十年后在其工作领域中也并无多少创新和建树，相反，一些成绩并不十分突出的学生，工作上却有较显著的技术创新和发明创造。

总之，这些研究结果告诉我们，在实际的教育教学活动中，除却考虑分数（学习成绩、智商分数）的参考价值以外，还要从人格特质、言语表现中去综合考查、评价一个学生的发展潜力。

3. 创造过程

尽管各种不同的研究及其相关测验分别强调创造性的不同特征，但目前较公认的是，创造性思维是创造性的核心。发散思维又是创造性思维的核心。而任何创造过程，尤其是一些观念性的创造过程虽并不都是只通过发散性思维实现的，但发散性思维在这个过程中的地位却是不应低估的。发散思维也叫求异思维，是沿不同的方向去探求多种答案的思维形式。与发散思维相对，聚合思维是将各种信息聚合起来，得出一个正确答案或最好解决方案的思维形式。发散思维作为创造性思维的核心，其主要特征有三个。

（1）流畅性。个人面对问题情境时，在规定的时间内产生的不同观念存在数量的多少。该特征代表心智灵活，思路通达。对同一问题所想到的可能答案越多，即表示他的流畅性越高。

（2）变通性。即灵活性，指个人面对问题情境时，不墨守成规，不钻牛角尖，能随机应变，触类旁通。对同一问题所想出不同类型答案越多者，变通性越高。

（3）独创性。个人面对问题情境时，能独具匠心，想出不同寻常的、超越自己也超越同辈的意见，具有新奇性。对同一问题所提意见愈新奇独特者，其独创性越高。创造过程是发散思维和辐合思维二者有机而完善的结合。在创造过程中，二者总是交互发生作用，共同服务于活动的目的。首先，通过发散性思维，产生尽可能多的联想，从而提出尽可能多的问题解法；然后，多中择一，进行辐合思维，从而得出最合适的答案。比方说，在语言测验的阅读理解中，对于填充式问题的解答，我们首先要做的是去阅读文章，在此基础上产生大量的联想（发散），并结合测题的性质和形式提出几种可能答案（发散）然后一一加以检验，放弃不适当的方案，找出一个最合适的解法（辐合），可见，在创造性过程中，提出尽可能多的联想和假设并不是终结，这些假设和可能性只是进行进一步评判和决策的基础。但值得强调的一点是，尽管发散性思维并不是创造性过程中所利用的唯一思维形式，然而它在这一过程中的作用却是最重要的。

二、影响创造性培养的因素

培养学生的创造性是教育的重要任务之一。通常影响创造性培养的因素有以下几点。

（一）不利于创造力培养的教育观念

培养学生的创造力，首先要改变教师与家长的教育观念。下面是一些不利于创造力培养的教育观念。

1. 过分追求成功

在教师心目中和家长心目中，考试得高分数的学生是好学生。学生只为获得高分数而学习，不去独立思考。学生学习的动力来自于外部，考好分数可以得到他人的表扬，而不是来自于内部，即通过自己发现新方法解决问题，这样会导致学生缺乏创造的动力。

2. 以同龄人的行为为楷模

教师和家长经常教育学生要向同龄人学习，这样每个学生必须小心控制自己的行为，使自己的行为与他人保持一致，也就是让学生没有个性，没有自我，没有勇气，总觉得自己不行，导致学生觉得自己不能进行创造性活动。

3. 禁止学生提问

有时教师和家长不喜欢学生提问，或者不鼓励学生提问。在教学过程中实行满堂灌，限制学生的创造力。

4. 权威式教育

传统上教师一直强调师道尊严，教师教学按课本和教学大纲，教师要求学生读课本并相信自己所教的内容。不鼓励学生对教材内容和教师讲授内容进行质疑。也就是不鼓励学生反权威，压抑自己的创造力。

（二）教师的素质

教师对学生创造力的培养起主导作用。所以，一个教师自身的素质会直接影响学生的创造力。

日本学者恩田彰（1987）提出有利于学生创造力发展的教师应具有下列特征：①自己本身具有创造力；②有强烈的求知欲；③努力设法形成具有高创造性的班集体；④创设宽容、理解、温暖的班级气氛；⑤具有与学生们在一起共同学习的态度；⑥创设良好的学习环境；⑦注重对创造活动过程的评价以激发儿童的创造渴望。

（三）学生自身的特点

1. 智力

研究表明，创造性与智力的关系并非简单的线性关系，二者既有独立型，又在某种条件下具有相关性，即智力是创造力的必要条件，但不是充分条件。这点在前面已述及，不再赘述。

2. 个性

一般而言，创造性与个性二者之间具有互为因果的关系。这一点在前一问题中也有论述，这里也不再重复。

三、创造性的培养

创造性的培养不仅有利于学生充分地实现自我、施展自己的才华，而且有利于学生创新精神的形成，因此创造性的培养是学校教育不应忽视的重要目标之一。具体说，培养学生的创造性应注意以下几个问题。

（一）创设有利于创造性产生的适宜环境

1. 创设宽松的心理环境

教师应给学生创造一个能支持或容忍标新立异者或偏离常规思维者的环境，让学生感受到"心理安全"和"心理自由"，即给学生创造较为宽松的学习的心理环境。在一般情况下，具有高创造性的人常常会具有偏离文化常规的倾向，如果社会能够给予他们充分的容忍和有力的支持，那么这些具有高创造性的人就会感到心理的安全和自由，从而更好地发挥自身的创造力，对儿童来说也是如此。当具有创造性的儿童处于一个高度容忍与支持他们创造性活动的社会文化背景时，就不会感受到偏离常规的危机感，也就不必为自己的创造意识而设防。要做到这一点，就需要家庭、学校和社会三者共同的努力，创设一种良好的氛围和环境。只有这样，才能够真正激发学生学习的积极性和主动性，促进学生认知功能和情感功能的充分发挥，以提高学生的创造性。

2. 给学生留有充分选择的余地

在可能的条件下，应给学生一定的权力和机会，让有创造性的学生有时间、有机会干自己想干的事，为创造性行为的产生提供机会。给学生留出一定的时间让他们从事一些具有独创性的活动。那么如何切实实现这种"留有余地的学习"呢？具体体现在：①在课程安排上，应注意为学生提供自由选择的机会如选修课制度；②注重学生综合素质的培养，如抽象逻辑思维和具体形象思维的培养。

3. 改革考试制度与考试内容

应使考试真正成为选拔有能力、有创造性人才的有效工具。在考试的形式、内容等方面都应考虑如何测评创造性的问题。比如，在学业测试中，可以增加少部分无固定答案的问题，让学生有机会发挥其创造性。评估学生的考试成绩时，也应考虑其创造性的高低。

（二）注重创造性个性的塑造

正如前面所提到的，创造性人格是创造性人才不可或缺的重要组成部分。创造力仅仅为创造性的发展提供了潜在的可能性，只有当它与创造性的人格特征相结合时，才能使创造性的发展成为现实。培养学生的创造性人格，应该注意以下几个问题。

1. 保护好奇心

科学家的调查研究发现，好奇心既是发明创造的源泉，又是创造性活动赖以进行的重要动力。因此，保护儿童的好奇心，就能促使他们对创造性活动拥有浓厚的兴趣，从而促进其创造性活动的进行，应接纳学生任何奇特的问题，并赞许其好奇求知。好奇是创造活动的源动力，可以引发个体进行各种探索活动，应给予鼓励和赞赏，不应忽视或讥讽。

2. 解除个体对答错问题的恐惧心理

惧怕犯错误是阻碍独创性发挥的一个重要因素。儿童有时往往会因为怕犯错误而不去尝试，从而失去发展创造性的良机。因此，教师应该注意在用知识来武装学生的同时，解除他们怕犯错误的恐惧心理，鼓励学生大胆进行一些尝试和冒险。对学生所提问题，无论是否合理，均以肯定的态度接纳他们所提出的问题。对出现的错误不应全盘否定，更不应指责，应鼓励学生正视并反思错误，引导学生尝试新的探索，而不循规蹈矩。

3. 鼓励独立型和创新精神

应重视学生与众不同的见解和观点，并尽量采取多种形式支持学生以不同的方式来理解事物。对平常问题的处理能提出超常见解者，教师应给予鼓励。

4. 重视非逻辑思维能力

非逻辑思维是创造性思维的重要组成成分，在各种创造活动中都起着重要作用，贯穿整个创造活动的始终。教师应鼓励学生大胆猜测，进行丰富的想象，不必拘泥于常规的答案。给学生机会进行猜测，并尽量让他们有猜测成功的体验。在丰富学生的想象力方面，可以应用实物、图片、多媒体辅助教学等手段，或者组织参观、访问、开辟丰富多彩的课外活动等，使学生头脑中的表象更为鲜明和完整。

5. 给学生提供具有创造性的榜样

通过给学生介绍或引导阅读文学家、艺术家或科学家传记，或带领其参观各类创造性展览、科学博物馆、与有创造性的人直接交流等，使学生领略到创造者对人类的贡献，受到创造者优良品质的潜移默化的影响，从而启发他们见贤思开的心理需求。

另外鼓励学生与有创造性的人接触也是提供榜样的一个很好的渠道。通过与有创造性的人接触，可以使学生产生模仿尝试的欲望，并由此在潜移默化中受到熏染。不管是面对面的直接接触，还是听故事、看录像等间接的接触，都可以增强学生的创造意识，这对发展学生的创造性来说是很重要的。同时，教师也应注意自身的榜样作用，通过不断开发自身的创造性来影响学生，使他们切实体验到创造性活动的魅力，如改进教案设计、不断探索新的授课风格、充实新的内容等，都不失为影响学生的有效途径。

（三）开设培养创造性的课程，教授创造性思维策略

通过各种专门的课程来教授一些创造性思维的策略与方法，训练学生的创造力。常用的方法有以下几种。

1. 发散思维训练

训练发散思维的方法有多种，如用途扩散、结构扩散、方法扩散与形态扩散等。

用途扩散即让学生以某件物品的用途为扩散点，尽可能多地设想它的用途，比如，尽可能多地说出别针的用途。结构扩散即以某种事物的结构为扩散点，设想出利用该结构的各种可能性，比如，尽可能多地画出包含 △ 结构的东西，并写出或说出它们的名字。方法扩散即以解决某一问题或制造某种物品的方法为扩散点，设想出利用该种方法的各种可能性，比如，尽可能多地列举出用"吹"的方法可以完成的事情。形态扩散即以事物的形态（如颜色、味道、形状等）为扩散点，设想出利用某种形态的各种可能性，比如，利用红色可以做什么、办什么事。

这些训练项目可以结合不同的学科教学来进行，如美术课、语文课、手工制作课等都可以被用来训练学生的发散思维能力。不仅如此，这样做还能体现出鲜明的学科特色，促进学生对学科知识的深入理解。比方说，在历史课上，让学生尽可能多地列举出中国历史上以少胜多的著名战例；在地理课上，让学生尽可能多地列举出世界著名的石油出产国；在数学课上，提倡学生一题多解；在语文课上，提倡学生自由联想组词等，这些都可以增强思维的灵活性和广阔性，既传授了知识，又培养了学生发散思维的能力，同时也能增强教学活动的趣味性。

2. 推测与假设训练

这类训练的主要目的是发展学生的想象力和对事物的敏感性，并促使学生深入思考，灵活应对。比如，让学生听一段无结局的故事，鼓励他们去猜测可能的结局，或读文章的标题去猜测文中的具体内容，还可以让学生进行各种假设、想象，比如，假设你当校长，你如何管理这个学校等。

3. 自我设计训练

这是一种灵活性较强的训练课程，包括一般设计和重要设计两种方式。一般设计能在较短的时间内完成。比方说，让学生用一节课的时间来设计贺年卡、用一些废旧材料来制作小玩具等，都可以使学生在自由探索的活动中，充分地发挥想象力和创造力。重要设计是根据一个具有一定社会价值的课题来进行的，需要教师的悉心指导和精心帮助。这种设计要考虑到学生的兴趣和现有的知识水平，并要注意从活动中激发学生创造的积极性。现在许多学校开展的研究性学习是一个很好的尝试。

4. 头脑风暴训练

头脑风暴法也叫脑力激荡法。训练的方法是通过提出一些可以引起争论的问题，为学生创设出能够互相启发、展开联想以及发生"共振"的机会。要让学生通过讨论、积极思考，触发灵感，集思广益，从而获得较多的创造设想。教师不对学生提出的想法作评论，直到所有可能想到的方案都被提出来为止。然后，学生和教师开始对这些想法进行讨论、评价、修改、合并，形成一个创造性的问题解决方案。可以看出，这种方法的基本思路是把想法的产生和对想法的评价分开，在产生想法的阶段，不管一个想法看起来是多么片面和荒谬，都不要加以评论，以防止因为害怕批评而缩回了可能的创造性想法。在这种开放的、相互支持的讨论中，一种想法可以启迪、引发另一种想法，从而不断地扩展思路，激发灵感，从而有可能形成更有创造力的解决问题的思路和方法。具体应用此方法时，应遵循4条基本原则：一是让参与者畅所欲言，对所提出的方案暂不作评价或判断；二是鼓励标新立异、与众不同的观点；三是以获得方案的数量而非质量为目的，即鼓励多种想法，多多益善；四是鼓励提出改进意见或补充意见。可以先由教师提出问题，然后鼓励每个学生从自己的角度提出解决问题的方法，通过集体讨论，可以拓宽思路、产生互动、激发灵感，进而提高创造性。

5. 打破思维定势

思维定势是妨碍学生创造性地解决问题的最大障碍。为克服思维定势，教师应提倡让学生用不同的思路和方法去解决同类型的问题，培养思维的灵活性。

6. 逆向思维训练

所谓逆向思维就是与传统的、逻辑的或群体的思维方式相反的思维，即抛开问题所提供的条件和习惯的思路导向，进行反向思维的一种方法。在解决一些特殊问题时，从正面难以突破，如果能反过来思考，可能获得与众不同的新想法和新发明。比如我们用刀子削铅笔，刀动而笔不动，这样对于小学生来说很不安全，反过来思维就是笔动而刀子不动这就导致了现在卷笔刀的发明。再如人上楼梯，人动，楼梯不动，对于住高层建筑的老年人来说很不方便，于是就出现了楼梯动人不动的电梯的发明。我们既可以逆事物起作用的过程、也可以逆事物的结果或者逆事物的条件来进行思维，都可能创造性地解决问题。逆向思维的一种独特形式是缺点列举法，这是通过一一指出事物存在的问题和缺点，再提出改进意见，从而培养学生认真观察、深入分析和敢于质疑的精神。

7. 联想与想象训练

通过联想可以打开思路，使学生开阔视野，由此及彼，从中得到启发。想象是创造的源泉，培养学生的想象力是创新教育中最常用、最有效的一种方法。教师可依据学科特点引导学生在某些知识点上进行无拘无束的创造性想象。

8. 类比思维训练

通过对两个或两类事物进行比较，从中产生新观念的一种方法。类比又包括直接类比、拟人类比、对称类比等，如利用仿生学的原理设计出飞机和潜艇就是直接类比的结果。

上述所列方法彼此之间有一定的交叉或重叠，教师可根据实际情况选择恰当的训练方式。培养创造性的方法是多种多样的，但并不存在捷径或"点金术"。创造性的产生是知识、技能、策略、动机等多方面综合发展的结果。虽然各种直接的、专门的创造性训练是有效、可行的，但不应取代或脱离课堂教学。许多研究证明，结合各个学科特点进行创造性思维训练，既可以发挥教师的创造性，也可以有效地提高学生的创造力。排斥或脱离学科而孤立地训练创造力，这实际上是舍本逐末的做法，也不可能真正提高学生的创造性。

【拓展性阅读】

[1] 周冠生. 创造的理论与理论的创造——兼论"智力开发". 心理学报，1981，(8).

[2] 金盛华. 论创造力的本质与测量. 北京师范大学学报，1992，(01).

[3] 程良道，廖洁敏. 简论问题与问题解决的实质——问题解决心理探索之一. 湖北师范学院学报：哲学社会科学版，2002，(4).

[4] 辛自强. 问题解决研究的一个世纪：回顾与前瞻. 首都师范大学学报：社会科学版，2004，(6).

[5] 李祯. 问题解决的心理机制及其教学意义. 教师教育研究，2005，(5).

[6] 施建农. 人类创造力的本质是什么？心理科学进展，2005，(06).

[7] 张景焕，林崇德，金盛华. 创造力研究的回顾与前瞻. 心理科学，2007，(4).

[8] 蔡笑岳，于龙. 问题解决心理学的研究模式及研究取向的演变. 华南师范大学学报：社会科学版，2008，(6).

[9] Winslow Burleson. Developing creativity, motivation, and self-actualization with learning systems. International Journal of Human-Computer Studies，2005，63 (4-5)：436-451.

[10] Chu-ying Chien, Anna N N. Creativity in early childhood education：Teachers' perceptions in three Chinese societies. Thinking Skills and Creativity，2010，5 (2)：49-60.

[11] Roxana Moreno, Gamze Ozogul, Martin Reisslein. Teaching With Concrete and Abstract Visual Representations：Effects on Students' Problem Solving, Problem Representations, and Learning Perceptions. Journal of Educational Psychology，2011，103 (1)：32-47.

[12] Femke Kirschner, Fred Paas, Paul A. Kirschner, Jeroen Janssen. Differential effects of problem-solving demands on individual and collaborative learning outcomes. Learning and Instruction，2011，21 (4)：587-599.

[13] Vivian M Y. Cheng. Infusing creativity into Eastern classrooms：Evaluations from student perspectives. Thinking Skills and Creativity，2011，6 (1)：67-87.

【研究性课题】

1. 试举例说明一个问题的三个基本组成成分。
2. 举例说明使用算法式策略或启发式策略进行问题策略的搜索过程。
3. 分析影响问题解决的主要因素。
4. 结合自己的学习经历谈谈如何培养学生的问题解决能力。
5. 请论述创造性的人格特征。
6. 请论述创造性与智力的关系。
7. 举例说明发散思维的三个特征。
8. 结合自己的学习经历谈谈如何培养学生的创造性。

第九章 学习迁移

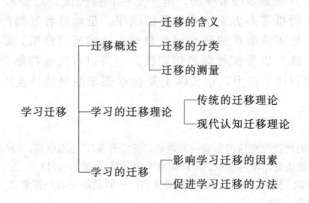

【学习目标】

　◉ 说出学习迁移的类型。

　◉ 举例说明下列术语：学习的迁移、正迁移、负迁移、顺向迁移、逆向迁移、横向迁移、纵向迁移、知识的迁移、动作技能的迁移、情感和态度的迁移、低路迁移、高路迁移。

　◉ 说出本章介绍的几种传统迁移理论和现代迁移理论的主要观点，并对它们的优缺点进行适当的评价。

　◉ 结合实例分析影响学习迁移的主要因素。

　◉ 结合教学实践提出促进学习迁移的主要方法。

　　学习是一个连续的过程，人的知识、经验不是彼此割裂的，人在解决新问题时总是受到已有经验的影响，学习之间的相互影响即为迁移，学习的关键就是要通过知识的掌握形成迁移的能力，因此，研究学习的迁移现象对深入了解学习的本质、促进知识的有效运用有着重要的意义。本章主要概述迁移的含义、迁移的分类、迁移的测量；介绍传统和当代的迁移理论；揭示影响迁移的因素和促进学习迁移的方法等。

第一节　迁 移 概 述

一、迁移的含义

　　在心理学中，把一种学习对另一种学习的影响称为迁移。例如，掌握英语的人学起法语来就比较容易；学了汉语拼音，再学英语字母，常常会发生干扰。这些都属于迁移的现象，迁移在认知、动作技能、态度和情感等各个领域都有发生。

　　迁移是学习中的重要环节。首先，只有通过迁移才能使已有的知识、技能得到进一步检验、充实与熟练，迁移是以已有知识、技能的领会与巩固为前提的。其次，迁移也是由知识、技能的掌握过渡到能力形成的重要环节。能力的形成一方面依赖于知识、技能的掌握；另一方面也依赖于所掌握知识和技能的不断概括化和系统化。

二、迁移的分类

为了更好地理解和研究迁移，人们对迁移从效果、方向、水平、领域和自动化程度等方面进行了分类。

（一）根据迁移的影响结果，可以把迁移分成正迁移和负迁移

正迁移是指一种学习对另一种学习产生了积极的影响。已有的知识、技能在学习新知识和解决新问题的过程中，能够很好地得到利用，从而产生触类旁通、举一反三的学习效果，这就是先前的学习对后继的学习所产生的正迁移现象。这种迁移的现象，既表现在不同学科之间，如学习语文有利于学习历史或外语，也表现在同一学科的不同方面之间，如学生具备扎实的数学基础知识，就有利于其进一步学习新的数学概念和原理。

负迁移则是指一种学习对另一种学习产生了消极的影响。已有的知识、技能在学习新知识和解决新问题的过程中，可能会产生干扰和混淆。例如：习惯于右脚起跳的跳高技能对掌握用左脚起跳的撑竿跳高有干扰作用，这是旧技能对形成新技能的干扰。负迁移一般是暂时性的，经过有效的练习是能够克服的。

必须指出，一种学习对另一种学习的影响，并非只有正迁移或只有负迁移，实际上常常是在某方面起正迁移作用，而在另一方面又起负迁移作用。例如，学过汉语拼音字母，在开始学习英语字母时在识记其字形中有正迁移作用，而在读音中则起干扰作用。如果能充分注意正迁移及其产生作用的条件，在一定程度上能减少和防止负迁移的消极影响。

（二）根据迁移的影响方向，可以把迁移分成顺向迁移和逆向迁移

如图 9.1 所示，顺向迁移是指先前学习对后继学习产生的影响，例如，先学了骑自行车，再学开摩托车要容易一些；逆向迁移是指后继学习对先前学习产生的影响，例如，学习中的"温故知新"就是一种逆向迁移现象。不论顺向迁移还是逆向迁移，其影响的结果都有正、负迁移之分。

（三）根据迁移的水平，可以把迁移分为横向迁移和纵向迁移

先行学习向难度和复杂程度上居于同一水平并且相似的后续学习发生的迁移叫做横向迁移，也叫做水平迁移。例

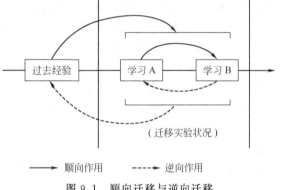

图 9.1　顺向迁移与逆向迁移

如，学习了正方形面积公式后，运用该公式计算某一正方形的面积。先行学习与后继学习是不同水平的学习，低位水平的下位学习向高位水平的后继学习发生的迁移叫做纵向迁移，也叫垂直迁移。纵向迁移在学习中也是常见的，如作为先行掌握的加、减、乘法运算能力，对以后更高级的除法运算能力的掌握具有促进作用。纵向迁移还表现在具体材料对概括性材料的影响，如将牛、羊、马、猪等概括为家畜。

（四）根据迁移发生的领域，可以把迁移分为知识、动作技能、情感和态度的迁移

迁移广泛存在于各种知识、动作技能、情感和态度的学习中。例如：学习数学，有助于学好物理和化学，这是认知领域的迁移；经常训练跑步，可以更好地学跳远，这是动作技能的迁移；从小与家人和谐相处，有利于在社会环境中更好地进行人际交往，这是情感和态度的迁移。迁移不仅发生在知识、动作技能、情感态度各自的领域中，而且发生在各个领域之间，例如，学习汽车驾驶理论知识，可以更好地促进汽车驾驶技能的学习，还可以形成遵守

交通规则的态度。

（五）根据迁移发生的自动化程度，可以将迁移分为低路迁移和高路迁移

低路迁移是指反复练习的技能在几乎不需要意识参与下就能自然而然发生的迁移。例如，反复练习修理一些家电可以使技能自动地迁移到其他家电的修理中。高路迁移是有意识地将在某一情境下习得的抽象知识运用于不同情境中，如将基础心理学的基本知识运用于即将学习的心理咨询与治疗的课程中，这需要主动搜索基础心理学中人类各种心理现象的特点、原理等知识。

三、迁移的测量

在学习活动中，要知道迁移是否产生和迁移效果的大小，必须通过一定的测量才能确定。过去对迁移的研究，主要目的在于检验是否有迁移发生以及发现什么是迁移的主要媒介。这类研究的实验设计通常有两种，如表9.1所示。

表9.1　迁移研究的实验设计

顺向计划	实验组	学习课题 A	学习课题 B
	控制组	—	学习课题 B
逆向计划	实验组	学习课题 B	学习课题 A	再学习课题 B
	控制组	学习课题 B	做与课题无关的事	再学习课题 B

在进行测量之前，首先通过预备测验把被试分成实验组和控制组（两组被试的成绩、智力、年龄基本相等），在顺向计划中，先让实验组学习课题 A，然后让实验组与控制组都学习课题 B，最后比较两个组的成绩，若实验组高于控制组，说明课题 A 产生了正迁移的效果，反之产生了负迁移。若两个组成绩无差异，则无迁移产生。在逆向计划中，先让两个组都学习课题 B，并根据成绩将两个组调整为等组，使两组成绩均等，然后按表中的安排进行实验，最后比较两个组的成绩。结果若是实验组课题 B 的再学习成绩比控制组课题 B 的再学习成绩好，则表明课题 A 的学习有了逆向正迁移，反之，倘若实验组的再学习比控制组的再学习成绩差，则表明产生了逆向负迁移的效果，若两组的再学习成绩没有差异，表明逆向迁移没有产生。

实验完成后，可以通过下面的方法来评价迁移效果。在这个方法中以迁移率为指标，迁移率的变化范围在 -100% 和 $+100\%$ 之间，迁移率的公式为：

$$迁移率 = \frac{实验组成绩 - 控制组成绩}{实验组成绩 + 控制组成绩} \times 100\%$$

实验组和控制组的成绩还可以用测量中的错误次数来表示，则迁移率的公式为：

$$迁移率 = \frac{控制组错误次数 - 实验组错误次数}{控制组错误次数 + 实验组错误次数} \times 100\%$$

上述实验设计是较为经典的简单迁移实验，它通常只能部分地证实存在着积极的迁移。为了改变这种状况，另一种以探索增加迁移的方法为目的的迁移实验在此基础上产生了，实验设计如表9.2所示。

表9.2　探索迁移方法的实验设计

控 制 组	前测	—	后测
实验组 I	前测	一般训练	后测
实验组 II	前测	有指导的训练	后测

在这个实验设计中，控制组只是在实验开始和结束时进行测验，在实验中没有任何特殊的活动或训练。实验组分为两组，其中Ⅰ组进行某种必要的练习；Ⅱ组所用的时间与Ⅰ组相同，但把其中一半时间用于指导，另一半用于练习。当然，这种指导也可以贯穿于整个练习之中。这一实验结果表明，如果想通过练习获得积极迁移，那么这种练习必须是有指导的，这样才能产生最大的效果。这样的实验设计开辟了一条提高积极迁移水平的新途径。

第二节　学习的迁移理论

迁移现象是普遍存在的，而且在学习中起着重要的作用。究竟迁移的实质是什么？发生的原因、条件和规律是什么？针对这些问题，心理学家从不同的角度加以研究，从而形成了众多的迁移理论，并将其分为传统迁移理论和现代认知迁移理论两大类。

一、传统的迁移理论

(一) 形式训练说

关于学习的迁移现象，最早进行系统解释的理论当属形式训练说。它产生于19世纪后期，主要来源于德国心理学家沃尔夫（C. Wolff）创立的官能心理学。官能心理学认为，人的心智是由许多不同的官能所组成的，例如：注意、记忆、想象、推理等，各种官能分别从事不同的活动，可以像对肌肉的训练一样通过练习得到发展和增强。不仅如此，一种官能通过训练后能力的提高可自动迁移到其他官能上，以使整体官能都能得到发展。因此，教育的主要目标就是训练心的各种官能。训练迁移的学习内容是否符合实际需要无关紧要，因为它们会遗忘，重要的是看训练在发展各种官能上的价值和作用。因此，难记的古典语言、数学和自然科学中的难题被视为训练心的最好材料，如拉丁语、希腊语和数学这些学科，具有训练记忆、推理、判断等心理官能的作用，一旦心理官能在这些学科中得到训练和发展，就可以迁移到其他学科的学习中，以致受用终生。

可见，从形式训练的观点来看，迁移是通过学习使各种心理官能如注意力、记忆力、想象力和推理力等因训练而得到发展并转移到其他学习上去的过程。

形式训练说注重心理能力的培养和迁移，这在教育实践中有一定的积极意义。但是，是不是分别对心的各种官能加以训练，使之提高，就可以自动迁移到一切活动中去呢？这些观点还缺乏科学实验的证明。而且，能力的迁移是有一定条件的，离不开具体的学习内容。所以，形式训练说过分偏重形式而忽视内容的观点是不符合科学实际的，也不符合社会发展对知识的要求。

(二) 相同要素说

19世纪末和20世纪初，心理学家开始用实验的方法来检验形式训练说。美国著名心理学家詹姆士（W. James）首先对形式训练说提出了质疑。他通过记忆诗歌的实验表明：记忆能力不受训练的影响，记忆的改善主要在于方法的改进。以后许多心理学家又从各种不同角度进行学习迁移的实验研究。美国心理学家桑代克（E. L. Thorndike）进行了一系列的实验。实验结果不仅与形式训练说不符，而且还从中发现产生迁移的原因是由于训练机能与迁移机能之间存在着共同要素。例如，他在一个实验中让被试估计正方形的面积，在他们的相应能力（估计的准确率）得到改善后，再让他们估计其他几何图形如三角形的面积。结果表明，他们估计三角形等几何图形的成绩并没有得到改善。这说明，被试在估计正方形方面所得到的训练无法迁移到有相同官能的后来的学习情境中。桑代克在记忆和注意方面也做过类似的实验，依据这些实验，他否定了"形式训练说"的迁移观点，提出了"相同要素说"的迁移理论，认为只有当两个训练机能之间有相同的元素时，一个机能的变化才能改变另一个机能的习得。所谓的共同的机能，实际上指的是内容上的共同元素，更明确地说，是指两次学习在刺激-联结上的共同元素，是学习内容中元素间的一一对应。桑代克花了 30 年的研究得出结论：与形式训练说所说的广泛的迁移不同，基于这种内容上的共同元素所产生的迁移是非常具体和有限的。

作为迁移研究的先驱，桑代克的相同要素说对于考察联结性的知识技能的迁移现象作了有意义的探索。然而，它只重视学习中的客观情境对迁移的影响，而忽视了迁移中学习主体特点的影响。根据相同要素说，在两种没有相同要素的过程之间，两个完全不相似的刺激和一反应联结之间，就不可能产生迁移，这就缩小了迁移的范围，表现出一种机械、片面的色彩。继桑代克之后，美国心理学家伍德沃斯（R. S. Woodworth）用成分替代了要素一词，意指只有当学习情境和迁移测验情境存在共同成分时，一种学习才能影响到另一种学习，即产生迁移。于是，相同要素说被改为共同成分说。

（三）概括说

这一理论由美国联想主义学派心理学家贾德（C. H. Judd）提出。该理论认为，两种学习活动中的共同成分，只是产生迁移的必要前提，而迁移发生的关键在于学习者主体对两种活动中共同原理的概括。所以贾德的迁移理论被称"概括说"或"类化说"。

贾德在 1908 年所做的"水下击靶"实验，是概括化理论的经典实验。他将 12 岁的小学生分成 A、B 两个组，对 A 组学生先进行光在水中折射原理的学习，然后让他们练习用镖枪投中水下的靶子。B 组学生只进行水中击靶练习。在开始投掷练习时，靶子置于水下 12 英寸处。结果，教过和未教过折射原理的学生，其成绩相同。也就是说，在开始的测验中，理论对于练习似乎没有起作用。接着改变条件，把水下 12 英寸处的靶子移到水下 4 英寸处，这时两组的差异便明显地表现出来，A 组成绩优于 B 组。贾德认为 A 组学生学过水的折射原理，能对不同深度的靶子在视觉上作出调整和适应，所以射击成绩较好。贾德在解释实验结果时说："理论把有关的全部经验——水外的、深水的和浅水的经验——组成了整个的思想体系。……学生在理论知识的背景上，理解了实际情况以后，就能利用概括了的经验，迅速地解决需要按实际情况作分析和调整的新问题。"

贾德的概括说揭示了原理、法则等概括化知识在迁移中的作用，已涉及较高级的认知领域中的迁移问题，为迁移理论的发展作出了重要贡献。

（四）关系转换说

这一理论是格式塔心理学家提出的，他们认为，迁移的关键不在于掌握原理或经验概括化，而在于能察觉到手段和目的之间的关系，在于能否理解两种学习情境中的要素之间或原理之间的关系。也就是说学生领悟了学习情境中的关系才是实现迁移的根本条件。德国心理学家科勒（W. Kolher）用"小鸡啄米"的实验论证了这一假说。实验任务是在两张深浅不同灰颜色纸上找到食物，食物总是放在深灰色的纸上。第一次实验任务，出示浅灰 A 和深灰 B。小鸡经过 400～600 次学习学会在卡片 B 上找到食物。第二次实验任务出示深灰 B 和比 B 还要深的 C 卡片，将食物放在 C 卡片上。结果有 70% 的小鸡在 C 上寻找食物，而在 B 找食物的只有 30%。这证明大部分小鸡在第一次实验中已经领悟到食物总是放在比较深的灰卡片上，从而证明了情境中的关系对迁移所起的作用。这一理论又得到了换位现象实验的证明。实验让儿童用三种不同大小的物体进行变换实验，第一次任务中向儿童分别呈现直径为 3 寸、4 寸和 5 寸的三只碟子，奖励物品放在尺寸居中（4 寸）的那只碟子下面。儿童从中学会的知识是，正确地选择尺寸居中（4 寸）的碟子。然后，向他呈现新的刺激，碟子的直径分别为 4 寸、5 寸和 6 寸，奖励物品仍放在 4 寸的碟子下面，结果儿童选择了 5 寸的碟子，而不是 4 寸的碟子。这一实验表明，儿童之所以出现这种换位现象，是他们学会了通过认识刺激物之间的关系来解决问题，并且以此为依据，在新的刺激中再认出同样的关系。研究还表明，转换现象受原先学习课题的掌握程度、诱因大小和练习量的影响。原先学习的课题掌握得好、诱因大和练习量增加，转换现象较易产生。关系转换说强调了个体对关系的"顿悟"是获得迁移的真正手段。

二、现代认知迁移理论

20 世纪六七十年代以来，随着认知科学与信息加工理论的产生与发展，人们对学习迁移的研究有了重大的进展，出现了以认知心理学为基础的现代认知迁移理论。该理论以布鲁纳（J. S. Brruner）和奥苏贝尔（D. P. Ausubel）等人为代表，认为凡是有学习的地方就会有迁移，迁移就是学习者利用认知结构的原有观念对新课题进行分析、概括的过程，比传统的迁移理论更为系统和科学地揭示了学习迁移的现象和本质。现代认知迁移理论主要有以下几种。

（一）认知结构迁移理论

认知结构迁移理论是奥苏贝尔提出的，认为一切新的有意义学习都是在原有学习的基础上产生的，学习已有的认知结构是实现迁移的关键。认知结构是指知识或观念的内容和组织，它对新的学习的影响取决于认知结构的三个变量。

（1）可利用性，即认知结构中是否有适当的起固定作用的观念可以利用。认知结构中处于较高抽象、概括水平的起固定作用的观念，即包摄性的观念，为新的学习提供最佳关系和固定点。若认知结构中缺乏适当的起固定作用的观念，那么学习就变成机械式的，新知识就无法在认知结构中被有效地固定，导致不稳定和含糊的意义，以致迅速遗忘。

（2）可辨别性，即新的潜在有意义的学习任务与同化它的原有观念系统的可辨别程度。新的学习任务若与原有认知结构缺乏明显的分辨率，那极易导致新知识的丧失。

（3）稳定性和清晰性，即原有的起固定作用的观念的稳定性和清晰程度。只有存在稳定且清晰的起固定作用的观念，才能为新知识提供适当的关系和固定点，并影响新观念与原观念的可辨性。

奥苏贝尔及其他心理学家就上述三个变量对学习的影响进行了大量的实验研究。他们由此得出结论：设计在新知识和旧知识之间起桥梁作用的"先行组织者"，不仅是研究学习与迁移的一种策略，而且是一种重要的教学策略。

认知结构迁移理论在教学中的意义是非常大的，奥苏贝尔提出"为迁移而教"，这实际上是想通过改革教材内容和教材呈现方式来改进学生原有的认知变量，塑造学生良好的认知结构。

（二）产生式迁移理论

1989 年，西格勒和安德森（M. K. Singley & J. R. Anderson）出版了《认知技能迁移》一书，系统地阐述了迁移的"共同要素理论"。这一理论实质上是桑代克的相同要素理论在信息加工心理学中的新版本，它的特点是以产生式规则取代了相同要素。

共同要素理论建立在安德森的"思维的适应性控制理论"，简称为 ACT 理论的基础之上。ACT 理论认为，知识可以分为陈述性知识和程序性知识两大类，熟练的技能是陈述性知识被"编辑"为程序性知识的结果。在认知技能的获取过程中，学习者必须首先通过阅读解释性文字材料获得有关陈述性知识，然后，在通用解题策略的支持下，运用这些陈述性知识解决问题。一旦问题被解决，学习者就将具体问题情境（条件部分）与适当操作（动作部分）结合起来，形成解决问题的产生式规则，从而将陈述性知识转化为程序性知识。随着解题数量的增多，学习者逐渐修改和调整所获得的产生式，不断提高问题解决技能。根据ACT理论，在同一领域内，由于不同任务（或子技能）对知识的使用方式不同，相同的陈述性知识将被转化为不同的程序性知识，这种程序性知识可以表示为"条件→动作"形式的产生式规则。安德森认为，产生式规则具有两个特点：首先，产生式的动作只能用于特定的问题情境，是高度专门化的；其次，产生式规则的激活是单向的，即条件可以激活动作，而动作则不能激活条件。因此，一种任务（或技能）的产生式规则不能用于另一种任务（或技能）。这一结论被称为"知识使用的特定性原则"，是共同要素理论的核心观点。根据这一原则，两种技能之间发生迁移的条件，是它们之间必须共用相同的程序性知识，并且，两种技能之间的迁移量，可以通过计算它们共用的程序性知识的数量来作出估计：①如果两种技能共用较多的程序性知识，它们之间将产生显著的迁移；②如果两种技能共用较少的程序性知识，即使它们共用相同的陈述性知识，它们之间也将产生很少的迁移或者没有迁移。

第一个假设得到了有力的实验支持。例如，在对使用不同的编辑器进行文字编辑和用不同的计算机语言进行编程的技能实验研究中，都发现共用程序性知识的数量与迁移的联系，即共用产生式的数量越多，迁移量越大。

对于第二个假设，在几何证明和计算机编程等领域的研究中也有一些实验证据。例如，勒维斯和安德森（D. M. Neves&J. R. Anderson）在一项研究中发现：被试花了10天时间进行"解析几何证明"的训练后，并没有对解决需要相同知识的几何证明题产生迁移。在另一项研究中，麦肯爵和安德森（J. Mckendree&J. R. Anderson）首先让被试完成150个LISP程序的评价任务，然后完成16个LISP程序的编写任务；接着，又让这些被试完成450个LISP程序的评价任务，然后再完成16个LISP程序的编写任务。他们发现，被试第二次完成LISP程序的编写任务的成绩并没有提高。

然而，以上实验结果受到一些研究结果的挑战。例如，佩林顿（N. Pennington）等人在"编写LISP程序"和"评价LISP程序"之间发现了显著的迁移。在对这些实验结果进行讨论时，佩林顿等认为，"编写LISP程序"和"评价LISP程序"之间的迁移不是一种"程序性迁移"，而是一种"陈述性迁移"。也就是说，在对其中一种子技能进行训练的过程中，被试对训练前获得的陈述性知识进行了精细加工，从而使得在完成另一种技能的任务时，能够更快地将陈述性知识转化为过程性知识，并减少了错误。对于片面强调程序性知识作用的"共同要素理论"来说，这一观点是一个重要的补充。

总之，产生式迁移理论把产生式规则作为两项学习任务之间的共同元素，用现代认知心理学原理发展了早期的相同元素说。又由于这里的产生式规则既可以是某一特殊的技能（如一位数相加的技能），也可以是一条一般的原理（如多位数相加的规则），所以，产生式迁移理论实际上也包含了贾德的一般技能迁移理论。此外，因为产生式的获得必须先经历一个陈述性阶段，所以产生式迁移理论也将认知结构迁移理论囊括其中。

（三）元认知迁移理论

现代认知心理学的一个重要特点，是强调认知策略在学习和问题解决中的重要作用，因此，认知策略的迁移越来越受到广大研究者的重视。虽然策略作为一种特殊的认知技能也属于程序性知识，但产生式迁移理论未能解释个体如何学会调节和控制自己的策略。在当代认知科学革命中，出现了第三种强调元认知的作用迁移观，它的基本思想是：认知策略的训练要达到可以在多种情境中迁移的程度，一个重要条件是学习者应具有相当的元认知水平。

元认知的迁移观综合了早期各种迁移理论的观点，但又有自己的特点。该理论认为，学习者应是他们所拥有的一般和特殊知识的管理者。一方面，他们需要掌握相关的一般或特殊知识；另一方面，他们还需知道如何在各种情境（包括问题解决情境）中应用这些知识，主要涉及对个体认知过程的意识、监控及调节。具有较好元认知技能的学习者，能自动地监督、控制和掌握自己的认知过程，他们在面临新的学习或问题情境时，能主动寻求当前情境与已有经验之间的联系，并运用已有经验对当前情境进行分析概括，寻求解决问题的策略。一般地说，他们在学习或解决问题的过程中会对自己作如下提问：有关这个问题我已掌握了哪些知识？解决该问题的较好计划是什么？我应如何修正我的学习或解题步骤？如果出错，如何检查？我理解了刚刚读过的内容吗？我如何预测和评估学习的结果……通过上述过程，学习者使自己对认知过程保持意识性，并不断地监控、调节策略的使用。可以说，元认知技能是运用与迁移认知策略的重要保证。在此，学习者被看作是学习和问题解决过程中的一名主动参与者，必须对原有知识的应用方式进行管理，以利于解决新问题；如果学习者不具备一定的元认知能力，不了解策略的适用范围，不能对策略的使用过程进行监控并在必要时作出修正，那么即使他已习得了某一策略的使用方法，也无法使该策略真正达到迁移的水平。研究者认为，与学习和迁移有关的许多问题都是由于元认知技能的缺陷造成的，但不少学生在自我调节、自我监督、自我检查、问题识别等方面缺乏训练。只有掌握了概括化的认知策略，学生才能真正学会如何学习。

研究表明，自我监控、评价策略的好坏、及时调整策略等元认知活动，对专家来说通常是自动进行的，而对新手则要通过传授和练习才能逐步获得。实际上，许多智力在中等以下且学习能力差的儿童通常缺乏元认知能力，他们既对自己的学习任务、学习方法缺乏意识，也不善于调节与控制自己的学习过程。这一现象引起研究者的思考：能不能通过适当的训练提高这些儿童的元认知能力，并使这种能力迁移到他们的学习中去呢？珀林克萨和布朗（M. Pulinchse & A. L. Brown）对在阅读理解中有困难的初中生设计了一个训练计划。在这一计划中，被试要接受两个阶段的训练。第一个阶段是"纠正性反馈训练"，当学生回答正确时，立即给予表扬；回答不正确时，立即指导他们如何纠正错误。第二个阶段是"学习策略训练"，包括如何陈述主要观点、如何将信息分类、如何预测别人可能提出的问题、如何澄清混乱等。结果表明，在接受训练前，被试回答问题的正确率只有15%；经过第一阶段的训练后，正确率上升到50%；经过第二阶段的训练后，正确率上升到80%。此外，这种训练的效果还迁移到被试的课堂学习中。后来，布朗和柏林克萨进一步完善了他们的训练计划，主要包括以下四种策略：①质疑或对段落的主要内容设问；②明朗化或试图解决疑问；③概括或回顾文章要点；④预计或估计后文内容。在训练过程中，教师除示范这些策略外，还设计了能让学生互相学习的环境，使学生懂得阅读是一个具有积极建构意义的活动。研究表明，经过训练后，学生只需要较少的意识努力就能运用这些元认知策略。

（四）知识和智力技能的迁移研究。

进入20世纪70年代之后，认知心理学家关于迁移的研究更趋系统化，出现了关于知识→知识迁移、技能→技能迁移、知识→技能迁移及技能→知识迁移的多种研究。在知识→知识的迁移研究方面，除了对奥苏贝尔"先行组织者"作用的深入研究外，专门研究了附加问题对知识迁移的作用问题，附加问题分为前置、后置和插入三种。安德森等发现，前置与后置附加问题均可使学习者获得同样数量的问题材料，但后者比前者获得了更多的非问题材料。而深层次的问题与表面性问题相比，前者对再生性知识和创造性知识具有更大的促进作用。在技能→技能迁移的研究方面，主要研究了不同性质问题的迁移，问题分为封闭型和开放型。前者结构良好，并提供了解题的各种要素；后者结构不严谨，无解题的全部必需信息，也缺乏解题方式的特定标准。就开放型问题而言，促进两种相似情境中该类问题解决技能迁移的主要方式是类比和归纳推理。类比被看作是一种心理特征，学生运用类比可对问题解决技能的迁移起到潜在的促进作用。与开放型问题相关联的"创造力"训练研究将教学中的创造力训练分为预备、酝酿、顿悟和验证四个阶段，结果表明这个训练在近迁移作业中效果明显，但在远迁移方面几乎无效。在知识→技能迁移的研究方面，安德森强调陈述性知识在认知技能的发展中起着重要作用。新技能最初被表征为陈述性知识，随后由于程序化过程才使表征由陈述性向程序性转化。由此得出结论，在技能学习中具备一定陈述性知识的学生，在有意义学习中表现出色，而缺乏先行知识的学生则在机械学习中表现更好。关于技能→知识的迁移，研究者们集中对学习策略进行了研究，主要探讨对信息的加工过程，发现将文字材料进行"心理表象"，用自己的语言"表述"所学内容及适当地使用"记忆术"等均对迁移有一定作用。目前的研究已呈现出两种态势：一是具体策略的研究；二是策略系统，即具体策略的综合或融合对迁移的作用研究。

第三节　学习的迁移

一、影响学习迁移的因素

学习过程中，迁移发生不是无条件的，也不是自动的，而是有条件的。研究发现，一方面，迁移受具体的客观情境特征的影响；另一方面，迁移与学习者的主动迁移意识有很大的关系。影响学习迁移的基本因素具体表现为以下几个方面。

（一）学习对象之间有无共同因素

凡是先前的学习和后来的学习之间有着相同或相似之处的，就能产生互相迁移的作用，而且它们之间所包含的共同因素越多，迁移也就越容易产生。共同因素是迁移的基本条件之一。共同因素可表现在学习内容、学习方法和学习态度等方面。

首先，学习内容方面的共同因素较多，则正迁移现象就较明显。例如，乘法求积要运用加法运算，当学生学会了加法之后，学乘法就比较容易，这就是由于乘法里面包含有加法的成分。

其次，学习方法的共同因素较多，迁移现象也明显。例如，尝试背诵是熟记各种材料都运用的方法。掌握了这个方法对其他知识的学习都有用。又如，对语文学习运用了预习→听课→复习→作业的方法，则对数学、物理的学习也将产生迁移。

此外，学习态度的共同性也是影响迁移的因素。如爱整洁、当日功课当日毕已成为有些学生的一种学习态度，那么他们往往在生活上也表现出爱整洁的习惯，工作上也会形成今日工作绝不留在第二天去做的好习惯。

（二）对已有经验的概括水平

共同因素是迁移的必要条件，但不是唯一的条件，还必须考虑已有经验的概括水平。学习的迁移是一种学习中习得的经验对另一种学习的影响，也就是已有经验的具体化与新课题的类化过程或新旧经验的协调过程。因此，已有经验的概括水平，必然要影响到迁移的效果。凡是所掌握的经验概括水平越高，迁移的可能性就越大，效果也就越好。反之，经验的概括水平越低，迁移的范围就越小，效果也就越差。已有的知识概括性之所以影响迁移，主要是由于迁移过程中学生必须依据已有的知识经验去辨别当前的新事物。如果已有知识的概括水平高，反映了事物的本质，学生就能依据这些本质特征去揭露新事物的本质，把它纳入到已有的经验系统中去，这样迁移就顺利。如果已有的经验概括水平低，不能反映事物的本质，也就不能把新事物归入已有的经验中去，这就会给迁移造成困难和错误。

例如，学生概括地掌握了哺乳类的两个基本属性（胎生、哺乳）以后，就不会误认为哺乳类都是陆地上用四条腿走路的动物；见了鲸鱼，也不会把它看成不是哺乳动物。相反，学生对三角形的高这一概念的掌握，若只认为从顶点到对边的垂线是高，那么他就只能认识锐角三角形的高而不易辨认钝角三角形的高（在对边的延长线上）。

（三）分析问题的能力

学生分析问题的能力主要指学生对于事物之间关系的觉察，它也是影响迁移的重要因素。学生对于事物之间关系的觉察越敏锐，越容易产生迁移的作用。反之，迁移就有困难。例如，学生在利用乘法公式求平方和的学习中，分析问题能力差的学生即使完全懂得 $(a+b)^2=a^2+2ab+b^2$ 的由来和意义，并达到了熟记的程度，在解决 $(x+y)^2=?$ 和 $(50+6)^2=?$ 这类问题时不会有困难，但在解决 $(C+D+E)^2=?$ 和 $(51)^2=?$ 以及 $(4x+y^3-a)^2=?$ 这一类课题时，往往遇到很大的困难。其主要原因在于这一类课题中代数式的项目（由两项变成了三项或一项）和符号（出现了减号）发生了变化，这些学生由于不善于分析，不会把 $(C+D+E)^2$ 改成 $[(C+D)+E]^2$，把 51^2 改成 $(50+1)^2$，把 $(4x+y^3-a)^2$ 改成 $[4x+(y^3-a)]^2$，所以就发生了困难。由此可见，已有知识不能迁移的主要障碍之一在于学生缺乏必要的分析能力。

在教学实践中还可发现，如果把一些困难的复合题分解成几个简单题，让一些分析能力较差的学生去解决，并不会发生困难；但让他们独立地去解决这些复合题时，就会遇到很大的困难。这也是由于学生缺乏分析能力，不善于把复合题分解成简单题的缘故。所以，只有依据自己已有的知识经验去分析当前的问题，改造当前的课题，揭示新旧事物的共同本质，才能使已有的经验得到顺利的迁移。

（四）定势作用

定势也叫心向，是指在原有知识经验的影响下，心理活动所形成的准备状态，它使后继的心理活动具有一定的倾向性。例如，人在重复感知 10～15 次两个不同大小的球后，对两个大小相同的球也会感知为不同，这就是过去的感知对当前的感知所产生的定势作用。

定势有积极的一面，它反映出心理活动的稳定性和前后一致性。比如，短跑选手在听到"预备"口令之后准备起跑的姿势，就是一种积极的定势。在教学中也能经常看到定势的这种积极作用，例如，学生学习了完全平方公式和平方差公式以后，用它们来分解因式，对诸如 $9-x^2-y^2+2xy$，$b^2-x^2+2xy-y^2$，以及 $a^2-2ab+b^2$ 等题目的解答，就可以很容易地完成，对日后再次遇到这种形式的题时，可以迅速实现迁移，提高解题的效率。

定势也有消极的一面，它妨碍学生思维的灵活性，不利于智力的发展，使心理活动表现出惰性，不利于适应环境。陆钦斯（A. S. Luchins）的"量杯实验"（见第八章，表 8.2）证明了这一现象。在这一实验中，研究者要求被试用容积不同的量杯（A、B、C）来量取一定量的水，量杯与要量的水量如表 8.2 所示。实验组与控制组开始时做一道练习题，然后按要求解决其他几道题，实验组做全部题目，而控制组只做 7～11 题。两组被试在 7、8 两题上的成绩如表 9.3 所示。

表 9.3　两组被试在 7、8 两题上的成绩比较

项目组	被试人数	$B-A-2C$	$A-C$ 或 $A+C$	其他方法或失败
实验组	79	81%	17%	2%
控制组	57	0%	100%	0%

这一实验表明，控制组的被试，通常用两杯量法（即 $A\pm C$）去完成一系列的课题，而实验组被试则忽视更简单的解法，坚持用三杯量法去完成一系列的课题，这就是定势的消极影响，使学生在解题中失去思维的灵活性。

二、促进学习迁移的方法

迁移研究的价值在于让学生学会学习，那么，如何从影响学习迁移的主客观条件出发有效地促进学习的积极迁移呢？

（一）促进陈述性知识的迁移

促进陈述性知识迁移的实质就是塑造学生良好的认知结构。这可以从教学技术，教材内容与教材呈现这两方面来进行。首先，设计先行组织者，改进学生的认知结构。根据新旧知识的不同关系，设计不同的组织者：如认知结构中缺乏可用来同化新知识的适当上位观念时，可设计一个解释性组织者，充当新知识的同化点；如对新旧知识分辨不清，或对原有知识掌握得不够巩固时，可设计一个比较性组织者，清晰地指出新旧知识的异同，在巩固和熟练先前学习的基础上，再转入下一步的学习。其次，改革教材内容，改进教材呈现方式。任一学科的知识都会在头脑中形成一个有层次的结构，最具包容性的观念处于这个层级结构的顶点，其下面是包容范围较小的越来越分化的命题、概念和原理。所以教材中应有概括性、包容性和解释性较高的基本概念和原理，对它们的领会有助于学生掌握具体的知识。而领会基本的原理和观念，是通向技能迁移的"大道"。与此类似，根据人们认识新事物的自然规律及认知结构的组织特点，教材的呈现应由整体到细节，由一般到个别，从已知到未知，建立横向联系。使教材渐进分化，教材组织序列化，教材融会贯通，加强概念、原理及章节间的联系。

（二）促进自动化技能的迁移

自动化基本技能迁移的产生式理论，在实际教学中的含义十分明显。例如，两项任务所共有的产生式的数量决定迁移水平，因此在选编教材时，应遵循循序渐进的原则，将所要训练的自动化基本技能分解为若干单元，让前后两个单元有适当重叠，使先前学习成为后续学习的准备；教学方法上，应重视自动化基本技能的子技能或前提技能的训练，以便随后与所要学习的目标技能相整合；此外，为了便于迁移，必须对先前学习的基本技能进行充分练习，因为许多基本技能只有经过充分练习，才会达到自动化而无需有意识的监控，这样才可能有力地促进新任务的学习。

（三）促进认知策略的迁移

近年来，心理学家普遍认为，学会学习的实质是让学生发展有效解决问题的策略。为了在教学中训练学生的认知策略，以促进学生的迁移，心理学家提供了如下建议。

1. 注意学生的心理状态

心理状态是一种具有综合心理过程和个性特征的复合体，它对学习迁移既有积极又有消极的作用。学生的知识准备状态会明显影响学习的迁移，但是学生对学习的信心、紧张度和安定感等心理状态也会作为动力因素对学习的迁移发生影响。较高的学习热情和信心，集中注意力，维持适当的焦虑和思维活动的紧张度，以及学生对教师和学校具有的安宁感，这些因素都会促进迁移的发生。当教师和学校被学生视作强权者的形象而引起不满时，学生的学习及迁移就会产生不良效果。因此，教师在教学中应努力使学生具有良好的心理心态，这将有利于迁移的实现。

2. 提高学生的概括水平

学习迁移与概括水平有着相互制约的关系。一方面，学习迁移有赖于概括水平；另一方面，概括水平又是在不断学习和迁移过程中形成和发展起来的。学生已有知识经验的概括水平是其学习迁移的关键。如何提高学生的概括水平呢？

第一，准确辨析和概括学习内容的共同本质特征。教师应该引导学生运用观察和思维的技能，准确辨析和概括学习内容的共同本质特征，理解和掌握基本的概念和原理，从而提高概括水平。研究发现，学生在教师指导下对学习内容展开充分讨论，有助于辨析和概括学习内容的共同本质特征。

第二，强调学习迁移的特征。教师必须强调学生概括出来的共同本质特征，使学生注意这些重要特征，以便顺利地向新的学习迁移。为此，教师要从某一学习的初端开始，明确地向学生提示该学习内容的重要特征，并举一些具体事例说明它对以后学习的作用，以唤起学生的学习热情，从而关注这些重要特征。

第三，丰富基本概念和原理的实例。进行概括时，丰富的概念和原理的实例能让学生准确理解概念的本质属性和原理的内在联系。教师可以尽可能多举一些与概念和原理一致的正例，以提供最有利于学习内容概括的信息，同时，还应该列举一些与概念和原理不一致的反例，以提供最有利于辨别学习内容的信息。教师在列举例证的同时，也可让学生自己举例，这样既能促使学生主动参与对学习内容的概括，又能及时考查他们对学习内容本质的理解程度。

3. 多方面应用概括出来的原则

学习的迁移要求学生把从学习内容中概括出来的原则应用于新的情境。但是，迁移并不是自动的，这些原则本身不能保证它们在任何时候和任何地方都能得到适当的应用，只有把理解原则和应用原则结合起来，才能产生真正的迁移。如何使学生多方面应用概括出来的原则呢？

第一，提供学生应用原则的机会。教师应设计不同的问题情境，正确教授相应的认知策略，并通过大量不同问题情境的练习，鼓励学生运用所学策略解决新问题，对策略使用的操作步骤和使用条件进行总结和评价，教师还要提供将课堂学习内容应用于课外的机会，可以指定适量与适度的课外作业和学习活动，鼓励学生不受课本练习题的约束，发现新的问题解决方法或应用途径。

第二，重视学生应用原则的自我指导。研究发现，迁移到困难的情境要比迁移到容易的情境需要更多的指导。学生应用原则的指导，就是对学生学习方法的指导，这种指导不仅涉及教师的指导，而且涉及学生的自我指导。教师可以通过教学设计让学生对各种问题的解决策略进行自我评价，使学生养成主动的迁移态度和对新情境探索的精神，培养自我指导能力，以使他们能从多方面应用原则，产生良好的迁移效果。

第三，教师要注重提高学生的元认知能力。元认知能力虽然发展缓慢，但并不完全是自然成熟的结果。研究结果表明，个人的经验和清晰的教学对元认知能力的发展起着重要作用。向学生传授元认知策略能提高阅读理解水平，学生不仅对阅读理解问题的回答正确率明显提高，而且把这种技能迁移到了其他常规的课堂学习中。因此，教师在实际教学中有意识地向学生传授一些元认知策略，将有助于学生学会如何学习，从而促进知识的迁移。

【拓展性阅读】

[1] 罗屹峰，刘燕华. 教育心理学. 兰州：甘肃人民出版社，2006.

[2] 陈琦，刘儒德. 当代教育心理学. 北京：北京师范大学出版社，2006.

[3] 汪凤炎，燕良轼. 教育心理学新编. 广州：暨南大学出版社，2007.

[4] 吴庆麟，胡谊. 教育心理学——献给教师的书. 上海：华东师范大学出版社，2003.

[5] 李维. 学习心理学. 成都：四川人民出版社，2000.

[6] 莫雷. 论学习迁移研究. 华南师范大学学报，1997，(6).

[7] 李亦菲，朱新明. 对三种认知迁移理论的述评. 心理发展与教育，2001，(1).

【研究性课题】

1. 结合教学实践说明如何促进学习的迁移？

2. 根据迁移实验的基本模式，设计一个学习迁移的实验。

第十章 个别差异与因材施教

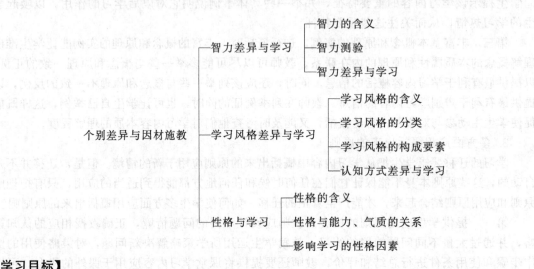

【学习目标】

◎ 陈述智力的类型差异、水平差异和性别差异。

◎ 陈述智力超常儿童和智力落后儿童的主要特征。

◎ 陈述本章介绍的几种不同类型学习风格的特征。

◎ 用自己的话解释下列术语：智力、学习风格、认知方式、智商、性格、气质、态度、焦虑。

◎ 能陈述智力与学习成绩的关系。

◎ 能陈述性格与气质的关系、性格与能力的关系。

　　个别差异是指不同个体之间在身心结构和外在行为方面所表现出来的相对稳定的个性特征，表现在生理和心理两个方面。教育心理学的理论研究和实践发展表明，要想在学习中取得成功，需要全部心理活动的积极参与。对学习有重大影响的个体心理因素有很多，本章主要从智力、学习风格和性格等方面探讨它们对学习的影响。

第一节 智力差异与学习

一、智力的含义

　　什么是智力？心理学家对它有各种各样的解释，至今没有统一的定义。归纳起来，大致有以下几种不同的说法：智力是一种适应新情况的能力；智力是一种学习能力；智力是指抽象思维能力；智力是一个人能为达到某些目的而行动、能理智地思考和有效地适应环境这三种能力的综合体现；智力就是智力测验所测量的东西，也就是解决某种智力问题的能力。

　　在我国，较多的心理学家认为：智力是以思维力为核心的观察力、记忆力、思维力、想象力和注意力五个基本因素的有机结合。

二、智力测验

心理学家不仅对智力作了定性的描述，还要对智力作定量的分析，为此，他们设计了多种智力测验。

1905 年，在法国实行义务教育制度的初期，由于学位的限制，教育当局希望找出一种方法，能够将那些能力相对低下、不适应接受普通学校教育的学生筛选出来，以便能最大程度地利用有限的教育资源。

比奈（A. Binet）和他的同事承担了这一任务。他们通过对儿童的大量研究，设计了世界上第一个智力测验量表，它包括难度依次递增的 30 个问题。比奈在量表中首先提出了智力年龄（智龄）的概念，用以表示个体智力水平的高低。

1916 年，该量表经美国斯坦福大学心理学家推孟（L. M. Terman）加以修订和进一步标准化后引进美国，改名为斯坦福-比奈量表。修订后的斯坦福-比奈量表中，每一年龄组有 6 个项目，每一项目代表两个月。该量表后来曾经过多次修订，是当今世界最为流行的三大智力测验量表之一，适用年龄是 2.5～18 岁。

同时，推孟还采用了智力商数的概念，极大地推动了智力测验事业的发展。因为传统的智力年龄虽然也可以标明一个儿童智力水平的高低，但作为一个绝对数值，不同年龄间儿童相比较时就有一定困难，而把智力年龄（mental age）与实际年龄（chronological age）的商数之比作为智力高低的反映，就很好地解决了这个问题。该智商公式为：

$$IQ（智商）＝MA（心理年龄）/CA（实际年龄）×100$$

上述公式中的实际年龄指从出生到进行智力测验时的年龄。比如，某 9 岁（实际年龄）儿童甲，如果他通过了 9 岁的全部项目，则他的智力年龄也是 9 岁，那他的智商就是 IQ＝9/9×100＝100。而另一 9 岁儿童乙，如果除通过本年龄组的项目外，还完成了 10 岁组的 3 项，则其智力年龄为 9 岁 6 个月，从而智商 IQ＝9.5/9×100＝106。

但上面的公式也有不科学的地方，因为它假定人的智力年龄必然随着实际年龄一起增长，但事实并非如此。儿童到达一定年龄后，其智力基本稳定在某一水平，这时如仍用 MA/CA 来表示人的智力，就不一定能反映客观情况。因此，另一美国心理学家韦克斯勒（D. wechsler）在此基础上又提出了离差智商的概念，把一个人与同年龄组正常人的智力平均数之比确定为智商：

$$IQ＝100＋15(X－M)/S$$

式中，X 为个人原始分数，M 为同年龄组的平均分，S 为标准差。

这样，智商就只表示一个人的智力在同年龄组中的相对位置，更加不受年龄影响。目前，国际上已普遍采取了这种智商概念。

与此同时，韦克斯勒还发展了一整套新的智力测验，包括有韦克斯勒儿童智力量表（适用于 6～16 岁的儿童和少年）、韦克斯勒成人智力量表（适用于 16～74 岁的青少年和成人）、韦克斯勒学前和学龄初期儿童智力量表（适用于 4～6.5 岁的幼儿），均分别从言语和操作两个方面评定个体的智力。韦克斯勒智力量表是当今最为流行的智力量表之一。

三、智力差异与学习

个体的智力发展存在着差异，智力的差异不仅表现为智力的个体差异，还表现为智力的群体差异。

（一）智力的个体差异与学习

智力的个体差异主要表现为类型差异和水平差异等方面。

1. 类型差异

根据个体在知觉、记忆、表象、思维和言语等活动中的特点和品质，可总结出智力表现上的类型差异。

（1）分析型、综合型与分析-综合型。这是根据人们在知觉过程中的特点而划分的类型。分析型的人在知觉过程中，具有较强的分析能力，对物体细节的感知较清晰，但概括性和整体性不够；综合型的人，具有综合整体知觉的特点，但缺乏分析性，对细节不大注意；分析-综合的人，兼有上述两类型的特点，既具有较强的分析性，又具有较强的综合性，是一种较理想的知觉类型。

（2）视觉型、听觉型、运动觉型与混合型。这是根据人们在记忆过程中某一感觉系统记忆效果最好而划分的类型。视觉型的人视觉记忆效果最好；听觉型的人听觉记忆果最佳；运动觉型的人有运动参加时记忆效果最好；混合型的人用多种感觉通道识记时效果最显著。在日常生活中，有些人具有高度发展的形象记忆，而另一些人具有需要高度发展的抽象数字符号记忆。有人记忆敏捷准确，保持长久，提取运用方便；有人则记忆迟钝，遗忘得快，再认回忆的效果差，还有的人虽然记得慢，但保持时间长。

（3）艺术型、思维型与中间型。这是根据人的高级神经活动中两种信号系统谁占优势而划分的类型。艺术型的人第一信号系统（除语词外的各种刺激物）占相对优势：在感知方面具有印象鲜明的特点，易于记忆图形、颜色、声音等直观材料；在思维方面富于形象性，想象丰富。思维型的人则第二信号系统（语词）占相对优势：在感知方面注重对事物的分析、概括，在记忆方面善于语词记忆、概念记忆，在思维方面倾向于抽象、分析、系统化，善于逻辑构思和推理论证。中间型的人两种信号系统比较均衡，具有两者的特点。

2. 水平差异与学习

人类的智力水平差异很大。心理学研究表明，人的智力分布近似常态分布。有些人智力发展水平较高，有些人智力发展水平较低，而大部分的人智力属于中等水平。根据智力测验的有关资料，按照智商高低可进一步将人的智力划分为不同的等级（表 10.1），从表 10.1 中可以看到，智力超常和低常的约各占 2.2% 和 2.3%，几近一半的人口智力居中等。处在智力分布两个极端的超常和低常儿童，虽然他们人数比例低（事实上，由于我国人口基数大，即使特殊儿童比例不高，如若低智儿童占 2.2%，我国 2 亿儿童青少年中也有 440 万低智儿童），但由于他们各自具有与一般儿童显著不同的特点，故常常值得教育和心理学工作者的重视。

表 10.1　智力等级的分布（IQ 为韦氏分数）

IQ	智力等级	百分比/%
130 以上	智力超常	2.3
120～129	优秀	7.4
110～119	中上	16.3
90～109	中等	49.6
80～89	中下	16.2
70～79	临界	6.0
69 以下	智力落后	2.2

3. 特殊学习者及其教育

特殊学习者指对教育有特殊需要的学生，包括智力落后学生、智力超常学生、学习障碍学生、言语或语言障碍学生、情绪与行为障碍学生、肢体伤残学生、视听障碍学生等。这里我们要讨论的是智力超常儿童与智力落后儿童的学习。

（1）智力超常儿童的特点与教育。智力超常儿童一般指智商在 130 以上的儿童。超常儿童的一般特征有：身心健康，情绪乐观镇定；知觉敏锐，能察觉事物细微差别；思维敏捷，不易受具体情境和消极定势的束缚，思维能迅速从一个方向转向相反的方向；概括力强，能根据一两个事例实现"立即概括"，又能无需大量变式，而将获得的知识广泛迁移到不同场合；能恰当地处理各种符号系统；在语文和数学学习方面常有突出表现；具有浓厚的认识兴趣，注意力集中，能抵制分心刺激的干扰；对复杂的认识性课题表现出积极态度；许多超常儿童言语发展较早，有早期阅读的倾向。

智力超常儿童是遗传、环境和教育综合作用的结果。他们将来长大后能否继续"超常"，成为第一流人才，在很大程度上取决于是否有良好的教育。出于对高素质人才的需要，当前世界各国对超常儿童的教育都十分重视，采取各种措施促进超常儿童更好地成长。对超常儿童的教育采取的措施一般有以下几种：一是设立天才学校；二是在普通学校设立特殊班；三是采取特殊措施，如对那些留在普通班级中的超常儿童采用充实课程、单独布置一些有难度的作业、允许跳级、兴办超常儿童学习班等形式，指导他们超前学习。许多国家还兴办各种形式的科学竞赛，激励青少年充分发挥聪明才智。

（2）智力落后儿童的特点与教育。智力落后儿童一般指智商在 69 以下、且同时伴有适应性行为缺陷的儿童，约占儿童总数的 2.2%。这类儿童自我控制能力差，注意力易分散，对事物缺乏兴趣；学习能力差，不能把一种情境中学到的知识迁移到另一种情境中；知觉不精细，分析综合协调不好，常常忽略某些部分或看不到各部分之间的关系。如有的智力落后儿童在识字课上分不清"上"字和"下"字，"三"字和"五"字；词汇贫乏，特别是所学习掌握的形容词、副词、复句连接词较少；不能很好区分事物的主要特点和确定事物本质，概括能力低，对数概念普遍掌握差。智力落后儿童在人格上常常表现为畏缩、沮丧、防御性强，对成人抱有敌意，很少参加集体活动，部分智力落后儿童有外形特征。

智力落后的原因是多方面的，家族遗传、病理因素、营养不良、早期教育差或环境不利等均有可能导致儿童智力落后。近年来，国外对智力落后儿童有了比较乐观的态度，认为智力落后儿童大部分没有神经缺陷，他们大多是由于文化教育方面的原因造成的，有研究表明，智力低常儿童生活条件的重大改善，能够促进智商的增长。

智力落后儿童又可按照其智力水平分为三类：第一类，轻度的，或称可教育者，其智商为 50～69，在适当教育条件下，其智龄可达 10、11 岁，掌握五六年级学生通常能学会的知识技能，但其所花费的时间要比正常儿童多，经过训练，该类型儿童能胜任简单性的工作，能自食其力。第二类，中度的，或称可训练者，其智商为 25～50，其最高智龄可达 6 岁，即能口头表达自己的基本要求，在生活上可以照料自己。第三类，严重的或称应监护者，其智龄在 2.5 岁以下，最终智龄不超过普通 3、4 岁儿童。

对智力落后儿童的特殊教育措施，主要是让他们进特殊学校或特殊班（弱智班）。对于这些儿童，留级不能解决问题，放在普通班教学效果也不好，因为他们与正常儿童智力差距过大，会给教学及儿童自身带来较大困难。

4. 智商与学业成绩的关系

心理学家自智力测验诞生以来一直关注 IQ 分数与学习成绩之间的关系，为此，研究人员对 IQ 分数和学业成绩分数（或成绩等第）之间的相关进行了大量的统计分析。大家一致公认，在传统教学条件下，智力是学习成绩的一个可靠的预测指标，IQ 分数越高，一般学习成绩也越好，将来能接受教育的水平也越高。IQ 分数与学业成绩的相关程度很高，其相关系数在小学阶段为 0.6～0.7，在中学阶段为 0.5～0.6，在大学阶段为 0.4～0.5。儿童的智力水平不仅影响他们的学习数量而且也影响他们的学习质量。智力水平高的学生一般形成学习定势的速度快，容易学会解决问题的策略，易于自行纠正错误和验证答案，较多地使用逻辑推理，他们的学习方法更有效，学习能持久。

近一二十年来，心理学家的兴趣发生了转移，开始强调研究个性特征与教学处理的相互作用。得到的一个重要结论是：教学方法越是要求学生对信息作复杂的认知加工，则智力与学习总量的相关程度越高，也就是说，如果改变教学方法，在教学中降低对学生的认知加工要求，则智力与学习总量间的相关程度下降。

有研究以小学五年级学生为被试，采用两种方法进行阅读。一种是传统方法，要求学生自行监控与指导学习；另一种采用个别指导教学法。通过标准测验得到学生的一般认知能力，并用阅读理解测验测出教学后学生的阅读理解水平，结果发现，在传统教学条件下，智力水平越高，阅读成绩越好；但在个别指导教学条件下，低能生与高材生的成绩差异明显缩小。

然而，IQ 并不是影响学习成绩的唯一因素，学习动机、人格特征乃至同伴集体和教师等社会因素对于学习成绩也有重大影响。心理学家发现，存在着一类并非由智力缺陷引起的"学习困难"学生，美国心理学家柯克认为，学习困难学生是指那些在理解和使用口头语言与书面语言方面有一种或几种基于心理过程障碍的儿童，这种障碍可表现为听、说、阅读、思维、书写、拼写和数学计算等方面的不完善，但不包括视听和运动缺陷、智力落后和能力障碍，也不包括在经济、文化等环境方面处境不良的学生。由此可见，学习困难学生是指感官和智力正常而学习结果远未达到教学目标的学生。既然这类学生的学习困难不是由智力低下造成的，在对他们的教育过程中，首先就应该详尽分析他们学习障碍的原因，然后据此作出诊断推论，提出有针对性的矫正学习计划。

（二）智力的群体差异

智力的群体差异包括智力的性别差异、年龄差异、种族差异等，目前研究得较多的是智力的性别差异，智力的性别差异是先天遗传因素决定的生理上的差异。由于生理性的差异与生俱来，并且很明显。所以教育上一直存在某种程度的刻板印象，把男女两性在心理上（如能力、成就、兴趣、态度等）所表现的差异现象笼统地归因于性别本身。近年来教育心理学家们的看法有了改变，认为以心理为基础的行为表现的差异不应都完全归因于性别因素。他们对性别差异的影响因素及其在教育上的意义有了新的看法。综合起来，主要有以下几方面的观点。

1. 男女智力总体上无差异

早在 20 世纪 30 年代末，英国学者麦克米肯（MacMeeken）就曾以团体智力测验施测于整个苏格兰各年龄儿童近 9 万人，结果发现两性间智力无显著差异。然后又用斯-比量表测量，并比较了其中 4 组同一天出生的儿童的智力，结果也说明两性间没有显著性差异。其后大量的研究均表明，男女智力在总体平均分数上基本一致。若考虑社会文化的潜在因素，男女两性在智力总体上并没有显著的差异。

2. 男性智商离散程度较女性大

研究表明，男性智商分布较离散，女性智商分布较均衡。美国的一项研究表明，智力处于某一较高等级的男生占总人数的 5.1%，女生则为 3.4%；智力处于某一较低等级的男生人数占 4.0%，女生为 2.8%，这说明男生中智力处于两端的人数比例高于女生，女生则更多处于中等水平。

3. 在智力的不同方面男女间存在差异

虽说男女之间在智力总体上并无差异，但大量的研究揭示，在智力的不同方面男女性间则有着明显的差异。一般地，男性在数学推理、空间知觉、机械操作方面比女性占优势，女性在言语能力、知觉速度、图形识别和艺术欣赏方面比男性略占上风。

造成两性之间这种差异的原因既有生理方面的，也有社会和教育方面的。如女性言语能力较优，有人认为可能是因为女孩大脑左半球功能成熟比男孩早，但也可能因为父母与女孩说话机会比男孩多；男性机械能力较强，可能与在童年期经常玩弄各种可装拆玩具的经验多有关。有些研究还指出，男女智力不同方面的某些差异（如空间能力的差异）直到青春期才开始显现，这更进一步说明，男女两性间的差异并非主要是先天的，更多是社会文化、父母对男女儿童不同的期望与教养方式等因素影响的结果。

微妙的性别偏见会在一定程度上导致差异。男女生学业成就上的差异，基本是成人和儿童自己所察觉的性别角色差异的结果。对不同角色的看法会影响诸如动机、态度、学习风格等同成就有关的因素，并最终导致明显的性别差异。

第二节　学习风格差异与学习

在学生的个别差异中，学习风格是近年来较受重视的一个方向。在各种学习情境中，每一个个体都是带着自己的特点开始学习的。而由于存在着生理和心理上的个体差异，不同的个体获取信息的速度是不同的。因此，从学与教的角度，都有必要了解个体的学习风格。

一、学习风格的含义

关于学习风格，近 30 年来一直是教育界研究的一个热点，被称为"现代教学的真正基础"，是由美国学者哈伯特·塞伦（Herbert Thelen）于 1954 年首次提出的，但长期以来没有形成一个统一的界定，可谓"见仁见智"。在我国，比较公认的是谭顶良先生对学习风格所下的定义（1995）：学习风格是学习者持续一贯的带有个性特征的学习方式，是学习策略和学习倾向的总和。学习策略是指学习者为完成学习任务或实现学习目标而采取的一系列步骤，其中某一特定步骤成为学习方法。学习倾向是每一个体在学习过程中会表现出的不同偏好，包括学习情绪、态度、动机、坚持性以及对学习环境、学习内容等方面的偏爱。有些学习策略和学习倾向可随学习环境、学习内容的变化而变化，而有些则表现出持续一贯性。那些持续一贯地表现出来的学习策略和学习倾向，就构成了学习者通常所采用的学习方式，即学习风格。

西方许多学者都对学习风格提出了不同的界定。多数人认为学习风格的概念应当是多维的。如奈欣斯（Nations，1967）把学习方式描述为感觉定向、反应方式和思维模式。肯塞拉（Kinsela，1995）认为学习风格是指学习者个体接受信息和信息加工过程中所采用的自然习惯而又持久的偏爱方式。凯夫（Keefe，1979）从信息加工角度界定学习风格为"学习风格由学习者特有的认知、情感和生理行为构成，它反映学习者如何感知信息、如何与学习环境相互作用并对之做出反映的相对稳定的学习方式"。赫尔曼·威特金（H·A·Witkin）将人的知觉风格分为场依存型和场独立型等。

学习风格是在学习者个体神经组织结构及其机能基础上，受特定的家庭、教育和社会文化的影响，通过个体自身长期的学习活动而形成的，具有鲜明的个性特征。

二、学习风格的分类

基于不同的角度，学者们提出了很多有关学习风格的分类理论。如雷诺（Reynolds，

1992）等人则提出一个多维度的学习方式分类模式，包含知觉偏好、物理环境需要、社会环境偏好、认知方式、最佳时间以及动机和价值观等 6 个维度。所罗门（Barbara A. Soloman）从信息加工、感知、输入、理解四个方面将学习风格分为 4 个组对 8 种类型。

（一）活跃型与沉思型

活跃型学习者倾向于通过积极地做一些事情和讨论、应用或解释给别人听来掌握信息。而沉思型学习者更喜欢首先安静地思考问题。每个人都是有时候是活跃型，有时候是沉思型的，只是不同时候某种倾向的程度不同。

（二）感悟型与直觉型

感悟型学习者喜欢学习事实，不喜欢复杂情况和突发情况，对细节很有耐心，很擅长记忆事实和做一些现成的工作，不喜欢与现实生活没有明显联系的课程。而直觉型学习者倾向于发现某种可能性和事物间的关系，喜欢革新不喜欢重复，更擅长于掌握新概念，比感悟型的更能理解抽象的数学公式，不喜欢那些包括许多需要记忆和进行常规计算的课程。

每个人也都是有时是感悟型，有时是直觉型的。一个有效的学习者和问题解决者，需要学会适应两种方式。如果过于强调直觉作用，会错过一些重要细节或是在计算和现成工作中犯粗心的毛病。如果过于强调感悟作用，则会过于依赖记忆和熟悉的方法，而不能充分地集中思想理解和创新。

（三）视觉型与言语型

视觉型学习者很擅长记住他们所看到的东西，如图片、图表、影片和演示内容等，言语型学习者更擅长从文字的和口头语言中获取信息。在大学里很少呈现视觉信息，学生都是通过听讲和阅读写在黑板上及课本里的材料来学习，但大部分学生都是视觉型学习者，也就是说学生通过这种方式获得的信息量不如通过呈现可视材料的方法获得的信息量大。

（四）序列型与综合型

序列型学习者较习惯于按线性步骤理解问题，每一步都合乎逻辑地紧跟前一步。综合型学习者习惯大步学习，吸收没有任何联系的随意的材料，然后突然获得它。序列型学习者倾向于按部就班地寻找答案；综合型学习者或许能更快地解决复杂问题，或者一旦他们抓住了主要部分就能用新奇的方式将它们组合起来，但他们却很难解释清楚他们是如何工作的。

科恩和韦弗则从感知方式、认知方式和个性特点几个方面对学习风格作了分类，并提出了相应的适合的学习策略。见表 10.2。

表 10.2　学习风格分类列表（Andrew D. Cohen，Susan J. Weaver）

(a)感知方式

类型	学习者的特点	应选择的学习策略
A. 视觉型	喜欢图形、图表、图片等；喜欢阅读	使用卡片、录像和其他的视觉辅助
B. 听觉型	喜欢听讲座、录音带和谈话等	创造机会听讲座，参加讨论
C. 动觉型	喜欢通过借助别人的演示来学习；喜欢通过绘画和模仿来学习语言	寻找实践的机会理解语言和文化（如通过非言语交际的方式交流）

(b)认知方式

类型	学习者的特点	应选择的学习策略
A. 整体型	善于抓住大意，即使遇到不认识的词汇或不懂的概念也能很好地与别人进行交流	学会理解听力或阅读材料的大意。懂得细节并不妨碍理解整体意义
B. 细节型	需要通过具体的例子才能完全理解；注意具体的事实和信息；善于记忆新词和短语	意识到关注细节对理解很重要。练习"填充缺失信息"等活动

续表

类型	学习者的特点	应选择的学习策略
C. 综合型	善于发现和归纳要点；喜欢猜测意思，预测结果；能够很快发现事物间的相似点	学会归纳大意、猜测意思和预测结果，发挥整合信息的能力
D. 分析型	喜欢思考和分析；喜欢做对比分析和排除法的练习；对社会情感因素不敏感；关注语法规则	做分析性的练习，参与逻辑分析和语言对比的任务。寻找一本好的语法书来帮助学习
E. 尖锐型	在记忆的过程中善于发现项目之间的差异；分开储存项目，分别提取项目，能够区分语音特征、语法结构和词义的细微差异	在最开始接触学习材料时，留出足够的时间
F. 齐平型	分块记忆材料，往往忽略它们之间的差异而更多地注意相似点；在社交情境中经常为了提高流利程度而忽略差异；经常会混淆记忆，把新的经历与以往的经历结合	多进行交际，不必在意语言和结构的细微差异；注意某些好的表达方式
G. 演绎型	喜欢由一般到具体的方式，把结论应用到实践中；愿意从规则和理论入手，而不是从具体的例子入手	利用语法和其他规定了规则的学习材料；找到能给自己解释规则的学习伙伴
H. 归纳型	喜欢由具体到一般的方式，从具体的例子而不是从规则和理论入手	通过直觉学习规则，不关心具体细节
I. 场独立型	能够同时注意语言的细节和整体，而不受它们的干扰；善于同时处理多个语言部分	参加需要多种检测手段的任务
J. 场依赖型	需要一定的情境来帮助理解信息，因此只关注语言的某一部分或方面；同时处理语言的多方面特征会有一定困难	参加一次只关注几个概念的活动或任务
K. 冲动型	加工材料的速度快，但准确性低；愿意冒险和猜测	创造一些即兴表达的机会
L. 思考型	加工材料的速度慢，但准确性高；避免冒险和猜测	参与"冒险性"的活动，如口语等

(c)个性特点

类型	学习者的特点	应选择的学习策略
A. 外向型	对外部世界感兴趣，积极，善于交际，性格外向，通常兴趣广泛	参加一系列社交的、互动的学习任务（如游戏、对话）
B. 内向型	对内部世界感兴趣，能够集中注意力，善于理解概念；兴趣较少，但是精通，善于自我反思	参与独立完成的任务（如自学、阅读或使用电脑学习）或者是与另一个比较熟悉的学习者完成活动
C. 随机-直觉型	喜欢学习抽象的概念和建构模型，面向未来；爱推测可能性，喜欢随机的方式	参与面向未来的活动，如推测可能性
D. 具体-程序型	喜欢按部就班地学习，严格按照指令办事，有很强的感性和程序性，面向现在	按步骤完成任务，在完成每个步骤后从同伴、教师那里得到反馈信息
E. 封闭型	愿意做决定和采取行动；能制订并且遵守计划；有很强的控制力；对歧义的容忍度低；经常为了尽快找到答案而妄下结论；重视时间期限	事先计划，确定时间期限。接受特定的指导，多问问题
F. 开放型	善于收集信息；通常在广泛地获取信息和经验的基础上才下结论；认为学习是愉快的；有很强的灵活性，对歧义的容忍度高；不关心规定的时间期限	寻找和发现学习的机会和收集信息的机会

三、学习风格的构成要素

关于影响学习风格的因素，邓恩夫妇（Dunn R & Dunn K，1986）的观点较有影响。他们认为每个人的学习风格是由环境、情感、社会、心理、生理等多种要素组合而成的，并在个体接受、储存及使用其知识和技能的过程中表现出来。其中每一要素又由多个方面组成。如表 10.3 所示。

表 10.3 邓恩夫妇学习风格构成要素

构成要素	组 成 部 分
环境	光线、声音、温度、坐姿
情感	学习动机、学习坚持性、对学习内容组织程度的偏爱等
社会	独立学习、结伴学习、与不同类型的人一起学习
心理	分析、综合、左右脑使用、沉思与冲动
生理	优势感官、学习效果最佳时间、活动性

我国学者谭顶良先生综合国内外的研究成果将影响学习风格的要素归纳为社会、生理、心理三个维度（1995），各维度包括的内容如表 10.4 所示。

表 10.4 谭顶良学习风格构成要素

学习风格要素		组 成 部 分
社会		独立学习/结伴学习、竞争/合作
生理		对视听动感知通道、学习时间规律、光线明暗、安静程度等的偏爱
心理	认知	感知、信息加工、思维、记忆、问题解决
	情感	成就动机、控制点、抱负水准、焦虑水平
	意动	学习坚持性、言语表达性、对动手的偏爱

学习风格的情感、意动因素涉及很多方面，其中一些在本书其他章节里讲了。学习风格的认知因素实质上是一个人的认知风格在学习中的体现。所谓认知风格（cognitive style），也称认知方式，指个体偏爱的加工信息方式，表现在个体对外界信息的感知、注意、思维、记忆和解决问题的方式上。

四、认知方式差异与学习

20 世纪 60 年代以来，西方心理学家对认知方式作了深入的研究，认为认知方式具有如下特征。

第一，它是认知活动中个体所采用的典型的信息加工方式，既区别于智力因素，也区别于认知内容和认知能力，它用两极来描述，没有高低优劣的差别。

第二，它不仅表现在个体的认知过程中，也反映到个性心理特征方面，影响可以遍及人的整个心理活动领域。

第三，它具有相对的稳定性，即个体在不同时间、不同任务中的认知倾向始终有一致的表现。

下面介绍几种目前研究较多且影响较大的认知方式。

(一) 场独立型（field-independence）与场依存型（field-dependence）

场独立型与场依存型这两个概念来源于威特金的研究。第二次世界大战期间，飞机驾驶员常常因在云雾中机身翻滚而丧失方位感，因而造成飞机失事。威特金为了研究飞行员怎样利用来自身体内部的线索和见到的外部仪表的线索调整身体的位置，专门设计了一种可以摇摆的座舱，舱内置一座椅。当座舱倾斜时，被试可调整座椅，使身体保持垂直。结果发现，有些被试能准确地将椅子转到垂直位置，另一些被试在调整了椅子之后，椅子仍然与垂直位置相距 30°，而他们却认为自己是完全直立的。威特金由此得出结论，有些被试主要利用来自仪表的视觉线索，不能使自己的身体恢复垂直。另一些人则主要利用来自身体内部的线索，尽管座舱倾斜，仍能使身体保持垂直。威特金将前一种人的认知方式称为场依存方式，后一种称为场独立方式。后来的研究发现，场独立型与场依存型是两种普遍存在的认知方式。

研究表明，场独立型者对客观事物作判断时，倾向于利用自己内部的线索，不易受外来因素影响和干扰；在认知方面独立于周围的背景，倾向于在更抽象和分析的水平上加工，独立对事物作出判断，认知改组能力较高。场独立型学生一般偏爱自然科学、数学，且成绩较好，两者呈显著正相关，他们的学习动机往往以内在动机为主。场依存型者对物体的知觉倾向于以外部参照作为信息加工的依据，较多采用整体性认知方式，认知改组能力不及场独立型者，但社会交往能力较高。他们的态度和自我知觉更易受周围的人，特别是权威人士的影响和干扰，善于察言观色，注意并记忆言语信息中的社会内容。场依存型学生一般较偏爱社会科学，他们的学习更多地依赖外在反馈，他们对人比对物更感兴趣。

（二）沉思型（reflective）和冲动型（impulsive）

沉思型与冲动型的认知方式反映了个体信息加工、形成假设和解决问题过程中的速度和准确性。沉思型学生在碰到问题时倾向于深思熟虑，用充足的时间考虑、审视问题，权衡各种问题解决的方法，然后从中选择一个满足多种条件的最佳方案，因而错误较少。而冲动型学生则倾向于很快地检验假设，根据问题的部分信息或未对问题作透彻的分析就仓促作出决定，反应速度较快，但容易发生错误。总之，冲动与沉思涉及在不确定的情境中，个人对自己解答问题的有效性的思考程度，对其判别的标准是反应时间与精确性。

研究发现，沉思型学生与冲动型学生相比，表现出具有更成熟的解决问题策略，更多地提出不同假设。而且沉思型学生能够较好地约束自己的动作行为，忍受延迟性满足，比起冲动型学生，更能抗拒诱惑。此外，沉思型与冲动型学生的差别还在于，沉思型学生往往更易自发地或在外界要求下对自己的解答作出解释；而冲动型学生则很难做到，即使在外界要求下必须作出解释时，他们的回答也往往是不周全、不合逻辑的。约 30％的学前儿童和小学儿童属于冲动型。这里应当指出的是，并非所有反应快的学生都属于冲动型，有的可能是由于对任务很熟悉，或者是思维很敏捷的缘故。

在学习方面，沉思型与冲动型两种认知方式存在明显差异。一般来说，由于像阅读、推理之类的任务需仔细分辨概念，粗心大意的学生处于不利地位，尤其是当一个问题的答案不能直接得到，需要从一开始就仔细阅读材料，注意分析各种可能的条件时，更是如此。因此，沉思型学生阅读成绩好，再认测验及推理测验成绩也好于冲动型学生，而且在创造性设计中成绩优秀。相比之下，冲动型学生往往阅读困难，较多表现出学习能力缺失，学习成绩常不及格。不过，在某些涉及多角度的任务中，冲动型学生则表现较好。

为了帮助冲动型学生克服他们的缺点，心理学家正着手创造一些训练方法，对他们的不良认知方式进行纠正。研究表明，单纯提醒儿童，要他们慢一些作出反应，对他们并无帮助。但通过教他们具体分析、比较材料的构成成分，注意并分析视觉刺激，对克服他们的冲动型认知行为较为有效。也有人让冲动型学生大声说出自己解决问题的过程，进行自我指导，当获得连续成功以后，由大声自我指导变成轻声低语，而后变成默默自语。目的是训练冲动而又粗心的学生有条不紊地、细心地进行学习和解决问题，这种具体训练收到了较好效果。

（三）整体型策略（holistic strategy）和系列型策略（serial strategy）

从事研究的代表人物是英国心理学家戈登·帕斯克（Gordon Pask，1976）。帕斯克发现，学生在使用的假设类型以及建立分类系统的方式上存在着差异。有的把精力集中在一步一步的策略上，提出的假设一般较简单，每个假设只包括一个属性，从一个假设到下一个假设是以直线的方式进行的，这种策略就是系列型策略。而另一些则倾向于使用较复杂的假设，每个假设同时涉及若干属性，能从全盘出发考虑问题，这种策略就是整体型策略（转引自刘儒德，2010）。

整体型的学生在学习时，往往倾向于对整个问题可能涉及的各个子问题以及自己将采取的方式进行预测，视野比较开阔，能把一系列子问题组合起来，而不是遇到问题就立即着手一步一步地解决。系列型的学生，一般把重点放在解决一系列子问题上，注重逻辑顺序。由于他们通常都是按照顺序一步一步前进，所以到学习过程快结束时，才能对学习内容形成一个比较完整的看法。

认知方式并没有优劣之分，只是表现为学生对信息加工方式的某种偏爱，主要使学生在学习方式、个体发展、兴趣爱好和专业分化、学科学业能力等方面表现出不同的特点，具体体现在。

（一）认知方式与学习方式的关系

认知方式对学生学习方式的影响是多方面的，主要体现在以下方面。

第一，学生对学习环境的偏好。有些学生需要安静的学习环境，有些学生习惯在有背景的环境中学习。第二，学生对所用感觉通道的偏好。有些学生习惯于靠听觉学习，有些学生习惯于靠视觉学习，有些学生则喜欢靠触觉或各种感觉的结合来学习。第三，学生对学习内容组织程度的偏好。场依存型的学生喜欢与教师有相互关系的互动情景，偏向正规的教学方式，注重教学结构的逻辑性。而场独立型的学生讨厌"菜单式"的教学结构，更喜欢自由的教学方式。第四，学生对学科选择的偏好。场独立型的学生较少接受与人有关的社会信息的影响，倾向于选择自然学科，场依存型的学生较易接受与人有关的社会性信息，对社会学科有较大兴趣。

（二）认知方式与个体发展的关系

场独立型发展过程随年龄的增加而增长，儿童一般由比较依存于场向比较独立于场的状态发展，反映了心理系统发展和分化的水平。我国的有关研究表明，小学阶段，场独立型与场依存型不存在明显的性别差异。高中阶段男女学生在认知方式上存在着明显的性别差异，男生的认知方式更趋向于场独立型，女生更趋向于场依存型。

（三）认知方式与兴趣爱好和专业分化的关系

威特金曾对 1500 名学生进行长达 10 年的跟踪调查，纵向研究结果表明：场独立型者喜欢需要认知改组能力的非人际领域（如自然科学）；场依存型者则喜欢无需强调这些能力的人际间领域（如初等教育）。当初入学的大学生所选的专业与自己的认知方式符合时，学生在该专业学习直至毕业，有的考取与该专业一致的研究生；当学生所学专业与自己认知方式不符合时，他们在大学阶段或考入研究生时，倾向转入与自己认知方式相一致的专业。

（四）认知方式与学科学业能力的关系

（1）场认知方式与语文学习的关系。关于场认知方式与集中、分散识字的研究实验表明，场独立型学生集中识字效果较好，场依存型学生分散识字效果较好。在阅读教学中，场独立型者对文中的具体细节或部分内容理解、记忆较深，但往往把握不住文章的主题；而场依存型者却相反，能掌握文章总的框架结构或基本思想，但对文中的具体细节却分析得不够清楚。

（2）场认知方式与数学学习的关系。场独立型学生在中小学阶段数学成绩比场依存型学生好，这方面的差异在小学阶段较为明显，到了大学阶段，这种差异逐渐消失。

第三节　性格与学习

一、性格的含义

性格是人对现实的稳定态度，以及与之相适应的习惯性的行为方式。从性格的定义可以看出，它包含两个意思。首先，性格是人对现实的态度。人在现实生活过程中总要与周围的事物发生联系，既要接受客观事物的影响，又要以一定的态度对待周围的事物。有些事物是符合个体需要和愿望的，可以使个体的实践活动顺利进行并产生愉快的情感体验；有些事物与个体的需要和愿望相违背，使个体的实践活动产生困难并产生不愉快的情感体验。各种客观事物不断作用于个体，个体以认识、情感和意志的形式保存下来，巩固下来，形成一定的态度体系。这种态度不是一时的、偶然的，而是长期的、稳定的。稳定的态度体系，组成了性格的第一特征。其次，性格表现为与态度相适应的习惯性的行为方式。这种行为方式在适宜条件下就会自然而然地表现出来，性格是一个人对现实态度和行为方式的统一，对现实的稳定态度支配着他的行为方式，而习惯性的行为方式又使对现实的态度得以体现。

在现实生活中，我们可以看到某些人在特殊场合下会改变自己的一贯的态度和行为方式，表现出反常的态度和行为。例如，一个人脾气一向较好，但由于受到特殊刺激而表现出暴跳如雷不能自制，我们不能据此认为这个人具有暴躁的性格特点。只有那些经常的、稳定的表现，才能被认为是一个人的性格特征。

二、性格与能力、气质的关系

（一）性格与能力

性格与能力是个性心理特征的两个重要组成部分，它们是在人的统一的实践活动中形成的，既相互制约，又相互影响。

首先，能力发展的同时也促进了性格的发展。如科学家、艺术家、思想家等，一般都具有较高的能力和坚强的性格。

其次，性格在一定程度上影响能力的发展，良好的性格往往会补偿某方面能力的缺陷。人的责任感、坚持性、自制力、自信心以及克服困难的顽强毅力等性格特征都影响着能力的发展，这些性格特征是发展能力的重要条件。缺少这些性格特征，即便有良好的遗传素质和优越的后天教育，也很难发展成比较突出的能力。据研究，智商分数相同的学生，由于性格特征上存在差异，在同等教育条件下，学生的学业成绩和创造能力也存在着差异。具有勤奋、自信、坚持和创新精神的学生，学业成绩和创造能力都提高较快；而那些懒惰、缺乏自信、墨守成规的学生，学业成绩和创造能力发展都相对比较慢。

（二）性格与气质

性格和气质也是在人的统一的生活实践中形成的，气质也是个性心理特征的重要组成部分，性格与气质既有联系又有区别。

首先，从区别来看，主要表现为：第一，气质无好坏之分，任何气质类型的人都有可能取得较大的成就；性格有好坏之分，良好的性格特征可以促进工作和学习的成功，有缺陷的性格特征会阻碍工作和学习的成功。第二，气质和性格各反映人的不同本质属性，气质主要反映人的自然属性，而性格更多反映的是人的社会属性，这是因为气质的形成更多受遗传素质的影响，性格的形成更多受社会环境所左右。

其次，从联系来看，主要表现为：第一，气质可以影响性格的表现方式，使同样的性格特征具有独特的“色彩”，例如，不同气质类型的人都可以形成勤劳的性格特征，多血质者表现出精神饱满，精力充沛，黏液质者表现出踏实肯干，操作细致；胆汁质者表现出热情、快速；抑郁质者勤于思考，不遗漏任何细节。第二，气质可以影响性格形成的难易和速度。例如，关于性格特征的发展，胆汁质的人形成性格特征的速度快，而且持久稳定；黏液质的人形成速度缓慢；多血质的人形成得快，消失得也快；抑郁质的人则很难形成。第三，性格在一定程度上可以调整、改造或掩盖气质，使气质的消极方面受到抑制，积极方面得到发展。

三、影响学习的性格因素

个体的性格因素在不同的范围，以不同的方式、不同的程度影响其行为，从而对人的学习活动产生重要影响。

(一) 性格特征与学习

爱因斯坦说："智力上的成绩，依赖于性格上的伟大。"性格是一个人最鲜明、最重要的、区别于他人的个性心理特征，是一个人的人格中的核心成分，学生的学习行为直接被染上性格特征的色彩。下列几种性格类型与学生的学习有密切的关系。

1. 顺从型与独立型

一般来说，人按性格分为两大类：一类是顺从型的，他们一般不主动争取自己的独立地位，做独断的决定，而是容易接受别人的影响，依赖别人的支持行事；而另一类是独立型的，与顺从型的正好相反。顺从型的学生认为自己的学习好坏主要取决于老师、家长和外在环境因素，这类学生不是通过证明自己的能力去争取学习上的成功，而是为了满足老师、家长、学校的期待去争取好成绩，他们的成就动机是外源性的。独立型的学生认为自己的学习成绩完全建立在自己的兴趣、能力和勤奋程度上，这类学生不愿接受来自家长或老师的外在力量，试图通过自己的努力获得成功，他们的成就动机是内源性的。奥苏贝尔的研究表明，独立型的学生比顺从型的学生有较高水平的成就动机，特别是在失败的时候，独立型学生的成就动机比较稳固。与此相应，独立型学生的表现更多地不符合老师和家长的见解。

这两种类型特征对学生学习行为的影响，还反映在学生对价值的同化方式以及学习方式上。对顺从型的学生来说，指导他们价值体系的主导动机，是保持和满足那些对他们有影响作用的人的认可和期望。所以，这类学生主要根据这些有影响作用的人的观点去认识世界的；而对独立型的学生来说，指导他们价值体系的主导动机，不是盲目地接受和满足别人的观点和期待，而是根据自己的需要和标准，判断是否接受或拒绝来自外在的价值。在这种情况下，家长或教师的权威和力量不是在学生需要与他们认同的基础上产生的，而是在它们符合学生本身的价值标准，并能促进学生自身成功动机需要满足的基础上产生的。因此，顺从型的学生在学习方式，表现出被动地接受教师传授的学习内容和学习任务，习惯按书本的要求或现成答案去寻找问题的解决，在思维方式上表现出求同性。独立型的学生则表现出学习上的主动性、思维上的求异性和活动中的创新性。他们不因循守旧，总想通过自己的方式去接受学习内容和完成学习任务。有研究指出，互相关心、互相帮助和互相支持的人际关系环境有利于顺从型学生的学习。独立型的学生则在有一定的组织结构和明确规定，但又受别人影响的学习环境里较容易取得好的学习效果。

2. 内倾型和外倾型

人们对事物的反应方式一般表现出两大性格特征，即内倾型和外倾型。内倾型的人倾向于自己内在的思维和情感体验过程，不善于社交，对事物的反映比较含蓄；外倾型的人兴趣主要指向他周围环境中的人与事物，其主要特征为思想开朗，感情外露。据汤普森（G. G. Thompson）的研究显示，这两类性格特征的学生对奖赏和惩罚这两种措施，产生着不同的反应方式。汤普森对一些划分为内倾型和外倾型的学生，采取了表扬和批评的实验措施，结果表明，对内倾型的学生来说，表扬比批评更为有效；对外倾型的学生来说，批评比表扬更为有效。

3. 其他类型的性格特征

除了上述两大特征外，我们日常生活中还发现，其他不同类型的性格特征与学生的学习行为也紧密相关。例如：性格仔细认真的学生在学习上要求准确和完美，作业整洁，考试中很少因马虎而出差错；而性格粗心马虎的学生则恰恰相反，很少追求作业形式上的整洁，内容上的精确，考试中常常因为马虎而丢分。具有耐力和韧劲的学生，兴趣专一，学习行为持久，在学习活动中表现出一鼓作气完成某项学习任务，不把疑难问题解决掉绝不罢休的劲头；而做事无常性，性格不稳定的学生，在学习上浅尝辄止，遇难而退，兴趣容易转移。谦虚谨慎的学生，在学习上精益求精，善于请教，不耻下问，很少满足；而骄傲自大的学生，在学习上敷衍了事，不懂装懂，满足于一知半解。

可见，不同性格的学生对学习有着不同的态度和与之相适应的行为方式，从而影响着学习效果。

（二）焦虑与学习

在影响学生学习的各种情绪因素中，焦虑具有特别重要的意义。所谓焦虑，是指对当前或预计到对自尊心有潜在威胁的任何情境具有一种担忧的反应倾向。

由于焦虑是对自尊心的一种威胁，它可以成为学习的一种内驱力，激起个体改变自身状况，从而进一步去达到某种学习目标。但焦虑有时也会伤害学生的自尊心，破坏学生的学习情绪，使学习遇到阻碍。因此，焦虑与学习之间的关系是复杂的。有人研究了焦虑水平与学习效率之间的关系，发现它们之间呈现一种"倒U"的曲线关系，焦虑程度过强或过弱都会降低学习效率，保持中等程度的焦虑，则学习效率最高。

但焦虑究竟对学习起促进作用还是抑制作用，要视许多因素而决定。这些因素包括学习者原有焦虑水平的差异、学习材料的难易程度及学习者本身的能力水平。首先，焦虑水平与学习效率的关系受学习任务难度的左右。对于熟悉、简单或容易完成的任务，焦虑水平高的人等同于甚至超过焦虑水平低的人，但对于那些非常生疏或需要随机应变的较为复杂的学习任务，焦虑水平低的学习者要比焦虑水平高的学习者好很多。同时，焦虑对学习的影响还视学习者本身的能力水平而有区别。对于能力水平低的学生来说，焦虑对学习有较大的破坏作用。但对能力水平高的学生来说，焦虑与学习之间的负相关并不明显，甚至出现正相关。研究指出，在小学阶段，焦虑对学生的学习成绩一般有抑制作用，到了中学，焦虑的激励作用往往超过了它的破坏性，在焦虑和学生成就下降之间出现了负相关。到了大学，焦虑和学业成就之间则被正相关代替了。

（三）态度与学习

态度是一个人对人、对事、对物和某种活动所特有的一种接近或背离、拥护或反对的稳定概括的心理倾向性。每一种态度都含有认识、情感和行为倾向三种成分，其中认识与情感因素作为态度结构中重要的心理机制，对行为有不同的调节作用，我们平时说的"知之者不如好之者，好之者不如乐之者"、"知之深，爱之切"讲的就是态度中情感因素和认识因素对学习的影响作用。

态度对学习的激励作用已被许多实验研究所证实。早在1919年英国著名心理学家麦独孤和史密斯（W. Macdougal & W. Smith）在一项实验中发现，积极的学习态度对学习进步有促进作用。1952年，卡利（Carry）在总结一项实验研究时指出，男女大学生对解决问题的不同态度直接影响着解决问题的效果。我国的一些关于态度的研究表明，学生的学习态度直接影响着学习行为和学习成绩。对学习抱积极态度的学生，上课时能积极听讲，按时完成作业；而对学习抱消极态度的学生，不仅学习成绩差，而且课堂行为问题也较多。

我们认为态度对学习的影响，首先是它对学习材料具有一种筛选作用，有助于学习者学习同他已有的态度倾向相一致的材料。当学生的学习态度与已有的态度倾向相一致时，态度中的情感成分会因新的学习与原有的态度的选择倾向相一致，导致一种愉快而满足的情绪体验，从而产生一种强烈的动机作用，无形中增强了学习者的学习自信心。其次，按照奥苏贝尔"先行组织者"的观点，原有的学习态度中的认知成分为同化新的学习材料提供了起固定作用的观念，使新的学习材料顺利地纳入原有的认知结构中去，从而促进新的学习材料的学习。与此相反，当学生对学习持消极态度时，它对学习的影响就会朝相反的方向起作用，不易同化新的学习内容。再次，积极的学习态度还可以促进学生对学习内容的保持。由于学习态度的不同，会使同一学习材料在保持中产生各种不同的强调、忽略或歪曲等重新构建，导致学习者再现内容上的变化，从而影响学习效果。最后，态度也存在着定势，这种定势影响着学生是否接受有关信息及其接受的质量，对品德学习有重大影响。

（四）归因与学习

所谓归因是指人们对他人或自己的行为或结果的原因加以解释的过程。美国心理学家韦纳（B. Weiner）对归因有深入的研究。他从三个维度把归因分为：内归因和外归因，稳定性归因和非稳定性归因，可控制归因和不可控制归因；又把人们活动成败的原因即行为责任主要归结为 4 个因素，即能力高低、努力程度、任务难易、运气（机遇）好坏等。

近年来，"习得性无助"引起了心理学家的关注。所谓"习得性无助"是一种认为失败无法避免的观念。对于学生来说，当他无论怎样努力都遭到失败之后，便会产生此观念。一旦学生持有这种观念，则表现为自尊心下降，有强烈的失败感，学习消极，不愿做出任何努力。一般而言，那些在学校被教师视为能力低下，同时被其他同学看不起的学生通常具有"习得性无助"的特点。心理学家们指出，对于这样的学生，教师最好采用鼓励与引导他们进行积极归因的方法，对他们给予帮助。只要他们的消极归因得到改变，那么他们身上的"习得性无助"现象将会逐渐消失。

归因理论还指出，影响学生进行成败归因的重要因素有年龄、早期经验、成败的情境条件、教师的观点与指导以及反馈等。例如，小学低年级的学生既不能准确地评价自己的成就水平、也不能迅速地进行归因；而小学中高年级的学生，特别是五年级以上的学生，则可以清楚而迅速地进行归因。又如，有人在小学生中进行调查，发现小学生们对不同的任务有不同的成败归因，他们把"完成学业测验"归因为 65％的努力，15％的能力，20％的其他因素（包括运气、任务难度等），而把"捉青蛙"归因为 24％的努力，12％的能力，以及 64％的其他因素。由此可见。学生对成败的归因依赖成败的情境条件。

（五）控制点与学习

近年来，在教育心理学领域中，控制点作为一种人格特征对学习所产生的影响日益受到重视，并成为一个热门研究课题。许多研究表明，控制点能够影响学生对学习的兴趣和求知欲望，能够决定学生对学习任务持接受还是拒绝的态度，在完成任务的过程中注意力是否集中、能否坚持到底、能否克服困难，以及能否激起其他与学习活动有关的行为。具有外部控制特征的学生，对学习无兴趣，逃避有关的学习活动，在被迫选择任务时，不是怀着侥幸心理选择太难的任务，就是从保险的角度选择太容易的任务。他们之所以选择不恰当的任务，那是因为他们没有成功的把握，选择困难的任务可以把失败的责任推给任务而与自己无关；选择容易的任务是便于轻而易举地获得成功，其中大部分学生对失败不是抱无所谓的态度，就是责怪他人或以客观因素为自己辩解，例如："测验的评分不公正"、"考前没有时间复习"、"身体不好"等。他们在失败的情景中呈现出无能为力、无毅力、无恒心的状况，并且会中止自己的学习，因为他们把失败的原因看成是缺乏能力，认为自己无法改变这种状况，实际上他们的能力并非如此低下，但这种过低的自我估价是会降低他们在失败可能性较大的任务面前发挥实力的信心进而影响学习。与外部控制的学生相反，内部控制的学生对自己的行动有责任心，能控制自己的成功和失效，因而能积极地适应中等的、适度的课堂挑战，选择现实的学习任务。这些学生的成就动机也较高，对自己能力的信念坚定，因此，当处于失败的情景时，也能坚持学习行为。在他们看来，失效或成功是受他们自己控制的，失败不过是更需要做出努力的标志，通过付出更大努力，就可以取得更好的成绩。

虽然在学校中极端的内部控制学生或极端的外部控制学生并不多见，但每一个学生都可以在这两个极端之间的轨迹点上找到相应的位置。教师了解学生的控制点，有助于了解学生对学习成功和失败的责任心，并通过一定的归因训练，改变他们对学习失败"不负责任"的态度，改变他们在学习结果上"无能为力"的不正确认识。德查姆斯（R. Decharms）的研究表明，启发并鼓励学生在成功或失败时把主要原因归之于内部的努力，经过训练后，发现学生能学会内部归因，并向内控的方向发展。但这并不是说，内控水平越高越好，科学的观点是应帮助学生发展平衡的控制结构。把成功和失败全部归因于运气、机会和其他外部因素是不正确的，同样把成功和失败都归因于自己的努力也是不恰当的，理想的控制模式是内外控制点的平衡。为达到这一目标，教师应经常对学生进行归因训练，鼓励学生阐述适当的归因，对正确的归因加以强化，对那些实事求是承认责任的学生给予表扬，并使学生逐渐意识到过多承认责任的失当，帮助学生掌握合理的自我责任的标准，最后建立起内外平衡的控测点结构。

【拓展性阅读】

［1］ 刘儒德. 学习心理学. 北京：高等教育出版社，2010.

［2］ 皮连生. 学与教的心理学. 第 5 版. 上海：华东师范大学出版社，2009.

［3］ 陈烜之. 认知心理学. 广州：广东高等教育出版社，2006.

［4］ 谭顶良. 学习风格论. 南京：江苏教育出版社，1995.

［5］ 张天宝. 姚辉. 当代西方学习风格研究概况. 江西教育科研，1996，（4）.

［6］ 谭顶良. 论学习风格及其研究价值. 南京师大学报：社科版，1994，（3）.

［7］ 谭顶良. 学习风格与教学策略. 教育研究，1995，（5）.

［8］ 胡斌武. 学习风格与学习策略的选择. 上海教育科研，1996，（9）.

【研究性课题】

1. 综合评估自己的学习风格并设计一套适合自己的学习策略。

2. 分析自身存在的妨害学习效率的性格因素。

第十一章 学习策略与学习

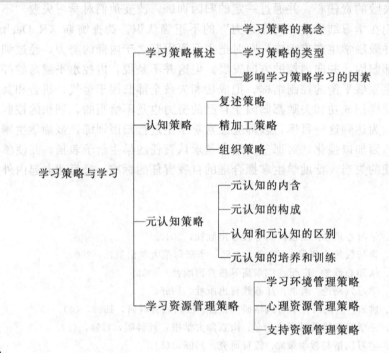

【学习目标】

- 能举例说明学习策略的概念及类型。
- 举例说明影响学习策略学习的因素。
- 能举例说明复述策略、精加工策略、组织策略的具体内含及其相关策略的具体运用。
- 掌握元认知策略，元认知策略和认知策略的区别。
- 了解心理学家就元认知策略的培养所进行的相关研究。
- 了解各种学习资源管理策略。
- 通过学习策略的学习，思考在实际教学中如何教会学生学习。

随着信息社会的发展，知识增长的速度越来越快，学生不可能在学校中获得所有在未来生活和工作中所需要的知识，因此，学生不仅需要在学校中掌握一定的知识，而且，需要掌握一定的学习策略，自己学会学习。本章将介绍一些典型的学习策略。

第一节 学习策略概述

一、学习策略的概念

在未来的学习化社会中，唯有具备终身学习能力和自主发展能力的人，才能适应并创造未来。因此，越来越多的学者开始认为掌握了学习策略才是真正学会了学习。在提倡素质教育的今天，只有教会学生掌握尽可能多的学习策略，并使学生根据不同的学习内容灵活运用学习策略，才能使学生提高学习效率，获得全面发展。

在有关学习策略的研究中，学习策略的界定始终是一个基本问题。对于什么是学习策略，人们从不同的研究角度提出了各自的看法，至今没有达成统一的看法。概括起来，大致有三种。

第一种，将学习策略看作学习活动或步骤。如梅耶（R. E. Mayer）认为学习策略是"在学习过程中用以提高学习效率的任何活动"，是"学习者有目的地影响自我信息加工的活动"；琼斯（JonesAmiran & Katims）等人认为学习策略是"被用于编码、分析和提取信息的智力活动或思维步骤"。

第二种，把学习策略看作学习的规则、能力或技能。如都费（Duffy）认为学习策略是学生获得信息的技术或方法，是指使用认知策略和元认知策略的一般术语；温斯坦（C. E. Weinstern）认为学习策略"在广义上是指研究工作者和实践工作者所假设的、对有效地学习和保持信息有帮助的、并且是必需的各种不同能力"。

第三种，把学习策略看作是学习计划。如得瑞（S. J. Derry，1986）认为学习策略是学习者"为了完成学习目标而制订的复杂的计划"，它可以被看成是对一个学习问题应用一个或几个学习术（learning tactic）。所谓学习术，是指在计划中使用的单个加工技术。

综合这些看法，我们认为，学习策略是指学习者为了提高学习的效果和效率，在学习活动中用来保证有效学习的规则、方法、技巧及其调控措施。换句话说，所谓学习策略，是指在学习情境中，学习者对学习任务的认识、对学习方法的调用和对学习过程的调控。这一界定至少明确了学习策略四个方面的特性。

（1）学习策略是学习者为了完成学习目标而积极主动地使用的。策略是受意识控制的技能，也就是说学习者采用学习策略都是有意识的心理过程。学习时，学习者一般先要分析学习任务和自己的特点，然后根据这些条件，制订适当的学习计划，寻找适当的学习方法。

（2）学习策略是提高学习效率、保证学习效果的基本条件，学习策略是有效学习所必需的。所谓策略，实际上是指向效果和效率的。策略的运用总是为了达到一定的目的，或是为了加强记忆，或是为了加深理解，或是为了问题更好地被解决等。例如，学习一个英语生词，反复朗读，最终也能记住单词，但是效率低而且保持时间不会长久。而如果采取分散复习或尝试背诵的方法，记忆的效果和效率就会有较大提高。

（3）学习策略是有关学习过程的。它规定学习时做什么不做什么，先做什么后做什么，用什么方式做、做到什么程度等方面的问题。学习策略是一种程序性知识，由一系列规则和技能系统构成，是学习技巧和学习技能的组合。

（4）学习策略是学习者制订的学习方案，由规则和技能构成。严格说来，所有学习活动的计划都是不相同的，每一次学习都有相应的计划。但相对而言，对于同一种类型的学习，存在着基本相同的计划，这些基本相同的计划就是我们常见的一些学习策略。

学习策略对学生的学习、教师的教学和人类的学习有极其重要的意义。

（1）学习策略可以改进学生的学习，减少教学和训练的时间，提高学生"学"的质量。特别是能够促进或改进那些不具备学习策略或学习策略掌握不好的学生改进学习，从而大面积提高教育的质量。

（2）学习策略能够更有效地促进教师教学的改善。教师的教学策略的一个组成部分就是要教给学生一定的学习策略，通过专门的或者是渗透式的学习策略教学，可以减少教学和训练时间，达到减轻学生学习负担的目的。

（3）学习策略是终身性的。知识经济和信息社会的来临，要求人们学会认知、学会做事、学会生活和学会生存，因此培养人的学习能力，教学生学会学习成为一种国际性的教育主张，这一主张已经成为 21 世纪教育的核心。对人的主体性的尊重、人的创造性的激发、人的潜力的开发、人与人交流与合作，都需要有崭新的教育观念和教会学生一定的学习方式和策略。因此，从这个意义上来说，掌握一定的学习策略是人的生存和发展之本。

二、学习策略的类型

关于学习策略的类型，人们提出了多种看法，其中主要有以下的几种分类。

(一) 基础策略和支持策略

根据学习策略所起的作用，丹塞伦（D. F. Dansereau）把学习策略分为基础策略（primary strategy）和支持策略（support strategy）。基础策略是指直接操作材料的各种学习策略。主要包括信息获得、储存、信息检索和应用的策略，如识记、组织、回忆等策略。支持策略主要指帮助学习者维持适当的认知氛围，以保证基础策略有效操作的策略。包括计划和时间筹划、注意力分配与自我监控和诊断策略。

(二) 认知信息加工策略、积极学习策略、辅助性策略和元认知策略

温斯坦（Weinstein, C. E.）认为学习策略包括：①认知信息加工策略，如精加工策略；②积极学习策略，如自我检查；③辅助性策略，如处理焦虑的办法；④元认知策略，如监控新信息的获得。温斯坦基于这一划分，编制了学习策略量表，该量表中包括 10 个分量表，分别是：信息加工、选择要点、考试策略、态度、动机、时间管理、专心、焦虑、学习辅助手段和自我检查。

(三) 认知策略、元认知策略和资源管理策略

迈克卡（McKeachie）等人认为学习策略中包括着认知策略、元认知策略和学习资源管理策略三大部分。

(1) 认知策略是指学生用来加工和组织学习材料的策略。包括复述策略，如重复、抄写、作记录、划线等；精加工策略，如想象、口述、总结、作笔记、类比、答疑等；组织策略，如组块、选择要点、列提纲、画地图等。认知策略的概念最早由美国心理学家布鲁纳首先提出，后来不同的心理学家都对认知策略提出了自己的理解和看法。其中，对认知策略论述影响最大的是美国心理学家加涅，他认为，认知策略是学习者用以支配自己的心智加工过程的内部组织起来的技能。可以说，众多的心理学家都赞同认知策略是处理内部世界的能力，它包括记忆策略、理解策略、信息编码策略（组织、加工策略）、思维策略等，这些策略都是影响学习的关键因素。

(2) 元认知策略是学习者用来评估自己的理解、安排学习时间、选择有效的计划来学习或解决问题、监控自己的学习情况等方面的策略，包括计划策略，如设置目标、浏览、设疑等；监视策略，如自我测查、集中注意、监视领会等；调节策略，如调整阅读速度、重新阅读、复查、使用应试策略等。

(3) 资源管理策略是用来辅助学生管理可用的环境和资源的策略，这些策略与学生的学习动机有密切关系，包括时间管理，如建立时间表、设置目标等；学习环境管理，如寻找固定地方、安静地方、有组织的地方等；努力管理，如归因于努力、调整心境、自我谈话、坚持不懈、自我强化等；其他人的支持，如寻求教师帮助、伙伴帮助、使用伙伴/小组学习、获得个别指导等。

三、影响学习策略学习的因素

大量研究表明，学习策略是可以教学的，但影响学生学习策略学习的因素是复杂而多样的，了解这些因素的作用，既有助于教师的教，也有助于学生的学。学习策略的掌握和运用

既受学习者的内部因素影响，也受学习者的外部因素影响。

（一）内部因素

1. 发展水平

研究表明，儿童的策略能力随年龄不断发展。梅耶在详细研究学习与记忆中的复述策略、分类组织策略和表象加工策略的基础上，提出了儿童认知策略发展的早期、过渡期和后期三个阶段。

早期阶段，大致在学前期。这个阶段儿童尚未掌握策略，即使自发地获得了某些简单的策略，也不知道在什么时候和什么条件下应用这些策略。过渡阶段，相当于小学时期。儿童已经自发地掌握了不少策略，但大多数仍然比较简单，并且他们不能有效地运用这些策略来提高学习效率，需要成人的指导和帮助，他们才有可能利用已有的策略来改进自己的学习。后期阶段，相当于初中和高中时期。到了这一阶段，有些学生在自己比较熟悉的知识领域里，已经可以自觉地运用适当的策略来帮助学习，根据学习的需要调整学习策略。

研究表明，策略的复杂程度不同，出现的年龄水平也不同，越是比较复杂的策略出现的年龄越晚，如表象加工策略比复述策略要晚。因此，通过教师的提示，可以使六七岁的儿童利用复述策略改进学习，但却不能使他们利用表象加工策略来改进学习。

2. 能力差异

越是智商水平高的个体，越能自发地形成有效的学习策略。许多以改进儿童学习策略为目的的研究，之所以仅对那些智力中等水平以下的儿童有显著效果，原因是智力水平比较高的儿童早已经自发地获得了研究中需要训练的策略。现有的研究表明，策略作为一组自己认知加工过程的技能，不是不可教的。但是，同其他认知能力的学习相比，它们的学习更困难，而且可能更多地受到个别差异的影响。

常常有许多学生把学习中的困难归因于缺少能力，而实际上，他们的问题在于，从来没有人教过他们如何学习。学生常常没有相关的学习策略来学习复杂的材料。比如，当教师要求学生分析材料之后回答问题时，学生逐字逐句地回答教师笔记的内容就不会有用，而且，学生只是了解各种不同的学习策略还不够，他们必须学会如何与何时适当地使用这些策略。

3. 学习动机

国内外大量研究表明，学习动机影响着学习策略的掌握和运用，学生的成就目标、动机归因、自我效能感不同，其学习策略的掌握和运用情况也往往不同。

（二）外部因素

1. 学习策略训练是直接影响学生掌握和运用学习策略的主要外部因素

从已有的研究来看。策略的训练方式主要有两种，第一种是对学习策略进行直接的专门训练，单独开设学习策略训练课，教授一般的学习方法和思维技巧；第二种是对特定学科内的学习策略进行训练，即根据具体的学科内容教授适合特定领域的方法与思维技巧。这两种方案各有利弊。策略训练应兼顾两者，而不要将两者对立起来。在具体的训练过程中，应该注意以下几点：①明确地告诉学生如何使用具体的方法并示范；②让学生自己来管理策略学习，但教师要告诉学生在什么时候检查策略的使用效果，以及如何进行检查；③提供足够的训练时间；④教师根据学生的学习结果与策略学习之间的关系反思自己的策略教学实践，及时调整教学中存在的问题，以适应改进学生学习策略的要求。

2. 教师日常的教学方法

教学过程中，教师的教授知识技能的方式间接影响着学生学习策略的掌握水平和应用意识。另外，教师本人在学习和问题解决中体现出来的策略运用风格，为学生提供了很好的模仿对象。

3. 学习氛围

研究表明，强调掌握、自主与合作的学习气氛有助于促进学生使用、发展和运用深加工策略和适宜的求助策略。而在一种强调竞争、超越他人、服从教师指令的学习环境中，学生更多地运用表层加工策略，并倾向于回避求助。

基于学习策略学习的这些特点，托马斯和罗瓦提出了一套适用于具体学习方法的有效学习原则。

（1）特定性。学习策略一定要适合学习目标和学生的类型。教师要针对学生的年龄、学生已有的知识水平，以及学生的学习动机类型，帮助学生选择学习策略或改善其对学习不利的学习策略。同时，还要考虑学习策略的层次，必须给学生大量的各种各样的策略。对小学生而言，非常重要的一点是选择适合于他们的认知和元认知发展水平的学习策略。

（2）生成性。是指在学习过程中要利用学习策略对学习的材料进行重新加工，产生某种新的东西。这就是要求学习者进行高度的心理加工。对小学生来说，"提问"、"向同伴讲授课的内容"都是有效的生成策略。

（3）有效的监控。对策略执行结果的监控强调学生要把注意力集中在学习结果和学习过程二者之间的关系上，监控自己使用每种学习策略所导致的学习结果，以便确定所选策略的有效性。经过这样的监控实践，学生就能够灵活把握何时、何地与如何使用何种策略。

（4）个人效能感。个人效能感是指学生在执行某一任务时对自己胜任能力的判断，它是影响学习策略选择的一个重要的动机因素。那些能有效使用策略的人相信只要自己使用某一策略就会对自己的成绩产生影响。教师一定要给学生一些机会使他们感觉到策略的效力。这样才能够激发学生运用学习策略的动机，从而有利于学生的学习。

第二节　认　知　策　略

加涅在 20 世纪 70 年代对学习结果的分类研究中，把认知策略作为一种特殊的能力从智慧技能中分离出来。他认为智慧技能是一种用符号办事的能力，处理外部世界的能力；认知策略则是处理内部世界的能力，是自我控制及调节的能力。而学习策略是指在学习过程中用以提高学习效率的任何活动，主要包括复述策略、精加工策略、组织策略等。

一、复述策略

复述策略（rehearsal strategies）是指在记忆过程中为了保持信息，运用内部语言在大脑中重视学习材料或刺激，以便于将注意力维持在学习材料之上。在简单任务的学习中，用这种策略只是按照一定顺序重复项目的名称，以此帮助记忆。例如，学生为了记忆外语单词，出声或者不出声地重复念单词。而在较复杂任务的学习中，复述策略一般涉及这样几个认知过程：一是选择，即把注意、感知觉放在一定的对象上；二是维持，把信息保持在工作记忆中；三是获取，使信息转入长时记忆。在学习中，复述是一种主要的记忆手段，许多新信息，如人名、地名或外语单词等只有经过多次复述后才能记得。

复述策略通常是学习过程中必不可少的环节，复述策略仅仅是一种识记策略，与其他学习策略相比，它的作用仅仅是保持信息，因而是一种比较低水平的信息加工策略。在学习和教学过程中，不能把复述与死记硬背划等号。为了保证有效地复述，下面介绍一些常用的复述策略。

（一）识记过程中的复述策略

1. 利用不随意识记和随意识记

不随意识记是指没有预定目的，不需要经过意志努力的识记。这种识记是有条件的，凡是对人有重大意义的、与人的需要和兴趣密切相关的、给人以强烈情绪反应的或形象生动的人和事，就容易不随意识记。在学习中，教师要尽量运用这些条件，如培养学生对某门学科的兴趣或者某个知识点的兴趣，以加强不随意识记。

随意识记是指有目的、有意识的识记。除非我们留意，否则一个事物即使我们天天都见到它，但有人问起来，我们可能还是对此一无所知，这就是熟视无睹。曾经有一个生物教师在第一次上课时就将一幅人体结构图挂在教室靠近黑板的地方，于是就开始了他的教学。学期结束考试时，试卷上有不少内容都和那张人体结构图有很大的关联，但全班同学都说他们从未学过相关知识。由此可见，要想记住某一信息，就需要有意识地、用心地去记它，尝试着自己复述一遍，看看自己能否重复出来。

2. 排除相互干扰

有时，我们之所以没记住某一信息，是因为这一信息受到了干扰，或者被其他信息搞混了，或者被其他信息挤到一边去了。在生活中，常常有这样的现象，当有人刚刚告诉我们他的电话号码，另一个人马上找我们谈别的事情，等谈完之后我们会发现自己并没有能够记住那个电话号码。因此，在进行其他活动之前，一定要花时间在头脑中复述刚刚获得的新信息。

一般来说，前后所学的信息之间存在相互干扰。先前所学的信息对后面所学信息的干扰叫做前摄抑制；后面所学的信息对前面所学信息的干扰叫做倒摄抑制，倒摄抑制可能是遗忘的一个重要原因。在安排复习时，要尽量考虑预防这两种抑制的影响。在早上起床后或学习开始时学习重要内容可以克服前摄抑制的影响；相反，在晚上睡觉前或学习结束前学习重要内容可以克服倒摄抑制的影响。

记忆中的系列位置效应是指一份材料的开始部分和最后部分的记忆效果优于中间部分。在学习时可充分利用学习材料的系列位置效应，通过巧妙地安排材料的系列位置和时间顺序，把学习的重点和难点放在最有利于记忆的位置和时间上，以保证对这些材料的学习效果。

3. 多种感官参与

在进行识记时，要学会同时运用多种感官，如用眼睛看、用耳朵听、用嘴巴说以及用手写等。有心理学家证明，人的学习83%通过视觉，11%通过听觉，3.5%通过嗅觉，1.5%通过触觉，1.5%通过味觉。而且，人一般可记住自己阅读的10%，自己听到的20%，自己看到的30%，自己看到和听到的50%，交谈时自己所说的70%。这一结果说明，多种感官的参与能有效地增强记忆。

4. 整体识记和分段识记

对于篇幅短小或者内在联系密切的材料，适宜采用整体识记，即整篇阅读，直到记牢为止。对于篇幅较长，或者较难，或者内在联系不强的材料，适宜采用分段识记，即将整篇材料分成若干段，先一段一段地记牢，然后合成整篇识记。至于段的长短，要根据自己对材料的熟悉程度而定。

5. 试图回忆

自问自答和尝试背诵就是将学习与重现交替进行，这样可以提高复习效率。学习者借助这种复述策略，可以根据自己回答或背诵的情况检查自己的学习效果和薄弱环节，从而在随后的学习中能够有的放矢地分配学习时间和注意力。

6. 利用情境和心境的相似性提高复述效果

在一定的情景下，人能够联想起这一情景下曾经发生的事情，这表明情境的相似性有助于回忆。另外，学习与回忆时心境的相似，也能提高回忆成绩。因此，在学习过程中，教师可借助情境创设和心境诱导来帮助学生记忆学习材料。

（二）知识保持过程中的复述策略

1. 及时复习

德国著名心理学家艾宾浩斯在系统研究的基础上，描述了人类遗忘的规律，即机械程度高的学习材料习得后的遗忘在学习之后立刻开始，遗忘的进程是先快后慢。据此绘制出著名的艾宾浩斯遗忘曲线。根据艾宾浩斯遗忘曲线，在识记后的二十分钟，就差不多遗忘了40%左右，两天内的遗忘量多达70%。不过几天，就忘得差不多了。如果过了很长时间，直等到考试前才复习，就几乎等于重新学习了。所以，根据这一遗忘规律，新学习的材料一定要注意及时复习，至少要在当天复习，以减缓遗忘的进程。正如一位教育家所说的，要及时"巩固建筑物"，而不要"在建筑物崩溃之后才去修补"。

2. 分散复习和集中复习

集中复习就是集中一段时间一下子重复学习许多次，分散复习就是每隔一段时间重复学习一次或几次。对于大多数学习，分散复习更有益于长期保持。这就是家庭作业的最主要用意：让学生在持续的时间里复习刚学的知识和技能，以加强对这些技能的保持。因此，要注意利用分散复习，经常进行复习，按时完成家庭作业。千万不要等到考试的前夜，才临时抱佛脚似地进行突击复习。

3. 复习形式多样化

采用多种形式进行复习，如将所学的知识再用实验证明、写成报告、作出总结、与人讨论以及向别人讲解等，比单调重复有利于理解和记忆。某一领域的专家之所以能记得住许多专业知识，是因为他们反复地应用这些知识。因此，要善于在不同的情境下反复应用所学的知识，以便加深对知识的理解和保持。

4. 反复实践

在实践中应用所学知识是对知识的最好复习。如果学的许多知识，只能适用于限定的、常常是人为的环境之中，不能应用于生活中，那就成了人们常说的"书呆子"、"死啃书本"。

（三）一种常用的复述策略：PQ4R 法

一个最有效的能帮助学生理解和记忆的复述策略是 PQ4R 方法，PQ4R 分别代表预览（preview）、设问（question）、阅读（read）、反思（reflect）、背诵（recite）和回顾（review）。PQ4R 技术可以如下具体地使用。

1. 预览

快速浏览材料，对材料的基本组织主题和副主题有一个了解。注意标题和小标题，找出你要读的和学习的信息。

2. 设问

阅读时自己问自己一些问题。根据标题用"谁"、"什么"、"为什么"、"哪儿"、"怎样"等疑问词提问。

3. 阅读

阅读材料，不要泛泛地做笔记。试图回答自己提出的问题。

4. 反思

通过以下途径，试图理解信息并使信息有意义：①把信息和你已知的事物联系起来；②把课本中的副题和主要概念及原理联系起来；③试图消除对呈现信息的分心；④试图用这些材料去解决联想到的类似的问题。

5. 背诵

通过大声陈述和一问一答，反复练习记住这些信息。你可以使用标题、画了线的词和对要点所做的笔记来提问。

6. 回顾

最后一步是积极地复习材料，主要是问你自己问题，只有当你肯定答不出来时，才重新阅读材料。

对于复杂的陈述性知识，复述不等于简单的重复感知，而是在感知学习材料时对重点、难点和要点用画线、圈号、加标点符号等方式将其突出表现出来。比如教师向学生说明哪些句子、节段是文章的重点，要求学生划出这些重要部分，然后要求他们揭示这些句段，并进行及时复习。

复述策略的运用是随年龄的增长而发展的。研究表明，五岁以下的儿童缺乏足够的、合适的复述策略；六岁到十岁的儿童可以在一定的指导下使用复述策略，而不能自发地使用；十一岁以上的儿童则可以自发地使用这种策略，并且能够不断改进自己的复述行为。教学是培养这种能力的有效途径。教师应通过多方面的努力以使学生尽快掌握复述策略：第一，经常要求学生复述，培养复述习惯；第二，通过多种方式发展学生的复述能力。例如：①要求复述新内容。有经验的教师在讲完某个重要的定理或某段重要内容后，总是要求学生复述或者阅读几遍，以促进内容的保持。②要求学生用自己的话复述课文主要内容、题目包含的主要信息。③复述对某一问题的思路或思考过程。第三，对学生的复述要给予指导，不能把复述搞成简单的死记硬背，而应通过复述使学生更好地了解学习材料的意义、各部分的连接关系，使之更清晰易懂，易于从记忆中恢复。第四，对复述的要求应逐步提高，不能只停留在对原内容的机械重复上，而应逐步过渡到有选择性的重点复述。

二、精加工策略

精加工策略（elaborationstrategies）为美国心理学家威廉·柔尔（William Rohwer）所创。所谓精加工就是使人们更好地理解和记住正在学习的东西而作的充实意义的添加、构建或者生发。简单地说，凡是将新学习的材料和头脑中已有的知识联系起来增加新信息的意义，有助于人们对新知识的理解的方法就是精加工。经精加工加工的信息进入已有知识网络中，在以后需要唤起的时候容易检索，即使直接检索出现困难，也能够通过知识网络间接地把它推导出来。因此，精加工在学习过程中发挥着重要的作用，是高效率地获得陈述性知识的基本条件之一。与复述策略相比，精加工策略是一种更高水平的更精细的信息加工策略。研究发现，学习者对材料加工得越细致、越深入，他们对知识的掌握就越牢固。

精加工学习策略的精髓就是要掌握如何进行精加工。精加工的主要方法有类比法、比较法、质疑、扩展与引申和先行组织者。

（一）类比法

类比是根据两个（或两类）对象之间在某些属性上的相同或相似所作的一种类推，它是精加工的重要方法。运用类比，抽象的内容可以具体化、形象化，陌生的东西可以转化为熟悉的东西，深奥的道理可以明白简单地揭示出来。例如，一个数学老师在讲负数时，深入浅出地打了一个比方。他说："我们至今为止学习的最小数是零，零表示什么都没有。若表示钱，就是一分钱也没有。而负数比零更小，不仅一分钱也没有，而且还借了别人的钱。如借了三元钱，可以负三表示。"短短几句来自日常生活的比方，就将负数的概念揭示得一清二楚了。这种把新知与旧知主动联系的类比，有利于迅速提示问题的实质，加深对新知识的理解。

但运用类比法必须注意：首先，要考虑可比性，即所选的比方与要比的事物必须具有某种同一性和相似性，否则不仅起不到过渡、启发的作用，反而会模糊思想；第二，要考虑可接受性，所选的比方必须是自己熟悉和易懂的，最好是自己喜闻乐见、司空见惯的，否则所用的比方不仅多此一举，反而会越糊涂；第三，比方是手段而不是目的，只能起过渡作用。因此运用时，不应再在比喻本身上去作过多的绘声绘色的具体描述与渲染，以免喧宾夺主；第四，要注意在重点、难点、关键点上来用，在必须用的内容上来用，就更能显示出其魅力与作用。

（二）比较法

比较是对两种或两种以上易混淆的相关事物进行对比分析的一种常用方式。常言道：有比较，才有鉴别。当新学的知识与原有的知识存在某种联系而又有区别时，往往容易相互混淆，张冠李戴。对于这种容易混淆的相关知识进行比较，不仅能提示新概念的关键特征，而且能更容易地掌握新概念的内含。因此比较也是一种常用的精加工方法。比较的方法较多，下面介绍几种主要的方法。

1. 对立比较

把相互对立的事物放在一起，形成反差极为强烈的鲜明对比，易留下深刻的印象，而且记住了一个就往往掌握了另一个。比如数学中的正数与负数、约数与倍数、质数与合数等。又如化学中的氧化性与还原性、结晶与溶解、化合与分解、中和与水解等都是可以通过对立比较的方式进行学习，通过对立比较，就能"成双成对"地掌握知识，达到一箭双雕的效果。

2. 差异比较

对两种易混淆的事物进行分析，着重找出其差异，通过突出它们各自的"个性"来区别。比如初学心理学的人，表象与想象两个概念常常混淆，表象与想象虽然同是头脑中出现的形象，但前者是已感知过的形象组合，而且不是感知过的形象的现成翻版。又如初学物理的人，难以区别位移与路程这两个概念，这是因为两者都是描述位置变化的物理量，故容易混淆。其实只要抓住位移的矢量性特征与路程的标量性特征进行比较，就比较容易掌握这两个概念了。因此，区别易混事物，关键是要抓住各自的不同点，不同点找到了，两者的界限就自然清楚了。

3. 对照比较

把同一类别的若干材料同时并列，进行对应比较。例如，《现代汉语》与《古代汉语》的指示代词不同，但指代的事物一样，通过表 11.1 对应比较，不仅易掌握两者的差异，也易记住。

表 11.1　《现代汉语》与《古代汉语》指示代词的比较

项目	现代汉语	古代汉语
近指	这、这里、这样、这个	是、此、斯、兹、然、尔
远指	那、那里、那样	彼、夫、其
无指	没、有、的	莫、毋、靡
旁指	别的、旁的	他、异
不定代词	某、有的、有些	某、或、或者
特殊		所、者

（三）质疑

质疑是以追问"为什么"，或用挑剔、批判的眼光来看待已有的事物，达到对事物的深层次理解。有人曾作过这样的研究，让两组学生学习关于太阳系、植物、动物、循环系统的知识，对一组仅要求仔细阅读，将来要考；对另一组则要求边读边向自己提问"为什么这个句子所说的事实是正确的？"实验时明确告诉学生，尽管有些事实与常识似乎有些不符，但所有句子都是正确的。并鼓励学生，要尽最大努力回答自己向自己提出的"为什么正确"的问题，如果自己答不出来，就采取猜测的办法。学习之后进行即时测验和间隔74天和180天的延迟测验，结果表明质疑组测验成绩明显优于对照组。此外，研究还表明，以合作学习的方式相互提问效果更好。在合作学习中，同伴的优秀学习方法易成为自己的最近发展区，易于相互吸取与模仿。同时合作学习使学习更具有竞争性和激励性。因此合作学习已成为现代心理学所提倡的一种有效学习方式。

（四）扩展与引申

对新知识进行扩展与引申也是深化理解新知识的重要途径。这是因为扩展、引申的过程就是思维的过程。思考程度增加，获得的印象就更为深刻。此外，扩展、引申后的知识比原知识具有更丰富的信息与外延，更易与有关知识经验连接起来。如学习等位基因这一内容时，一种方式是反复地一字不差地背诵课本中的定义"同一对同源染色体的同一位置上的、控制相对性状的基因，叫做等位基因"。但如果对该定义进行三个方面的扩展分析：从数量上看，等位基因是成对的基因；从性质上看，成对基因的遗传效应具有对应关系；从存在上看，是位于同源染色体的同一位置上。这样不用背，也能用自己的话表述"等位基因"这一概念了。又如当学生学习"维生素C可治疗感冒"这一命题时，就可以借助已有的旧知识"维生素C可以促进白细胞的生长"，"白细胞可以消灭病毒"，引申出新命题"维生素C能医治感冒的原因是促使白细胞的生长"。这一引申的命题加深了对新知识"维生素C可以治疗感冒"的理解，把"知其然"深化为"知其所以然"了。

（五）先行组织者

先行组织者是美国著名心理学家奥苏贝尔提出来的，它是一种先于学习内容呈现的一种引导性材料，目的在于把新学的知识纳入到已有的知识结构中。组织者一般放于学习材料之前，所以称为先行组织者。先行组织者分为陈述性组织者和比较性组织者。如果学习材料与已有知识关联不大，这时就用陈述性组织者，它以一种简化的、纲要的形式去呈现新学习的观念或概念，如在学习山脉、高原、丘陵等具体地形前，以定义"地形是大小、形状方面具有特点的大片陆地的变化形式"作为先行组织者，可帮助具体地形的学习。如果新学习的知识与先前的知识有交叉重叠，那么最好使用比较性组织者。如在学习"分数四则混合运算"前，呈现比较性先行组织者"分数四则混合运算同整数四则混合运算的运算顺序相同"。这样学生就能有效地运用旧知识，迅速、容易地掌握新知识"分数四则混合运算"。

有关先行组织者的研究表明，先行组织者的作用具体表现在：①当学习者缺乏必要知识准备时更为有效；②学习材料缺乏良好组织时，作用较大；③测验概念性知识的迁移效果比测验具体知识的保持效果更佳；④通常具体形象化的先行组织者比抽象的先行组织者效果更好。

以上所讲的各种精加工策略，无论使用哪一种或者几种，对材料补充细节、举出例子、作出推论、或者使之与其他观念形成联想等，都是为知识的提取提供新的途径，为知识的建构提供额外的信息，从而最终达到对新知识的掌握。

三、组织策略

组织，就是按照材料的特征或类别进行整理、归类或编码，其目的是建构新知识点之间的内在联系，从而将分散的、孤立的知识集合成一个整体并表示出它们之间的关系的方法。组织的具体方式、方法或途径就是组织策略（organizational strategies）。组织策略是使信息由繁到简、由无序到有序的一种重要手段。组织了的材料储存在头脑中，犹如图书馆经过编码的书，易"招之即来"。组织策略是对信息深加工的重要形式，它不仅能有效地利于材料的识记与提取，也能有效地加强与提高对材料的理解与表达。组织是优秀学习者的常用策略，主要包括归类组织策略和概括组织策略。

（一）归类组织法

归类组织法也叫归纳法。是指在自由回忆中按特征或归属组织识记材料的方法。对含有不同类型且随意排列的词组，先"归类"，并按类来回忆，可以提高回忆效果。归类法有利于学习者将新学知识相互联系，构成一个整体，形成一种结构，因此是一种有效的学习策略。在学校学习中，运用归类来输入、回忆信息是很常见的。例如，在学习我国 30 个行政区域的名称时，可把 30 个省份按地区划分为东北、华北、西北、西南、华中、华东、华南（另加台湾）7 个地区来记。有人曾给 5 至 11 岁儿童 16 张画片，每张画片上画有一种物品，这些物品可以分为动物、家具、交通工具、服饰四类。这些图片的次序随机排列成一个圆圈，要求被试者尽量记住这些图片，但可以重新安排次序。结果表明，随着儿童年龄的增长，归类的倾向越来越强，回忆的成绩也越来越高。

诚然，同一种材料往往可以按不同的标准来归类。有研究者（Bjorklund，1972）将归类水平高低分为：高语义的、低语义的、表音的（依据发音的）、随机的四种。采用什么标准归类，与回忆成绩密切相关。采用的分类水平越高，其记忆效果越好。如果分成的组数和每组内的个数控制在短时记忆容量 7±2 项之间，更利于记忆。

关于儿童组织水平的发展研究表明，10 至 11 岁儿童才明显地表现出自发使用归类策略的倾向。但经过训练，儿童可以学会在不同水平上进行组织。训练儿童按照意义进行分类，可极大地提高其组织水平，改善其思维能力。

（二）概括组织法

概括法指以摒弃枝节、提取要义的方式组织信息。概括是一种重要的组织策略，越来越受到人们的重视。如何概括？有学者把概括归纳为 5 条原则。第一，略去枝节，指概括时省略不那么重要的材料。第二，删掉多余，指已经涉及过的内容不再重复，尽管前后在形式上稍微有所不同，也应如此。第三，代以上位知识，有两种情况，其一是以一个类的标记去总括属概念，如以"水果"去代替"苹果"、"香蕉"、"桃子"、"西瓜"；其二是用一个更一般的行动（如"小红起床"）去代替一系列的具体行动（"小红止住闹钟声音，手脚一蹬，便一骨碌下了床"）。第四，择取要义，是指找出一个主题句。第五，自述要义，指对无现成主题句的段落，在阅读之后构思出一个主题句或中心思想。择取要义和自述要义是更高级的概括，需要更高的概括水平。根据概括方式的不同，概括可分为纲要法和网络法。

1. 纲要法

纲要法是一种提取材料要义、组织纲目要点的方法。只要抓住了纲目要点，整个材料也就心中有数了。这是因为一篇材料不仅有主题、主要观点，往往还有大量的说明与例证，而大量的说明与例证只是为了增强观点的说服力或者帮助读者理解主题。因此读者只要掌握了其主要观点，其他说明与例证即可以作为辅助材料了。这样就可以减少记忆负担，也更有利于对材料的掌握。常用的纲要法可分为数字纲要法和图解纲要法。

（1）数字纲要法。数字纲要法即以数字表示材料的层次，体现其逻辑关系的一种方法。数字纲要法的编写主要在通读、掌握材料的基础上，将材料分为几个层次，每层次包括若干要点,以数字(一、二、三……1、2、3……)的方式表达即为数字纲要法。

例如,著名的《晏子使楚》一文,就可列出以下四层数字纲要:

一、晏子使楚;二、楚王侮辱;三、晏子反击;四、楚王失败。

这样,《晏子使楚》一文的内容要点就容易掌握了。数字纲要法中的纲要通常可以借用大小标题、主题句、关键句;若无现成的主题句和关键句,则应用自己的话概述要义,并作为纲要。

(2)图解纲要法。图解纲要法是运用图示或连线、箭头等手段表示知识之间内在联系的方法。图解纲要法的特点是形象、直观且概括性强,有利于我们一目了然地把握知识之间的复杂关系或内在联系。

2. 网络法

网络法是指以树状式连线方式表示材料种属逻辑关系的一种组织方法。使用网络法的关键步骤是确定材料的种属关系。首先应找准各种要领,然后按层次依次确定属概念。将有明显种属关系的材料运用网络法提取要点,逻辑关系特别清楚明了,便于理解与记忆。如一篇描写《绿》的短文,运用网络法,可以编制出如下网络,就可以将"绿"的具体要点写得一清二楚了。

组织策略除了这里所列出的几种具体策略外,还可以表现为其他的分类形式,有"描述策略",即将孤立的单词组成一描述性句子;有"归类策略",即将分离的项目按类别组织成一序列,以减少记忆项目的数量;有表象策略,即将言语形式的信息转化成视觉形式或图画形式的信息,比如对长颈鹿和手表的学习,可以描述为长颈鹿长长的脖子上带着一块手表,或者一块长颈鹿牌的手表等,从而达到更好的学习效果。这些策略比较适合于简单陈述性知识的学习。

第三节 元认知策略

在认知心理学家看来,学生的学习是一个建构过程,学生在这个建构过程中储存有组织的信息,并将课文或教师传授的知识转变为有用的技能(如问题解决)。参与这一建构过程的诸多因素中,"元认知"是人们颇为关注的要点之一。学习不仅仅是对所学材料的识别、加工、理解的认知过程,同时也是对该过程进行积极监控、调节的元认知过程。

一、元认知的内含

元认知(metacognition)这一术语,是美国心理学家约翰·弗拉维尔(John Hurley Flavell)于1976年根据自己以及他人的多方面的研究,在《认知发展》一书中首先提出来的。他指出"元认知通常被广泛地定义为任何以认知过程与结果为对象的知识,或者是任何调节认知过程的认知活动,它之所以被称为元认知,是因为其核心意义是对认知的认知"。元认知又叫反省认知或者反审认知,其实就是对自己的认知过程和认知结果的认知。

具体地说，所谓元认知就是个体对自身认知活动的认知。我们通常所说的感觉、思维或想象属于认知活动，而元认知则是对感觉、思维等这些认知活动的认知，是个体对自身认知活动的自我意识、自我体验、自我调节，它包括对当前正在进行的认知过程（动态）和自我认知能力（静态）以及两者相互作用的认知。元认知能使学习者有效地反省、评价及直接认识各种活动，监督学习者的学习过程。比如有的学生在考试前能够很好地对自己的复习状况作出正确的评价；有的学生在学习中能够举一反三。

二、元认知的构成

从元认知的构成来看，它主要包括元认知知识、元认知体验和元认知监控三个成分。

（一）元认知知识

元认知知识是指个体具有的关于认知活动的一般性知识，即是关于什么因素或变量以什么方式起作用（或相互作用）来影响人的认知活动的过程与结果的知识和信念。主要是通过经验积累起来的关于认知的陈述性知识和程序性知识。前者是指人们对自身认知状况和水平的了解，比如，"我知道自己的记忆力比别人差"，"我知道自己掌握语言的能力强"等；后者是指人们关于认知策略或如何解决认知任务的知识，比如，当你意识到自己记忆力差又不愿意自暴自弃，便会采取种种措施加以补救，至于采取什么措施，如何实施这些措施就属于程序性的元认知知识。

元认知知识大致分为三个部分，即关于认知个体的知识，关于认知任务的知识和关于认知策略的知识。

1. 关于认知个体的知识

关于认知个体的知识是指我们具有的关于自己和他人作为认知加工者的一切知识。其一是关于认知者认知特点的知识，涉及个人的兴趣、爱好、能力及其程度等，主要着眼于个体自己同自己的比较，如自己意识到自己擅长学文科而不擅长学理科，或者意识到某位同学逻辑推理能力强而口头表达能力差等。其二是个人与他人认知特点的差异，着眼于个人同他人的比较，如意识到自己的观察力比别人强而动手能力比别人差，或者认识到甲同学空间思维能力比同学乙强，而同学乙的乐感又比同学甲强等。其三是认知个体间认知相似性的知识，这是指认识到人类认知的普遍性特点，如认识到人类短时记忆的容量为 7 加减 2 个信息单位，一心不能二用，人的认知能力可以提高等。

2. 关于认知任务的知识

关于任务特点的知识（关于不同的认知材料和任务目标对认知活动的不同影响的知识），是指人们对认知活动中任务要求的认识。它包括两个方面：一方面指任务中有关信息特点的知识，如这种信息是熟悉的或生疏的，丰富的或者贫乏的，复杂的或者简单的，简约的或者冗余的；另外也指对任务要求和目的的认知，例如对同一篇文章，需要背诵和只需要记住大意，其认知加工是有所不同的。

3. 关于认知策略的知识

关于认知策略的知识。主要包括进行认知活动和完成认知任务有哪些策略，各种策略适用的条件与范围及其优缺点，对于不同的任务、不同的情境如何选用有效的策略等。例如学习新知识时，我们要选用过渡学习、及时复习、分散复习的策略以抵消遗忘的影响；知道谐音记忆法适合记圆周率而不适用于记忆外语单词等。

（二）元认知体验

元认知体验是指伴随着认知活动而产生的认知体验或情感体验。元认知体验时间有长有短，体验内容有简有繁，它可以在认知活动的每一个阶段产生，元认知体验可以是对"知"

的体验，也可以是对"不知"的体验。至于产生什么体验，与个体在认知活动中所处的位置和取得的进展直接有关；元认知体验对认知任务的完成有着重要的作用，如怀疑自己所解的题有错而进行重新审视，阅读遇到障碍而反复阅读，也可能由于失败或困惑的体验而修改或放弃原有的目标。

弗拉维尔列举了三种元认知体验：一是短暂的体验，例如，你在短期内可能怀疑自己是否真正理解别人为什么这样做？或是体验短暂迷惑的感觉等；二是产生在认知活动持续期间的体验，产生在认知活动前或后的体验，例如，你可能预感到在将参加的活动中会失败，或是感到以前参与的某次活动很成功；三是有些元认知体验与你在认知活动中所处的地位有关，例如，感到你未及时将个人感受转达给你的朋友，或是你的朋友、学生未能理解你的意图，或是你在阅读某份材料时感到你的认知遇到阻碍等。

弗拉维尔认为元认知体验与元认知的知识有部分重叠，有些元认知体验可以认为是进入意识的元认知的知识，例如，你会突然感到你目前处理的事情与你过去处理的某事很相似等。

元认知体验中的情感体验还受到动机的影响，其强度与动机的强度成正比。此外，动机端正，目标远大且明确，才能产生健康的情感体验，才会以苦为乐，知难而进，真正有助于认知活动。

（三）元认知监控

元认知监控就是指个体在认知活动的过程中，能不断评价学习过程，获得认知活动质量的信息，找出认知偏差，并能适时地调整计划、选用恰当的方法，以保证任务的有效完成。比如你在解决问题时感到任务较难，你就会付出更多的心理努力去对付它，这就是一种元认知监控。个体对正在进行的认知活动积极进行监控，并相应地对其进行调节，以迅速达到预定的目标。此外，认知活动结束之后，评价认知结果，估计完成任务的程度等也属于监控范围。

元认知监控主要有计划、实行控制、检查结果、采取补救措施等内容。元认知监控是元认知的核心。已有研究表明，学生学习的自我监控水平已成为影响其学习成功的关键因素。实质上，元认知监控是在元认知体验基础上派生出来的，只有在认知活动中体验到学习情境的变化，敏感地理解或体会到导致变化的原因，才可能有效地对活动进行调节与控制，大脑也才能不断获取和分析反馈信息并相应调节认知过程，从而完成对认知的认知，并进而减少认知活动的盲目性、冲动性，提高认知活动的效率与成功的可能性。因此，也有人把元认知监控归入元认知体验。

由此可以看出，元认知知识是元认知监控的基础，所有的元认知知识只有通过元认知监控这个具体的操作过程才能发挥作用。主体也可以通过元认知监控这个实践性环节，不断地检验、修正和发展有关的元认知知识，从而使自己所拥有的元认知知识结构更加丰富和完善。同时，持续而稳定的元认知体验也可以转变成元认知知识。元认知监控的每一步具体的效应都会对元认知体验产生直接的影响；元认知体验有时也会对元认知监控的进行产生动力性的影响。

三、认知和元认知的区别

元认知就是对认知的认知，那么它和认知之间的关系是怎么样的呢？我们认为，元认知和认知的区别主要表现在以下几个方面。

1. 活动内容

认知活动的内容是对认知对象进行某种智力操作，如对一列数字求和，就是将一列数字按照有关的运算法则相加。元认知活动的内容则是对认知活动进行调节和监控，如阅读中的元认知活动有：确定阅读目的、自我提问以检查阅读效果、发现错误则纠正等。

2. 对象

认知活动的对象是外在的、具体的事物，如，阅读的对象是某段文字材料，回忆的对象是过去经历过的某种事情。元认知的对象是内在的、抽象的认知过程或认知结果等。

3. 目的

认知活动的目的是使认知主体取得认知活动的进展，例如，个体将一列数字相加，为的是得到这列数字的和，这是认知活动的目的。元认知的目的是监测认知活动的进展（即给主体提供有关进展的信息），并间接地促进这种进展，例如，为了确认所得到的和是正确的，个体重复加了一遍，这种为确认结果而进行的自我检查就是元认知目的的体现。当然，元认知和认知活动在终极目标上是一致的，即使认知主体完成认知任务，实现认知目标。

4. 作用方式

认知活动可以直接使认知主体取得认知活动的进展；而元认知只能通过对认知活动的调控，间接地使主体的认知活动有所进展。

因此，从本质上来讲，元认知是不同于认知的另一种现象，它反映了对于自己"认知"的认知，而非"认知"本身。但在同时，我们也应看到元认知与认知活动在功能上是紧密相连的，不可截然分开，两者的共同作用促使个体实现认知目标。

四、元认知的培养和训练

元认知策略的掌握，对学生的学习有重要的意义，国内外心理学家在元认知理论探索取得丰硕成果的同时，也在元认知的培养和训练方面开展了大量具有现实意义的实验研究。很多研究表明，通过对儿童元认知的训练，可以改变和提高儿童的学习能力并促进其智力的发展。

（一）国外元认知培养的主要方式

1. 自由放任式（laissez-faire position）

该模式的主要观点是，个体在练习操作中自然而然地丰富和获得有关元认知方面的知识，尤其是对元认知体验的获得，而无须对个体进行直接的元认知知识的传授和培养。持这一观点的学者认为，主体元认知水平在使用策略的过程中会自动地得以提高。各式各样的元认知体验对于提高元认知水平异常重要，而这些丰富的体验只有在具体的认知操作活动中才有可能获得，所以，这些学者主张教给儿童各种策略。但他们认为，在教学中没有必要直接讲述各种策略的知识。明智的做法应当是，让儿童在具体运用策略的过程中获得元认知体验，元认知体验是培养的关键。

2. 直接传授式（direct instruction）

该模式的支持者认为，元认知的培养不能采取自由放任的态度，不能仅仅指望学习者在认知操作活动中去获得元认知体验，从而自发提高策略应用水平。教师在培养中应当直接、具体地给学生提供关于策略方面的明确知识。沙利文和普莱斯利（O'Sullivan & Pressley）在 1984 年进行了一项这方面的研究。小学五六年级的学生完成两项记忆任务，控制组不作任何指导，实验包括四种条件：指导条件、详细指导条件、体验条件、详细指导＋体验条件。结果显示，所有训练组的成绩均优于控制组。详细指导组的成绩优于指导组；体验组的成绩也优于指导组，但不如详细指导组以及详细指导组＋体验组。这说明，详细指导促进策略迁移。

3. 元认知获得程序模式（metamemory acquisition procedures，MAPs）

该模式认为，要成功地改善元认知水平，必须教给儿童提高元认知能力的一般通用程序。比如说，儿童已经学会"关键词"记忆法，那么如何丰富儿童有关该策略的元认知知识呢？首先，可以让儿童做一些词汇记忆测验，对比一下采用"关键词"法和其他方法的好坏，也可尝试把这种策略运用到其他词语中去，甚至可以把这种方法扩展到其他新材料中去。而且，儿童可以在学了几天之后再测验自己的词汇水平，以确定该策略是否具有长期效应。上面这些建议都可以称为"元记忆获得程序"。

4. 波利亚的启发自我提问法

波利亚（Polya，1945）最初提出启发式这一术语时，是为了解决数学问题的，现已经证明，启发式适用于解决各学科的问题，并且有助于培养学生的元认知能力。表 11.2 即为波利亚建议的学习自我提问的启发式问题。

表 11.2 自我提问的启发式问题

解题阶段	启发式问题
理解问题	未知条件是什么？ 已知条件是什么？ 已知数据是什么？ 已知条件能解决未知量吗？多余还是不足？ 能画一个草图或使用其他记号简化问题吗？ 过去见过这个问题吗？或者是见过这个题目吗？
拟定计划	它以稍微变化的方式出现过吗？ 你能发现一个用得上的定律吗？ 你能想出一个更加容易解决的相关问题吗？
执行计划	你使用了所有的已知条件和数据了吗？ 你能清楚地认识到这一步是对的吗？ 你能检验结果的正确性吗？
回顾	你能检验推理过程吗？ 你能运用这个方法于其他问题吗？

（二）元认知训练的典型实验研究

1. 金（King）的实验

金（1991）让学生解决几个类似于电子游戏的问题。他将这些学生随机分成三组，第一组是有指导的相互提问组，将学生每两人组成一对（性质相同），给每个学生一个提问单（表 11.3），上面列有解决问题三个阶段的一系列问题，要求学生再尝试解决问题的同时相互提问，提问单实际上是指导学生如何提问。第二组为单纯提问组，学习还是两人一组，并要求他们再学习解决问题时相互提问，但不给予如何提问的指导。第三组对比组，既不要求相互提问，也不给任何指导。训练每两周二次，每天二十分钟，共持续三周。三周训练之后进行测验，结果表明，第一组学生在解决新、老问题的测验成绩都高于第二组和第三组，证明训练学生两人一组就一些认知策略知识相互提问，有助于提高元认知能力和解决问题的能力。

表 11.3　供元认知训练用的问题单

　　计划
这个问题是什么？现在我们打算干什么？
关于这个问题我们目前知道了些什么？已给了我哪些信息？这些信息对我们有什么用？
我们的计划是什么？
还有其他的办法吗？如果……,将会怎样？
下一步我们做什么？
　　监控
我们遵照了我们的计划或者策略了吗？我们需要一个新的计划吗？我们需要一个新的不同的策略吗？
我们的目标变了吗？现在的目标是什么？
我们上了正道了吗？我们正逐步接近目标吗？
　　评价
哪些措施起了作用？
哪些没有起作用？
下一次我们应该有什么不同措施？

2. 德克勒斯的实验

　　德克勒斯（Delclos）等人在 1991 年所做的实验也非常有代表性。该实验以小学五年级和六年级学生为对象，用一种计算机游戏"洛克的靴子"为实验任务。在实验中向学生呈现一系列涉及逻辑推理的问题。将学生分为三组，第一组和第二组在解决问题前，用两节课时间（共两小时）进行问题解决的一般策略的教学，所教的策略包括：仔细地阅读问题、辨析问题、思考一个与当前问题类似的熟悉问题。教这些策略时所用的例子包括"洛克的靴子"问题和其他领域的问题。教学时每个学生手上有一份提纲，上面印有应该掌握的策略（表 11.4）以及所教的实例。让被试阅读所发的提纲，自己举出更多的例子，回答实验者所提出的问题。最后，所有参加训练的学生接受一个有 12 个项目的关于所教策略使用的测验，全都达到了及格水平。第三组未接受这个训练，作为对比组。

表 11.4　问题解决元认知策略训练的要点

解决一个问题之前：
　　你必须知道要解决的问题。
　　你必须知道解决问题的适当背景。
　　你必须有正确的态度。
　　你必须仔细地阅读问题，认真加以思考。
当着手解决问题时：
　　问自己："是什么导致了这个问题的产生？"
　　寻找能帮助你解决这个问题的线索。
　　你可能需要重新定义（或辨析）这个问题。
　　你可能要把这个问题分解成为几个小部分来解决。
　　思考类似的一些问题，你过去是怎么解决他们的？
　　寻找不同的解决办法。
　　运用自己已掌握的"排除故障"的工具。
解决问题之后：
　　检查自己的答案是否正确。
　　如果你的解是不正确的，运用"排除障碍工具"发现自己的错误。

　　第二阶段是实际练习阶段。三个组都参加这一阶段的练习，每人单独练习 8 个题目。每一题要求学生在计算机上"建造"一个简单的"机器"，并学会使用一种有关的基本知识单元。每个学生自己在计算机上练习，直到解决完 8 道题目为止。
　　对于第一组的学生，每个人还有一个回答问题的练习单（表 11.5），这些问题都是用来监控解决问题的认知加工过程的，要求学生在练习单上写上他们的回答。第二组和第三组没有接受这种训练。

表 11.5 认知过程监控组解题过程中要回答的问题

每一个游戏开始之前：

你将要玩的游戏叫什么名称？

你能确定这一次你一定能赢吗？

你仔细看了问题并思考如何解决它了吗？

你有了建造一个机器的适当背景吗？如果没有，在什么地方去找？

建造了机器，但在开动它之前：

你寻找了有助于你解决这一问题的线索了吗？是否运用了如下线索？

a. 游戏的名称　b. 目标的点数　c. 其他具体线索

你重新定义或辨析了问题吗？如何重新定义的？

你把这个问题分解成几个小部分了吗？你分解成了哪些部分？

你寻找了能帮助你解决问题的一个熟悉问题了吗？如果是的，那么找到了哪些熟悉问题？

开动了机器之后：

你的机器得了多少点数（打了多少分）？

你寻找了你的机器出故障的原因了吗？哪一种原因导致了故障？

a. 运用了错误的游戏　b. 运用了错误的目标　c. 其他

你运用了你所具有的"排除故障工具"去发现问题了吗？如果是，那么你运用了哪一种？

a. 游戏的名称　b. 目标的点数　c. 其他

这期间，实验者并不提供反馈，但记录下每一个学生的每一个题目的失败次数。所有三组学生都解决了 8 个问题之后，实验者帮助所有学生复习了问题的答案。

到了实验的第三个阶段，学习结果的测验阶段，让所有学生在计算机上独立地解决 16 个问题。学生自己掌握时间，但在前 14 个问题上每个题目不得超过三十分钟，后两道题每题不超过 45min。实验者记录下每个学生每道题目的答题时间。

实验结果统计时，把第三阶段的 16 道题按照困难程度分为三个等级。在最简单的问题上，三个组之间没有显著差异，说明第二阶段的实际练习是有一定效果的，能使学生掌握基本的知识和技能。但是，在中等难度的题目上，第一组和第二组都显著超过了第三组，第一和第二组之间差异不显著，这说明一般策略训练是有效果的，能使学生变得更加善于运用第二阶段实际练习中所掌握的基本知识单元，使这些知识单元由描述性知识变成条件性知识，甚至程序性知识。然而，最令人感兴趣的是，在最难的一些题目上，第一组成绩显著优于第二组，说明元认知训练（使用策略性知识的监控训练）是有效的，特别是对于复杂的困难问题，显得特别有效。它能使人更加意识到自己的认知策略在解决问题中的作用，使人更有意识地调节自己的认知加工过程，更自觉地使用所学到的有效知识工具和策略方法。

由上述元认知训练的方式以及研究，我们可以发现，元认知训练的主要内容是教会学生如何根据自己的特点、材料的特点、学习任务与要求，灵活地制订相应的计划，采取适当的有效策略，并在学习活动中积极地进行监控、反馈、调节，灵活地修正策略和过程，以便尽快和有效地达到目标。这实质上也就是设法让学生学会如何学习。

第四节　学习资源管理策略

学习是个过程，构成这个过程的要素是学习资源。如同物质生产必须有生产性资源投入一样，学习也必须有学习资源投入。比如，没有时间、空间的投入就不会有学习过程的形成，任何学习都是在一定的时空间进行的。认识学习资源的意义对于教师和学生而言，都具有特殊的意义。一般而言，学习资源管理策略包括三个方面：学习环境管理策略、心理资源管理策略和支持资源管理策略。

一、学习环境管理策略

学习是基于特定的时空之中的。老师应该把学习环境管理的策略教给学生，让学生学会管理自己的学习时空，充分利用好现有的环境资源，为自己创造一个最佳的学习环境。学习环境管理策略主要包括时间资源管理策略和空间资源管理策略。

（一）时间资源管理策略

在所有资源中，时间是最重要的资源之一，合理地安排时间就等于是在"预算"生命，就能创造辉煌。但从目前的调查看，中小学生中有合理安排时间的意识且会合理安排时间的不足 15％，相当一部分学生没有形成时间意识，觉得自身最多的就是时间，浪费了也并不觉得可惜，还有一小部分学生想要合理安排好时间，却又不会安排。用好时间资源，需要我们做到如下几方面。

1. 统筹安排学习时间

人生犹如一张时间表，每个人都应当根据自己的总体目标，对时间作出总体安排。总体时间表必须通过阶段性的时间表来落实，例如，将自己的一生分成不同的时期，其中，又将中学时期的时间表转变为不同的学年时间表、学期时间表、每月时间表、每周时间表以及每天的时间表。

对每一天的活动，都要列出一张活动优先表来。每天能够自由支配的学习时间有限，而学习活动可能较多。因此，必须合理分配学习时间，尽量减少无计划、无节制、无意义的时间。在安排活动时，要分清哪些事情必须做，哪些事情可做可不做。每天都要列出一张活动优先表，要按事情的重要性程度来选择活动，确保每天都在做最重要的事情。这样，即使没有做完某些事，也不会有什么值得后悔的。总之，时间是一种不可回收的资源，每个人都应根据自己的学习计划，对时间做出总体安排，保证足够的时间用在所要掌握的学习内容上。

2. 高效利用最佳时间

在不同的时间里，人的体力、情绪和智力状态是不一样的，也就是说，学习时间的质可能是不一样的。因此，要在不同质的时间里安排不同的学习活动，例如，要在人生理功能旺盛、精力充沛的时候，从事最重要、最紧张的学习活动，以便最有效地利用学习时间。

首先，要根据自己的生物钟安排学习活动。科学家已证实，人体内存有体力、情绪和智力三种周期。每个周期控制着各自的机能水平，如智力周期控制着人的学习能力、记忆能力和逻辑思维能力，以 33 天为一周期。人的体力大约 23 天为一个周期，人的情绪大约 28 天为一个周期。每个周期中，又区分为高潮期、低潮期和临界期（高潮期和低潮期两段起始的 0 线）。高潮期也就是最佳时间。人的智力周期的高潮期，脑子清楚，逻辑思维能力强，工作效率高；低潮期则反应较迟缓，临界期就更差。

第二，要根据一周内学习效率的变化安排学习活动。一周之中，由于长期的双休制，也形成了智力周期。星期一和星期五临近休息日，智力机能有下降趋势。

第三，要根据一天内学习效率的变化来安排学习活动。生理学家研究认为，一天之内有四个学习的高效期，如果使用得当，可以轻松自如地掌握、消化和巩固知识。第一个学习高效期：清晨起床后，大脑经过一夜的休息，消除了前一天的疲劳，脑神经处于活动状态，没有新的记忆干扰。此刻，学习一些难记忆但必须记忆的东西较为适宜，如外语、定律、历史事件等。有时即使强记不住，大声念上几遍，也会有利于记忆。所以清晨是一个学习记忆高效期。第二个学习高效期：上午 8 点至 10 点，人的精力充沛，大脑易兴奋，严谨而周密的思考能力、认知能力和处理能力较强，此刻是攻克难题的大好时机，应充分利用。第三个学习高效期：下午 6 点至 8 点，也是用脑的最佳时刻，不少人利用这段时间来回顾、复习全天学过的东西，加深印象，分门别类归纳整理，也是整理笔记的黄金时机。第四个学习高效期：入睡前一小时。利用这段时间来加深印象，特别对一些难于记忆的东西加以复习，则不易遗忘。除以上一般性的学习时间规律外，对于不同的人来说，还有自己独特的学习时间规律和习惯。为提高学习效率，要善于发现并充分利用自己独特的最佳时间段，同时，要养成在固定的时间进行学习的习惯。

第四，要根据自己的工作曲线安排学习活动。学习时，随着学习的进行，人的精神状态和注意力会发生变化。一般来说，存在三种变化模式：先高后低；中间高两头低；先低后高。每个人要根据自己的模式，安排学习内容，确保状态最佳时学习最重要的内容。

3. 灵活利用零碎时间

对于一些容易漏掉的零碎时间，也应该主动利用。零碎时间大多是学习的低效时间，如课余、饭前饭后、等人等车、乘车乘船等。

首先，可以利用它处理学习上的杂事。学习上有些杂事不得不做，这些事不宜使用整段时间来做，而要利用零碎时间做。例如，削铅笔、收拾用具、整理学习环境、整理书包等。

其次，可以利用它读短文、看报纸、听新闻以拓宽自己的知识面，或者利用它背诵诗词和外文单词，这实际上等于在进行分散复习，可提高记忆效率。

此外，可以进行讨论和通信，与他人进行交流，在轻松的气氛里与人交流，有助于创造性思维的启发。

（二）空间资源管理策略

学习是基于特定的时空之中的。除了学习时间要充分管理好之外，学习空间也需加以有效管理。管理好学习的空间资源，可从如下两个方面做起。

第一，要注意调节自然条件，如流通的空气、适宜的温度、明亮的光线以及和谐的色彩等。

第二，要设计好学习的空间，如空间范围、室内布置、用具摆放等因素。如果条件容许，应当有一个相对固定的学习场所，以减少家庭成员间的相互干扰，形成一个相对安静的学习环境。要注意桌面的整洁。各种学习用具要摆放在固定的地方，用完后归还原处。学习时，尽量减少可能的干扰和分心的因素。例如，最好将电话挂断，以免分心和打乱思绪。

二、心理资源管理策略

要进行系统性的学习，不同程度的意志努力不可或缺。为了维持自己的意志努力，需要不断地鼓励学生进行自我激励，毫无疑问，这是一种内在的心理资源的管理。这种策略，我们称之为心理资源管理策略。

1. 激发内在的学习动机

对学习本身就有兴趣、好奇心和求知欲是一种重要的内在学习动机，它可以使人持续学习下去，敢于克服障碍，迎接挑战，从学习活动中获得快乐。要想培养渴望学习的学生，教师可运用与学生学习风格相吻合的多样和教学技巧。当教学技巧顺应学生的学习风格量，教师就会发现学生学习态度的改善和学习效率、学业成绩以及创造力的提高。

此外，教师还可以向学生提供实地活动、小组计划、接触电脑和视听资料的机会。讲授在某些时候是可以接受的，但决不能将它作为主要的传授工具。整天讲个不停，周末不断进行考试的教师，太乏味了！

教师还应不时地在教学过程中设计一些新奇的细节来吸引学生。比如邀请一位演讲者来讲课；到户外上课；用彩色粉笔板书；装扮成古代某位著名人士等，多样的教学技巧和教学素材不仅能激发学生的学习热情，也能激发教师的教学热情。

2. 树立为掌握知识而学习的信念

每个人学习时都带有不同的目的，但大致有两类：一类是为了追求好成绩。这种人一般特别注重自己在别人心中的地位和形象，生怕别人觉得自己不行。另一类则特别注重自己是否真正掌握。这种人敢于迎接学习挑战，克服学习上遇到的困难。

学习成绩固然重要，因为它可以反映学习的效果，但学习不是为了回答几个问题，而是为了掌握某一门知识。因此，除了要在考试中真实反映出自己的能力水平外，更重要的是，要让学生给自己设立一个内在的标准，来衡量自己的学习是否成功。只有如此，学生才能关心老师所规定任务之外的知识，在深度和广度上拓展自己的知识，最终通过不断积累，来提高自身的能力。

3. 挑选有挑战性的学习任务

在挑选学习任务时，要挑选那些具有中等难度的任务。中等难度的任务比太易或太难的任务更能激励自己。过难了，自己怎么努力，也解不出来；过容易了，不需费什么力，没有多大的成就感。

一个一心想着掌握、不断追求成功的人往往挑选中等难度的任务；而一个一心为了外在成绩和效果的人则总是设法避免因失败而带来的丢脸和难堪，他们不是选择容易的任务，就是选择特难的任务，因为，容易任务不会失败，自己不会因失败而丢脸；特难的任务肯定会失败，但由于别人也难以成功，自己就不会被人瞧不起了。

4. 适时调整内在的成败标准

学习时，对于成败，要做到自己心中有一杆秤。有时，即使自己得了99分，别人觉得你学得不错，但自己并不满意，因为题目太容易了，未能反映出自己的真实水平，或者发现自己还有一处关键地方并未弄懂。相反，有时，即使自己得了60分，别人觉得你一般，但自己很满意了，因为，相比自己的过去，自己进步了很多。随着学习的深入和自己能力的变化，要不断调整自己的成败标准。这是因为，如果标准一直过高，自己总不满意自己，结果会造成自责、自卑和情绪低落，相反，如果标准一直过低，自我感觉过于良好，造成盲目的自信，学习也受到影响。为此，只有适时调整自己的内在的成败标准，才能维持自己的学习自信心。

5. 正确进行学习成败的归因

在学习和工作当中，人人都会体验到成功与失败，同时人们还会去寻找成功与失败的原因，这就是对行为的归因。

一般来说，在学习成败之后，人们总会找这样那样的原因。人在成功时，往往倾向归因于自己能力高。而在失败后，自卑的人倾向于认为自己能力不强，过于自我保护的人则可能倾向于找一些主观原因，如，我身体感觉不舒服，我心情不佳，我不喜欢那门学科，我不擅长考试，也可能会找一些客观原因，如老师教得不好，考题不公平合理，复习时间不够，运气不好等。

但是，一个人的成败主要还是取决于一个人的努力程度。能力不是一成不变的，更不是天生的，而是通过努力不断积累起来的。如果认为能力是成败的关键，而能力又是天生的、不可改变的，那就会导致两种情况，一种情况是，觉得自己能力高的人，认为自己肯定能成功，不需要努力，努力反而显得自己能力不高，为了显示自己能力，往往不是选择特难的任务就选择特容易的任务，因为这不会导致失败，也就不会丢脸，也就不会对自己的能力产生怀疑。另一种情况是，觉得自己能力低的人，认为自己不是学习的料，怎么也不会成功的，努力也白搭，老师和同学也别来帮我，帮我也没用，因为，能力是天生的，改变不了。因此，要正确引导学生学会正确地自我归因。

6. 学会自我奖励

当学生获得了满意的效果后，要设法让学生对自己进行奖励。奖励的方式多种多样，可以是暗示自己"我真行"、"我成功了"、"坚持就能成功"等，也可以是从事一些自己喜欢的活动等。但是要注意，并不是只有获得好成绩后才能获得奖励。

每个人的起点不同，但每个人都可在自身的起点上进步和发展。只要自己取得了满意的进步，即使外在分数不高，也值得奖励。因此，要为了掌握知识而学，要引导学生适时调整自己的成败标准。

三、支持资源管理策略

每个人所拥有的资源是有限的，如何充分利用身边有限的资源增长自己的智慧和才干，也是学习策略的一个重要构成环节。利用好各种支持性资源来促进学习，对于有效学习非常重要。总体而言，学习支持资源大致有两类，一类是各种工具资源；一类是人力资源，即各种社会性资源。

（一）工具资源管理策略

学习工具是学习中必不可少的学习支持资源，学会有效利用学习工具对一生来说都是非常重要的。

1. 参考资料的利用

选用参考资料时，要注意所选资料宜精不宜杂；与自己的学习内容相吻合；具有较强的针对性；与自己的现有水平相适应；编写体例要条理清晰；具有一定的权威性。

使用参考资料时，要注意配合教材；有选择性地参考重要内容，不必从头到尾地学习；遇到不懂之处，要对照其他参考资料，或请教老师，或与其他同学讨论。

2. 工具书的利用

工具书是学习时的"无言的老师"、"案头顾问"。它包括字典词典、百科全书、年鉴以及索引等。选择工具书时，要注意选择最新版本和有权威性的出版社或作者群，以确保知识的科学性和时代性。使用工具书时，一是要注意了解并熟悉检索方式，二是要注意将工具书中的信息与书本上的上下文结合起来理解。

3. 图书馆的利用

进入图书馆，首先要学会根据图书目录查阅所需要的书籍。检索的方式多种多样，如按书名或著者检索、分类检索等，书名或著者既可以按笔画查找，也可按拼音查找。在图书馆看书，要注意作读书笔记和摘要。

4. 广播电视的利用

广播电视不仅可供人娱乐，也能增长人的知识，开阔人的视野。但要注意有选择地收看，如新闻述评、科技常识、军事天地、文艺欣赏、电脑世界以及英语讲座等。并且，要严格控制时间，可以有计划地连续收看一两项重要内容学习，如新闻联播、英语讲座等。

5. 电脑与互联网络的利用

电脑的使用不仅可增长有关电脑科技方面的知识、电脑操作技能，而且，也同样可促进学生的学习。如可利用一些电脑辅助教学软件来自学、预习、复习所学的课堂知识。此外，值得一提的是，互联网络的普及也给我们的学习提供了一种崭新的方式。首先，我们可以充分利用互联网络获取大量的学习资源，诸如 101 网、中学生在线以及全国一些著名中学网站，都是一些专门为中学生设计的教育网，可提供一些最新的、最及时的信息和辅导；其次，互联网络可为我们提供更多的、更广泛的、更开放性的问题的解，这些不仅可供我们参考、比较和学习，还可拓展我们的思维。

但是，需要我们特别关注的是：要避免电脑游戏和网络成瘾对学习的负面影响。电脑游戏可作为学习奖励，但不可多玩；而上网，一定要带有一定的目的，切不可无限制地漫游，否则就会身入宝山空手回。

（二）人力资源管理策略

学习总是需要与人交流，老师和同学是学习的最重要的社会性资源，必须善于利用。

1. 积极寻求老师的帮助

老师不仅是一座知识库，而且是学习的引路人和促进者。因此，除了老师的讲授以外，自己一旦有什么疑问无法解答，要积极地、主动地向老师请教。值得注意的是，老师并不一定能给以满意的解答，但这并没有关系，一个人不可能什么事都知道，另外，老师的解答并不一定就是对的，老师也只是从一个角度出发看事物，也只代表一种理解，因此，不要过分迷信老师的权威性。关键是得到老师在知识、解决问题以及学习方法上的启发。

2. 同学之间的合作与讨论

同学间的相互合作和讨论有助于彼此相互启发、达成对事物的全面理解。同学间的合作存在许多形式，一种是双方或小组学习同样的内容，相互讨论，彼此提问和回答；另一种是双方或小组共同完成同一项任务。此外，同学间还可以相互辅导。

当自己不懂时，可以请教已经弄懂了的同学，由于同学之间背景知识相同，同学根据自己的理解所进行的辅导可能比老师更好懂；当自己弄懂了而别人不懂时，可以主动辅导别人，这不仅仅是一个付出，同时也能有所收获，往往是双方受益。因为，要想辅导别人，自己必须先理清思路，并且还要组织语言表达自己的思想。无疑，这将有助于加深对内容的理解。

【拓展性阅读】

［1］ 陈琦，刘儒德. 当代教育心理学. 北京：北京师范大学出版社，2007.

［2］ 王娟. 学习策略研究综述. 文教资料，2008，（3）.

［3］ 辛艳霞. 高职新生学习资源管理策略浅析. 湖北广播电视大学学报，2009，（9）.

［4］ 温俭，胡金敏. 学习策略培训与学生自主学习能力的发展. 教育科研论坛，2010，（2）.

［5］ 李宝荣，向东方. 研究学习策略，提高教学实效. 基础教育课程，2010，（5）.

［6］ 李艳芬. 谈学习策略教学. 天津教育，2008，（5）.

［7］ 关青. 学习策略教学基本对策探析. 辽宁行政学院学报，2006，（9）.

【研究性课题】

1. 分别举例说明复述策略、精加工策略和组织策略。
2. 举例说明元认知的作用。
3. 结合相应的学科，设计一个培养学生元认知能力的方案。
4. 结合自己的学习体验，谈谈学习资源管理策略的应用。
5. 结合实例设计一个训练学生某一种学习策略的方案。

第十二章 学习动机与学习

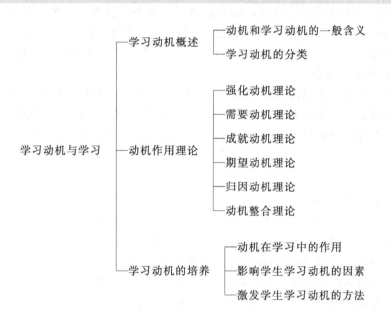

【学习目标】

- 说出主要的动机类型。
- 用自己的话解释下列术语：动机、学习动机。
- 说出本章介绍的几种主要动机理论的观点，并对它们进行适当的评价。
- 分析动机在学习中的作用。
- 分析影响学习动机的因素
- 结合教学实践提出激发学习动机的方法。

动机是心理学研究的重要课题，心理学家一致同意用动机来描述人们行为激起的原因。动机不仅在学习过程中发挥着动力作用，还作为一种学习结果推动学习的发展，研究学习中的动机现象对促进长期有意义的学习有着重要意义。本章主要概述动机和学习动机的一般含义、学习动机的分类；介绍主要的动机理论；分析动机在学习中的作用，提出培养学习动机的方法。

第一节 学习动机概述

一、动机和学习动机的一般含义

（一）动机的含义

动机常常被定义为引起并维持个体活动，使该活动朝向某一目标进行的内在动力。动机的这一概念具有三方面的含义。一是活动性。动机本身不属于行为活动，但它是引起行为活动的原动力，对行为起着始动作用。二是导向性。动机不仅能发起行动，而且是引导行为的

193

指示器，使行动趋向一定的目标。三是维持性。动机还是保持行为的续动力，对行为的方向、强度和时间具有一定的维持作用。

动机的产生依赖两类因素——需要和诱因。动机是在需要的基础上产生，需要必须达到一定强度并指引行为朝向一定的方向时，才有可能激发动机。诱因是产生动机的另一个重要因素。凡是能诱发个体产生动机的刺激情境都称为诱因。诱因可以分为正诱因和负诱因。使个体趋向或接受刺激而获得满足者，称为正诱因；使个体逃离或躲避某种刺激而获得满足者，称为负诱因。例如，食物对一个饥饿的人来说是正诱因，而刑罚对人来说是负诱因。诱因可以是物质的，也可以是精神的。人的行为往往取决于需要和诱因的相互作用。

（二）学习动机的含义

学习动机是众多行为动机中的一类，因此，心理学家大都以动机理论来阐述学习行为的动力问题，依据上述对动机本质的阐释，我们可以把学习动机解说为：激发和维持人的学习行为，并使学习行为指向一定学习目标的内部动力。这种内驱力来源于与学习有关的生理性刺激和社会性刺激，正是这些刺激的作用使人产生了学习的能量和冲动，从而推动和维持人的学习行为。

二、学习动机的分类

学生的学习动机是多种多样的。学习动机的不同是由于需要的内驱力和试图达到目标的诱因不同所造成的，因此学习动机可以从不同的角度进行分类。

（一）间接的远景性学习动机和直接的近景性学习动机

根据学习动机的影响范围和作用时间的长短，可以把学习动机分为间接的远景性学习动机和直接的近景性学习动机。间接的远景性学习动机是与学习活动本身没有直接联系的动机。这类动机反映了社会和家庭的要求，又与学生对学习意义的认识、有没有远大志向以及他们的世界观有很大关系，尤其是对于年幼的儿童来说，它对当前活动推动作用较小，但一旦形成就有较大的稳定性和持久性，能激发学生学习的主动性和自觉性。直接的近景性学习动机是与学习活动直接联系的动机。它可能是由于教师和家长施加的压力、奖惩引起的，也可能是由于同学间的竞争等引起的。这类动机起作用的范围和实际效能比间接的学习动机小，容易受当时的具体条件和一些偶然情境的影响。

远景性学习动机和近景性学习动机是相互联系、相互补充的，只有将学生的年龄特点和学习情景密切结合起来，才能产生巨大的学习推动力。

（二）外在性动机和内在性动机

根据学习动机的自发性和目的性，可以将学习动机分为外在性动机和内在性动机。外在性动机是指主要由外在的诱因诱发而来的动机。例如，有些学生学习的动机不是对学习过程本身感兴趣，而是由于父母、老师的奖励或惩罚、同伴的赏识等外在因素激发而来的。一般情况下，外在性动机对学习的推动作用较小，持续的时间也较短。如果学生的学习动机主要靠学习活动的外部条件，那么他就会把学习活动看做是满足动机的手段，学习的目的便不在于学习本身，外在条件一旦消失，动机也会很快失去作用。内在动机是指主要由个体的内在心理因素转化而来的动机。好奇心、求知欲、自尊心、责任感、自我实现感等心理因素在一定条件下都可以转化为推动人们学习的内在性动机。一般来说，内在性动机对学习的推动作用较大，持续时间较长。如果学生的学习动机主要是靠与学习活动本身相联系的内在心理因素引起的，那么他们就会把学习活动看作是自己追求的目标，把那些通过刻苦学习而获得的成功体验看做是奖赏，从而对他们的学习产生激励作用。

研究表明，外在性动机和内在性动机在人们的学习过程中都具有重要意义，只有两者有机地结合起来，才能对学习行为产生最大的推动作用。

（三）主导性学习动机与辅助性学习动机

根据学习动机作用的主次不同，可以将学习动机分为主导性学习动机与辅助性学习动机。主导性学习动机是指在学生的学习活动中居于支配地位、发挥主导作用的学习动机。它与其他学习动机相比，对学习活动的影响最为强烈，最为稳定。一般来讲，在同一时间内，主导性学习动机只有一个。辅助性学习动机是指在学生的学习活动中处于从属地位、发挥辅助作用的学习动机。相对于主导性学习动机来讲，它对学习活动的影响是微弱和不太稳定的。在同一时间内，辅助性学习动机可能有几个，它们的强度与稳定性也是不一样的。例如，某个学生学习的动力主要是出于自我实现感，但同时还有一些相对次要的因素，有学校老师的表扬、在同学中的威信和父母的奖赏等，这些因素共同对学生的学习产生推动作用，但作用的大小和稳定性是不一样的。

当辅助性学习动机与主导性学习动机之间的关系比较一致时，活动动力会得到加强，如果彼此冲突，活动动力将会受到削弱。

（四）认知动机，自我提高动机与附属动机

根据学习动机的内驱力成分，可以将学习动机分为认知动机、自我提高动机与附属动机。认知动机是以求知为需要，以理解和掌握为目标，指向学习任务本身的一种动机。这种内部动机的激发可以使儿童对获得知识发生兴趣，而不是被各种外来的奖励所左右。认知内驱力源于学生天生的好奇心和探究环境的心理倾向，它最初并不具有真正的动机性质，因为它缺乏特定的内容和方向，只有当儿童在实践中不断取得成功，成功的体验反过来强化了这一好奇心后，才能逐渐具有特定的内容和方向，从而形成认知的动机。自我提高动机是一种因自己的能力或成就赢得相应地位的需要而引起的内驱力。它既是学生在学习期间力图用学业成绩来取得名次或等第的手段，又是他们在未来的学业生涯或职业生涯中做出贡献以谋求地位的一种愿望。自我提高的内驱力不同于认知内驱力，因为它并非指向学习任务本身，而是指向地位和自尊心。而焦虑——担心因学业失败而失去社会地位和自尊是引发自我提高内驱力最为重要的因素。因此，教师可以用考试作为调动学习动机的一种策略，促使学生在学业上作出长期而艰巨的努力。当然，教师在应用这种策略时应保持适度，否则，考试失败的威胁会给学生带来过度焦虑，使学生厌恶学习。附属动机则是指学生为了获得长者们（如家长、教师）的赞许或认可而把工作做好的需要。

认知动机、自我提高动机和附属动机在学生身上是普遍存在的，但它们的比重因年龄、性别、个性特征以及社会阶层的不同而有所不同。在儿童时期，附属动机是一种主要的学习动机，到了少年期和青年期，附属动机不仅在强度方面有所减弱，而且开始从家长和教师转向同龄伙伴。认知动机随着学生年龄的增长、学习目的性的明确和学习兴趣的增加而日益发展。当然，这三种动机在学生的学习过程中往往是综合地表现出来的。

第二节 动机作用理论

心理学家从不同角度阐述了动机的产生因素，形成了各种各样的动机理论，这些动机理论有助于我们了解动机作用的原理。

一、强化动机理论

行为主义理论把动机看作是由外部刺激引起的一种对行为的冲动力量，特别重视用强化来说明动机的发生与作用。在他们看来，人的学习行为倾向很大程度上取决于先前这种学习

行为与刺激因强化而建立的牢固联系，而强化可以增强人们在学习过程中某种反应重复出现的可能性。强化理论提出了塑造和改变学习行为的手段：正强化、负强化、惩罚等。如适当的表扬、获得优秀成绩等是正强化；免去处分等是负强化；而批评、考试不及格等则是惩罚。按照这种观点，任何学习行为都是为了获得某种报偿和逃避惩罚。因此，在学习活动中，采取各种手段如奖赏、赞扬、评分、竞赛等，可以激发学生的学习动机，引起其相应的学习行为。美国社会心理学家班杜拉在强调认知学习活动中的协调作用的同时，也很重视强化对学习行为的调控作用。他将强化分为三种：一是直接强化；二是替代性强化；三是自我强化。这三种强化的结合运用，能激发、形成和维持学习者的学习动机。

学校中的强化，既可以是外部强化，也可以是内部强化。前者是由教师施予学生身上的强化手段，后者则是自我强化，即学生在学习中由于获得成功的满足而增强了学习的成功感与自信心，从而增强了学习动机。在学习中如能合理地运用各种强化手段，将有助于提高学生的学习动机水平，改善他们的学习行为。

二、需要动机理论

人本主义理论认为，人们的行为是由一定的需要所驱使的。人本主义心理学家马斯洛（A. Maslow）把人的需要从低级到高级划分为五个层次：生理的需要，例如，食物、空气、水等生命必需品的需要；安全的需要，例如，生命的安全和工作的安全；归属和爱的需要，例如，爱情、友情、亲情等人际交往情感的需要；尊重的需要，例如，被别人尊重和尊重别人；自我实现的需要，即充分发挥自己的才能，使自己更完美。马斯洛认为，前四种需要是低级的缺失需要，就是说，处于健康的缘故必须弥补的缺失，它们是学习动机的潜在因素。而自我实现的需要是一种高级的成长需要，它包括认知和理解、审美、创造三种需要。成长需要是绝不可能完全得到满足的，越是满足，需要就越强。学习一方面是为了低级需要得到更大的满足，但更重要的是为了追求自我实现，即通过学习使自己的价值、潜能和个性得到充分的发展。因此，自我实现的需要是引发学习动机的主要因素。

人本主义需要动机理论对于人类需要的科学研究有重大的启发。需要由低级向高级逐级实现的观念对于激发学生的学习动机有积极的价值，它促使教育工作者既不能忽视学生的缺失需要，又要重视学生的自我实现需要，以此激发他们的学习动机。

三、成就动机理论

成就动机的研究最初来自默里（H. A. Murray）的实验及有关人类动机的假设。默里及其同事用主题统觉测验来鉴别人类动机。默里提出一个假设：成就需要是人的一种"普通的需要"。他将其定义为"克服障碍、施展才能，力求尽快尽好地解决某一难题"。麦克勒伦（D. Mcclelland）和阿特金森（J. W. Atkinson）接受了默里的思想，并将之发展成为成就动机理论。

麦克勒伦认为，成就动机是一个人个性中非常稳定的特质。个体记忆中存在着与成就相联系的愉快经验，当情境能引起这些愉快的体验时，就能激发起个体的成就动机。他指出，成就动机强的人对学习和工作都非常积极，能够控制自己不受环境的影响，并且善于利用时间。一般来说，成就动机高的人会比成就低的人取得更好的成绩。

阿特金森关于成就动机的研究主要集中在失败的恐惧和成功的期待对冒险行为的影响上。他认为，人在竞争时会产生两种心理倾向：追求成功和回避失败的动机。对每一个人来说，这两种心理倾向的相对强度是不同的，一种人力求成功，另一种人避免失败。研究表明，成就动机强的学生倾向于选择中等难度的学习任务，而避免选择非常容易或非常难的学习任务。这是因为中等难度的任务既存在成功的可能性，也存在足够的挑战性，能满足个人的成就动机。回避失败动机强的学生则倾向于选择非常容易或非常难的学习任务，因为选择容易的任务可使他们免遭失败，而选择的任务极其困难，即使失败，也可找到适当的借口，从而减少失败感。

四、期望动机理论

期望动机理论认为，人的行为动机有两个决定因素：期望和效价。期望是指一个人对实现行为目标可能性大小的估计。效价是指个人对所要达到的行为目标的意义的估计。学生对学习成功的估计和对学习价值的评估影响学习动机。如果学生认为成功的机会等于零，那么成功的价值再大学习动机也等于零；反之，如果学生认为成功了也无任何价值，那么成功的机会再多学习动机也等于零。例如，学生认为怎样努力也肯定不会及格，他的学习动机就会很弱。当学生认为即使考得再好也没有任何作用，他也不可能有很强的学习动机，只有当学生认为学习目标对自己来说有一定的价值，达到学习目标也有一定的可能性时，才能产生相应的学习动机。

五、归因动机理论

归因动机理论由美国心理学家韦纳（B. Weiner）提出，主要从结果来阐述行为的激起。他认为，一个人在分析其行为成败的根由时，主要涉及以下六个方面：能力、努力、工作难度、运气、身心状况、别人的反应。上述成败的原因可从以下三个维度进行归类。一是控制源，把成败归于自身内部原因或是外部原因。能力、努力和身心状况属于内部原因；而工作难度、运气和别人反应则属于外部原因。二是稳定性，即成败原因在性质上是稳定的或是不稳定的。能力和工作难度是较稳定的原因，而努力、运气、身心状况和别人反应则是不稳定的。三是可控性，即成败原因可否由自己控制。努力是可由自己控制的，而能力、工作难度、运气、身心状况和别人反应则均非个人所能控制。个体的归因倾向将影响其未来活动的选择、坚持性和动机强度。如果一个人把失败归结为不稳定和可控制的原因（如努力程度），那么他就有可能在失败的情况下坚持努力，并相信将来一定能取得成功；相反，如果把失败归结为稳定（如能力）和不可控制（如工作难度）的原因，那么他就不会相信自己能改变现状，也就不会再坚持做下去。

学生学习成功或失败与主观、客观因素都有关系，而学生却往往不能正确归纳。如果学生认为在学校学习是否成功取决于运气或其他外部因素，他们不可能用功读书。相反，如果学生认为成功与否主要取决于自己，就有可能努力学习。但是，如果学生认为失败是由于自己缺乏能力，预测自己不大可能在相类似的学习任务中获得成功，或者认为自己肯定失败，那么，他的学习动机一定很弱。由此可见，只有当学生认为学习的成功是由于学习任务太容易而学习的失败是因为自己的努力不够时，才有可能产生强烈的学习动机。

六、动机整合理论

认知评价理论、自我决定理论、动机整合理论等在内容上有着承袭关系的一组理论，对内部动机与外部动机的关系给予了新的解释。加拿大心理学家瓦勒朗（R. J. Vallerand）提出了内部动机与外部动机的等级模型，模型根据内化水平及个体的自我决定水平的不同，将动机视为一个连续变化的序列。自我决定最弱的动机位于序列的最左端（动机缺失），而自我决定最强的动机位于序列的最右端（内部动机），中间部分是不同内化水平的外部动机，有的与强的自我决定相联系，有的与弱的自我决定相联系。

动机整合理论进一步指出：将内部动机与外部动机从本质上区分开是没有意义的。整合调节阶段意味着个体能够将外部要求与个体的内在需求完美地结合起来，外部的控制因素已经完全内化成自身的需求。从动机整合的观点看，学习过程中的内部动机与外部动机也不是必然对立的，而是可以相互整合的。所谓学习动机整合，是指在学习过程中，个体通过自我调节，逐步内化外部控制因素，增强学习自主性的过程。调节的最终结果是在不摆脱外部控制的条件下，学生获得与内部动机极为接近的、高度自主的学习动机状态，即学习动机的整合状态。

学生对外部控制性因素的知觉方式决定了他的动机水平：当外部因素中奖励成分被知觉为是对"参与学习"的奖赏、批评成分被知觉为对学习表现不佳或参与不力的惩罚时，会削弱学生的自我决定水平、产生低水平的外部动机；当外部奖励被学生知觉为是对自身竞争能力的肯定、批评与惩罚被知觉为帮助提高自己的竞争力时，有助于增强自我决定水平、产生高水平的外部动机。高水平的外部动机与内部动机是相互整合的，那些实现了动机整合的学生能够体验到学习的自主感与成就感，有效地降低外在压力和心理负担，对学习充满信心，学习行为更为投入、更为持久；而那些动机不能整合的学生则更多地产生了被控制感，体验到学习压力与厌学情绪，学习行为不能很好坚持，或导致学习效率低下。

第三节　学习动机的培养

一、动机在学习中的作用

（一）学习动机与学习效果的关系

动机在学习中的作用，是个不断引起争论的问题。一般认为，学习动机越强，学习活动的积极性就越高，从而学习效果越佳。但事实并非如此，已有的研究表明：在各种学习活动中存在着一个最佳的动机水平。但最佳的动机水平并不是固定不变的，它随着课题性质的不同而不同。在比较容易完成的任务中，中等偏高的动机水平学习效率最好；在比较困难的任务中，学习效率反而会由于学习动机强度的增加而下降，这样的情境下中等偏低的动机水平学习效率最好；在中等难度的任务中，学习动机强度的增强有利于学习效率的提高，这种情境下学习动机水平为中等时学习效果最好。随着任务难度的不断增加，动机的最佳水平随之下降这一现象是由耶基斯和多德森（R. M. Yerks&J. D. Dodson）于1908年通过动物实验发现的，心理学上称之为耶基斯-多德森法则（图12.1）。因此，在学习活动中，为使学习最有成效，就要避免过高或过低的动机，只有当学习动机的强度处于最佳水平时，才能产生最好的学习效果。

美国教育心理学家奥苏贝尔明确指出："动机与学习之间的关系是典型的相辅相成的关系，绝非一种单向性的关系。"成功学习的结果一方面是知识、技能的获得与掌握；另一方面是求知欲、自信心等心理品质的发展和提高。这些都可以大大满足人的各种社会需要，如求知、自尊、获得他人赞扬等，并促使人把通过进一步的学习以获得更高程度的满足当作一种新的、迫切的需要，产生强烈的学习动机。学习动机作为一种学习结果，强化学习行为本身，促进学习→动机→学习的良性循环。

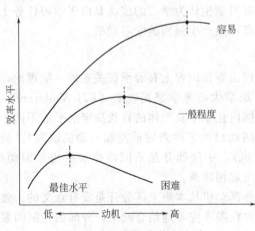

图12.1　耶基斯-多德森法则

（二）学习动机与学习过程的关系

学习动机不是学习过程的认知变量，

它不直接参与知识的获得、保持与提取过程，即不直接参与学习过程，而是对学习过程起间接的作用。

在知识的获得阶段，学习动机通过努力、增强注意与持久性和对学习活动及准备来加强和促进学习期间对信息的加工。在课堂上教师可以观察到，学习动机强的学生注意力更加集中，能认真思考老师提出的问题并及时做出回应；而学习动机低的学生注意力集中的时间短，与听课无关的活动多，有的甚至对教师的提问听而不见。动机除了通过加强努力、集中注意来对学习施加影响以外，还能通过降低学习过程中的知觉和反应阈限来动员个体立即做好学习准备。如果学习动机水平较高，则会受到来自大脑的"快点工作"的指令，学习者就会更快地进入学习过程。也就是说，动机对知识获得所起的作用，犹如"催化剂"，只是产生间接的增强和促进作用。

在知识的保持阶段，动机同样不直接参与认知过程，因此动机的增强对保持本身没有促进作用，但会通过影响知识可利用性的阈限来影响知识的再现。动机对可利用性阈限的影响有两种情况：或者提高，或者降低。在需要回忆的时候，如果个体的动机水平过高，就会出现过分紧张、焦虑，导致对知识的可利用性阈限提高，知识的顺利提取受到阻碍。如果动机水平适中，可利用阈限降低，知识就能顺利地提取出来。

二、影响学生学习动机的因素

(一) 外部因素

1. 学习任务

不同类型的学习任务对不同的学生来说具有不同的价值，任务的性质和价值会在不同程度上影响学生的认知操作，进而影响学生学习的动机。根据所要求的认知操作，学习任务可以分为四类：记忆任务，要求学生再认或回忆他们以前学过的内容；程序任务，用一些步骤和规则解决问题；理解任务，要求学生将几种观念联系起来，创设某种程序或以某种方式对所学内容进行重新组织，从而使学到的知识超越所能给予的信息本身；评价任务，要求对所给予的信息表达个人的观点。

不同类型的任务在失败率上具有不同的风险性。例如，评价任务由于其答案无所谓正确和错误，故而风险较小，不易失败；简单的记忆任务或程序任务容易得到正确答案，所以风险也小；而理解任务、复杂的记忆任务和程序任务难度较大，在失败率上风险则很高。不同类型的任务在预期的答案是否准确上具有不同水平的模糊性。例如，评价任务和理解任务由于较难预测正确答案，所以比较模糊；而记忆任务或程序任务由于有明确的正确答案，故而比较清楚。

不同类型的任务对学生的学习动机产生怎样的影响呢？风险和模糊程度高的任务往往使学生困惑，甚至会泄气或失去学习兴趣。大多数学生希望降低学习的风险性和模糊性，因为它们对高分构成了威胁，高焦虑和有回避失败倾向的学生更是如此。因此，适当减少任务的风险和模糊程度对于维持学生的学习动机是有益的。但在教学过程中，教师总希望通过复杂的理解任务让学生思考和解决问题，在这种情况下，学生就需要更多的指导。

一般来讲，学习任务有三种价值：成就价值，它表明学生在任务中表现良好的重要性。成就价值与个体的需要及取得成功的意义相关，比如，一个人想通过刻苦学习在考试中取得高分，并且相信高分可以证明自己的能力，那么考高分对其有很高的成就价值；内在价值或兴趣价值，它是指个体从任务活动本身获得乐趣。效用价值，即帮助个体达到一个短期或长期目标的价值，如考研能为以后找到好的工作提供更大的可能性。为了促进学生了解学习任务的价值，教师可以在课堂教学中采用符合学生现实需要的任务，如果让学生记忆他们很少用到的定义，或学习只有考试才能出现的内容，他们的学习动机就不会太强；而如果任务是符合学生现实需要的，就会激发学生对任务的意义感和兴趣，从而产生较强的学习动机。

2. 教师

教师的期望对学生学习动机的影响是很大的。美国心理学家罗森塔尔的实验有效地证实了教师对学生能力或行为的信念会导致教师期望的行为发生。这一现象被称为"自我实现的预言效应"。和"自我实现的预言效应"相对的是"固定期望效应"，即教师对学生能力的期望固定在某一水平上，并未因学生的进步而提高自己最初的期望，这在一定程度上限制了学生更大的发展。

一般而言，教师期望对学生动机的作用是通过师生互动实现的。教师对学生期望的高低会影响教师对学生的态度和表达方式。教师如果期望学生取得较大的成绩，就会向他们提出更多更难的问题，给他们更多机会和更长时间来思考和回答问题，给予他们线索和提示，并用口头语言或者点头、微笑等身体语言向学生表示鼓励。面对那些所报期望较低的学生，教师往往只提很少的问题给予他们很少的回答时间，而且也很少给予提示。

教师的期望还会影响对学生的反馈。教师会用不同的标准评估期望不同的学生，同样正确的回答，期望低的学生得到的认可要比期望高的学生少，甚至被认为是抄袭。教师对学生这种先入为主的态度会潜移默化地影响学生的自我概念和对学习的兴趣，进而影响他们的学习动机。因此，教师应充分发挥期望对学生学习动机的积极作用，努力避免期望对学生学习动机的消极影响。

（二）内部因素

1. 自主性

自主性是个体在做什么和怎么做的问题上自己做出的选择和控制。心理学领域一般用发起人和跟从者来区分自主和他人决定。发起人按自己的意愿以某种方式行动，而跟从者把自己看成是别人控制的游戏中无足轻重的角色。学习活动中，如果学生作为发起人，他们就是积极主动且有责任感的，但作为跟从者，他们是被动的，容易对学业缺乏责任感。

学校情境中，学生很少能根据自己的内部动机行事，只能接受学校教育的外部控制和要求。在支持学生自主性的课堂环境中，学生学习兴趣浓，胜任感和创新性强，更愿意接受挑战。如果学生能够自己做出选择，那么，即使学习本身并不有趣，他们也会认为学习是重要的，更容易将教育目标内化成自己的目标。有经验的教师能激发学生的自主性，引导他们在有兴趣和价值的学习情境中学习，而控制性的课堂环境只有利于"死记硬背"类任务的成绩。但有研究也发现，即使学生在教师支持自主性的情况下学得更好，学生和家长还是喜欢控制性的教师，这可能是因为，人们往往认为学生不具备自主能力，教师需要对学生的学习承担更大的责任。

2. 自我效能感

自我效能感是对自我能力或操作绩效的感知，即对自己能做什么和不能做什么的认识。自我效能感在选择目标和实现目标的过程中起着重要的作用，作为个体稳定特征的效能期待，自我效能感能够部分预测个体动机的类型和水平。首先，自我效能感能影响学生对学习任务的选择。自我效能感高的个体对自己的能力和从事活动的结果充满自信，他们敢于迎接挑战，通常倾向于选择具有挑战性高、较为复杂的任务，为自己设置较高的目标，并且热衷于自己的工作，希望取得较大的成功，表现出较强的内在动机，不会受到外部因素的影响（如他人的评价、外在的回报等）；而低效能感的个体则相反，他们倾向于选择简单的任务，获得成功的内在动机不强。自我效能感还会影响学生面对学习困难时的态度和努力程度，自我效能感越强，学习越努力，遇到困难时坚持得越久。自我效能感有一定的领域性。例如，有些学生在数学领域自我效能感比较高，而在写作上的自我效能感却很低；有些学生在学业上有较高的自我效能感，而在运动方面的自我效能感却很低。

影响自我效能感的因素主要有三类：学习状况或表现、榜样以及他人评价。自我效能感在相当程度上是由以前和现在的学习状况或表现决定的。例如，一个学生语文、外语、政治等文科课程学得好，那么他在文科领域的自我效能感就比较高，就会增加他以后选文科类课程的动机。社会榜样会影响自我效能感。例如，学生看到跟自己类似的人成功，就会增强做类似事情获取成功的动机。在评价方面，学生在学习等方面的表现如能受到老师、家长和同学的肯定，就会增强进一步努力学习的动机。

3. 智力观

学生所持有的智力观是指学生认为智力是永恒不变的还是智力可能会发生变化。持智力恒定观的学生，其理论依据是智力的"实体论"，即认为智力是稳定且不可控制的；而持相反观点的学生则以"增长论"为依据，即认为智力是可以通过努力而改变的。持有不同智力观的学生在设定学习目标、对自我行为进行归因、对失败的态度以及应对策略等方面表现出差异。

持智力增长观的学生往往把成功归因于自己的努力，因而对学习有责任感，有较强的自我效能感，在竞争性情境中表现较好。这种学生属于"任务指向的学生"。他们关注的是掌握学习内容本身，而不是担心与班上其他同学比较成绩；他们能设置难易适中的目标，敢于冒险，不害怕失败，因为失败不会威胁他们的胜任感和自我价值；他们在遇到困难时能坚持不懈；为了取得进步，他们乐于寻求合适的帮助，努力采用更好的认知加工策略和学习策略。

持智力实体论的学生往往将失败归因于自身能力差，他们的成绩评价来自他人，而非自己付出了多少努力，这种学生被称为"自我指向的学生"。他们关注成绩目标，关注如何在考试中获得高分或如何超过其他同学，目的是向他人证实自己的能力；他们缺乏胜任感，很少体验到成绩以外的自我价值，未形成稳固的自我效能感；在对待失败方面，"自我指向的学生"有两种倾向：避免失败和接受失败。有避免失败倾向的学生为了保持胜任感，如取得成功，就不会冒风险，而是停留在已知的内容上，有接受失败倾向的学生会认为自己是无能的，其自我价值感和自我效能感受到损害，因而产生压抑、冷漠和无助感，缺少对变化的希望。

三、激发学生学习动机的方法

（一）帮助学生树立恰当的学习目标

学习目标是指学习预期达到的客观标准。当学生准备学习时，常常怀着一种期待的心理，期待着能如愿以偿，实现预期目标。帮助学生树立学习目标，最好的办法是让他们的活动有明确的目的和任务。目标的可接受性也会影响动机，如果学生接受教师或自己设定的目标，就能激发学习动机，一般来说，如果目标是现实的、有一定难度且有意义，而且对目标的价值有合理的解释，学生就容易接受目标。

教师在指导学生树立目标时可以注意几个方面：第一，引导学生制订适合他们的目标，这样有利于培养他们的自主性，使他们认识到目标任务的价值，激发他们为达到目标而努力；第二，目标要有长远的，有近期的，在总目标的基础上提出多个具体的子目标，增强目标的现实价值；第三，给学生提供达到目标的资源，让学生确立实现目标的信心；第四，使学生获得目标实现状况的反馈，培养学生"任务指向"的心智模式，以增强完成目标的胜任感，教师在给予反馈的同时，可以让学生通过自我观察和自我监控来了解实现目标的进程；第五，指导学生达到目标的同时，采取相应的激励措施，以激发学生实现目标的动机。

（二）增强学生的自我效能感

增强学生的自我效能感，可以通过以下几种方法进行。第一，要求学生形成适当的预期。教师可以尝试让学生完成一些涉及"可能自我"的观念性问题，设想"可能自我"，激发学生的成就动机。例如，一项训练计划让学生设想将来可能从事的工作以及需要的准备。此外，还让学生学会如何应付否定或消极的反馈和失败，包括不公正的待遇等。这一训练的宗旨是通过训练使学生坚定自己可以控制将来的成功的信念。经过训练的学生对将来成功可能性的期望更高，学业成绩也获得了中等程度的改善。第二，可以为学生提供更多的学习成功机会。有经验的教育者经常采取三种做法：一是对某些学生尤其是差生降低成功的标准，在其取得了相对较小的成功时也及时给予鼓励；二是尽可能地发掘学生的长处，给学生充分展现自己的机会；三是为学生设置合适的学习目标，使学生看到从事复杂学习任务过程中自己的每一点进步和成功，认识到自己有可以挖掘的潜力。第三，为学生树立合适的学习榜样。榜样的行为是个体评价自身效能的一种参照，一般来说，为学生树立的榜样最好与之在各方面的情况类似，因为学生认同与自己相似的他人的学习进步，很容易替代性地转化成对自己能力的认同。第四，对学生的学习进步给予适当的归因反馈。对学生的学业成功做出能力或努力方面的反馈。对学生的学习进步作能力上的归因，可以让学生逐步确信自己是有学习能力的；对学生的学习进步作努力方面的归因，可以使学生感到自己有能力控制自己的进步，进而会增强学习的自我效能感。

（三）引导学生进行合理归因

不同的归因对学生的学习动机和积极性起着不同的作用。如果把学习成功的原因归结为任务简单和能力强，会有利于增强学习动机，提高学生的积极性。在失败的情况下，如果把原因归结为个人努力不够，可能提高学习的积极性；如果把失败的原因归结为任务难、能力低，则会降低学习的积极性。可见，学生对学习成功和失败的正确归因对学习动机的激发具有极其重要的作用。然而，人的认识能力总是有限的，再加上归因者某种动机或自尊心的影响，所以，学生的学习成败归因往往会产生偏差。教师应当积极进行引导并帮助学生掌握归因的技能，使学生在归因时减少或消除偏差。

（四）提高学习任务的意义性

激发学生的内部动机，需要教师提供富有变化和意义性的学习任务，提高学生学习过程中的兴趣和参与度，促进知识与学生学习过程中的相互作用。一方面，教师可以变化教学任务，以此吸引学生的注意力。在教学水平上，将记忆、解释性理解和探究性理解相结合；在教学方式上，将注重知识的有意义接受教学和注重适合学生气质和性格特点的有意义活动教学相结合；在教学内容上，将与教学任务有关的概念、事实和原理与方法、过程监控等策略性知识相结合；另一方面，教师可以采用吸引学生的学习材料，选择适合学生年龄和心理特点的教材、教具及教学软件，打破传统的课堂和书本知识作为唯一学习方式的界限，让学生在问题解决和项目实施中求知。

（五）积极创设问题情境

创设问题情境，能激发学生的求知欲望，通过解决问题，使其求知需要得到一定的满足，强化其求知兴趣，进而转化为探求更多新知识的动机。创设问题情境时，应注意以下几点：第一，问题情境在内容上要体现教材结构和新旧知识的内在联系，体现教材和实践相结合的原则；第二，问题情境要适合学生已有的认知结构和智力水平，遵循由表及里、由简到繁、由易到难等循序渐进的原则；第三，问题情境的呈现可以贯穿在教学的整个进程中，以教师提问、学生作业、课堂教学、课外活动等多样化的形式进行。

（六）充分利用学习反馈与评价

学生运用所学知识解决问题的成效大小、作业的正误、考试成绩的优劣以及学习态度认真与否等均属于学习的反馈信息。许多实验研究表明，来自学习结果的反馈信息不仅对学生的学习结果进行检查、评定，对促进其努力学习也有激励作用。因此，教学中应当充分利用学习结果的反馈信息，以激发学生的学习动机。当然，对这种信息的加工处理不同，对学生学习的促进作用也会有差异。以下几点应当引起注意：第一，使学生对学习评定持有理性的态度，科学地发挥学习成绩等反馈信息对激发学习动机的作用；第二，对学习结果的评价要做到客观、公正和及时，否则，评价非但不能起到激发动机的作用，反而会产生相反的结果；第三，要考虑到学生的心理发展水平和个性特点，对学生的评价应当以鼓励为主，适当批评。

（七）适当开展学习竞赛

研究结果表明，开展学习竞赛对激发学习动机和提高学习成绩可以起到一定的促进作用。通过竞赛活动，学生的成就动机会更加强烈，学习兴趣和学习毅力也会有所增强。但是，竞赛也可能产生某种竞争心理，竞争者在竞争中取得的优秀成绩往往是以高度的紧张为前提的，获胜者受到鼓励，失败者会焦虑不安并承受一定的心理压力。为了保证竞赛对动机的激发与培养产生积极作用，避免不良后果，应该注意合理安排和实施竞赛：竞赛标准方面，应体现鼓励进步、团结互助的原则，把竞赛变成激励学生进步的手段；科学安排竞赛的密度，以使竞赛真正发挥激发学习动机的作用；竞赛内容不要单一化，可以在学校生活的各个方面开展竞赛，以培养学生广泛的兴趣；竞赛形式要多样化，不仅搞个人间的竞赛，还要多开展团体间的竞赛，还要鼓励学生与自己竞赛；组织学习竞赛时，可按学生能力水平设高、中、低不同竞赛组别，或组织单项竞赛，使不同能力水平的学生都有获胜的机会，从而增强他们的信心。

（八）科学运用奖励与惩罚

奖励、惩罚等手段能有效地激发动机，塑造良好行为，改变不良行为。奖励泛指能引起学生愉快情绪体验的过程，如得到教师赞许、学校的表彰、集体的认可等。反之，使学生产生不愉快体验的过程，即是惩罚，如学业失败、教师批评、学校给予的行政处分等。奖励和惩罚的效果，对于不同性格、性别和学习能力的学生来说会产生不同的效果。奖励和惩罚的运用还取决于下述条件：第一，教师的威信以及教师与学生的关系；第二，学生对奖励和惩罚的重视程度；第三，学生对教师奖惩评价的看法；学生如果认为教师的表扬是公正的，批评是善意的，则这些奖惩的效果就好；第四，奖罚时机和度量的控制，奖励和惩罚的对象与方式要得当，有针对性，奖惩要适时适度，过分的奖惩都会降低效果，过分运用惩罚，还会激起学生的焦虑和敌意情绪，反而破坏学习动机。

【拓展性阅读】

［1］ 陈琦，刘儒德. 当代教育心理学. 北京：北京师范大学出版社，2006.

［2］ 刘加霞，辛涛等. 中学生学习动机、学习策略与学业成绩的关系研究. 教育理论与实践，2000，(9).

［3］ 江玲，郭德俊. 元认知与学习动机关系的研究. 心理科学，2003，(5).

［4］ 佐斌，谭亚莉. 初中生学业自我效能、学习动机与学业成绩的关系. 应用心理学，2002，(8).

［5］ 张宏如，沈烈敏. 学习动机、元认知对学业成就的影响. 心理科学，2005，(1).

［6］ 周永垒，韩玉昌，张侃. 学习困难生学习动机对学习策略的影响. 中国临床心理学杂志，2005，(2).

［7］ 池丽萍，辛自强. 大学生学习动机的测量及其与自我效能感的关系. 心理发展与教育，2006，(2).

［8］ 莫闲. 学习动机整合理论的建构与研究展望. 心理科学，2008，(6).

【研究性课题】

1. 结合实例说明动机在学习中的作用。

2. 结合教与学的实践设计激发学生学习动机的方案。

第十三章 教师与学习促进

```
                              ┌─ 与学生发展相关的教师人格特征
                              ├─ 新教师的人格特征
            ┌─ 教师人格与学生学习 ┤
            │                 ├─ 熟练教师的人格特征
            │                 └─ 专家教师的人格特征
            │
            │                      ┌─ 教师的理论知识与学生学习
教师与学习促进 ┼─ 教师专业知识与学生学习 ┼─ 教师的实践知识与学生学习
            │                      └─ 不同阶段教师的专业知识特征与学生学习
            │
            │                 ┌─ 教学基本技能
            └─ 教师能力与学生学习 ┼─ 教师的教学技巧与学生学习
                              └─ 不同阶段教师的认知能力
```

【学习目标】

- ◎ 能介绍促进学生学习与发展的教师人格特征。
- ◎ 能结合实例分析不同阶段教师的人格特征。
- ◎ 能用自己的语言陈述教师知识的具体内容。
- ◎ 能举例说明实践知识的含义、特点。
- ◎ 能分析教师教学中所运用的实践知识及背后的理论支撑。
- ◎ 能举例说明学期教学目标、单元教学目标与课时教学目标的关系。
- ◎ 能根据板书技能、言语表达技能分析教师板书行为、言语表达行为。
- ◎ 能举例说明教学技巧运用的基本要求。

第一节 教师人格与学生学习

教师是园丁；教师是灵魂的工程师；教师是太阳底下最光辉的职业。这些认识意味着教师的教育教学工作与学生的学习与发展是密不可分的。学生似乎最有资格评价教师的胜任能力。

一、与学生发展相关的教师人格特征

国内外研究者认为由于学生更长时期地与教师相处，只有他们的教师评价才是最客观、可靠的，因此研究者通过对中小学生的调查研究，发现了学生所喜欢的教师特征。

各国学生喜欢的教师特征

（1）美国学生喜欢的教师特征：友善的态度、尊重课堂上的每一个人、耐心、兴趣广泛、良好的仪表、公正、幽默感、良好的品性、对个人的关注、伸缩性、宽容、有方法（威弟）。

（2）日本学生喜欢的教师特征：教育热心、教学易懂、开朗、公开、理解学生、亲切、平易近人、有趣、不发脾气、幽默、直爽、与学生一起活动、活泼、擅长运动、多与同学讲话、有学问、言语明了、健谈、疼爱学生（上武正二）。

（3）中国中学生喜欢的教师特征：教学方法好、知识广博、肯教人、耐心温和、容易接近、实事求是、严格要求、热爱学生、尊重学生、对人对事公平合理、负责任、守信用、说到做到、有政治头脑、关心国家大事、讲文明、守纪律（谢千秋）。

摘自：皮连生. 学与教的心理学. 第2版. 上海：华东师范大学出版社，1997：4.

学生对好教师的评价往往是"温暖的"、"受欢迎的"、"热情的"、"有名声的"等特征。这些特征均是关于教师的人格特征。

早期的教师特征研究更多是调查问卷研究，相关研究更能揭示教师人格特征与教师教学的关系，更能具体阐述教师的人格特征与学生的学习风格的关系；阐述教师的人格特征与不同年龄阶段的学生关系。人格特征对个体的认知活动的影响往往反映为认知风格。有研究表明，教师的认知风格与学生的认知风格存在着相互作用。若两者的认知风格相一致，则有助于学生的学习。如，场独立型的学生往往容易适应结构不严密、发散的教师教学，而场依存型的学生更喜欢结构严密、严谨的教学，他们更需要教师的明确指导。瑞安斯（1960）研究了中小学生分别喜欢的教师特征。一般而言，学生喜欢的教师具有友善的、理解的、温暖的、敏感的、系统的、有想象力和热情的特点。但是在评价上述优秀品质的重要程度时，中学生的重要程度的评价要低于小学生，说明中学生能更好地适应品质较差的教师。

总之，具有良好人格品质的教师更受学生欢迎和拥护，更容易影响学生的学科学习与人格塑造。有必要了解处于不同发展阶段的教师的人格特征，分析它们对自身教学与学生学习的影响。

二、新教师的人格特征

新教师总体而言，受学生时期影响较大，他们还处于"学生"角色向"教师"角色的转换过程中，他们的人格特征除了受本人的性格、气质等影响外，自身的角色适应与转换的顺利程度也起着举足轻重的作用。

（一）新教师的兴趣

由于对教师职业的期待，新教师工作初期往往对教学充满了兴趣，工作投入程度很高，充满活力，与学生相处融洽，但这一阶段的教师兴趣也很容易受到外在环境的影响。如果他们在角色适应与转换过程中遭遇到师生关系、教学问题等各种困难，受到各种打击，则很可能工作兴趣迅速下降，工作投入降低，常常感到疲惫；相反，在这一过程中师生关系良好，教学初见成效，工作兴趣将进一步得到提高，更愿意去发现教学中存在的各种现象。然而，经过一段时间后，部分本来就对教师职业很感兴趣的新教师，愿意继续投入钻研，也会保持原有的志向和责任心。而另一部分却开始觉得教师职业的付出与收入不相等，甚至与自己的才能成反比，这种现实与理想上的差距，导致了这些教师开始觉得当老师"没前途"。在这种职业热爱还不太稳定的情况下，如果有更好的选择机会时，他们就可能转向别的职业了。

（二）新教师的工作动机

无论是为了生存还是探索，初期，新教师工作动机往往受自身的成就动机影响很大，想在工作中好好表现，给领导留下好印象，在学生中树立良好的教师形象。可能为了完成教学任务，他们在工作中可以投入大量的精力，表现积极。但是，新教师的教学动机具有强烈而浅层的特点，不如专家教师深刻、稳定。当教学中出现的问题越来越多时，他们往往容易烦躁、疲惫，工作的热情也就随之冷却下来。因此他们往往更关注外界对其教学成功与否的评价，自己的生存适应及其与学生的联系。如果学校管理者与其他教师给予肯定评价，则还会保持旺盛的工作动机，相反，工作动机下降，感到茫然、矛盾，甚至怀疑自己的工作能力、职业选择。

（三）新教师的价值观

对于新教师来说，他们考虑更多地可能是个人的发展前途。首先，从年龄上来看，抱有"我还年轻，我还有很多机会可以选择"思想的新教师不在少数。其次，从时代的影响来看，在当今经济社会中，人们对价值理解有所改变，因而有些教师也认为"教师光荣的概念是抽象，很缥缈虚幻"。最后，从工作特性及环境来看，如果别的职业能提供更多的发展机会和空间，就可能动摇他们当教师的信念。由此可见，新教师对教师职业所赋予的意义和责任认识还处在感性阶段，更多的是一种新鲜和好奇，因而他们在职业承诺上不成熟、不稳定。

（四）新教师的性格特点

角色压力过大容易导致新教师出现不稳定的情绪和不健全的心理。具体表现是莫名的焦虑、压抑、担忧、受挫感、无助感及缺乏安全感，并且经常感到不安、性格脆弱、丧失自信心、对工作不满意、感到疲惫等。这些不愉快情绪看似平常，然而，"小病不医成大疾"，正是它们影响教师的精神面貌，对于教师的身心具有极大的破坏性。

三、熟练教师的人格特征

处于这一阶段的教师，往往已建立了自己的家庭，人生的轨迹和方向性已经非常明确，他们不再对自己的职业摇摆不定，因此，他们往往更加关注自我在职业上的成就和发展，精力更加集中，追求目标也更加明确。但还有些教师在工作熟练以后，尤其在每天的单调重复中度过，心中的理想渐渐淡漠了，变得庸庸碌碌，毫无生气，容易产生职业倦怠，导致工作缺乏激情，教学过程中没有足够的热情和责任心。熟练教师出现了几种类型的人格❶。

（一）快速发展-超越型

有一部分熟练教师由于有远大的教育理想、坚定的奋斗目标，因此能在日常的环境中调整好自己的心态，摆脱庸俗琐事的束缚，以昂扬的斗志、饱满的精神，静心学习、热心研究、诚心思考、潜心教学，努力提高自己、丰富自己，创造性地开展工作，接受教育教学的挑战，享受教育教学的乐趣，不断超越着今天的自己，从而向职业生涯发展的更高层次迈进。他们希望继续进修、深造，以获得知识水平、学历层次的提高。有相当一部分的教师在这一阶段表现为：努力进修，加强自我教育，为迅速有效的成长打下扎实的思想业务基础，

---

❶ 程振响. 教师职业生涯规划与发展设计. 南京：南京师范大学出版社，2006，88-91.

力争脱颖而出。他们大多有正确的教育思想和强烈的事业心与责任感；有较好的认知结构和深厚的教学功底；有教研能力和成果；有威信，有良好的事业基础，已经是"小有成就"。

（二）停滞不前-工匠型

有些熟练教师由于对教师职业的本质特点和自身发展认识不足，在思想上产生满足感，他们沉浸在对自己认识的光环中，满足于已有的经验和水平，而疏于学习和思考，对教育形势的变化、教学理论的更新、教学技能的进一步提高也失去了敏感和紧迫感。长此以往他们对教育教学的理解和认识只停留在经验阶段，最终只是成为一名熟练的工匠。在职称评上以后，得到荣誉以后，有了教学经验以后，便自我满足，不思进取。当这些教师面临压力、困难时，往往不能采取适当的方式方法去应对，最终导致成长历程中障碍的频繁出现。有些熟练教师过分看重和保持过去积累的经验，忽视思维的变化，不求新的拓展，因此容易产生思维定势和经验主义倾向，习惯于按过去的经验办事，因循守旧，墨守成规，总认为自己的经验是最好的，自觉不自觉地拒绝学习新东西，排斥新观念、新方法，惯用自己熟悉的老一套对待新的学生、新的教材、新的思想、新的知识、新的现象，以不变应万变，因而制约了自己的能力向更高层次发展。

（三）消极等待-倦怠型

熟练教师的工作负担往往比较重，既要忙于日常的教育教学，不能落于人后，又要承担学校分派的开课、带青年教师、搞教育科研、行政事务等工作。尤其是近几年来社会和家长对教学成绩的过度关注，更加重了教师的心理负担，作为熟练的骨干教师，他们的心理压力更大。长期处于疲劳困倦的身心状态，使得有些熟练教师产生了一种畏惧教育教学工作的心理反应，患上了"职业倦怠"，最突出的表现就是成就感降低，工作上不求上进，不愿付出努力，产生放弃做教师的消极想法，甚至产生"能马上退休就好了"的消极想法。

熟练教师往往成家立业，身上的家庭负担较重，使得他们进退两难；教学工作中遇到的挫折较多，理想、期望在工作往往破灭，失败感增强；单一、重复的教学工作也大大地削弱了教师的工作积极性，因此有些熟练教师的成就动机满足于目前所取得的工作成就，会逐渐减弱自己的成就动机，表现为失去了专业发展的热情和精力；会由于难以找到下一步的发展目标而出现彷徨不前，会害怕在新的竞争中失败而回避竞争，满足于小环境的功成名就，很自然地产生懈怠，并可能转移"兴趣"，做一些自己比较感兴趣的事；也有的本身就缺乏做教师的热情，成就动机始终不高，得过且过。熟练教师的教学动机处于教师职业成长过程中的高原期，表现为熟练教师虽然对教育事业的认识已经比较稳定，具备了熟练的教学技巧，但是来自生活与工作的压力不断加大，使其职业倦怠感增强，在教学工作中积极性降低，对教育的态度也处于摇摆不定中，有分化的趋势。

四、专家教师的人格特征

专家教师一般又称为"优秀教师"。国内外各研究者等从不同的角度探讨了优秀教师的人格特征，发现优秀教师具有以下人格特征。

（1）与熟练教师相比，专家教师情绪稳定，能够更好地控制和调节好自己的情绪，对教师职业的情感投入程度高，职业的义务感和责任感较强。他们是真正地热爱教师职业，对工作负责，不断追求教育事业深层次的价值所在。更热情地、更平等地对待学生，师生关系融洽。

（2）与熟练教师相比，专家教师的教学动机最高，且在内部动机上要远远高于熟练教师。表现为：把教学工作当成是一种乐趣，真正热爱教学工作；把教育当作自己的事业，认为它可以使自己得到不断发展；在教学工作中自觉性高，主动研究教学过程中出现的问题，乐于与学生交往，把学生当作自己的朋友。

（3）乐观开朗。乐观开朗表现在两个方面：一是对人对事充满热情，和蔼可亲，容易相处，容易接受他人的批评；二是面对挫折易以乐观的态度来看，适应性强，能够很快地从失意中恢复过来。乐观开朗的特征在困难挫折面前有较好的运转能力。教师要经常面临挫折，如果教师缺乏一种热情，以一种悲观心境视之，则很容易放弃自己的工作，放弃自己的学生，而专家教师往往相信自己的能力，相信自己的学生，并善于运用多种方法。他们的这种人格特征往往使他们更容易成功。

（4）探索求新。专家教师往往思想较为开放、求新。他们能根据时代的发展、教育对象的不断发展，不断更新思想，在实践中改革创新。他们总是把自己的每一个教育行动当成是创造活动，永不满足，积极探索。正如魏书生提出"只有不断地自我更新，认识才有新高度，工作才会有新办法，讲课才会有新突破，师生感情才会有新发展，读书才会有新收获，写作才会有新思想，人际关系才会有新意向"。

（5）热爱学生。热爱学生是每一位教师都意识到的，但只有专家教师能真正地做到，他们的一个典型特征是对学生的热爱。张锦坤在研究全国骨干教师的教育经验中发现，同情学生、信任学生、尊重学生是促使专家教师成功的人格原因。

（6）成就需要。在阿特金森的成就动机论中，成就需要是一个相对持久的或稳定的特质。研究表明，教师的教育成就是与他的成就需要高相关的。专家教师为了满足自己的成就需要，工作上干劲十足，尽职尽责，在自身修养上则表现出严于律己，自强不息。强烈的责任心与自律驱使他们努力完成自己所肩负的重任，他们的工作动机是为了培养人才，促进学生在德智体方面全面发展与健康成长，以真正满足自己的成就需要。

第二节　教师专业知识与学生学习

瑞安斯（1960）的研究只是表明学生喜欢的良好教师人格特征，但并没有明确指出上述人格特征对于学生学习的作用。可能教师专业知识对学生的学习与发展有着更大的作用。20世纪80年代，教育心理学家舒尔曼（Shulman, L. S.）将教师的知识基础分为：学科内容知识、一般教学法知识、课程知识、教学法-内容知识、学习者及其特点的知识、教育情境的知识、教育目标、目的、价值和其哲学与历史背景的知识。格罗斯曼（Grossman, P. L.）指出上述每一种知识存在两种性质：理论知识与实践知识。

一、教师的理论知识与学生学习

综合分析国内外研究者对教师理论知识的阐述，发现他们都认同教师的理论知识包括学科知识、一般教学法知识、教学法-内容知识、学生与教师的知识、教育目的的知识等。

（一）学科知识

教师的职责是采用一定的教学方法让学生理解、掌握学科知识，这决定了教师应当掌握的学科知识与其他专业相比必定存在着不同。

（1）教师要拥有丰富的学科内容知识（content knowledge）。正如"巧妇难为无米之炊"，教师如果不具备一定的学科内容知识，或具备错误的学科内容知识，即使拥有再多的教学技能，也无法做到让学生认识、领会、应用。舒尔曼就强调学科知识是教师的核心知识。它包括某一学科的事实、概念、原理、法则等。许多学科还会随着时间的推移，其主要知识点会逐渐增多或出现变化。作为一名教师，不能满足于师范专业期间所学的学科专业知识，在教学的同时还要继续关注所教学科的系列变化，不断丰富、改变自己的学科内容知识。

（2）教师要形成复杂的学科知识结构。在新课上，教师往往会通过复习、提问等方式引起学生对已有的相关学科知识的回忆，为顺利进行新知识的学习奠定坚实的基础。教师一定要形成某学科由事实、概念等组成的彼此联系的知识组织。

（3）教师应掌握相应的学科方法。教师不仅要知道学科的内容知识，还要知道学科内容知识的产生、发展过程（即学科方法），这有助于学生深入理解这一知识甚至这一学科，促进学生解决学科领域内的复杂问题。

（4）教师还应形成相应的学科观。学科观是指对一门学科的认识与理解，包括教师所形成的个人的学科习惯、观点以及学科问题解决倾向。教师的学科观影响着他们的教学过程。威尔逊等（1989）研究了两名教师的学科认识对其历史教学的影响❶。其中一名教师认为学习历史就是学习历史事实，知道所有历史性的日子、所有的历史术语，他的教学内容也多强调历史事件。而另一位教师将历史比喻成"建筑物"，认为历史是一个以历史事实为基石的历史建筑物，是对某一历史时刻的不同角度的认识。他的教学则从历史的、社会的、文化的、政治的角度等详细讲解某一历史事件。

（5）教师还应了解一定的学科文化，掌握涉及社会方面的、日常生活中的学科知识。学科文化不仅包括学科的探究方法，还涉及了个体彼此间的交流。教师了解此类知识并运用在教学上，可以调动学生的课堂注意力，提高学生的学习兴趣，避免学生认为所学学科抽象、枯燥无味。学科知识不仅包括专家运用的知识，还有一些影响我们日常生活或思维方式的知识，因此，根据教学目的，教师在教学过程中不仅要教学科知识与方法，还要让学生了解特定学科对于我们日常生活的实际影响。

（6）教师应持有显性的学科知识。教师职业是教书育人，这决定他们必须持有显性的、能够言语阐述的学科知识。

要做到上述，教师需要对学科有更深刻的理解，要掌握比其他专业人士更多的学科知识。在上述六种学科知识中，学科内容知识、学科知识结构与学科方法构成了教师学科知识的核心。

（二）教学法-内容知识

舒尔曼认为在七类教师知识中，教学法-内容知识（pedagogical content knowledge）是教学领域的专门知识，是教师专业特有的知识。只有它才能够将教师与学科专家予以区分。格罗斯曼认为主要的教师专业知识有一般教学法知识、学科知识、教学法-内容知识和情境知识，其中教学法-内容知识处于中心地位，并与其他三种知识相互作用。

1. 教学法-内容知识的界定

舒尔曼认为教学法-内容知识是教学内容与教学法的结合，是根据学生的个体差异、特定的教学，某学科知识、主题的组织呈现方式的知识、结合的技能。他们在研究科学课教学的基础上提出了科学课教学法-内容知识的模型，该模型包括 5 种成分：科学学科教学观、科学课程知识、对学生的科学知识的理解、对科学学科的评价知识、特定的科学学科知识与特定主题的教学策略。

2. 教学法-内容知识的主要成分

格罗斯曼对教学法-内容知识进行了详细的阐述，认为它包括四个主要成分❷。①教师关

---

❶　Wilson S M, Wineburg S S. Peering at history through different lenses: The Role of Disciplinary Perspectives in Teaching History. Teacher College Record, 1989, 89（4）: 525-539.

❷　杨彩霞. 教师学科教学知识：本质、特征与结构. 教育科学，2006，（1）: 60-63.

于一门学科教学目的的统领性观念—关于学科性质的知识、关于学生学习哪些重要内容的知识或观念；②关于学生对某一课题的理解或误解的知识；③关于课程和教材的知识，它主要指关于教材和其他可用于特定主题教学的各种教学媒体和材料的知识，还包括了学科内特定主题如何在横向（在某一年级和学科内）与纵向（从幼儿园到高三年级课程）上组织和结构的知识；④特定主题教学策略和表征的知识。

教学法-内容知识对于教师教学有着重要意义。教师要有效教学，必须知晓知识的不同呈现形式：隐喻、类推、诠释、活动、举例。威尔逊（Wilson, 1987）提到，由于学生能力的不同、所拥有的知识不同、学习方式不同，教师要有效进行教学，必须知道一种概念的150种教法。不同的教学法-内容知识表现为不同的教学表现。

（三）一般教学法知识（general pedagogical knowledge）

舒尔曼、格罗斯曼等学者将课堂上运用的适用于各个学科的教学方法归为一般教学法知识，它主要包括：教学环境设计的一般性原则与策略、课堂管理与组织的一般性原则与策略、执行教学的一般性原则与策略。

教学环境是影响教师有效教学与学生有效学习的外部因素，主要指教师教学时对学生座位的安排。亚当斯与柏德尔斯发现教学过程中教师所处的位置、学生所坐的位置、学生间的人际距离、教师与学生的人际距离等均会影响教学与学习的有效展开。一般来说，课堂座位的设计有三种形式：①基本的课堂形式；②特殊课堂设计形式；③暂时性的课堂设计形式。无论是哪种形式的课堂座位，都要遵循四个原则：方便学生交通、方便教师观察学生、方便学生使用教学材料与设备、方便学生看见教学呈现。

课堂管理与教学是相互联系、互为影响的。一方面，课堂管理影响教学。良好的课堂秩序有助教学的进行，相反，课堂纪律涣散，学生注意力下降，教师教学也必将受到阻碍。另一方面，教学影响课堂管理。如果教师在教学计划时考虑到班级学生的心理特点、学生的个体差异，完全可以预防课堂纪律问题的出现。

（四）学生知识

舒尔曼等人认为学生知识包括两方面。①有关学生认知特点的理论与经验。主要了解学生的一般学习过程、影响学生学习的因素；明了学生的理解模式、学生常见的学习错误、阐述学习过程中的知识理解等。②有关学生个性心理的理论与经验。主要了解学生的需要、兴趣爱好、学生的学习动机、学生的性格、气质与能力等。

一个班级的学生不仅存在心理特点的共性，还存在着心理上的个体差异性，如，由于兴趣的差异导致学科喜好的差异、学习积极性的差异；由于学习动机的差异而导致学习策略的不同；由于个性的差异导致学生学习风格差异。教师不仅要知道学生的一般心理特点与规律，而且要重点了解学生个体差异的理论与观点。在集体教学中，教师要考虑到不同学生的认知活动方式，要利用学生擅长的认知活动采用多种教学方法。

（五）教育目的、目标等知识

教师还应当了解国家制订的教育目的、目标。对它的了解有助于教师明确具体的教学目标、恰当的教学方法，获得更多的教育资源。教育目的主要反映受教育者的应然状态，规定与要求受教育者应达到的系列心理素质与特定行为，那么教育目的也必然成为教育者的应然要求。作为一名教师，如果不关注基础教育课程改革，不学习新的课程大纲，势必不能实现规定的教育目的。

二、教师的实践知识与学生学习

在理论取向的研究者致力于建构各类知识的概念界定、具体内容，探讨教师获得理论知识方式的同时，另一些研究者，如，施瓦布（Schwab），却不认同他们的研究，并对他们的研究结果予以了批评（McNamara，C. R.，1991；Hibert，J.，Gallimore，R. & Stigler，J. W.，2002.），认为他们所罗列出的教师各类知识过于抽象概括，很难与教学实践相结合。事实也表明教师很少根据各类教师知识来改进其教学实践；认为各类教师知识在教学实践中界限并不明显，它们常常是交织在一起的。教师并不是分别根据上述知识来实施教学处理；认为学科知识对教师教学的影响是间接的，是通过影响教师的教学策略、方法等的选择来影响教学。因此他们主张研究教师自己在教学实践中所形成的、运用的知识，即教师实践知识。

（一）教师实践知识的类型

教师的实践场景既有过去的场景也包括当下、未来的场景；既是工作的场景，也有生活、学习的场景。研究者关注点的不同，也产生了不同的教师实践知识的界定。如，"教师个人实践理论"、"教师个人理论"、"教师隐喻"、"实践知识"等。出现了不同类型的教师实践知识。

卡尔德黑德（Calderhead，J.，1996）在指出教师知识除了有学科知识、理论知识外，还包括以下知识：①技巧性知识（craft knowledge）包括教学策略、教学常规和教学方法的知识；②个人实践知识（personal practical knowledge）主要是指技巧知识的个人特征；③案例知识（case knowledge）是指关于教学事件及突发事件的知识；④教学隐喻和形象（metaphors and images）。

阿尔贝兹（Elbaz，1983）通过对一位有着丰富教学经验的教师莎拉的研究，指出教师的实践性知识包括五个方面的内容[1]。①学科知识，即教师所教学科的知识及相应的学习理论。②课程知识，指组织学习经验与课程内容的知识。③教学法知识。包括课堂常规、课堂管理以及学生需要等方面的知识。④关于自我的知识。指对教师个体的认识，如对性格、年龄、态度、价值观、信念、个人目标等的了解。⑤关于学校背景的知识。指关于学校的社会结构和它所在社区的知识。阿尔贝兹认为这五类知识虽是静态的，但它们与实践的联系却是动态的。它们形成了实践，同时也被实践所形成，组成了"实践的知识"和"以实践为媒介的知识"。与格罗斯曼相似，阿尔贝兹认为既存在着理论的知识，也存在着教师个人实践生成的知识。

国内学者陈向明在比较教师实践性知识的不同界定上，提出了对这类知识的见解，认为"教师的实践性知识是教师真正信奉的，并在其教育教学实践中实际使用和（或）表现出来的对教学的认识"[2]。根据实践性知识的来源、运用场合，陈向明将这类知识分为六类。①教育信念。指教师内心相信并接受的系列教育价值观念。具体有教育目的的信念、教育的信念、教师职业的信念等。②教师的自我的知识。指对自我概念、自我评估、自我教学效能感、自我调节等的认识。③教师的人际知识。包括对学生的感知和了解（是否关注学生，受到学生关注时恰当地做出回应，有效地与学生沟通）、热情（是否愿意帮助学生）、激情（是否有一种想要了解周围世界的渴求，一种想要找到答案并想向别人解释的欲望，能否用这种激情感染学生）。除此以外，教师的人际知识还反映在课堂管理中，包括对学生群体动力的把握、班级管理惯例、体态语、教室布置等。④教师的情境知识。指教师教学过程中对学生行为变化等情境的敏感把握。主要通过教师机智反映。教学机智是瞬间把握事物的本质，表现了教师对学生的深切关注，是有心与无意的巧妙结合。教学机智帮助教师克服理论与实践

---

❶ 徐碧美著. 追求卓越——教师专业发展案例研究. 陈静，李忠如译. 北京：人民教育出版社，2003：51-52.

❷ 陈向明. 实践性知识：教师专业发展的知识基础. 北京大学教育评论，2003，(1)：104-112.

之间的分离，反思与行动同时发生。⑤教师的策略性知识。指教师对学科内容、学科教学法等理论层面的知识的理解与把握，并将上述知识运用到具体教学中的教学策略。⑥教师的批判反思知识。指教师在教学中对自己教学思维与行动的反思，在教学后对自己教学思维与行动的反思，还包括对其他人关系的反思。

从上述教师实践性知识的分类中发现，在论及教师的知识基础时，教师实践知识的研究者并没有排除理论知识，而是认为实践知识对于教师而言更重要，它影响着理论知识的形成和应用，支配着教师日常教育教学行为。

(二) 教师实践性知识的特征

实践性知识的研究者认为这类知识才发挥着教师的教育教学活动的支配权，在于它所表现出来的若干特征 (Hibert，J.，Gallimore，R. & Stigler，J. W.，2002)[❶]。

1. 情境性

阿尔贝兹把实践知识理解为对教学情境回应的一个函数。实践性知识产生于特定的教学情境，是特定教师在特定教学情境中将特定学科内容教给特定教学对象过程中所形成的知识。实践性知识也能用于之后的类似情境中。在类似的教学实践问题驱动下，通过分析教学中出现的问题，对已有教学事件的重新发现或重新解释，从而产生解决类似问题的方法与经验。情境性特征使得这种知识可以通过案例与案例教学加以形成、传承。

2. 具体性、详细性

与教师的理论知识相比，实践性知识缺乏严密性与普遍性，但它是极其具体的、生动的，是对特定对象、特定学科内容等的具体的详细的回应，表现为具体的教学策略、方法。如 M. Lampert (1985) 在处理教学两难问题时通常采取的具体策略-重新定义问题的策略。

3. 综合性

与教师理论知识的研究相反，教师实践知识的研究者认为把教师在教学中所应用到的各种知识分裂来研究是无助于教师教学的，真正有益的应是研究各种教师知识的整合。教师的实践性知识不仅是对特定教学情境的认识与理解，还是对各类知识的综合所反映出的具体的教学策略，它超出了理论知识的框架。

4. 经验性

实践性知识不是直接来源于书本或其他教师，也不是理论知识与教育政策的直接转化。它的形成受个体之前的生活经验的影响，也受当前的工作、生活经验的影响。教师的个人实践经验对他的教学实践有着重要的影响。教师实践性知识的提高，不仅要通过知识的相互交流，各种经验的互享也是这种知识获得与运用的保障。

5. 情感性

知识不只是纯客观的，而且就每一位教师实际所拥有的知识来说，都富有价值、情感、审美等特征。如教师关于"驯兽师"、"船长"等教学隐喻不仅体现了教师的过去生活经验，也表现出教师的情绪情感，而这种在教学认识中所体现出的情绪情感特征势必会影响教师采取何种理论、策略来处理教学。

6. 内隐性

教师还往往用隐喻等形象化的语言描述自己的实践性知识，因此它不仅有外显的特点，而且更多的是作为内隐知识在教学中发挥作用。在教学过程中，教师的决策与其说是意识化

---

❶ 杨翠蓉著. 教学专长的实质研究. 长春：吉林人民出版社，2008.

的知识与思考，更多的是无意识的直觉反映，其中，教师信念发挥着巨大的作用。

对教师实践性知识特征的具体阐述中，不难发现实践知识产生于教师教学实践这一特定情境，但是它的产生过程又很难脱离教师的以往经验，包括认知的和情感的经验，因此实践知识自身有两个烙印：实践性（正在从事的教学实践）、经验性（已往的个人经历）。

三、不同阶段教师的专业知识特征与学生学习

（一）新教师的专业知识特征

由于传统的师范院校设置的课程的不尽合理，新教师的知识结构往往以学科专业知识为主，同时拥有零碎的一般教学原理、原则，零碎的学科教学的原理、原则，抽象的学生知识，而教育教学的实践性知识比较缺乏。表现在一般教学知识上，新教师缺乏课堂管理与活动组织的经验，他们的课堂教学规则较为含糊，且不能坚持执行下去；表现在教学法-内容知识上，不了解学生的学习及知识。没有学生原有知识水平的认识，缺乏学生前概念的认识，常常缺乏或者不会运用教学策略；表现在学生知识上，新教师不了解学生的生活基础，缺乏对学生认知水平的认识。

在教学的最初两年，新教师的概念性知识开始与教学经验相融合，教学事件开始与之相对应的知识相结合，已能意识到不同教学情境的共性，会运用一些教学策略来调节和控制自己的行为，但总的来说，他们此时的教学行为仍带有很大的偶然性、盲目性。

（二）熟练教师的专业知识特征

由于长期在教学一线摸爬滚打，熟练教师对教育教学工作的基本规范和流程已经非常了解，掌握了一套有效的教学技能，从而能够把精力转移到学科知识的教学上，掌握了一整套适应现有教材教学的专业知识，准确把握每一节课的重难点。他们还有着较为丰富的实践层面的教学策略性知识、一定的学科教学案例知识，能清楚地把握学生的前概念，学生在学科知识学习上可能会出现的错误，熟悉学生学科学习的特点。他们不仅有着学生的一般心理特点，他还了解班级具体学生的家庭背景、生活经历、心理特点。总的来说熟练教师基本功扎实娴熟、教学经验丰富、教学实效明显。可能存在的不足是：他们都是来自于过去的教学经验的积累，显得知识结构陈旧。随着知识更新速度增快，对原理规则性知识的重新学习以及案例知识的再研究显得有些不足。当遇到学校有新的变革时，他们往往会坚持自己的观点。

（三）专家教师的专业知识特征

专家教师无论在知识的量上还是在知识的记忆组织方式上都要多于和优于新教师、熟练教师。他们有着高度组块化的知识，表现为不仅具有教学的一般图式，还有更精致的、更易提取的、相互联系的教学图式；有着丰富而灵活的教学实践智慧；有着一套自动化的教学技能-教学常规。

第三节　教师能力与学生学习

完成教学、娴熟教学、高效教学，这三者存在明显不同。这要求教师不仅要具备教学的基本技能、技巧，还要有多样化的、系列化的教学策略。

一、教学基本技能

一名教师除了要具备基本职业素养与专业知识外，还需具备基本的教学技能。教学基本技能是指教师完成教育教学工作必须具备的基本技术与方法。教学基本技能是教学过程中架起教师与学生之间的桥梁。掌握教学基本技能是新教师走上讲台的垫脚石；是走向专家教师之路的起点。教学基本技能包括：教学设计技能、表达技能、板书技能。

(一) 教学设计技能

教学设计是教师教学工作的最初环节。实践证明,有效的教学计划是教师顺利高效完成教学实施的重要保证。教学设计技能是一种教学准备技能,指教师在一定教学理论的指导下,在教学实践中经过反复练习而逐步形成的构建课堂教学过程的一种基本技能。

教学设计主要包括确定教学目标、分析学生特点、确定教学内容、选择教学方法。不论是新教师还是老教师,在进行教学计划时都要做到:分析学生特点、深入研究教材、确定教学目标与策略。在专家教师与新教师的比较研究中发现,专家教师在教学过程中善于将新知识与已有教学内容有效联系起来,这是因为他们除了设计一节课的教学外,在学期初还要进行学期教学计划、单元教学计划。

1. 学期教学计划

学期教学计划是在学期开始前后一段时间内,在钻研教材的基础上,制订出全学期的课程教学计划。它能够明确一学期的教学工作范围和任务,为单元教学计划奠定基础。

学期教学计划的主要内容包括以下五个方面。①本学期教学的总目标和总要求。教师应参考课程标准与教学大纲来制订。②对学生情况的简要分析。教师可以通过与班主任交流、测试等途径来了解学生的学习情况、生活情况。③简要分析本学期教材内容、教材重点与难点。教师应简明扼要列出本学期的教学重点、难点。④安排学期教学进度。主要是教材的课时分配、阶段复习与测验的时间安排,以防止在教学中出现前紧后松或前松后紧的现象。⑤准备本学期主要的教学措施。在确定本学期教学重点与难点的基础上,确定学生的具体情况的基础上,选择相应的教学方法,做好教具等各种物质条件的准备。

2. 单元教学计划

单元教学计划介于学期教学计划与课时教学计划之间,是架起两者的桥梁。制订单元教学计划应以学期教学计划为基础,联系本学期的总安排与总要求,明了本单元在整个学科知识体系中的地位,以及与前后单元之间的关系,在学生已有学习的基础上,再考虑本单元教学内容间的必然联系,最终明确单元教学目标、教学重点、难点、单元教学的整体构思、单元教学课时安排、单元教学过程。

3. 课时教学计划

课时教学计划又称为教案。是教师在了解学生、教材、教法的基础上形成的关于一节课讲什么、如何讲的方案。

教案是教师实施教学活动的具体方案。在编写教案时应注意以下三点。①具体明确。教案是衡量教师教学效果的一个标准和依据。教学目的、教学内容、教学活动、教学过程一定要具体,切忌空洞抽象。②创造性。教案是对教材进行再加工、再创造的过程。教师设计教案时既要依据教科书,但又不能照搬,应在深入钻研教材的基础上清晰洞察学生学习。③不断修改教案。在教学实施前、中、后,教师都可以根据突发的灵感,发现的问题随时对教案进行必要的改动,使教案更加完善、更具有针对性。

教案的格式多种多样。主要有:①表格式教案,该教案格式适用于不同阶段的教师,尤其是新教师;②卡片式教案等❶。该种教案主要适用于有多年教学经验的教师,因为在他头脑里已形成了关于某教学内容的教学日程。

(二) 言语表达技能

言语表达技能是指教师在教学过程中,运用口头语言与身体语言手段传情达意,以使学

---

❶ 杨春生. 备课技能训练指导. 北京:中国林业出版社,2001:129.

生形成某种认知和内心体验并产生某种行为倾向的基本技能。

言语表达是教师提取头脑中的相关信息，并经过一定的内部组织将信息传递给学生的过程。它一般经过六个阶段。

（1）教师内部言语阶段。根据特定的主题，教师激活头脑内部的相关知识、词语及其联系。

（2）教师编码阶段。教师根据学生的言语理解情况、学习情况，对特定主题进行编码，转化由相应的信息、事实、实例等组成的知识组织。

（3）教师外化阶段。教师借助声带的振动、舌头和嘴部运动、脸部与身体肌肉的运动等将经过编码的知识组织转变为学生可感知的语音、文字和情态。

（4）学生接收阶段。学生通过听觉器官、视觉器官接受教师发出的言语信息，并进一步转化为神经冲动传递至大脑。

（5）学生理解阶段。学生已有的知识经验对传递至大脑的言语信息进行解码，转化为自己的知识储存起来，或转化为自己的言语加以表达。

（6）教师自我调控阶段。在教师言语表达过程中，要随时随地地对自己的语言表达、学生的言语理解情形进行监控、调节。这一阶段实际上贯穿着教师言语表达的始终。

教学语言是教师将教学内容清晰流畅地传递给学生的过程。它不同于日常生活中的交谈、闲聊，既要言之有物，又要听之可取。教学语言必须满足两大特征。①教学语言的形式特征。主要指教学语言要准确、清晰、语调要抑扬顿挫、节奏要张弛有度。②教学语言的内容特征。教师的言语表达不仅要规范、准确、具有科学性与逻辑性，还要注意语言的形象性与感染力。

（三）板书技能

板书技能是教师运用黑板，以凝练的文字语言和图表等传递教学信息的教学行为方式。它是教师一项基本技能。根据不同的学科、不同的教学内容可以将板书分为五大类：①讲授新知的板书；②讲授新知并配有实验的板书；③讲授实验课的板书；④复习课的板书；⑤书面检测的板书。

板书是教师口头语言的书面表达形式。是通过书面表达将一节课的教学内容包括重点、难点清晰、有序地呈现给学生。因此在板书的设计上要考虑到学生的注意特点、知觉特点。

（1）板书要与教师口语表达相结合。通过视觉与听觉，有助于学生对知识的整体把握，板书可以边写边讲、先写后讲、先讲后写。

（2）板书要注意格式规范，要字迹端正、排列整齐。教师板书要清晰醒目，字迹要大小适中，并且要有一定力度。

（3）为丰富学生的感性认识，可运用文字、图表等多样化地呈现板书。

（4）要控制黑板的合理使用量。过多的板书会破坏教学节奏，易导致学生注意涣散，而板书过少，则减少了教学形式的变化，也不利于学生注意的集中。

（5）要重点突出。板书的书写应有重点和非重点之分，可以用不同色彩的粉笔书写，以求突出重点。一般地方用白粉笔书写，重点处则用彩色粉笔标出，通过颜色的对比使学生清晰地看到。

（6）板书的内容要有较强的层次性、逻辑性、连贯性、概括性。好的板书给学生留下深刻的印象，形成理解、回忆知识的线索，教师不能由于疏忽而造成意思混乱或错误。

二、教师的教学技巧与学生学习

（一）导入技巧——引起学生的注意与预期

导入一般处于教学的起始阶段，或是课堂教学中的某一个教学活动的起始阶段。它是教师将学生引入一定教学情景的行为方式，主要起着引起学生注意、激发学生学习动机、明确学习目标的作用。

教师进行教学导入时应吸引与维持学生的注意，将学生的注意力集中在教学内容上，而不是教室外面或其他无关的活动。引起学生注意的方法多种多样。①直接法。教师通过向学生直接阐明学习目标和要求，引起学生的注意，从而进入新课的教学。此种方法容易操作，但无法诱发学生的学习兴趣，教师不要频繁运用。②悬念法。教师通过设置令学生迷惑不解、好奇的悬念，引起学生的注意。此种方法易激发学生兴趣，启动思维，但教师较难设计悬念。③实例法。教师通过阐述与教学相关的形象生动的生活例子，使抽象知识通俗化，引起学生的注意。此种方法简便易用，但教师要注意选择恰当、典型、生动的例子。④典故法。教师通过引用典故、寓言、传说来引起学生的注意。如科学家的趣闻轶事、作家的浪漫生平。此种方法不仅能引起学生的注意，还能诱发出对学科学习的兴趣热情。同样教师要选择恰当的、典型的典故。⑤问题法。教师通过设置问题情境，引发学生的注意。问题导入法能调动学生的思维，激发其潜能，主动地参与到教学活动中去。此种方法对教师的素质要求较高，需要教师非常熟悉学科的知识结构。

（二）讲解技巧——激活学生的已有知识经验

讲解是教师向学生系统地讲述和解释教学内容。它侧重于从已知到未知，力求学生的新旧知识发生联系，从而达到对新知识的理解。讲解技巧要求教师具有良好的言语表达技能，更重要的是要善于激活、呈现学生恰当的旧知识。

（1）回顾。学生往往不清楚与新教学内容相关的已有知识，这时需要教师采用回顾的方法有目的地让学生回忆相关的先前知识。回顾除了能够激活与当前课相关的先前知识外，还是一种间隔学习，能起到复习或练习先前知识的作用，有助于学生知识的保持。回顾还是一种评价手段，可以来诊断学生缺少哪些相关知识或习得了哪些错误知识。

（2）先行组织者（advance organizer）。有时学生会遗忘相关的已有知识，或学生的相关已有知识不完整，这时需要教师采取先行组织者技巧来激活或弥补相关知识。奥苏伯尔最初提出先行组织者，它是指在新的学习开始之前呈现给学生的材料，以此帮助学生将新的知识与更为一般和包摄性的先前知识联系起来。

奥苏伯尔将先行组织者分为陈述性组织者与比较性组织者。当学生缺乏同化新知识的适当的上位观念时，教师应设计陈述性组织者。陈述性组织者是指能够包容与同化新知识的一般性观念、原则或范畴。例如，生物课上讲授环境对生物生存的影响。教师可以先呈现"物竞天择，适者生存"的原则，随后介绍生物的伪装、濒临灭绝的物种等具体的保护或抑制生物生存的环境因素。当学生已具有了同化新知识的适当观念，但原有观念不清晰或不巩固时，这时教师应设计比较性组织者。比较性组织者是指比较新旧知识异同的组织者。例如物理课中比较重力场与电场异同就是比较性组织者，它既激活了学生的原有相关知识，也指出了新旧知识之间的异同，从而促进了新旧知识的相互作用。

经研究者发现，如果先行组织者中包含具体的或熟悉的例子或者描写原则的模型，那么其效果更好；如果学生积极地进行先行组织者内容的加工，那么其效果更好；如果教师的目标是让学生形成知识间的联系，那么其效果更好。

（三）提问技巧——激发与促进学生的思考

提问是教师通过问题的形式来检查学生的知识巩固与运用情形的一种教学技能。几乎在每一节课的教学过程中，教师都会频繁地运用提问技巧。它不仅是教学过程中师生相互作用、相互交流的常用手段，还是教师检查学生参与学习、促进思维、巩固知识与运用知识的常用手段。

布卢姆将学生认知领域的学习分为知识、领会、应用、分析、综合、评价，因此教师也要因地制宜选择不同类型的问题来检查学生的知识掌握情况。见表 13.1。

表 13.1 问题的类型

类型	适用范围	要求	举例
回忆式提问	检查学生简单的陈述性知识	学生只需根据记忆来回答问题，限制学生思考，不能让学生表达自己的想法	请问生物的特点是什么？
理解式提问	检查学生复杂的陈述性知识	学生需要对已学过的知识进行回忆、解释或重新组合	请举例说明生物与非生物的特点
运用式提问	检查学生概念、规则等程序性知识	通过建立问题情境，让学生运用概念或规则解答问题	请判断属于草科植物的是：杉树、柳树、金银花、竹子
分析式提问	检查学生的多种知识与技能	需要学生的高级思维活动，要通过识别条件与原因，或者找出条件之间、原因与结果之间的关系来解答问题。往往需要教师的提示、分析与总结	请分析恐龙灭亡的几条原因
综合式提问	激发学生的想象力和创造力	需要学生提取与问题有关的知识，并对这些知识进行分析和综合。能够激发学生创造性思维，适合进行课堂讨论	温室效应可能会给全球的气候和经济发展带来什么样的影响？
评价式提问	要求学生进行知识的价值判断	需要学生从不同角度去认识与分析事物。此类问题往往需要教师的提示、分析	请提出并评价解决环境污染的方法

（四）示范技巧——帮助学生技能的获得

师生间的互动主要依靠对话实现，除此以外，这种互动还包括学生观察、模仿教师的行为表现。这种互动的好坏不仅依赖于学生的观察模仿能力，还依赖于教师的示范。示范（modeling）最早由教育心理学家班杜拉提出。它是一种教师向学生展示学业技能或策略的技巧。

示范不仅可以外显动作技能，还可以外显个体内在的思维过程、学习策略，因此它还更广泛地用于合作学习、认知学徒制的教学策略中。在合作学习过程中，需要教师通过认知示范让学生掌握合作学习中所需的人际交往技能、外显个体思维的策略；在认知学徒制中，需要教师通过认知示范让学生掌握复杂的思维技能与自我监控技能。认知示范（cognitive modeling）是教师在向学生演示技能或策略时出声思考的一种技巧。

认知示范的形式有两种。①自我提问的形式。教师在解决数学问题过程中通过该形式向学生演示自己内在的思维过程。如："我下一步要做什么？"或"这种策略哪一步出了问题？"②自我指导的形式。教师在解决数学问题过程中通过该形式向学生演示内在的调节与监控过程。如"我需要回头检查我的答案"以及"当我再次阅读这篇文章的时候我需要放慢速度"。

有效地示范或认知示范都需要教师充分做好示范前、示范中与示范后的工作。

（1）示范前准备。教师要准备示范所需要的各种教学材料与设备。如，示范问题解决策略则需要准备特定的问题、解决策略的说明；示范投篮技能则需要准备场地、篮球等。不仅如此，还要保证在示范过程中上述材料与设备要方便拿取。教师在示范前要考虑到学生座位的安排、自己位置的安排，要保证每一位学生都能清晰地看到整个示范过程。一般来说，马蹄形的座位设计便于学生的观察模仿。

（2）示范中准备。在示范的初始阶段，教师要明确阐述它的目的、意义，保证每位学生的注意力都集中在示范的技能或策略上。如果教师示范的技能或策略复杂，教师先示范整个技能或策略的全过程，让学生能够了解其大致面貌，紧接着再将复杂的步骤分解为小的步骤或成分，而且一次只能示范一个成分，以减少学生的记忆负担。在示范技能与策略的各个成分时，教师可以与学生进行讨论，或向学生提问，让学生充分掌握每一成分。教师示范时还可以联系学生已有的知识经验促进学生对技能或策略的理解。如，人际交往技能与朋友交往联系在一起。

（3）示范后准备。教师在示范后要巩固学生的技能或策略的掌握。在教师示范之后，学生要模仿再现教师所示的技能，而教师要观察他们的练习过程，并给予及时的、具体的、有针对性的反馈。如，让学生说出他们的数学问题解决中的思维过程。为了让学生记住这些技能，教师可以采用口诀的方法描述技能或策略的全过程，教师还可以将口诀张贴在墙壁上，以便随时供学生阅读。

（五）指导技巧——为学生学习提供支架

基于问题解决的学习方法认为学生主动参与问题解决可以积极建构、生成新的知识经验。这种方法强调学生的主体作用，认为教师只起着支架作用。支架（scaffolding）指学生在问题解决过程中，教师或其他成人提供指导或支持。教师要提供各种支架以促进学生顺利解决问题，实现知识与经验的一步步提高。根据问题解决的过程，可以把支架分为：目标性支架、任务性支架、问题性支架、方法性支架、模板性支架与评价性支架。

（1）目标性支架是指教师在学习初期就要明确地将学习目标给予学生，甚至可以与学生一起对目标进行分解，明确子目标及目标实现的障碍。如语文课文《论语》的学习，就可以与学生进行讨论确定其学习的目标是：读懂与翻译《论语》、《论语》内容对于做人与做事的启发、《论语》思想的古为今用等。

（2）任务性支架是指教师帮助学生明确和分解在达到目标的过程中需要做的事情及先后顺序。如小说比较阅读的任务以表格的形式一目了然地呈现给学生（表13.2）。

表 13.2　阅读任务比较的形式

篇目	《项链》	《装在套子里的人》	《祝福》
作者情况			
小说的创作背景			
主要情节			
主要人物及其性格特点			
塑造人物的主要手法			
小说的主题			
对小说的自主评价			

（3）问题性支架是教师呈现一种问题情境，以激发学生的兴趣。如教师可以将小说比较阅读的任务转化为问题的形式呈现给学生。

（4）方法性支架是指教师将问题解决过程中所需的方法告诉学生并指导学生运用。

（5）模板性支架是指教师为学生的问题解决提供一个范例、框架或模仿的对象。如学生进行研究性学习，教师可以提供研究报告、实验报告的样本。

（6）评价性支架是指教师指导学生在问题解决过程中评价自己的学习成果与效率。教师应在提出学习目标时就应同时提供相应的评价标准，让学生知道自己完成任务的水平。它有利于学生监控与反思自己的学习，调动学生的学习积极性。

上述 6 种支架类型具体表现为以下教师的支持行为。见表 13.3❶。

表 13.3 教学支持行为的类型

支架行为	描 述	例 证
补充	教师将学生的兴趣和所热爱的加入到需要的任务中	教师帮助学生懂得他们的参与可以改进他们的表现
减少自由度	教师给学生举例说明需要他们完成的任务	教师可能将任务分成几小步，或者教师完成一部分任务，以允许学生在自己的水平上参与进行
保持方向	教师鼓励学生集中在任务上，鼓励学习者进入下一步	教师处理让学生分心的环境事件；教师让学生知道他们做的是对的
标注关键特征	教师给学生鉴别出行为中的重要成分，教师帮助学生意识到他们的表现与目标之间的差距	教师提醒学生需要避免的问题；他们可能点出一两个需要记住的关键事情；他们也可能帮助学生比较他们所做的和目标
控制挫败感	教师帮助学生度过挫败的时候，需要提供逐渐升级的支持	一个教师可能知道任务是困难的。但要让学生懂得任务会越来越容易；一旦学习者觉得很挫败时他们也能控制好互动
展示	教师示范和解释如何完成学习任务	一个教师可能告诉学习者，"这是我怎么做和为什么这么做"

（六）反馈技巧——提供学生学习结果

反馈（feedback）就是给学生提供评估性的数据，用来改进和维持其行为水平。行为主义者认为，个体要通过练习才能掌握他们需要习得的行为，而教师等指导者应在个体练习过程中提供必要的信息。如，学生正确地回答问题，教师应当提供"你回答得很好"的反馈；当学生不完全或错误地回答问题，教师则提供"不是这样，请再想想"的反馈。

在学生知识的学习过程中，好的反馈应具有两方面特征。①及时的。在学习的起始阶段，教师应提供即时的反馈，让学生当时获悉自己学习的好坏，及时改进不当的反应。如，教师在课堂中的独立练习环节对学生的学习与思维过程进行个别指导，及时纠正学生在练习过程中的错误，起到巩固新知识的作用。而随着学生知识的掌握，教师的反馈也应适当减少。②有足够信息的。仅提供表扬与惩罚的反馈只是让学生产生自豪感与自卑感，学生并不清楚自己的学习好在哪里，错在哪里。仅提供正确与否的反馈只是让学生知道自己学习的结果，学生不能做到维持与改进自己的学习水平。好的反馈除了包含对学生的鼓励与勉励以外，还要提供能指导他们学习的信息。如向学生提示他们在哪些方面做得好，哪些方面做得不好，哪些方面还需要进一步的改进等。

（七）表扬与惩罚技巧——维持学生的学习行为

教师教学时，往往会给予学生表扬或惩罚的反馈，使学生促进肯定的学习结果或避免否定的学习结果。在课堂管理中教师会更频繁地运用表扬与惩罚手段，维持课堂秩序，保持良好的教学环境。

表扬是一种正强化。正强化是指在某一行为后通过呈现令人满意的刺激来加强行为的过程。如，调皮的学生在上课时没有出现干扰教师教学的行为，教师在课后对他进行奖励。奖励是强化物。它多种多样，有物质奖励（如课外读物）、精神奖励（如荣誉称号）、学生喜欢的行为（如游戏）。教师进行表扬时要恰当选择奖励。应选择学生喜欢的奖励。低年级学生应以物质奖励为主，随着年级的升高，宜用精神奖励逐渐代替物质奖励；奖励还可以用学生喜欢的行为来强化学生不喜欢的行为，如，学生在写完作业后进行适当地游戏。

为促进期望的行为进一步巩固，教师应在期望的行为出现后立即给予强化，并明确说明

---

❶ 托马斯．费兹科，约翰．麦克卢尔著．教育心理学——课堂决策的整合之路．吴庆麟等译．上海：上海人民出版社，2008：157.

强化的行为。随着这一行为逐渐巩固，教师可以适当地延迟表扬。

惩罚是减少或抑制行为的过程。它可以是不期望的行为出现之后，呈现刺激以抑制或减少该行为的发生。如，学生扰乱课堂秩序，教师斥责该生的不当行为。惩罚也可以是不期望的行为出现之后，移去刺激以抑制或减少该行为的发生。如，学生严重扰乱课堂秩序，教师限制该生参加课外游戏活动。

惩罚的方法有斥责、代价、孤立，这些方法都会给学生带来不愉快。不恰当运用惩罚可能会给学生的身体与情绪带来伤害，甚至会产生学生与教师的消极或积极的对抗，不利于教师的课堂管理。教师要充分考虑到对象、地点与时间，恰当地运用惩罚。

恰当的惩罚方法[1]

一、努力构建使用负强化的情景，而不是使用惩罚

（1）当学生达到一定能力水平，允许他们逃脱不愉快的情景（做额外的作业，进行测验等）。

（2）坚持行动，不要许诺，不要让学生说服你改变原有协议的条件。

二、在惩罚的使用上要保持一致

（1）避免不经意地强化要惩罚的行为，私下批评学生的目的在于避免学生成为在公众面前反抗老师的英雄。

（2）为年纪小的学生张贴主要的课堂纪律，使学生提前知道违纪的后果。

（3）惩罚前先告诉学生只给他们一次警告的机会，以平静的方式警告学生，然后按原计划进行到底。

三、惩罚学生的行为，而不要指责学生个人的品质

（1）以平静的方式斥责，但语气坚决。

（2）避免使用讽刺或报复的语言和语气。

（3）强调要结束的问题行为，但不能表现出你不喜欢这个学生的意思。

四、对学生违规适当地使用惩罚

（1）忽视没有扰乱课堂的小错误。

（2）不要使用家庭作业作为错误行为（上课说话之类）的惩罚。

（3）当学生的错误行为获得同样认可时，把学生从朋友群体中隔离出来可能会有效地阻止该行为，因为这事实上把学生从强化情景中隔离出来了。

（4）如果问题行为仍然继续，则要分析这个情景并试用一种新的方法。可能你的惩罚恰好不是惩罚，或者你可能不经意地强化了这种行为。

三、不同阶段教师的认知能力

（一）新教师的认知特征

1. 计划特点

新教师要花大量的时间去准备第二天的教学，由于时间与知识的原因，他们不会进行周

---

❶ 吴庆麟，胡谊. 教育心理学——献给教师的书. 上海：华东师范大学出版社，2003：142.

的教学计划、单元的教学计划与学期的教学计划。在计划时更多地考虑教学内容的罗列，教学内容之间的连接也缺乏过渡，显得生硬、死板。较少考虑学生、没有体现教学的过程。

2. 注意的特点

新教师在上课的过程中，往往只顾着语言的组织、板书的设计、教具的使用、教学内容的按时完成等，而忽视了学生回答课堂提问的质量，上课时的表情及反应、学生的注意情况。

3. 教学决策的特点

新教师在面临意外的教学事件时，由于缺乏一定的知识、经验，不能有效地进行教学决策，他们或者在教学事件的处理过程中越来越远离正常的教学轨道，或者对教学事件置之不理，仍按原先的计划进行教学。尤其是关于学生学习问题的处理上，往往会手足无措。

4. 教学反思的特点

新教师的教学反思是零散的、具体的，主要反思的是教学的效果与效率，关注的是课堂情境中各种技能与技巧问题，如课堂管理与教学的手段上。

5. 教学效能感的特点

教师的教学效能感是指，教师对自己影响学生学习行为及学习成绩的主观判断。也分为一般的教育效能感和个人教学效能感两个方面，一般教育效能感指教师对教育在学生发展中作用等问题的一般看法与判断，个人教学效能感指教师对自己教学工作能力的认可程度。

新教师在面对复杂的教学任务时，常常会感到一种对"现实的震撼"，他们只能根据自己学生时代的相关信息来做出教学工作的结果预期，这样的预期有不明确、不稳定等特点，另外由于自己的教学工作能力还没得到过验证，对自己的教学效能预期也无法做出判断，新手型教师一般容易遇到各种困惑，感觉能力上不能胜任，成就感不大。

（二）熟练教师的认知特征

1. 计划特点

由于有着丰富的教学经验，熟练教师大多在头脑中进行计划，很少书面计划，即使有，也大多简洁，罗列出某一节课的主题。

2. 注意特点

正是由于专业知识的熟练和教学策略的养成，熟练教师开始将关注点从自身、教学内容转移到学生身上，更加关注学生的学习过程。能够注意到学生在学习过程中出现的学习问题、课堂教学过程中出现的纪律问题、关注学生间的交流与沟通。

3. 教学决策特点

熟练教师对课堂教学情境和学生的反应有敏锐的直觉力，有着模式识别能力，形成了教学事件的模式，因此他们能根据课堂教学进程及学生的学习反应及时调整自己的教学计划和控制自己的教学活动。

4. 教学反思特点

熟练教师在回忆教学事件的准确性上只存在很少的不准确；在回忆的流畅性上，他们要好于新教师但要差于专家教师，随着教龄的增长，流畅性越高；在回忆事件的性质上，熟练教师会同时回忆中性、消极和积极的教学事件。由于熟练教师开始关注学生，因此他们对自己行为的回忆程度是71％，对学生行为的回忆程度是76％。

5. 教学效能感特点

熟练教师对于自身在学生发展中的作用的评判较低，对于自己的教学工作能力的评价随着年龄的增长有提高的趋势。总的来说，熟练教师的效能感相比新手教师显得比较稳定，能够流畅、熟练地进行教学常规工作程序，对于学生的突发情况也能积极应对，但熟练教师的教学效能感难以发生积极的变化。当他们获得了足以挑战其过去经验的新技能时，效能感才处于一种可变的暂时状态。

(三) 专家教师的认知特征

专家教师在日常教学中通常会表现出熟练教师的认知特点，在解决教学疑难问题时，他们又会表现出不同于熟练教师的认知特点，问题解决过程较慢，但同时又表现出问题解决的灵活性。它们具体如下所示❶。

1. 根据问题情境中的有关信息构建关于问题的心理模型

专家教师除提取已有知识外，还倾向于对问题进行彻底地、系统地分析，会更多地根据问题中的有关信息对问题进行深层的表征，构建问题解决的心理模型。

2. 根据已有知识与问题信息形成各种可能的假设

由于存在着已有知识与问题存在差异的认识，他们往往会注意问题中与已有知识不匹配的信息，根据新的信息改变已有的问题解决策略，形成各种可能的问题假设、解决方法。

3. 采用自下而上的认知过程，应用不确定的信息、新的信息进行问题解决

教学专长的一般结论是：面临熟悉的问题，专家教师往往直接提取头脑中相应的知识、技能进行问题解决，表现出一种自上而下的认知过程。但在面临新异问题时，专家教师表现得和新教师一样，分析问题情境中的信息，采用启发式策略，从问题的起始状态出发，逐步接近问题解决目标。由于他们是运用不确定的信息、新信息去验证各种可能的问题假设，在问题解决过程中，可能会表现出多次反复。

4. 独有的元认知过程

专家教师与熟练教师的根本区别在于：面临新异问题时，熟练教师直接提取相关知识，迅速解决问题，缺乏元认知；而专家教师具有元认知，能对自己的问题解决过程进行认识、监控、调节、评价，具体表现为：①对所处环境的自我评价。专家教师并不是对所有的教学活动都采取"适应"倾向，他们会对所从事的教学活动与教学环境进行评价，预测活动难度、活动完成的时间，看是否值得进行"适应"，如果不值得，他们也会表现出"娴熟"——提取已有知识迅速完成活动。②对自己知识的自我认识。专家教师对于自己知识上的提高或缺失有一个明确的认识。他们会仔细检查自己的已有知识，以明确是否适用于新的活动、环境，因此在问题解决中往往能意识到当前自己已有知识的不足，不断向已有知识提出新的挑战，企图超越，从而获得新知识。③对问题解决过程的自我调节。专家教师会理解、检查自己的问题解决；反省自己的错误；反反复复地进行问题解决。主要表现为加深对当前问题的理解、反思以前的问题解决过程，建立已有知识与此问题的联系，促进知识的迁移；确定问题解决目标，形成一般的、抽象的问题解决思路，提出更多的可能的具体问题解决策略，紧接着逐一验证各策略的可行性；问题解决完毕，还要反思自己的问题解决策略与已有知识的联系，尽可能地再提出其他可能的解决策略。专家教师在面临新异问题（或情境）时表现出的元认知能力使得他们更能适应环境。

【拓展性阅读】

[1] 皮连生．学与教的心理学．上海：华东师范大学出版社，1997．

[2] 杨翠蓉．教学专长的实质研究．长春：吉林人民出版社，2009．

[3] 杨翠蓉著．教师专业发展——专长的视野．北京：教育科学出版社，2009．

---

❶ Crawford V M，Schlager M，Toyama Y，Riel M，Vahey P. Characterizing adapative expertise in science teaching. Paper presented at the American educational research Association Annual Reference，2005.

【研究性课题】

1. 请了解某课程教学大纲对课程教学目标、单元教学目标和课时教学目标的界定。

2. 请选择某一学科知识点进行讲解，将讲解内容进行录音并分析你的语音、语速、语言的流畅性、可理解性。

3. 请设计某一学科知识点的导入方案。

4. 请分析教师的言语表达技能对讲解技能的影响。

5. 请比较以教师为中心的教学策略与以学生为中心的教学策略，并分析它们的适用范围。

第十四章　自主学习者的形成

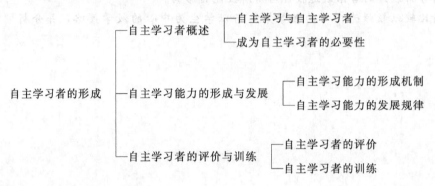

【学习目标】

⦿ 理解什么是自主学习并懂得成为自主学习者的必要性和重要性。

⦿ 理解自主学习能力的形成机制并能不断地提升自主学习能力。

⦿ 知道运用相关方法评估自主学习，帮助自己和他人成为高效的自主学习者。

第一节　自主学习者概述

　　随着社会的飞速发展，人类所拥有的科学知识正以前所未有的速度剧增，学习已成为人们的一种生存方式。联合国教科文组织在《学会生存》中指出："未来的文盲不是不识字的人，而是没有学会怎样学习的人。"因此说学习就是要学会学习、要成为自主学习者。也即，当我们离开了学校，离开了老师，依然有积极的学习需求、能很好地把握自己的学习状况、有切合自己发展水平的学习目标、能自我规划学习、获取并体验成功。这种自觉自行、自主学习的能力，已是 21 世纪人类生存与发展的基本能力。同时，创新是一个国家兴旺发达的不竭动力，要实现"提高自主创新能力，建设创新型国家"这一战略目标，就必须注重培养青少年的自主学习能力，这对国家发展、教育改革和个体成长都具有重要意义。因此在本书前面章节介绍了学习理论、学习动机、学习策略等知识后，本章着重讨论如何成为一个自觉自愿、快乐高效的自主学习者。下面从自主学习者的相关概念及特征介绍起。

一、自主学习与自主学习者

（一）自主学习

1. 自主学习的含义

　　从 20 世纪 50 年代开始，自主学习（self-regulated learning，SRL）成为教育心理学研究的一个重要课题。不过，关于"什么是自主学习"有多种理解。国外，Holec（1981）最早开始自主学习研究，他认为自主学习就是学习者在学习过程中能够对自己的学习负责，即学习者能够负责决策有关学习各方面的问题。他强调自主学习必须具备两个前提条件：一是学习者有能力并愿意负责管理其学习；二是他有行使这种能力的可能性。齐莫曼（Zimmerman)❶ 从 1986 年起也开始探讨自主学习的概念，他认为，自主学习是学生在学习过程中的认知、情感和行为处于活跃状态的过程。后来他又补充❷，自主学习是学习者激励自己并使用适当学习策略的学习。也即对元认知策略、动机策略与行为策略的系统作用，包括对有关学习有效性的反馈作出反应和对学业完成情况的自我知觉。Benson（1997）把自主学习定义为"控制自己学习的能力"。他认为自主性是一种多维能力，不同个体表现出不同的形式，即使是同一个体在不同情境、不同时间，其表现形式也会不同（转引自李红艳，2009）❸。

我国学者庞维国（2000）❹认为，自主学习又称自我调节的学习，一般是指学习者自觉确定学习目标、选择学习方法、监控学习过程、评价学习结果的过程。后来他（2004）❺将"自主学习"概括为：①建立在自我意识发展基础上的"能学"；②建立在学生具有内在学习动机基础上的"想学"；③建立在学生掌握了一定的学习策略基础上的"会学"；④建立在意志努力基础上的"坚持学"。

2. 自主学习与相关概念的关系

在理论上，目前国外使用的与自主学习有关的术语较多，如自我调节学习、主动学习、自我导向学习等。自主学习也常被称为自我导向学习、自我调节学习。自我导向学习（self-directed learning）是没有他人的帮助，由个体自身引发以评价学习需要，形成学习目标，寻求学习的人力资源和物质资源，选择适当的学习策略和评价学习结果的过程。自我导向的学习者是主动的、独立的和富有责任感的（Knowles，1975）。自我调节学习（self-regulated learning）概念最初由美国心理学家 Bandura 于 20 世纪 70 年代提出。以 Bandura（2001）❻为代表的社会认知理论强调个体具备自我调节机制，这使个体有可能做出自我导向的改变，并且有能力影响自己的行为。社会认知理论认为，自我调节学习本质上是基于学习行为的预期、计划和行为现实之间的对比、评价来对学习进行调节和控制的过程。可见，自主学习与自我导向学习、自我调节学习的内含有极大相似和重叠，因而，自主学习包含了自我导向、自我调节等过程，是一种超越具体学习活动背景、具有广泛、概括性的整体知觉、体验和调控的能力。

在实践中，自主学习容易与自学和独立学习相混淆。自学主要是在没有教师授课或指导的情况下学习。自主学习可能是自学，也可能需要教师的指导。它与是否有没有老师授课或指导没有必然关系。同时，在自学过程中，学习者虽然有一定自由度，但其学习要求和学习行为可能来自于外部，那么，学习内容和学习材料上就没有选择的自由，也就称不上自主学习。因此，自学不能简单等于自主学习。独立学习也就不是自主学习。独立学习主要指在不依靠他人的帮助下独自完成学习，它是相对于合作学习而言的。如果教师给学生的作业要求课后学生独立完成，在这种情况下，学习内容、材料及学习的方式被规定，学生的自主程度很低，也就称不上自主学习。当然，自主学习把学习建立在人的独立型的一面上，要求学生在学习的各个方面和整个过程中尽可能摆脱对教师或他人的依赖，由自己做出选择和控制，独立地开展学习活动。但是自主学习的学习任务既可以是独立完成，也可以是与他人一起合

❶ Zimmerman B J，Martinez Pons M. Development of a structured interview for assessing student use of self-regulated learning strategies. American Educational Research Journal，1986，23：614-628.

❷ Zimmerman B J. Self-regulated learning and academic achievement：An overview. Educational Psychologist，1990，25：3-17.

❸ 李红艳. 浅析中国学生自主学习能力的发展. 科技信息，2009，15：116-117.

❹ 庞维国. 90 年代以来国外自主学习研究的若干进展. 心理学动态，2000，8（4）：18-16.

❺ 庞维国著. 自主学习：学与教的原理和策略. 上海：华东师范大学出版社，2004.

❻ ［加］艾伯特·班杜拉著. 思想和行动的社会基础——社会认知论. 林颖等译. 上海：华东师范大学出版社，2001.

作完成。自主学习强调学习的态度、习惯、能力和环境。在个体自主学习的过程中，会遇到一些问题，当经过独立探索自己尚不足以解决问题时，就需要主动寻求他人的帮助，也要与小组成员共同探究、通过合作学习来解决，或在老师的帮助指导下完成学习任务。因此，自学、独立学习与自主学习是否存在本质的区别取决于这两个概念的内含在多大程度上符合自主学习的内含。

综上，自主学习是学习者自己主宰自己的学习，是与他主学习相对立的一种学习方式。它在某种程度上等同于自我调节学习或自我导向学习，但不能简单地等同于自学或独立学习。自主学习是主体自愿的、有目的的、有选择的学习，是独创性的、能进行自我调控的、具有责任感的学习，是个性化的学习；自主性是主体性最核心的规定性，是创造性发挥的前提和基础（韩四清，2001）❶。自主学习强调学习者根据对任务的认识，如知道什么不知道什么、难点和重点是什么、目标是什么等，由此来分配努力资源，并评估学习进程和学习结果的习惯与能力。自主学习的特征——能动性、独立型、有效性、相对性。

（二）自主学习者

1. 什么是自主学习者

自主学习者，顾名思义，自主的学习者，也即自主学习的主体。自主学习需通过学习者主动地构建内部心理活动以实现学习自主的过程，凡属能自主学习的个体都是自主学习者。比如，自主学习者在平时的学习活动中会有如下某些表现：

"我会努力找出我仍没有真正理解的学习内容。"

"我学习从不需要别人督促。"

"我每天都能安排好学习时间。"

"即使遇到很难的学习内容，我也会坚持下去。"

"如果我决心学好某些内容，我就能够学好。"

"不论是平时作业还是考试，我都有信心取得好成绩。"

"当我通过自己的努力解决学习问题时我感到很有成就感。"

"我会努力把学校里学到的知识应用到现实生活中。"

韩寒——80后自主学习者的典范

韩寒，1982年9月23日出生于中国上海金山。 中国职业拉力赛及场地赛车手、作家，《独唱团》杂志主编，并涉足音乐创作。 1998年"新概念"作文大赛以《杯中窥人》获一等奖。 1999年3月韩寒开始写作小说《三重门》，出版后至今销量已逾190万多册。现为上海大众333车队职业赛车手。 2010年4月入选美国《时代周刊》"全球最具影响力100人"。 很多人愿意称呼他为80后的领军人物，因为他是80后名气最大的一位，也是80后出道最早的代表人物。

韩寒初中时开始有文章发表，并作为体育特长生升入上海市松江二中。高一时，

---

❶ 韩四清. 人的自主性与自主学习简论. 教育实践与研究，2001，（7）：9-11.

以《杯中窥人》一文获得首届新概念作文大赛一等奖，后因期末考试七科不及格而留级，被报道后引发社会关于素质教育政策及"学校应当培养全才还是专才"等系列教育问题的激烈讨论。 在留级后，再次挂科七门并最终在高一退学。 退学后，他并没有气馁和自卑，更没有因此而荒废学业。 相反，退学后的他，学习更加自主和发奋，他继续发扬自己写作的爱好与特长，陆续发表了散文集《零下一度》、《通稿2003》、《就这么漂来漂去》和《杂的文》，小说《三重门》、《像少年啦飞驰》、《长安乱》、《一座城池》、《光荣日》、《他的国》和《1988——我想和这个世界谈谈》等作品以及通过博客继续发表了一系列的时评文章，其中不少文章引起了很大的社会关注甚至论战。 不仅在读书和思考上他完全有了自己的独立思考与表达、计划与安排；而且，他在写作之余，还发展业余爱好，如赛车、音乐等。

可以说，韩寒是当代青少年中一位充分了解自己、相信自己、规划自己和发展自己的成功自主学习者。

2. 自主学习者的基本特征

虽然简单地说自主的学习者都是自主学习者，同时，尽管自主学习的表现复杂多样，但自主学习者身上有一些基本的共同突出点。具体体现在以下几方面。

（1）自我导向、自己做主。自主学习不同于各种形式的他主学习，它是学习者积极、主动、自觉地从事和管理自己的学习活动，而不是在外界的各种压力和要求下被动地学习，或需要外界来管理自己的学习活动。因此，他们的学习动机来自于内部，对学习本身认知需求高，因而表现出学习目标上的自我要求、学习内容上的自我选择、学习时间上的自我计划等。

（2）自我激励、坚持不懈。学习历程中难免成功与失败。对于自主学习者而言，他们在取得成功时，能继续自我强化，并提出更高的要求；在遇到困难时，能主动寻求他人的帮助，积极应对各种问题和困难，无论哪种情况，不会轻易放弃或逃避，相反表现出对学习目标的承诺和学习的坚持性。

（3）自我觉知、自我评价。自主学习者能清楚什么样的学习能满足自己的需要，清楚自己想知道什么，也清楚自己糊涂和不明白的地方，对自己的学习状况有客观准确的了解。正如蔡元培先生曾提出对于学生的希望："一、自己尊重自己。二、化孤独为共同。三、对自己学问能力的切实了解。"❶ 自主学习者不仅对自己的学问状况而且对自己的学习风格和策略运用等都有着切实的了解，由此他们能展开相对客观、全面和深入的自我评价。包括能够根据目标和标准来评估自己的学习效果等。

（4）自我反思、自行调节。自主学习者对自己学习目标和学习进程有自觉反思，能根据自己的实际情况适当地调节自己的学习行为、学习目标，协调自己学习系统中各种因素的作用等。也即，对学习过程进行自我监控，对学习结果进行自行评价与反思；总结与调节等。

（5）自觉自愿、快乐高效。由于学习者的自我导向、自我激励、自我觉知和自我调节等良好的学习品质与行为，因而学习者容易使自己的学习达到最优化。其自主水平越高，学习过程越优化，学习效果也越好。正如孟子所言，"君子深造之以道，欲其自得之也，自得之

---

❶ 王小平. 本领恐慌. 海口：海南出版社，2000：128.

则居之安，居之安则资之深，资之深则取之左右逢其源，故君子欲其自得之也。"（《孟子·离娄下》❶）

上述特点成为自主学习者的必要条件，但不是充分条件，在"自主学习者的评价与训练"一节中还可获得关于自主学习者更多丰富而细致的认识。

二、成为自主学习者的必要性

（一）成为自主学习者是时代发展与社会变革的必然呼唤

随着科技的迅猛发展，人类社会进入了知识爆炸和全球化时代。人们从没有像今天这样深刻地体会到"学海无涯"。今天熟知的知识，明天就可能过时。应对这种挑战的唯一途径就是学会学习。学习已经成为每个人的第一需要。因此说，在全球向学习型社会过渡的过程中，培养自主学习能力和可持续发展潜力显得尤为迫切。现代社会的快速发展也对学生的能力提出了新的要求，一个人要想更好地发展自己，适应社会，走向成功，必须具备相应的合作、沟通、学习等能力。学习已不再是人生某一阶段的活动，而是贯穿于人的终身的继续发展的课题。每个人都有继续学习的必要。作为一个生活在现代社会的人，在其生命的历程中，每时每刻都将遭遇各种挑战。特别是处于今天全球化、信息化和知识经济的时代，社会的加剧发展和变化，使知识更新的周期进一步缩短，人们要跟上时代发展的步伐，就有不断学习的需要和紧迫感。因此，成为自主学习者既是适应社会、适应时代发展的必然需求。同时在以学习、自我实现、人性发展为目标的学习型社会，谁不自觉学习谁就没有未来。一个人只有学会主动求知，主动发展，才能在竞争激烈的社会中永远立于不败之地。因此，时代呼唤自主的学习者。弘扬人的自主性，培养学习者的自主学习能力显得尤为重要。

（二）成为自主学习者是学校教育改革的发展取向

教育要以时代为背景，适应时代发展的需要。当前教育承担着 21 世纪人才培养的重要使命。为了迎接世界急剧变化尤其是高科技的迅猛发展和智慧竞争，世界上许多国家已经达成两点共识：第一是提高国民素质，所以教育的战略地位就显得愈发突出和重要；第二是教育必须改革。《学会生存——教育世界的今天和明天》中也提出"我们今天把教育重点放在教育与学习过程的'自学'原则上，而不是放在传统'教学'原则上"，"新的教育精神使个人成为他自己文化进步的主人和创造者。自学，尤其帮助下的自学，在任何教育体系中，都具有无可替代的价值"，"未来的学校必须把教育的对象变成自己教育自己的主体。受教育的人必须成为教育他自己的人，别人的教育必须成为这个人自己的教育。"❷

我国各界已经充分认识到了传统教育的种种弊端。20 世纪 90 年代以来，主体性教育、素质教育、创新教育、终身教育、研究性学习等教育改革思想相继涌现。以上各种教育改革思想都是以学生，即以学习者为中心进行的，主旨都在于发挥学生的自身潜能和积极主动性；肯定人在社会历史发展和自身发展中的主体地位，探讨和阐明教育的主体性，充分发挥教育在促进人的全面发展中的积极能动作用；倡导尊重受教育者的人格；确立了受教育者在教育过程中的主体地位，注重发展受教育者的自学、自我教育能力。目前，以启发、宏扬和发展人的主体性为目标的教育改革已成为我国基础教育和高等教育改革的一种基本取向。而如何使学科知识的学习过程成为学生形成自主学习能力的过程，也成为我国基础教育课程改革关注的热点问题。比如，在课程论领域，培养学生的自主学习能力被作为一项重要的课程目标；在教学论领域，自主学习被视为一种重要的教学方法；在学习论领域，它被看成是一

---

❶ 顾树森. 中国古代教育家语录类编. 上册. 上海：上海教育出版社，1983：147.
❷ 联合国教科文组织总部中文科译. 学会生存——世界教育的今天与明天. 北京：教育科学出版社，1996.

种高水平的学习方式等。综上，变革传统教学方法，成为自主学习者是当前学校教育改革的必然趋势和发展方向。

（三）成为自主学习者是个体学有成效与潜能发展的内在需求

每个人在整个生命期间，无论是在学校里接受正规的学习训练，还是在生活中随时随地进行的学习，学习方式是各种各样的，学习能力的个体差异很大，学习效果也有显著差异。因而，如何进行富有成效的学习、怎样在激烈的竞争中取胜是人们十分关注的问题。同时，人们越来越意识到，环境与智力不能完全解释学业成就的差异。著名教育家波利亚曾说，学习任何知识的最佳途径是由自己去发现，因为这种发现理解最深，也最容易掌握其中的规律、性质和联系。可见，根基于主体的自主性，具有自我选择和自我决定自由的自主学习在学习中扮演了重要角色，学习者在学习中的主体地位及学习者对自己的学习负责将直接带来学习的最大成效。与此同时，科技进步、经济繁荣及民主政治不足以解决人类价值追求和精神生活问题，人们更加重视如何发展自己的潜能，发挥人的主动性，使人性得到完满地实现。达到此目标的唯一途径是人类自身的主动探索与不懈努力。因而成为自主学习者也是个体潜能挖掘、自我实现的内在需求。

第二节　自主学习能力的形成与发展

自主学习是一种学习方式、一种意识倾向，还是一种心理能力。新课程改革明确指出，培养学生的自主学习能力是素质教育的一个重要方面。同时许多调查揭示我国青少年学生自主探究能力、创新能力和实践能力较差。可见培养和提升青少年学生的自主学习能力非常迫切。那么，自主学习能力的形成机制是什么？发展规律又有哪些？下面从自主学习的影响因素、自主学习的发生机制、自主学习能力的发展特征等方面来理解。

一、自主学习能力的形成机制

（一）影响自主学习的因素

并非每一个个体都能自主学习，也并非每一个学习者都能享受轻松、自愿、快乐的自主学习。那么，究竟哪些因素阻碍或影响了自主学习行为呢？

1. 从学校层面来说

一方面是教学因素。①从师生关系和教学氛围上说，不平等的师生关系与压抑的课堂氛围不利于学生的自主性发挥。有学者指出，"平等的师生关系和民主的教学氛围是学生实现自主学习的关键。"（韩四清，2001）❶ 建构主义也认为，在课堂教学中教师应该从传统的知识传授者的权威角色转变为学生学习的辅导者、帮助者、促进者，成为学生学习的高级合作者，建立平等的师生关系并提供一个宽松、自然的课堂环境。只有这样学生才能成为学习的主体，才能更好地进行自主、合作探究式的学习。所以教师要努力把冷冰冰的教育理论转化为生动的教学实践，真正做到爱学生，尊重学生，接纳学生，满足学生。②从教学内容与方法上说，教学需教给学生方法，而不仅仅是知识。教学实践中，学生遇到问题时，经常是向老师或其他同学询问问题的答案，事实上这不利于培养他们自主学习的能力，我们应当告诉他们方法，启发他们思路，或者让他们自己去寻求问题解决的方法。如可以在教材中查找信息；可以从以前学过的相关知识中受到启发，找出解决新问题的方法；更可以通过计算机进行尝试性的操作后，自己归纳总结新的知识……教师还要注重学生的自我评价，指导学生逐

❶ 韩四清. 人的自主性与自主学习简论. 教育实践与研究，2001，（7）：9-11.

步认识自己"学会"的过程是否合理有效，在学习中使用的方法是否得当，进行及时的反馈和调控，不断改进学习方法。

另一方面是评价制度。长期以来，教学一直处于"高投入、低产出"状况，导致这一困境的主要原因在于学生的被动学习态度和令人窒息的考试方式。新时代的教学要求亟待学生学习方式与考试评价方式的双向转变。然而，要改变学生被动学习的态度与方式，仅仅通过改变教学方式是不够的，考试与评价方式也必须做出相应转变。比如，重视形成性评价，结果评价与过程评价并重，在教学过程中与学生平等对话，及时发现、分析、界定学生的学习需求，制订相应的教学方案，并在执行方案的同时反思教师自身教学，即时调整教学实践与评价方案，从而激发学生的学习兴趣，培养学生的创新精神和实践能力，激发学生的主体意识，培养学生的自主能力，使学生乐于成为自主学习者，最终无疑也提高了教与学的效率。另有研究发现（单志艳，2002），师生关系、教学组织、教学生进行目标设置与学习计划、教学生对学习过程进行执行与监控、教学生对学习结果进行评价与反思等可以促进学生的自主学习行为。如在实验后，学生课堂上读书时间明显增多，从课本中提出问题的数量和质量也明显增加，学生自己说出重、难点的比例由 14.3% 上升到 43%，学生自己进行课堂总结总的平均比例由 6% 上升到 47.2%；课堂上学生语言和教师语言的比例也在发生变化。该实验研究发现，实验后学生在课堂上发言的平均比例由原来的 24.5% 提高到 50.5%，好的班级已达到 65% 了。

2. 从个体层面来说

（1）学习理念。学习者是否具备自主学习理念是影响其成为自主学习者的重要因素。学习者需要意识到学习是贯穿终身的任务，只有自觉地不断地学习，更新自己，才能适应急剧变革的社会要求。建构主义学派认为，儿童不仅建构自我图式，而且也能建构自己的学习理论，儿童在学习活动中能够不断形成有关自主学习的"理论"；而在实际的学习活动中，一个学生能否进行自主学习以及如何进行自主学习取决于该学生所建构的关于自主学习的"理论"。具备了自主学习的意识和理念，还需要对自主学习的认识全面深刻。如果认识肤浅、片面，那么，也不能很好地进行自主学习，继而不能成为一个有效的自主学习者。

（2）个人成就目标定向。学习者是否具备高成就动机必然影响自主学习的投入度与坚持性。

（3）主动性人格。主动性人格（proactive personality）是个体采取主动行为影响周围环境的一种相对稳定的人格或行为倾向，意指个体不受情境阻力的制约，主动采取行动以改变其外部环境的倾向性。主动性人格与学生的学业成就、求职过程、工作适应、早期职业生涯发展等有着紧密关系（刘电芝等，2010）❶。主动性人格能预测更多的学习行为。也即，学生会更多对学习进行自我指导，更多主动、自发地进行学习。

（4）习得性无助与自我效能感。如果学习者能在学习上获得成功，体验到成功的喜悦，时常能感受成功的喜悦，学生就会在自主学习中不断地追寻这种体验。成功感是学生自主学习的激励机制，因而成功的体验，是影响强化和激励个体主动学习，自主学习的重要因素。但是，如果学习者认真刻苦学习了，依然经常没有得到自己预期的结果，就容易导致习得性无助。一旦产生习得性无助心理，就会伴随放弃、无奈等体验，因而很难激发个体主动探索。因此学习者首先要感觉到自己"能学"。个体相信自己有能力完成某种或某类任务被称之为"自我效能感"。自我效能感（self-efficacy）是个体对自己能否胜任某项活动的自信程

❶ 余捷婷，刘电芝. 主动性人格对大学生职业生涯发展的影响. 宁波大学学报：教育科学版，2010，32（5）：94-97.

度。有关个体自我效能感与其自主学习发展水平关系的研究表明，自我效能感是影响学生自主学习的重要内部因素，自我效能感越强的学生学习越努力，坚持的时间越长，适应能力也越强。一些研究指出，学生的自我效能感与其认知策略、控制策略、努力程度呈显著正相关，齐莫曼和玛廷日帕里斯发现，自我效能感与学生的评价、组织、计划、目标设置等自主学习能力也都具有显著正相关。因此学习者自我效能感高，其自主性也较高，而自我效能感低，学习自主性方面也表现不佳。

（5）学习兴趣。兴趣浓厚，情绪高涨，他就会深入地、兴致勃勃地学习相关方面的知识，并且广泛地涉猎与之有关的知识，遇到困难时表现出顽强的钻研精神。否则，他只是表面地、形式地去掌握所学的知识，遇到困难时往往会丧失信心，不能坚持学习。此外，学习策略、元认知水平、认知需求与努力程度等也会影响自主学习行为。而诸如惰性、自满、倦怠等其他心理品质则会阻碍自主学习者的形成。

综上，自主学习行为及能力的养成受到学校及个人内外诸多因素的影响。了解这些促进或制约因素，可为如何提升自主学习能力参考。

（二）自主学习的心理机制

长期以来，我们对自主学习的心理机制缺乏深入理解，以致对于应该从何处着手养成自主学习能力、形成自主学习者存在着模糊的认识，这在很大程度上也影响了相应的教育实践。下面来看不同学派关于自主学习及其过程的不同阐释。

1. 人本主义自主学习模型

麦克库姆斯（McCombs）是人本主义理论的代表人物之一。1989年[1]，他在《自主学习和学业成绩：一种现象学的观点》一文中，提出了一个自主学习模型，对自我系统的结构成分和过程成分在自主学习中的作用作了描述。麦克库姆斯认为，在自我系统的结构成分中，关于自身能力的自我概念（self-concept）、自我意象（self-image）、自我价值（self-worth）居于非常重要的地位。这三种成分对个体在自主学习情境下的认知、情感、动机和行为都起着定向和控制作用。在自我系统的过程成分中，目标设置、自我监控、自我判断、自我评价、自我强化等过程起重要作用，其中尤以自我评价的作用最为显著。个体的自我评价影响其在具体学习情境下的能力判断、任务评估、目标设置、结果预期、自我监控以及自我强化等过程。

麦克库姆斯指出，自主学习过程大致经过三个阶段；第一是目标设置阶段。在这一阶段，学生不仅需要有设置目标的能力，而且必须知道什么目标对自己更为重要，自己是否具有实现目标的能力。因此又进而涉及对自身能力的判断、对学习结果的预期、对自身责任和限定等过程。第二是计划和策略选择阶段。在这一阶段，学生需要根据既定的目标制订学习计划，选择相应的策略。因此元认知知识、制订有效的计划和策略筛选的能力极为关键。第三是行为执行和评价阶段。在这一阶段，学生需要指引自己注意、监控学习的进展，控制自己的情绪，调节行为与目标之间的偏差，评价学习结果，因此需要学生具有较强的自我监控和自我评价能力。在麦克库姆斯看来，自主学习是自我系统发展的结果，它取决于自我概念、自我意象等具有动机作用的自我成分和自我监控、自我评价等过程的发展水平。要促进学生的自主学习，一方面要帮助学生建立起对自身能力的积极认识，另一方面要针对具体的自我过程进行系统训练。

---

[1] Me Comlbs B L. Self-regulated learning and academic achievement: a phenomenological view In B. J. Zinimerman & D. H. Schunk（Eds.）. Self- regulated learning and academic achievement: theory, research, and practice. New York: Springer verlag, 1989: 51-82.

2. 社会认知学派自主学习模型

自主学习的社会认知学派杰出代表齐莫曼于 1989 年提出了一个系统的自主学习模型，之后（1994，2000），又不断修改完善了这一模型（图 14.1❶）。

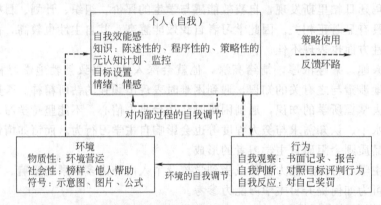

图 14.1　齐莫曼的自主学习模型（Zimmerman，1989，1998）

齐莫曼认为，自主学习是自我、行为、环境三者之间的一种交互作用。自主学习者不仅能够对内在学习过程进行主动控制和调节，而且能够通过外部反馈对学习的外在表现和学习环境作出主动监控和调节。在自主学习过程中，个体不断地监控和调整自己的认知和情感状态，观察和运用各种策略，调整自己的学习行为，营造和利用学习环境中的物质和社会资源。

在该模型中，自主学习在行为上包括三个连续的具体过程：自我观察、自我判断和自我反应。自我观察是指对学习行为的某些具体方面、条件以及进展的跟踪。准确、及时、全面的自我记录是自主学习者常用的有效自我观察手段。也即，对自身行为注意，了解活动在质量、速度、数量、创造性、社会性和道德性方面的表现，从而为设置现实的学习标准提供信息，为评价行为提供信息。

自我判断又包含自我评价和归因两种过程。前者是指对学习结果的原因进行分析，如较差的学习成绩是因为能力欠缺还是努力不够等。自我判断也是将观察到的学习结果与学习标准相比较而作出的判断和评价。自我反应主要有两种形式，一是自我满意，这是基于对自己学习结果的积极评价而作出的反应。自主学习的学生把获得自我满意感看得比获得物质奖励更为重要。二是适应性或防御性反应，适应性反应是在学习失败后调整自己的学习形式以期在后继的学习中获得成功；防御性反应是为了避免进一步学习失败而消极地应付后继的学习任务。也即，自我反应是在自我判断和评价的基础上产生的内心体验或行为表现。

尽管自主学习包含着复杂的结构和过程，但是在齐莫曼看来，自我效能、目标设置、策略选择和运用、自我观察、自我评价等似乎更为重要也更容易操纵。

对于自主学习能力的获得，社会认知学派的 Schunk（1996）❷认为它是一个把外部学习技能内化成自己的能力的过程，要先后经历一系列学习阶段。首先是观察阶段。在这一阶段，学生在榜样的示范、指导、鼓励下观察学习策略的运用。通过观察榜样的学习，许多学

❶ Zimmerman B J. Models of self-regulated learning and academic achievement. In B. J. Zimmerman & D. H. Schunk (Eds.), Self-regulated learning and academic achievement. New York: Springer Verlag. D. H. Schunk & B. J. Zimmerman (1998). Self-Regulated Learning: from teaching to self-reflective practice. The Guilford Press, 5th ed, 1998: 1-25.

❷ Schunk D. Learning theories. Lawrence Erlbaum Associates, 1996: 338-383.

生自己能够归纳出学习策略的主要特征。但是要把这些学习技能充分地整合到自己的认知结构中，多数学生需要实际的练习。在练习过程中，如果榜样能够给学生提供指导、反馈和社会性强化，练习的精确性将会得到提高。其次是模仿阶段。当学生的外在学习表现接近榜样表现的一般形式，学习就达到模仿水平。此时，学生不再照搬榜样的学习表现，而是模仿榜样学习的一般模式或风格。例如，他们可能模仿榜样提出问题的类型而不模仿榜样的原话。再次是自我控制阶段。当学生面临学习迁移任务能够独立地使用学习策略时，学习就进入自我控制阶段。在该阶段，学习策略应用已经内化，学习无须直接依赖榜样的示范。但它还要受对榜样行为的表征标准和自我强化过程的影响。最后是自主阶段。处于该学习阶段的学生能够自觉地使用学习策略，根据情境特征调整自己的学习，由目标和自我效能驱使去获得成绩。在没有榜样指导的情况下，学生也知道何时运用特定的学习策略，并自主地变换策略的特征。因此，在自主学习能力的获得过程中，榜样的学习示范起着极为重要的作用。

3. 认知学派自主学习类型

Bohrkemper（1983，1984，1986）等人通过研究，发现自主学习可依据指导和监控的对象分为自我指向型（self-involed type）和任务指向型（task-involed type）两类。这是根据言语的自我指导理论来进行研究的。他们将内部言语按照指导对象的不同来划分。前者主要是对自己的学习兴趣、动机水平、情绪状态等心理操作因素进行调控，后者主要是对学习任务、学习材料、学习方法与策略等任务操作因素进行调控。自我指向型的自主学习和任务指向型的自主学习是相互作用、相互联系和相互影响的。例如，属于自我指向型的动机调控不仅直接影响着学习的兴趣水平、努力程度以及对学习结果（成功或失败）的情绪反应，而且也间接影响着学习计划的制订、学习材料的选取、方法的采用以及应付失败或强化成功措施的采取等任务指向型的自我监控行为。因此，在实际的学习活动中，学生往往是将上述两者结合起来使用，从而使学习变得更有成效。

以上理论丰富了我们对自主学习条件、自主学习成分、自主学习能力的形成阶段与机理等的认识。

二、自主学习能力的发展规律

（一）青少年自主学习能力的现状

不少调研揭示出，当前无论中小学或高校，青少年学习学习活动中存在大量不良学习现象和问题。如新近调查发现（程孝良，2010）[1]，55.27％的大学生在学习上表现以下方面。①学习动力不足，缺乏积极性与激情，学习兴趣缺失，得过且过。②学习目标不明确，对毕业后的去向没有明确的预期，出现迷茫。③教学方式不适应。从小学到中学，学生习惯了由老师"牵着鼻子走"、"满堂灌"的教育方式，到了大学一下子自由了，自由安排选课、自由安排学习时间、自己决定未来的发展方向，突然的转变，学生难以适应。④多种因素导致的心理困境。具体表现为因缺乏明确的努力目标而失去了学习的积极性与动力；不能自我管理与自我约束；不能适应大学的教学与管理方式；就业压力等社会因素造成的迷茫；颠倒学业与课外活动的关系；个人情感失意等。另有学者对国内 11 所高校 2200 名大学生调查发现（庞维国等，2009）[2]，我国不同区域、类别高校中的大学生普遍存在学习拖延现象，大学生的作业拖延随年级升高日趋增加，其主要原因是学习动机不足、时间管理技能缺乏、消极情绪影响、完美主义倾向和懒惰个性。此外，近年还发现大学生学业倦怠（如孔媛媛，2008；

❶　程孝良. 大学生学习问题系统化解决方案的研究与实践. 成都理工大学学报：社会科学版，2010，18（3）：94-97.
❷　庞维国，韩贵宁. 我国大学生学习拖延的现状与成因研究. 清华大学教育研究，2009，30（6）：59-65.

魏婷，2007 等)❶、学业不良问题（如郭高展，2006)❷ 等。另有关于英语学习的调查发现（岳宏艳，2007)❸，学生的英语自主学习能力处于非常低的水平。表现为，学习英语被动、学习内容缺乏丰富性、语言输入不够、学习策略单一、学生计划能力不强、管理时间能力差、评价能力弱、不能创造机会练英语等。

以上反映出大学生在自主学习上存在诸多问题。也有不少关于中学生的调研揭示出中学生自主学习能力方面的问题与不足。如调查发现（江风娟，2007)❹，中学生的自主性英语学习能力一般：大多数学生不能制订切实可行的学习计划及完成学习计划；大多数学生学习还依赖于老师；学习自信心不够强；缺乏内学习动力。中学生数学自主学习能力总体发展水平较低，且分化程度较大（张静，2007)❺，也即，中学生在数学课堂上处于被动学习的状态，不能合理地安排自己的学习时间；较少自觉地对自己的数学课堂学习结果进行评价，较少考虑改进自己的学习方法等。

这些相关的原因和问题都与学习者的自主性没有得到充分激活，学习的热情与潜力处于压抑或沉睡的状态密切相关。因而亟待变被动学习为主动学习的状况，尤其是激活个体自主性，培养并提升其自主学习能力，从而成为有着无穷"内驱力"的自主学习者。

（二）青少年自主学习能力的发展规律

1. 青少年学习自主性发展的一般特点

随着年龄的增长，12～18 岁儿童的主动性和自我监控逐渐增强。初中生已经能够很好地监控和调节自己的思维和学习。但是，初中生正处于自觉性和依赖性、主动性和被动性并存的年龄，在学习上的自觉性和主动性不能持久保持，他们自觉主动的学习要求往往经不起引诱和干扰。比如初中生难以完成每天的家庭作业；而高中生在没有外部要求和指导的情况下，他们也经常给自己确定学习目标；在学习的过程中不断评价进展情况，并根据反馈信息来修正学习策略。他们还经常思考怎样改善自己的学习效果。与初中生相比，高中生学业自我评价的准确性进一步提高。在制订学习计划上，高中生主动性强于初中生。初中生一般只限于随课程安排来制订学习计划，而高中生的时间计划虽然仍围绕完成作业、复习、预习、上课等活动制订，但在内容上已经有了很大的扩展。初中生制订计划只有 50％是按自己的要求做的，另外 50％是在家长和教师的要求下做的，而高中生制订计划有 90％是自己要求做的。

2. 青少年自主学习能力发展的阶段性特点

其一，自主学习能力在不同年龄阶段有其特定的发展内容。如有研究者调查得出，中学生自主学习能力构成包括学习内容的自主性、时间管理、学习策略、学习过程监控与调节、学习结果的评价与强化、学习环境的控制（单志艳，2002)❻。其二，自主学习能力在不同年龄阶段有不同的发展表现。如调研得出，不同年龄中学生的自主学习能力在学习动机、学习策略的使用、自我监控、学业求助等方面都呈现出不同的特点（张静，2007)，比如：外部动机（如取得好成绩、得到家长或老师的认可等）在初中生的学习动机中仍占主要地位；而高中生较少受到外部动机的影响，高中生的学习动机比较稳定，他们的学习动机往往根源于对学习意义的深刻认识，能够长期发挥作用，不易为一些偶发性的因素所改变。又如：初

❶ 孔媛媛. 大学生学习倦怠及其应对策略研究 [D]. 辽宁：大连理工大学，2008；魏婷. 大学生学习倦怠初探 [D]. 安徽：合肥工业大学，2007.

❷ 郭高展. 大学生学业不良问题研究 [D]. 吉林：东北师范大学，2006.

❸ 岳宏艳. 大学英语学习者自主学习能力调查与研究 [D]. 吉林：延边大学，2007.

❹ 江风娟. 中学生自主学习调查与研究 [D]. 辽宁：辽宁师范大学，2007.

❺ 张静. 对中学生数学课堂自主学习现状的调查研究 [D]. 江苏：扬州大学，2007.

❻ 单志艳. 中学生自主学习及教师相应教学行为的评价研究 [D]. 北京：北京师范大学，2002.

中生希望别人直接给出答案，免得自己再花时间思考；而高中生在遇到学习困难时，只寻求别人给予自己学习提示、点拨，而不期望直接得到答案。其三，自主学习能力在不同年龄阶段有着不同的发展模式。如研究发现（方平，2003）[1]，初中生自我调节学习发展模式存在年级间差异，自我效能感、学习策略对低年级学生作用明显；元认知、学习策略、动机情绪意志和资源管理策略对高年级学生作用明显。

综上，自主学习能力的培养和提升需要遵循其内在的发展规律，从而使学校教学或个体努力有的放矢、事半功倍。

90 后自主学习者典范

芮雪——17 岁被哈佛大学录取，90 后自主学习者典范。 来看看她从小自主学习能力发展的片断。

3 岁，芮雪就开始在电脑上自己学东西。 记者了解到，芮雪的兴趣相当广泛，尤其擅长乐器。"我 4 岁起弹钢琴，10 岁考过十级；五年级开始学竹笛，六年级开始学古筝，初中开始学葫芦丝。 空闲时间喜欢写诗和做瑜伽。"芮雪笑着告诉记者。"芮雪 9 个月的时候就开始学说话，1 周岁多的时候就能哼儿歌，学东西非常快。"芮雪妈妈告诉记者，芮雪的爸爸工作特别忙，自己也要上班，而小芮雪很小的时候就开始自学。"这个孩子 3 岁开始就在电脑上自己学东西，所以她从来不缠着我给她讲故事、唱歌，因为她自己想学的东西太多了。"对于芮雪的学习能力，她的班主任张小兵老师也是赞不绝口。"她非常注重自主学习，她所整理的学习笔记已成为班级同学学习的典范。"

13 岁，转到南京读书，自己租房管自己。 据了解，芮雪所在的班是面向全省招生的优质生源班。 而令人意外的是，芮雪是初二升初三时转入南京读书的，当时只有 13 岁的她竟然只身一人，在南京租房子读书。"爸爸妈妈都有自己的工作，我不需要他们来陪读，因为我能够管理好自己。"芮雪告诉记者，自己就在学校附近租了一个房子，吃饭在学校，回家以后自主学习。"我不认为自己是个特别聪明的人，如果非要说我有什么特殊的方法的话，就是平时非常用功，把每个知识环节都学扎实了，这样对自己的水平就有足够的信心，临考试前就可以淡定的放松放松，做做瑜伽、听听音乐什么的。"

源自：新华报业网-扬子晚报，2011 年 04 月 07 日

芮雪从小发展起来的自主学习能力与她同龄、同时代的许多青少年学生——那些需家长、教师等过度关注与督促却没有理想效果的例子形成鲜明的对比。值得骄傲的是，我们完全有理由相信她孤身一人步入哈佛后，依然能独立生活并照顾好自己，尤其是在群英荟萃、竞争激烈的哈佛照样能学得出色。

第三节　自主学习者的评价与训练

前面两节的介绍让我们明朗了什么是自主学习、什么是自主学习者、为何要成为自主学

---

❶　方平. 初中生自我调节学习发展特征及相关因素的研究 [D]. 北京：首都师范大学，2003.

习者、自主学习能力的发生机制、发展规律等问题。当通过上述知识的学习以及系列努力逐渐养成自主学习的理念、习惯，体验到自主学习的成效与自在，并初步培养一定自主学习能力时，下一步需要关注的是，如何来督促、评价、强化和训练这种自主学习效果，从而确保学习的高效与快乐、自由与深得的持久效应。因此本节着重介绍如何评价和训练自主学习者。

一、自主学习者的评价

评价在学习者整个自主学习的过程中起着监察、反馈的作用，是自主学习过程中不可或缺的一部分。少了评价，整个自主学习就不完整，学习者不仅无法判断自己的自主学习是否有效，是否成为有效的自主学习者，以及自身的自主学习能力是否得到提高等。因此不断创新自主学习者的评价方式和标准是一项重要课题。下面我们从评价指标和评价方法两方面作简要介绍。

（一）评价指标

对自主学习者的评价至少包括两方面，其一，学习者的自主学习行为与表现。如李利明（2004）[1] 建构的小学自主学习学生的评价指标体系层级分明、系统详细。他提出从独立自主、自觉主动、创新实践三大指标展开，同时，独立自主包含自尊自信、独立学习、自理等二级指标；自觉主动包含愿学善学、参与性、选择性、合作性、竞争性、自我评价调控、适应性等二级指标；创新实践包含创新意识、创新精神、创新人格、创新思维、动手实践能力等二级指标，每一个二级指标都有其对应的具体表现，也即三级指标（表14.1）。具体清晰的指标体系可为相对客观地评价不同学生提供统一的操作性工具。当然，自主学习态度、自我反思能力、自我调节与控制能力、学业求助能力、目标定向与时间安排、自我觉知等维度也常被融入学习者自主学习表现的评价指标体系。目前对自主学习或自主学习者的评价内容没有统一认识，我们可根据实践需要与理论特征而定。

表14.1 小学生"自主学习"评价表

一级指标	二级指标	三级指标	A级	B级	C级	D级
独立自主	自尊自信	有自尊心、有良好的自我意识				
		相信自己一定能学会，一定能成功				
	独立学习	一般课前能完成预习任务				
		独立完成课内外作业				
		课后及时搞好学习，巩固所学内容				
		上课有良好习惯，读、写、坐姿势正确				
		能按要求自学课本内容，独立思考，不依赖他人				
	自理	学习、做事有始有终，自己的事自己做				
		在家中能做一些力所能及的家务劳动				
自觉主动	愿学善学	学习有兴趣、有求知欲、乐于学习				
		会采用一定的方法学习，掌握一些学习技巧				
		会搜集信息、处理信息、获取知识				
	参与性	课堂上认真思考，积极发言，讨论中积极发表自己见解				
		踊跃参加各种活动				

❶ 李利明. 小学"自主学习"学生评价模式研究初探. 教育实践与研究. 2004，（3），18-19.

续表

一级指标	二级指标	三级指标	A级	B级	C级	D级
自觉主动	选择性	能选择适合自己的较好的方法学习				
		能依据每节课教学目标,确定自己的学习目标				
		学习中针对自己的情况,选择学习内容				
	合作性	课堂上积极参加小组合作,并在合作学习中给他人帮助				
		在学校各项活动中与别人合作愉快,取得成功				
		合群,乐于助人,与伙伴相处友好,主持公道				
	竞争性	在学习或活动中愿意表现自己,爱展示自我				
		课堂学习中敢发表见解,敢同他人争论、辩论,但不固执己见				
		在学习或活动中,愿意同他人比赛				
	自我评价调控	计划制订合理,有效地利用时间				
		能制订自己不断学习、发展的新目标				
		学习能肯定自己,判断正误,做出公正的评价				
		及时调节矫正自己的学习行为、习惯				
		考试后能总结分析原因,找出问题进行解决				
	适应性	尽快地适应教师的教学方式和学校、班级环境				
		在社会中能调节心理和情绪适应社会环境,积极参加社会实践活动				
创新实践	创新意识	追求创新,以创新为荣				
		学习中或对周围事物能发现、提出一些有价值问题				
	创新精神	积极进取,勇于开拓				
		敢冒风险,有挑战精神				
		不唯师,不唯书,不唯上,实事求是				
		追求真理,勇于献身,无私奉献				
	创新人格	强烈的求知欲、好奇心,喜欢追根问底				
		不盲从他人,坚定自信,追求执著				
		不怕挫折,克服学习中的困难,有坚韧不拔的意志力				
	创新思维	思考解决问题受阻时,能灵活变换角度				
		能从多角度思考解决问题,举一反三,灵活运用				
		敢于提出问题,发表自己独特见解,标新立异,喜欢出新点子,喜欢做难题				
		能合理想象,解答问题				
	动手实践能力	能按要求完成规定的实验,创造性地进行一些小实验				
		积极参加学校科技或兴趣小组,有爱好特长				
		有自己的小发明、小制作、小论文、小创作等作品				

其二,学习者的意识倾向与学习品质。自主学习的过程既是学习者主动建构知识体系的学习过程,也是由学会知识到学会学习的转变过程。自主学习者的品质对这一过程的顺利完成具有重要的影响作用。一个成熟的自主学习者应具备以下几种品质。

(1)自觉意识。是指学习者自觉的对自己地主客观条件进行分析判断,产生学习需求,最终形成明确的学习目标的能力。在具体的学习过程开始前，学习者有意识地对自己所处的环境（社会的、家庭的、职业的等）、自身的知识需求以及开展学习的条件等进行认真的分析，在此基础上确立学习目标，进而产生有效的学习动机，并将此动机转化为支撑自主学习全过程的动力。因此，自觉意识是自主学习者首先必须具备的品质。

（2）自治意识。是指学习者对自主学习的全过程进行自主管理的能力。在自主学习过程中，学习者根据主客观因素所提供的可能条件，制订科学合理的、贯穿自主学习全过程的学习计划（专业计划、课程计划），选择并确定适合学习者本人的学习方法和途径（面授学习、网上学习、媒体资源学习等），并且能按照这个计划对学习的全过程进行管理和调节，直至完成学习过程的每一个环节，达到学习的目标。

（3）自控意识。是指学习者在学习过程中，通过调整控制自己的情绪、心态及思想行为，以最大限度地淡化和消除外界不利影响的能力。在学习过程中，由于某些外在条件或因素变化的影响（如学习的难度加大、学习条件的受限、考核成绩不理想等），造成学习者学习注意力的分散或学习兴趣的减低，以及学习行为的紊乱。因此学习者必须具备自控的意识，当外界的某些因素对自己的学习形成干扰和影响时，要善于分析原因及后果，控制学习的方向和节奏，努力端正心态，克服不利影响，始终保持积极向上的情绪，使学习重新回到计划好的轨道上来。

（4）自励意识。是指学习者善于从客观外界获取评价，并将此评价内化为良性刺激的能力。自主学习是一个长期的艰苦的过程，学习者除了要随时注意坚定目标，端正心态，还必须经常地主动地通过与外界（学习中心、教师、同学等）的交互和反馈来寻求并获取有利于自己的良性刺激（如肯定、表扬、好评等）以激励自己的学习向着更高的目标发展，从而形成"学习→良性刺激→再学习"的良性循环。

（5）自评意识。是指学习者对自己的学习效果和质量进行自我分析与评价的能力。自主学习者大部分时间处于个体的非实时交互的环境中，学习者的学习效果往往得不到指导者（学习中心和教师）的及时评价。因此，学习者必须善于通过各种方法和途径，如参加网上答疑和老师交流、参加小组讨论以及完成带有交互功能的作业等，获得一定的参照系，以此对自己的学习效果和质量进行正确的评价和评估，从而不断总结经验，及时调整学习的方法和节奏，保证学习的效果和质量。

（二）评价方法

我国学者庞维国（2003）[1] 归纳了国外自主学习评价的常用测评方法。

（1）问卷测评法。问卷测评是用统一、严格设计的问卷来测量个体的有关心理特征或行为态度的一种方法。由于这种测评方式比较容易设计、施测和记分，目前在自主学习的能力测量中最为常用。从测评的工具看，其中最具代表性、最为常用的测评工具有 Weinstein 等开发的"学习和研究策略调查表（LAS-SI）"，Pintrich 等开发的"学习动机策略问卷（MSLQ）"。

（2）访谈法。访谈法是研究者通过与研究对象的交谈来收集数据资料，进而对有关心理特征与行为特点进行研究的方法。在自主学习的评估中，当前采用的主要是结构化的访谈形式。一般要求研究者首先确定好要考察的自主学习的维度或情境，然后再设计相关的问题，最后对访谈的内容进行分析。

（3）教师评定法。在与学生的日常交往、教学互动中，教师对学生的自主学习能力的评

[1] 庞维国. 自主学习的测评方法. 心理科学，2003，26（5）：882-884.

估具有独一无二的优势地位。通常，教师基于对学生的学习情况的长期观察，可以较为准确地评估出学生的自主学习情况。因此，教师对学生的自主学习能力的评价，也能够在一定程度上反映出学生的自主学习能力。

（4）出声思维测评法。出声思维测评是指在学生从事某项学习活动的过程中，要求他大声说出自己的思维和认知过程，进而对其自主学习过程进行分析、评价的方法。在出声思维测评过程中，一般只要求学生说出自己的思维过程，而不要求他们报告心理活动的原因，以免影响其学习活动的正常进行。

（5）错误检测法。鉴别目标与当前的任务状态之间的一致程度的元认知监控，是自主学习或学习自我调节的先决过程。由元认知监控引发的认知评价，对后面的任务完成步骤起引导作用，也是进一步施加元认知控制的基础。因此在自主学习的研究中，对元认知监控的测评是研究者十分关注的一个方面。为了测量作为学习控制的先行条件的元认知监控，研究者有时会在学生的学习材料或任务中放置一些错误，然后观察：这些错误是否被他们注意到？当他们注意到错误后怎么办？这种方法被称为错误检测方法。

（6）痕迹分析法。对自主学习过程的评估，还常用到痕迹分析法。所谓的痕迹分析法，是指对学生从事学习任务时留下的下划线、标注、笔记等"记号"进行分析，进而推断其学习策略和效果的评估方法。

（7）行为观察法。观察法是指在一定时间内对个体的外部行为表现或活动进行考察，从而探讨其心理学活动的特点或规律一种方法。在自主学习的研究中，采用观察这种评估方法具有三个方面的优点：一是观察到的行为能够反映出学生做了什么、回忆了什么以及对所做事情的确信；二是观察可以把学生的行为与任务条件联系起来，尤其是那些可以给予反馈的任务条件；三是观察可以弥补其他自主学习测评中的不足。

以上方法也可以为自主学习者的评价所参考，同时，从自主学习者养成的角度而言，还有一些评价方法可为补充参考。

（1）形成性自主评价。改变重学习结果的单一评价，重视对自己的学习过程评价。及时了解、剖析、矫正、调节、完善自己的学习行为。同时，应当立足于自己的学习状况，进行纵向的自我评价，而不是一味地与周围同学横向比较，要看到自己的发展和变化，从而肯定成绩、进步，找出差距、问题，确立新的发展目标。最终强化自己的自主学习意识、良好的自主学习习惯和自主学习能力。

（2）他主互评。可以与同伴采取互相评价，互相学习的方式，进行学习过程与结果的互评，相互发现对方的优点和不足，并取人之长，补己之短，在互评中更深层地密切与同学的合作关系，同时更全面深入地了解自己的学习状况，获得更多的学习成功感、愉悦感。

（3）多元评价。多元智力理论已告诉我们，每一个人都有自己的优势和劣势，都有自己的特长和潜力，我们应当全方位地来评价自己，比如，学习兴趣、学习态度、学习投入、学习坚持性、学习的执著精神与毅力、学习的悟性、学习策略、学习偏好，也许在某一方面弱于他人，但是，在另一些方面可能比他人有优势，因此，在评价内容上，采取多方面的评价，从而发现自己的学习特点、优势。

（4）定性评价与模糊评价。自主学习的行为、习惯、能力没有必要用精确的数据去评价，可采用定性评价对自主学习行为习惯等作出发展的判断，在定性评价时，采用模糊等级评价，多用激励性语言肯定和强化自己的努力与发展；用温和的语言指出自己在自主学习中某些方面的不足。

二、自主学习者的训练

自主学习者的形成并非一件容易的事。当前自主学习也存在一些问题。因而，如何能真正成为一个有效的自主学习者，需要相应的训练与坚持。下面从训练方法的角度进行介绍。

（一）榜样法

榜样在行为、习惯和品质的养成中往往是潜移默化进行的，它是一种"润物细无声"的影响。它的作用是通过榜样的言语、行为、人格特征等外部表现对观察者传递一定的信息，从而影响观察者本人的行为和心理的过程。这种作用是主体与榜样之间动态交互的结果，它离不开人的认同和模仿。但一旦它在学习者的心理和行为中产生作用，便会让学习者更加自觉地模仿榜样的行为，内化榜样的价值观等，其学习效果更加长久、更加显著。

榜样法的实施至少有三个步骤。

（1）选择榜样。榜样发挥作用的必要前提是合适而有效。那么怎样选择榜样呢？首先所选榜样应当是学习者自己认知和情感上都欣赏、认可的。甚至对榜样钦佩和崇敬，以及对榜样自身人格魅力的欣赏。其二，有效的榜样也要有一定的地位、能力、魅力和吸引力；其三榜样要与学习者自己的情况相类似。学习者一般倾向于模仿与自己在性别、年龄、生活经历、家庭背景等方面类似的榜样。

（2）模仿榜样。模仿行为是榜样作用的关键环节。模仿是通过对外界事物的选择和认定，尝试把它变为自己的意识或行为的结果的过程，通常表现为再现他人的一定外部特征、行为方式、姿态、动作或行动。作为人的一种先天的能力，模仿是将个体内在的动机转变为外在的行为的过程。在一定的认知、情感、信念等支持下所采取的行动是榜样作用过程中最重要，也是最困难的环节。

（3）生成榜样。它是个体知、情、行综合作用的最终结果。通过学习榜样，在自己的心理与行为、品质与价值观等方面全方位的内化榜样——生成了如自己所期望的，像榜样那样的学习者，这也是榜样作用的终极目标。

榜样的选择与模仿可根据自己的具体情况变化与发展而实时地挑选和更换。如果有机会，尽量与榜样发生学习交往——直接的交往，哪怕生活交往，会对学习者产生微妙而深入的影响。最后，还应当经常提醒自己与榜样的差距，关注榜样的发展，让榜样确实起到强化自己学习行为的作用。

（二）对话法

对话（dialogue）是人与人之间交往、合作、互动的直接过程；是信息交流、理解活动及意义产生的重要机制。个体通过语言直接与他人交流可实现共同探究、经验交换、意义生成和知识创造。在教育视角下，关于人是如何学习的存在三种典型的心理学理论：行为主义观，强调环境刺激对个体习得行为的影响；认知心理学观，注重知识的内在表征、类型及其获得；社会文化观以"人-人"或"人-物"互动方式来解释学习的社会特性。从社会文化观来看，与其他个体对话、交流的学习是完整学习体系的一部分。社会建构论（social constructionism）提出知识学习的对话隐喻，认为知识是随着对话的继续而被不停地生产出来的东西。可以说，对话处于学习过程的核心，重要的学习和理解需要合作和对话。

而在与他人交往、合作、对话过程中，学习者不仅交流了学习经验，丰富了自己的学习方法与策略；而且发现了自己的认知与知识的不足，激发了充实的动机；同时还会体验到交流碰撞过程中的无穷快乐，增强了学习兴趣等，这些都将极大地刺激和激发着自主学习动机与行为，是促进个体成为自主学习者的有效途径。

那么如何通过对话来培养自己的自主学习习惯与品质——成为自觉自愿的快乐学习者呢？首先，将对话作为目的。作为目的的对话追求的是不断挑战高于自身水平的人，即学习就是要追求能与高于自身水平的人（专家、学者、师长）对话。当自己为能与高于自己水平的他人进行对话、展开对话、深入对话时，不仅在不断提升自己的对话力，而且，持续地刺激到自己的苍白处并激发求知欲。第二，把对话作为方法。作为方法的对话追求的是学习中与他人交流、合作、互动，在与他人的对话互动中实现更有效的学习。比如，通过与专家、学者、老师、同学面对面的对话，在提问与回答、追问与应对中发现苍白与薄弱；在针锋相对中顿悟彼此偏见；在向他人娓娓道来中萌生新的思路等。通过对话、经由对话，弥补独自学习之不足，实现学习最大化。因此，同时将对话作为目的和手段，在这种对话的交流、合作与互动中获得自主探索与求知的无穷动力，逐渐养成了自主学习的习惯和行为。

（三）四"自"法

一是自我提问法。近代教育家陶行知受杜威思想的影响，提出学生要"每天四问"❶，即"第一问：我的身体有没有进步？第二问：我的学问有没有进步？第三问：我的工作有没有进步？第四问：我的道德有没有进步？"这种反思省察对自我成长、自主学习者的形成是非常有效的。比如，学习者可对自己的学习过程、学习目标、学习资源、学习策略、学习效果等具体方面进行自我提问。可以提问检查自己的学习过程是否完善；是不是达到预期设定的目标，如达到预期目标可以进行总结提高，没有达到就要追根求源寻找具体的解决问题的方法；看一看学习资源是不是适合自身的发展，如果不能完全满足自身发展可作适当调整；学习策略是否恰当，方法是否得体也是提高学习效率的关键因素；最后还要问问自己是否达到预想的学习效果。

例如，每一次课堂学习后，可尝试提问自己：

通过这节课，我学会了哪些知识？

通过这节课，我掌握了哪些方法？

通过这节课，我最大的体验是什么？

在这节课中，我遇到的最大困难是什么？

在这节课中，我是否积极参与了课堂活动？

在这节课中，我与其他同学合作交流了什么？

我对老师的教学安排是否满意？

……

二是自我记录法。自我记录包括两层含义。

（1）通过各种测试了解自己目前的学业水平、智力水平、学习风格、个性特征、思维方式、情感特征乃至成功的概率和程度等。比如，可通过准确可信的量表（表14.2）来测试自己的创造性人格，了解和记录自己这方面的客观情况。

（2）记录自己一段时间内的学习体验和状况，比如：自己在完成某项学习任务或解决某个艰难问题过程中的努力程度；自己在学习活动中的情感体验（如：激动、紧张、高兴、自信、坚持、伤心、失望……）；自己在上课中的平均参与程度；自己与同学合作学习的收获（举1～2个例子）；一段时间内自己最自豪之处；一段时间内自己遇到的最大困难及解决情况（举1～2个例子）；自己预测分与实际测评分的差距及想法……

三是自我指导法。自我指导法一方面要自己探索适合自己的学习策略，当中可与教师或其他学习者共同探讨学习方法、交流学习体会、交流学习材料，并在必要的情况下相互帮助或寻求帮助。另一方面，可通过目标设定或时间计划表来督促自己在行为上的有效执行。例如，表14.3显示了如何引导自己清晰的目标行为与时间安排的做法。

---

❶　江苏省陶行知教育思想研究会等合编. 陶行知文集. 南京：江苏人民出版社，1981：716.

表 14.2　创造型人格问卷

性别：_____　年级：_____　专业：_____　学校：_____

这是一份自我评定问卷，共有 100 个项目，每个项目就是一个描述人的稳定人格特质的形容词。请您根据自己的实际情况，对每一个人格特质形容词与自己情况的符合成都进行等级评定，从非常符合到非常不符合(5~1)共有 5 个等级，各数字代表的等级含义如下：

5——非常符合您本人的情况；

4——符合您本人的情况；

3——难以确定；

2——不符合您本人的情况；

1——非常不符合您本人的情况。

请仔细阅读每一个词，选择最能代表您情况的数字，并把数字填在该形容词后面的括号里。例如：积极的(4)，表示您认为"积极的"这一形容词符合您本人的情况。

镇定的( )	坦然的( )	有才华的( )
谦虚的( )	远见的( )	合作的( )
温柔的( )	自强的( )	有爱心的( )
开朗的( )	博学的( )	友善的( )
大方的( )	进取的( )	睿智的( )
富于想象的( )	逻辑的( )	有毅力的( )
健谈的( )	幽默的( )	深沉的( )
宽容的( )	专心的( )	有抱负的( )
忠厚的( )	探索的( )	洒脱的( )
严格的( )	锲而不舍的( )	深思熟虑的( )
精益求精的( )	开拓的( )	一丝不苟的( )
仁慈的( )	好奇的( )	率真的( )
天真的( )	活跃的( )	自信的( )
正直的( )	自负的( )	乐观的( )
狂妄的( )	深刻的( )	高傲的( )
淡泊的( )	乐于助人的( )	愉快的( )
刻苦的( )	叛逆的( )	活力的( )
坚韧的( )	真诚的( )	好学的( )
和蔼的( )	可爱的( )	磊落的( )

表 14.3　时间安排与目标行为的承诺

每周我可以用来学习的时间有_____小时

每天我可以用来学习的时间有_____小时

	上午(从几点到几点)	下午(从几点到几点)	晚上(从几点到几点)
周一			
周二			
周三			
周四			
周五			
周六			
周日			

我计划在接下来的这个月达到以下目标：

	内容描述	时间安排	备注(为何;意义)
目标 1			
目标 2			
目标 3			
目标 4			

　　四是自我强化法。自我强化（self-managed reinforcement）是指个人依据强化原理安排自己的活动或生活，每达到一个目标即给予自己一点物质的或精神的酬报，也包括适当的、必要的惩罚，直到最终目标完成。自我强化是较高水平的激励方式。在激励自己的行为动机时可遵循以下原则。①要有目标，包括确定长远目标和近期目标，使自己的行为有明确的定向以及确定的评价标准。只要自己不受外部因素影响能够独立地安排自己的活动并不断取得进步，就说明具备了自我强化能力。②小步子，即把达到目标的整个行为过程划分为若干小的步骤，使人的行为一步一步受到引导。③及时"反馈"——通过自我检查、相应测试，让自己及时知道行为的结果。④适当的奖罚。根据行为的结果给予奖励或惩罚，奖励可设置自己最想要的，惩罚可设置自己最不想要的，无论哪种情况都切实执行。

　　此外，还可以从影响内在学习动机的诸因素、丰富各种认知策略、训练各种元认知过程以及学会主动营造和利用学习的社会性和物质性资源等诸方面训练自己，为成为自主学习者提供充分重要保障。

　　自我决定理论认为❶，人是积极的有机体，具有先天的心理成长和发展潜能。自我决定就是一种关于经验选择的潜能，是在充分认识个人需要和环境信息的基础上，个体对行动做出自由选择。同胜任力需要、关联需要一样，自主需要是人类的三种基本需要之一❷。因此，人都有一种自己做主的潜能和天性；而自主不仅是一种能力，更是一种需要，我们需要激活自己的这种潜能、满足自己的这种需要，通过掌握一定的方法与坚持不懈的训练，最终使自己成为一个高效的自主学习者。

【拓展性阅读】

　　[1]　王小平. 本领恐慌. 海口：海南出版社，2000.

　　[2]　王蒙. 王蒙自述：我的人生哲学. 北京：人民文学出版社，2003.

　　[3]　[美] 海伦·凯勒. 假如给我三天光明——海伦·凯勒自传. 北京：民主与建设出版社，2004.

　　[4]　郭秀艳. 内隐学习. 上海：华东师范大学出版社，2003.

　　[5]　荆其诚等. 当代国际心理科学进展. 第二卷. 张侃等译. 上海：华东师范大学出版社，2006.

　　[6]　陈佑清. 交往学习论. 高等教育研究，2005，26（2）：22-26.

　　[7]　郭峰. 学生自主学习能力的培养：提高教学质量的核心命题——哈佛大学的经验及其启示. 外国教育研究，2008，(1)：60-64.

　　[8]　联合国教科文组织国际教育发展委员会. 学会生存——教育世界的今天和明天. 北京：教育科学出版社，1996.

　　[9]　雅斯贝尔斯. 什么是教育. 北京：生活·读书·新知三联出版社，1991.

　　[10]　吴也显. 从维持性学习走向自主创新性学习之路. 教育研究，1998，(12).

【研究性课题】

　　1. 和同伴讨论成为自主学习者的必要性和重要性。

　　2. 收集与阅读相关资料，整理出一个促使自己成为高效自主学习者的最佳方案。

---

❶ 刘海燕，闫荣双，郭德俊. 认知动机理论的新进展——自我决定论. 心理科学，2003（6）：1115-1116.

❷ Deci E L, Ryan R M, Williams G C. Need satisfaction and the self-regulation of learning. Learning and Individual Differences，1996，(8)：165-183.

参 考 文 献

[1] 安德森等编著. 学习、教学和评估的分类学——布卢姆教育目标分类学: 修订版. 皮连生译. 上海: 华东师范大学出版社, 2008.

[2] Claire A Etaugh, Judith S Bridges 著. 女性心理学. 苏彦捷等译. 北京: 北京大学出版社, 2003.

[3] 蔡笑岳, 于龙. 问题解决心理学的研究模式及研究取向的演变. 华南师范大学学报: 社会科学版, 2008, (6).

[4] 柴国荣, 詹建国, 韩喆. 我国部分优秀男子跳跃运动员个性特征的研究. 西安体育学院学报, 2000, (12).

[5] 陈会昌. 中国学前教育百科全书·心理发展卷. 沈阳: 沈阳出版社, 1995.

[6] 陈琦, 刘儒德. 当代教育心理学. 北京: 北京师范大学出版社, 2007.

[7] 陈烜之. 认知心理学. 广州: 广东高等教育出版社, 2006.

[8] 陈佑清. 交往学习论. 高等教育研究, 2005, (2).

[9] 程良道, 廖洁敏. 简论问题与问题解决的实质——问题解决心理探索之一. 湖北师范学院学报: 哲学社会科学版, 2002, (4).

[10] 池丽萍, 辛自强. 大学生学习动机的测量及其与自我效能感的关系. 心理发展与教育, 2006, (2).

[11] 戴维·迈尔斯著. 社会心理学. 侯玉波等译. 北京: 人民邮电出版社, 2006.

[12] 丁慧儿. 在高中女生篮球教学中运用多媒体技术的实验研究. 浙江省体育科学学会学校体育专业委员会第十一届论文报告会论文集, 2008.

[13] 丁锦红, 张钦, 郭春彦. 认知心理学. 北京: 中国人民大学出版社, 2010.

[14] 杜建辉. 表象意识的培养对体操教学效果的影响. 福建师大福清分校 2003 年会议论文汇编, 2003.

[15] 高亮. 我国优秀男子散打运动员心理特征的研究. 中国体育科技, 2010, (01).

[16] 关青. 学习策略教学基本对策探析. 辽宁行政学院学报, 2006, (9).

[17] 郭峰. 学生自主学习能力的培养: 提高教学质量的核心命题——哈佛大学的经验及其启示. 外国教育研究, 2008, (1).

[18] 郭秀艳. 内隐学习. 上海: 华东师范大学出版社, 2003.

[19] 胡斌. 态度改变视野中的情感作用及其对德育的启示. 河南师范大学学报: 哲社版, 2007, (06).

[20] 时蓉华. 社会心理学. 杭州: 浙江教育出版社, 1998.

[21] 胡斌武. 学习风格与学习策略的选择. 上海教育科研, 1996, (9).

[22] 胡谊. 改良教育心理学: 来自认知神经科学的影响. 心理学探新, 2007, 27 (1).

[23] 江玲, 郭德俊. 元认知与学习动机关系的研究. 心理科学, 2003, (5).

[24] 金盛华. 论创造力的本质与测量. 北京师范大学学报, 1992, (1).

[25] 金盛华. 社会心理学. 北京: 高等教育出版社, 2010.

[26] 荆其诚主编. 当代国际心理科学进展: 第二卷. 张侃等译. 上海: 华东师范大学出版社, 2006.

[27] 李宝荣, 向东方. 研究学习策略, 提高教学实效. 基础教育课程, 2010, (5).

[28] 李维. 学习心理学. 成都: 四川人民出版社, 2000.

[29] 李艳芬. 谈学习策略教学. 天津教育, 2008, (5).

[30] 李亦菲, 朱新明. 对三种认知迁移理论的述评. 心理发展与教育, 2001, (1).

[31] 李祯. 问题解决的心理机制及其教学意义. 教师教育研究. 2005, (5).

[32] 联合国教科文组织国际教育发展委员会. 学会生存——教育世界的今天和明天. 北京: 教育科学出版社, 1996.

[33] 梁宁建. 当代认知心理学. 上海: 上海教育出版社, 2003.

[34] 刘加霞, 辛涛等. 中学生学习动机、学习策略与学业成绩的关系研究. 教育理论与实践, 2000, (9).

[35] 刘儒德. 学习心理学. 北京: 高等教育出版社, 2010.

[36] 罗屹峰, 刘燕华. 教育心理学. 兰州: 甘肃人民出版社, 2006.

[37] [美] 海伦·凯勒著. 假如给我三天光明——海伦·凯勒自传. 北京: 民主与建设出版社, 2004.

[38] 加涅著. 学习的条件和教学论. 皮连生等译. 上海: 华东师范大学出版社, 1999.

[39] 莫雷. 教育心理学. 广州: 广东高等教育出版社, 2002.

[40] 莫雷. 论学习迁移研究. 华南师范大学学报, 1997, (6).

[41] 莫闲. 学习动机整合理论的建构与研究展望. 心理科学, 2008, (6).

[42] 彭聃龄. 普通心理学. 北京: 北京师范大学出版社, 2004.

[43] 皮连生. 教学设计. 第 2 版. 北京: 高等教育出版社, 2009.

[44] 皮连生. 学与教的心理学. 第 5 版. 上海: 华东师范大学出版社, 2009.

[45] 皮连生. 学与教的心理学. 上海: 华东师范大学出版社, 1997.

[46] 皮连生. 智育心理学. 北京: 人民教育出版社, 2008.

［47］ 皮连生. 智育心理学. 北京：人民教育出版社，1996.

［48］ 邵志芳. 社会认知. 上海：上海人民出版社，2009.

［49］ 施建农. 人类创造力的本质是什么. 心理科学进展. 2005，（06）.

［50］ 施良方. 学习论. 北京：人民教育出版社，1994.

［51］ 谭顶良. 论学习风格及其研究价值. 南京师大学报：社科版，1994，（3）.

［52］ 谭顶良. 学习风格与教学策略. 教育研究，1995，（5）.

［53］ 谭顶良. 学习风格论. 南京：江苏教育出版社，1995.

［54］ 汪凤炎，燕良轼. 教育心理学新编. 广州：暨南大学出版社，2007.

［55］ 王娟. 学习策略研究综述. 文教资料，2008，（3）.

［56］ 王蒙. 王蒙自述：我的人生哲学. 北京：人民文学出版社，2003.

［57］ 王小明. 学习心理学. 北京：中国轻工业出版社，2009.

［58］ 王小平. 本领恐慌. 海口：海南出版社，2000.

［59］ 韦洪涛，艾振刚. 学习心理学. 南京：江苏人民出版社，2004

［60］ 温俭，胡金敏. 学习策略培训与学生自主学习能力的发展. 教育科研论坛，2010，（2）.

［61］ 吴庆麟，胡谊. 教育心理学——献给教师的书. 上海：华东师范大学出版社，2003.

［62］ 吴庆麟. 教育心理学. 北京：人民教育出版社，1999.

［63］ 吴也显. 从维持性学习走向自主创新性学习之路. 教育研究，1998，（12）.

［64］ 辛艳霞. 高职新生学习资源管理策略浅析. 湖北广播电视大学学报，2009，（9）

［65］ 辛自强. 问题解决研究的一个世纪：回顾与前瞻. 首都师范大学学报：社会科学版，2004，（6）.

［66］ 雅斯贝尔斯. 什么是教育. 北京：生活·读书·新知三联出版社，1991.

［67］ 杨翠蓉. 教学专长的实质研究. 长春：吉林人民出版社，2009.

［68］ 姚本先. 心理学. 北京：高等教育出版社，2005.

［69］ 叶奕乾. 普通心理学. 上海：华东师范大学出版社，1997.

［70］ 张大均. 教育心理学. 北京：人民教育出版社，1999.

［71］ 张宏如，沈烈敏. 学习动机、元认知对学业成就的影响. 心理科学，2005，（1）.

［72］ 张景焕，林崇德，金盛华. 创造力研究的回顾与前瞻. 心理科学，2007，（4）.

［73］ 张林，张向葵. 态度研究的新进展——双重态度模型. 心理科学进展，2003，（02）.

［74］ 张天宝，姚辉. 当代西方学习风格研究概况. 江西教育科研，1996，（4）.

［75］ 张向群. 动作技能学习中的心理练习. 韶关大学学报：自然科学版，1996，（04）.

［76］ 郑云霄. 多媒体技术与体育学习方式的改变新视角研究. 中国科技信息，2007，（09）.

［77］ 周冠生. 创造的理论与理论的创造——兼论"智力开发". 心理学报，1981，（8）.

［78］ 周永垒，韩玉昌，张侃. 学习困难生学习动机对学习策略的影响. 中国临床心理学杂志，2005，（2）.

［79］ 佐斌，谭亚莉. 初中生学业自我效能、学习动机与学业成绩的关系. 应用心理学，2002，（8）.

［80］ Greenwald A G, Banaji M R. Implicit social cognition：attitudes, self-esteem, and stereotypes. Psychological Review，1995，102（1）.

［81］ Chu-ying Chien, Anna N N. Creativity in early childhood education：Teachers' perceptions in three Chinese societies. Thinking Skills and Creativity，2010，5（2）：49-60.

［82］ Femke Kirschner, Fred Paas, Paul A Kirschner, Jeroen Janssen. Differential effects of problem-solving demands on individual and collaborative learning outcomes. Learning and Instruction，2011，21（4）：587-599.

［83］ Roger Bergman. Why Be Moral? A Conceptual Model from Developmental Psychology. Human Development，2002：45.

［84］ Roxana Moreno, Gamze Ozogul, Martin Reisslein. Teaching With Concrete and Abstract Visual Representations：Effects on Students, Problem Solving, Problem Representations, and Learning Perceptions. Journal of Educational Psychology，2011，103（1）：32-47.

［85］ Vivian M Y Cheng. Infusing creativity into Eastern classrooms：Evaluations from student perspectives. Thinking Skills and Creativity，2011，6（1）：67-87.

［86］ Wilson T D, Lindsey S, Schooler T Y. A model of dual attitudes. Psychological Review，2000，107（1）.

［87］ Winslow Burleson. Developing creativity, motivation, and self-actualization with learning systems. International Journal of Human-Computer Studies，2005，63（4-5）：436-451.